저항의 수다

부밍바이, 반체제 팟캐스트 좌담집

저항의 수다

부밍바이,
반체제
팟캐스트
좌담집

부밍바이
팟캐스트

최종헌 옮김

글항아리

현재 중국에서 가장 흥미로운 대화는 모두 은밀하게 이루어지고 있다.
'부밍바이不明白'는 이 흥미로운 대화들을
세계 각지에 있는 중국어권 청취자들과 공유하며
어둡고 혼란한 시대에 조금이나마 빛과 온기를 전하길 희망한다.

나부터 용감해지자

2022년 5월 27일, '부밍바이 팟캐스트'(모르겠다 팟캐스트) 첫 회를 방송할 때만 해도 이게 얼마나 커지고 얼마나 오래갈지 생각도 못 했다. 나는 여느 중국인과 마찬가지로 상하이가 봉쇄되어 있는 동안 정치 우울증에 걸려서 매일 휴대폰을 보며 울기만 했다. 그러다가 중국어권 사람들과 직접 소통도 하고 무력감에서도 벗어나기 위해 무언가를 해야지 싶었다.

운 좋게도 나는 나에게 딱 맞는 동료들을 만났고 취재 외의 기술적인 문제들을 해결할 수 있었다. 평생 글이나 쓰던 기자인 내가 잔뜩 긴장한 채로 마이크 앞에 앉아 질문을 던지기 시작했고, 매주 한 차례 취재한 내용을 청중에게 소개했다.

나는 이 팟캐스트가 이렇게 빨리 많은 이의 호응을 얻을 거라고는 상상도 못 했다. 사실 그렇게까지 의외인 일도 아닌 게, 현재 중국의 공적 공간은 오랜 억압으로 지리멸렬해져 있고 갈수록 다양한 목소리를 듣기 어려웠기 때문이다. 2년 동안 '부밍바이'를 진행하며 줄곧 견지해온 것은 중국인들에게 메가폰을 제공해 그들이 서로의 진실한 목소리를 듣게 하고, 진정한 성찰과 날카로운 분석을 할 수 있게 돕겠다는 것이다. 다시 말해 우리는 단지 전문 매체가 해야 할 일을 한 것뿐인데, 엄청난 지지와 반응을 얻었다. 이걸 떠올릴 때면 감사하면서도 마음이 조금 쓸쓸해진다.

게다가 이 팟캐스트를 2년간 진행할 것이라고도 생각지 못했다. 솔직히 말해서 『뉴욕타임스』 기자라는 정규 직업 외에 매주 한 번씩 팟캐스트를 올린다는 것, 그것도 어느 정도 수준 있는 내용을 제공한다는 것은 엄청난 스트레스였다. 나는 중국어권의 많은 우수한 학자, 기자, 작가가 출연을 자청한 것, 그중 많은 분이 출연을 한 번으로 끝내지 않은 것에 감사드린다. 그분들의 응원이 없었다면 이 팟캐스트가 이렇게 빨리 인정받을 수 없었을 것이다. 뉴스 사건이 발생했을 때, 위험을 무릅쓰고 인터뷰해준 '백지운동白紙運動'의 시위자부터 일자리를 찾지 못한 젊은이, 경제 불황 속에서 발버둥질하는 농민공과 기업가, 절망 속에서 중국을 떠나기로 한 전문 인력 들까지, 수많은 용감한 중국인에게 감사를 전한다.

나는 또한 이 팟캐스트에 참여한 제작자와 자원봉사자들에게도 감사드린다. 이 팟캐스트는 여러분이 일궈낸 결과이며, 여러분이 없었다면 100편에 달하는 수준 높은 콘텐츠는 존재할 수 없었을 것이다.

지난해 9월, 장제펑張潔平이 내게 팟캐스트 2주년에 페이디飛地출판사에서 '부밍바이' 정선집을 내면 어떻겠냐고 제안했을 때, 나는 그러자고 해놓고는 까맣게 잊어버렸다. 이렇게 책 출판을 앞두고 원고 마감 시간에 맞춰 서문을 쓰고 있자니 꿈인지 생시인지 모르겠다. 장제펑과 그의 팀에게 감사드린다.

끝으로 내가 상하이 봉쇄로 갇혀 있을 때 유행한 시의 일부분을 빌려 모두에게 응원을 전한다.

조금 더 용감해지자.

'zy'를 '자유自由[ziyóu]'라고 쓸 수 있게.
'zf'를 '정부政府[zhèngfǔ]'라고 쓸 수 있게.
'gj'를 '국가國家[guójiā]'라고 쓸 수 있게.
'zs'를 '자살自殺[zìshā]'이라고 쓸 수 있게.
'🐑'을 '양성반응陽性[yángxìng]'이라고 쓸 수 있게.
'🔗'을 '쇠사슬鐵鏈[tiěliàn]'이라고 쓸 수 있게.

이니셜과 부호는
나의 모국어가 아니다.

(…)

조금 더 용감해지자.

나부터 용감해지자,

용감한 사람이 나타나길 바라지 말고.

위안 리袁莉

2024년 5월 20일 뉴욕에서

편집자의 말

이 책의 편집을 끝냈을 때는 마침 '부밍바이 팟캐스트'(이하 '부밍바이')가 방송을 시작한 지 2주년이 되던 시점이었다.

충성스러운 청취자인 내게 '부밍바이'는 단연 매주 가장 중요한 정신적 식량이다. 이 방송은 현재 중국의 주요 이슈를 꾸준히 살펴볼 수 있게 해줄뿐더러 역동적이고 지속적인 프로세스를 통해 많은 중국인이 가지고 있는 의문 '중국이 왜 이렇게 변했는가?' '보통 사람인 우리는 무엇을 할 수 있는가?'에 해답을 줬다.

지난 2년 동안 '부밍바이'는 에피소드를 100편 가까이 방송했다. 다룬 주제는 매우 광범위하고, 출연진의 신분 또한 매우 다양했다. 청취자로서 나는 풍부한 내용에 매료됐다. 하지만 편집자로서의 나는 책과 팟캐스트는 다르다는 것을, 문자는 소리보다 더 간결하고 정보의 밀도가 더 높고, 논리를 더 중시한다는 것을 깊이 깨달았다.

이 책을 구성하기에 앞서, 나는 우리 팟캐스트의 다양성이 책에서도 유지되길 바랐다. 그래서 모든 회차의 주제, 키워드, 주요 이슈와의 연관성 그리고 출연자들의 신분을 일일이 분석했다. 그리고 이 책에 거시적인 정치, 경제 분석뿐 아니라 구체적인 인물 이야기부터 다양한 시위자들의 심리 변화 과정, 영세 사업자, 실업 청년, 농민공 들의 굴곡진 인생까지 담아냈다.

이 책은 '부밍바이'의 첫 번째 책이다. 나는 이 책이 우리 팟캐스트가 탄생한 2022년과 연관된다고 생각한다. 이해에 중국인들은 엄청난 고난을 겪었다. 연초에 있었던 시안西安 봉쇄와 펑豐현 쇠사슬 사건*부터 상하이 봉쇄, 구이저우贵州 버스 전복 사고,** 우루무치烏魯木齊 대화재,*** 봉쇄가 해제된 후 다시 발생한 코로나19 재유행까지. 이 일들은 우리의 집단 트라우마가 되었다. 하지만 그와 동시에 우리는 수많은 용감한 사람을 목격했다. 홀로 펑현에 가서 쇠사슬 사건을 취재한 우이烏衣, 상하이 봉쇄 당시의 '4월의 소리', 쓰퉁四通교

---

* 장쑤江蘇성 쉬저우徐州시 펑현에서 한 여성이 쇠사슬에 묶여 감금당한 상태에서 8명의 아이를 출산한 사건을 가리킨다.
** 구이저우성에서 코로나19 환자를 격리 장소로 이송하던 버스가 전복되어 27명이 숨지고 20명이 다친 사건을 가리킨다.
*** 우루무치시의 한 아파트에서 발생한 화재로 최소 10명이 죽고 9명이 다친 사건으로, 당시 코로나19 봉쇄 정책으로 탈출이 어려워서 다수의 사망자가 발생했다. 이 사건은 상하이 백지운동의 원인이 된다.

의 용사 펑자이저우彭載舟*와 거리로 나선 백지운동 시위자들, '마지막 세대最後一代**와 '꼭두각시가 되지 말자不做傀鬼***는 구호까지, 이러한 것들에서 우리는 모종의 공동체가 탄생할 가능성을 엿봤다.

　고난과 희망은 아마 다음의 세 가지 문제와 밀접하게 상관할 것이다.

　중국의 정치와 경제 구조는 어떠한가?
　그것이 사람들의 생활에 어떤 영향을 끼치는가?
　현 시국을 마주한 우리는 무엇을 할 수 있는가?

　이 세 가지 문제에 집중해 나는 거의 100편의 에피소드 중 17편을 뽑아 '독재 회귀: 그는 중국을 바꿨다' '개혁을 역행하다: 소련 체제로 회귀한 중국 경제' '어둠 속 작은 불빛: 역사 퇴조 시기의 희망'이라는 세 개의 장을 구성했다.

　1장 '독재 회귀'는 시진핑 시대에 초점을 맞춘다. 중국공산당 중앙당학교 교수를 역임한 차이샤蔡霞가 시진핑이 어떻게 순조롭게

---

* 2022년 10월 13일 베이징 쓰퉁교에 시진핑習近平을 파면하라는 내용의 현수막을 내건 사건.
** PCR 검사를 강요하는 경찰에게 저항하던 남성이 외친 말에서 나온 표현으로 중국의 젊은 세대 사이에서 정부의 엄격한 방역 정책과 사회적 통제에 대한 반발을 상징하는 구호로 쓰였다.
*** 제로 코로나와 관련해서 한 인기 팟캐스트 진행자의 클로징 멘트에 나온 표현으로 '백지운동'에서 자주 사용되었다.

권력을 손에 넣을 수 있었는지 심도 있게 분석했다. 정치학자 페이민신裴敏欣은 중국공산당의 '제로 코로나' 정책과 정치 논리를 분석했고, 그의 새 책 『감시국가哨兵國家(The Sentinel State)』를 토대로 중국의 국가 감시 시스템이 어떻게 운영되는지를 밝혔다. 중국공산당 중앙 체제에 몸담았던 정치학자 우궈광吳國光은 '제20차 전국대표대회(20대大)' 이후의 정치 구도를 해석하고, 일반인들이 어떻게 독재에 대항할 수 있는지를 모색했다. 베테랑 언론인 장쉐江雪와 장제핑은 다년간의 현직 경험을 토대로 시진핑 시대의 이데올로기 영역, 특히 언론 영역에서 일어난 격변을 이야기했다.

2장 '개혁을 역행하다'에서는 이야기의 초점을 중국 경제에 맞췄다. 저명한 경제학자 쉬청강許成鋼은 토지 재정과 중국 경제 고속 성장의 미스터리, 현재 직면한 통화 긴축 문제와 경제위기, 그로 인해 야기된 전면적 위기의 위험성 등을 심층 분석했다. 그리고 만약 현 제도에 근본적인 변혁이 일어나지 않는다면 중국 경제는 결국 구소련의 전철을 밟을 것이라고 지적했다. 거시적 분석 외에 이 장에서는 중국 경제 불황 속에서 심각한 타격을 받은 영세 사업자, 일자리를 찾지 못하고 있는 젊은이와 삶의 끝자락에서 발버둥 치고 있는 농민공 등 경제 불황 아래에 있는 보통 사람들의 운명에 대해서도 이야기했다. 이들의 이야기를 읽고 나면 작가 팡팡方方•이 말했던 '시대의 먼지 한 톨이 개인의 머리 위로 떨어지면 그것은 산이 된다'는 말에 공감할 것이라고 확신한다.

3장 '어둠 속 작은 불빛'에서는 저항하는 이들의 이야기를 소개한다. 12년 동안 익명으로 글을 쓰다가 '국가 정권 전복 선동죄'를 선고받은 유명 블로거 '편정수상編程隨想', 백지운동 참여자, 그리고 트위터(현 X)에서 저항운동 정보를 공유하는 가장 큰 중문 계정의 소유자 '리 선생은 네 선생님이 아니다李老师不是你老师'의 이야기가 수록되어 있다. 나는 리 선생이 인터뷰 마지막에 한 말인 "중국이 어떤 모습으로 변할지는 중국에 사는 사람들이 스스로 질문하고 답해야 합니다. 여러분은 중국이 어떤 국가가 되길 희망하나요? 답은 여러분의 손안에 있고, 미래 역시 여러분의 손안에 있습니다"를 정말 좋아한다. 나는 이것이 '부밍바이'와 이 책이 전달하고 싶은 바라고 생각한다.

지면의 한계로 이번 책에서는 페미니즘, 미·중 관계, 타이완해협의 정세, 민족주의, '윤학潤學'•• 등의 중요한 주제들을 다루지 못했다. 하지만 이것들은 앞으로 계속해서 우리 팟캐스트가 관심을 기울일 문제이며, 장래 이 책의 시리즈에 수록될 것이라고 확신한다.

- 우한에서 발생한 코로나19 팬데믹 초기 상황을 기록한 『우한일기』가 유명해지자, 일부 보수적 여론으로부터 반체제 인사로 낙인찍히고 외국의 영향을 받아 자국의 이미지를 손상시킨 배신자 취급을 받았다.
- •• 윤潤은 해외로 이민 간다는 뜻으로 사용된다. 潤의 병음 '런run'이 영어의 run과 같아서 생긴 신조어다.

차 례

3장 __ 어둠 속 작은 불빛
역사 퇴조 시기의 희망

1장

독재 회귀

그는 중국을 바꿨다

차이샤蔡霞

한 사람의 의지가 어떻게
공산당 전체를 제어할 수 있었나?

차이샤는 1952년 장쑤江蘇성 창저우常州에서 태어났고, 1992년 중국공산당 중앙당학교에 들어가 공부하며 석사와 박사 학위를 취득했다. 박사 학위를 받은 후 학교에 남아 교편을 잡다 퇴직했다. 주요 연구 분야는 중국공산당의 사상과 조직 건설이며, 일찍이 중국공산당 개혁을 추진하는 데 힘썼다. 그는 중국이 당내 민주화를 시작으로 장기간의 노력을 거쳐 마지막에는 입헌 민주주의 체제로 가길 바랐다. 하지만 최근에 그는 중국공산당이 반대 방향으로 가고 있다는 것을 깨닫고 여러 차례 비판의 목소리를 냈다. 개인적으로 질의도 하고 공개적으로 이의도 제기하다가 정부의 훈계 처분을 받고 검열 대상이 됐다. 2020년 그는 공개적으로 시진핑을 비판하다가 당적을 박탈당한 후 지금까지 미국에서 거주하고 있다.

2012년 11월, 시진핑이 최고 지도자에 취임하기 전까지 중국공산당의 고위층 정치 구조는 보편적으로 아홉 명의 정치국 상무위원이 각자 한 분야씩 맡는다는 '구룡치수九龍治水'나 정책이 지도부가 있는 중남해中南海 밖으로 전해지지 않는다는 '정령불출중남해政令不出中南海'라는 말로 대표되었다. 하지만 5년이라는 짧은 기간에 시진핑은 반부패 운동이라는 강력한 수단, 군 개혁, '소조치국小組治國'*을 통해 앞선 두 명의 지도자가 갖지 못했던 권력을 쥐었다. 2017년 10월에 있었던 '제19차 전국대표대회'(이하 19대大) 이후 정치권력은 이미 시진핑을 유일한 기준으로 삼았다. 권력이 집중되는 과정에서 시진핑에게 실질적으로 영향을 미칠 만한 저항은 거의 없었다.

차이샤는 다음의 질문에 답하려 한다.

시진핑은 어떻게 이토록 순조롭게 권력을 집중시킬 수 있었나? 중국공산당 체제와 시진핑 개인의 정치 수완에는 어떤 관계가 있나? 앞으로 시진핑의 권력을 제약할 요소들이 있을까?

• 각종 '소위원회小組'를 만들어서 국가 운영에 참여한다는 정치 시스템의 일종.

인터뷰 요약

- 시진핑 권력 집중 체제의 기초, 민주집중제.

- 어떻게 개혁개방 이후 오직 시진핑만 이러한 고도의 권력 집중을 실현할 수 있었나?

- 시진핑은 권력 집중을 이루기 위해 구체적으로 어떤 수단을 썼나?

- 권력 분산과 권력 나눠먹기의 구분.

- 시진핑은 당내 부패 척결 중에 제기된 이견을 어떻게 제압했는가?

- 앞으로 시진핑의 권력을 제약할 수 있을까?

- 중국은 무력으로 타이완을 침공할 수 있을까?

위안 리(이하 위안) —— 오늘은 차이 선생님을 모시고 이야기 나눠보려 합니다. 시진핑은 어떻게 이처럼 순조롭게 권력을 장악할 수 있었을까요? 이게 중국공산당 체제나 시진핑 개인의 정치 수완과는 어떻게 관련될까요? 첫 번째 질문으로 시진핑 집권의 합법성과 정당성이 어디서 온 것인지 여쭤보겠습니다.

차이샤(이하 차이) —— 시진핑 집권의 합법성과 정당성을 이해하려면 우선 중국공산당이라는 정당부터 이야기해야 합니다. 공산당의 전통과 본질은 개인 독재로 나아간다는 것입니다. 지도자의 권위가 당내 누구보다 높기 때문이죠.

처음에 마르크스와 엥겔스가 노동자계급 정당을 세웠을 때 이야기한 것은 '민주제'였어요. 하지만 레닌 시기가 되면서 레닌은 '민주집중제'를 제기했습니다. 마르크스와 엥겔스는 민주적인 '정당'과 비밀스러운 '집단'을 구분하려고 했어요. 즉 레닌의 정당과 마르크스와 엥겔스가 말한 정당은 같지 않아요.

그 당시 레닌은 정권을 탈취해서 국가를 세우고 싶어했습니다. 그러려면 반드시 고도로 집중된 통일 정당이 필요했죠. 그래야만 폭력혁명을 전개할 수 있으니까요. 당시 러시아 사회민주노동당에는 두 계파가 있었는데, 하나는 '소수파'(러시아어로 멘셰비키)이고 다른 하나는 '다수파'(러시아어로 볼셰비키)입니다. 멘셰비키는 제2인터내셔널• 이후 반드시 '민주제'를 해야 한다고 주장했던 반면, 레닌은 '집중제'를 강조했죠. 나중에 레닌은 이 두 개를 합쳐서 '민주집중제'라고 합니다. 여기까지가 '민주집중제'의 유래예요.

레닌주의 정당이 비록 '민주집중'을 이야기한다지만, 그 본심은 '집중'에 있어요. 이때 '집중'은 두 가지 측면에서 구현됩니다.

첫 번째 측면은 당 안에서 구현됩니다. 당원 모두 의견을 말할 수 있다고 강조하지만, 결국에는 지도자가 결정을 주도합니다. 지도자가 깨어 있는 사람이라면 당원의 의견을 많이 듣겠죠. 하지만 지

• 1889년에 창설되었다가 제2차 세계대전 발발과 함께 소멸된 국제적인 사회주의 조직.

도자가 깨어 있는 사람이 아니라면 지도자의 의견이 최후의 결정이 될 겁니다. 그래서 집중제는 고도의 의견 일치와 정해진 바대로 따르는 것을 강조합니다. 이때 따라야 하는 것은 지도자의 말이고요. 이 때문에 당 안에서의 '민주집중제'는 반드시 지도자 일인 독재로 가게 되어 있습니다.

두 번째로 공산당은 국가 정권을 탈취한 당이기 때문에 '민주집중제'를 국가 체제로까지 확대하려고 한다는 겁니다. 레닌은 사회주의 국가는 반드시 공산당이 이끌어야 하고 어떠한 정당과도 권력을 나눌 수 없다고 강조했어요. 당시에 몇몇 정당은 레닌이 일당 독재를 한다고 비난했습니다. 레닌은 비난을 되받아치며 말했어요. "내가 일당 독재를 한다는데, '민주'는 인민들에게 하는 것이고, '독재'는 모든 반대 세력에게 하는 것이다." 일당 독재를 합법화하는 것과 다를 바 없죠.

당의 지도자를 강조하는 것은 당이 국가보다 높다는 것이고, 일당 독재는 국가권력을 이용해서 사회의 모든 반대 세력을 진압하는 것입니다. 한 사람의 지도자가 당의 최고 지도자면서 국가권력을 가질 때, 그는 국가권력을 사회의 반대 세력을 진압하는 데 사용할 뿐 아니라 당내의 반대 의견을 금지하고 억압하는 데 사용할 겁니다. 시진핑이 어떻게 권력을 자신에게 집중시켰을까요? 이렇게 된 데에는 그가 국가권력을 사용해서 모든 당원, 간부, 그들의 가족을 상대로 일종의 숙청을 감행한 것이 상당한 역할을 했습니다.

공산당이나 레닌주의 정당의 본질적인 지향점은 지도자의 개인 독재입니다. 그래서 시진핑에게 권력이 집중될 때, 아무도 목소리를 내지 못했습니다. 공산당 자체에 이러한 전통이 있기 때문이죠.

위안 —— 개혁개방을 한 지 40여 년이 지났는데, 어떻게 시진핑만 순조롭게 권력을 장악할 수 있었고, 덩샤오핑鄧小平이나 장쩌민江澤民, 후진타오胡錦濤 같은 사람은 그렇게 하지 못했을까요? 이게 시진핑 개인의 정치적 수완과 관계있나요?

차이 —— 당연하죠. 마오쩌둥毛澤東이 집권한 시기, 그러니까 소위 신중국을 세운 후 그는 개인숭배를 통해 사실상 한 개인의 독재 권력을 만들었습니다.

문화대혁명은 공산당에 특별한 교훈을 주었습니다. 바로 개인 권력을 제약하지 못한다면, 덩샤오핑이 말했듯이, 마오쩌둥 같은 위대한 지도자도 잘못을 범할 수 있다는 겁니다. 그래서 덩샤오핑 자신이 정치 일선으로 복귀했을 때도 개인의 권력 집중을 방지하는 데에 상당히 신경을 썼습니다. 그는 더는 누구도 일인 독재를 할 수 없도록 제도를 만들어야 한다고 강조했습니다. 마오쩌둥에게서 교훈을 얻었다고 할 수 있죠.

당시 중국공산당 내에는 천윈陳雲과 덩샤오핑의 '쌍봉정치雙峰政治'가 존재했습니다. 천윈과 덩샤오핑, 두 사람의 위치나 이력은 엇비슷했고요. 하지만 그들의 의견은 자주 엇박자를 탔죠. 아시다시피 천윈은 계획경제를 선호했고, 덩샤오핑은 미국을 본받은 시장경제를 선호했어요. 그들은 서로를 제약했습니다.

당시에는 공산당 내에 중앙고문위원회라는 조직이 있었습니다. '8대 원로'[1] 모두가 그 조직에 속해 있었죠. 청나라의 '팔왕의정八王議政'과 비슷하죠? 아무튼, 그래서 덩샤오핑은 일인 독재를 할 수 없었습니다. 후야오방胡耀邦과 자오쯔양趙紫陽은 더 말할 필요도 없죠. 그들은 민주주의로 기울어져 있었으니까요. 그러면 장쩌민의 시대가 되었을 때는 독재를 왜 못 했을까요? 덩샤오핑이 살아 있었기 때문이죠. 1989년 이후, 장쩌민은 3년간 평화적인 변화도 반대했고, 톈안먼 시위대의 요구도 거부했고, 덩샤오핑의 시장경제 개혁도 뒤집으려 했습니다. 덩샤오핑은 당시에 매우 화를 냈어요.

1992년 덩샤오핑이 선전深圳을 시찰할 때, 『덩샤오핑 문집鄧小平文集』에는 수록되어 있지 않지만 내부 사람들은 다 알고 있는 말을 몇 마디 했습니다. 그중 하나는 "사상을 바꾸지 않으면 사람을 바꾼다"였어요. 이 말은 '장쩌민, 너 생각 바꾸지 않으면 내가 널 물러나게 할 거다'라는 뜻이었죠. 또 하나는 "개혁하지 않는 자는 물러나야 한다"였습니다. 장쩌민에게 직접 경고한 거예요.

그러면 후진타오는 어땠을까요? 장쩌민이라는 제약이 있었지만, 후진타오는 그 자체로 세력이 약한 지도자였어요. 그러니 독재하기가 더 어려웠죠. 여기까지가 객관적인 원인입니다.

---

1 덩샤오핑, 천윈, 펑전彭真, 양상쿤楊尚昆, 리셴녠李先念, 덩잉차오鄧穎超, 보이보薄一波, 쑹런충宋任窮을 가리킨다.

이외에 또 하나 중요한 점은 덩샤오핑도 그랬고 장쩌민이나 후진타오도 그랬는데, 당시 전반적인 추세를 보면 중국공산당이 현대 문명을 향해 나아가고 있었다는 겁니다. 비록 현대 문명을 향해 나아가는 일이 대단히 어렵고, 속도도 대단히 느렸지만 말이죠. 시장 경제로 나아가고, 세계에 융화되고, 현대 문명에 화합하는 길은 때로 한계에 부딪히는 것 같았고 한 걸음 물러서는 것 같기도 했지만, 그 기본 방침은 변하지 않았습니다.

　　이게 시진핑 때에 와서는 달라졌죠. 시진핑은 집권하자마자 매우 명확하게 태도를 바꿉니다. 태도를 바꿀 때 그가 내세운 논거는 이랬습니다. 후진타오 시기의 '구룡치수'와 '정령불출중남해' 때문에 기득권 세력 및 부정부패 세력이 커졌고, 바로 이러한 권력 분산이 당 중앙을 연약하고 무력하게 만들었다는 거죠. 그래서 그는 자신에게 권력이 집중되는 체제를 강화했어요. 그가 집권하고 나서 자기한테 권력을 집중시키기 위해 찾아낸 나름 정당한 이유였습니다.

　　하지만 이건 근본적으로 말이 안 됩니다. 왜냐고요? 그가 운운한 권력 분산은 거짓 명제니까요. 민주 정치를 한다면 반드시 권력을 나누고 상호 제어해야 합니다. 권력을 한 사람에게 집중시켜 독재하도록 두면 안 됩니다.

　　후진타오 시기의 '구룡치수'는 권력 분산이 아니고 권력 나눠먹기였어요. 하나의 온전한 국가권력을 아홉 개로 나눠서 아홉 명의 상무위원이 하나씩 관리하는 겁니다. 예를 들어 저우융캉周永康은 정치법률위원회政法委를 주관합니다. 공안, 검찰, 사법을 포함한 정법 계통은 모두 그의 말을 따르는 거죠. 류윈산劉雲山은 이데올로기를 주관합니다. 그러면 중앙선전부나 신문출판부, 방송국은 모두 그의 말을 따라야 하죠.

이런 판국으로는 '나는 여기를 주관하니까 여기는 내 영역이야. 아무도 간섭하지 마'가 됩니다. 이렇게 아홉 명이 각자 자신의 권력으로 하나의 독립된 왕국을 세웁니다. 권력의 운용이 국가 전체 효율의 관점에서 출발하지 않고, 순전히 개인 이익의 관점에서 고려됩니다.

권력 분산이 국가 전체 효율을 위해서 전개되면, 국가 제도의 건전성을 보호하고 사회를 정상적으로 운영하자는 총체적인 목표가 세워집니다. 반면 권력 나눠먹기는 순전히 개인만이 결정권을 가져요. 개인은 오직 자신의 이익만을 고려하고, 국가의 이익 따위는 신경 쓰지 않습니다. 그 결과 국가와 사회 전체가 오히려 손해를 보게 되죠.

하나 더, 분권과 상호 제어가 가능한 민주국가의 권력 분산은 법치의 궤도에 따라 운행됩니다. 권력은 오직 이 궤도를 따라서만 운행되고, 궤도를 벗어나면 사람들은 책임을 묻습니다. 하지만 중국에서는 내 관할 구역 안에 있기만 하면, 그 권력을 어떻게 쓰든 내 마음인 거예요.

중국에서는 다음처럼 상황이 펼쳐집니다. 만약 당신이 강력한 지도자라면, 약한 부처를 강한 부처로 만들어서 끊임없이 세력을 확장할 수 있습니다. 반대로 당신이 약한 지도자라면, 강한 부처를 약한 부처로 만들어서 끊임없이 주변화시킬 수 있습니다. 이런 식의 권력 작동은 법치가 아닌 전형적인 인치人治입니다.

겉으로는 권력 분산과 권력 나눠먹기가 비슷해 보입니다. 하지만 조금만 깊게 보면 이 둘은 전혀 다릅니다. 따라서 해결해야 할 것은 권력 분산의 문제가 아니고 권력 나눠먹기의 문제입니다. 권력 나눠먹기를 해결하는 방법은 권력을 한 사람의 손에 모두 집중시키는 것이 아니고, 분권과 상호 제어를 확립하고 권력이 법치의 테두리에서 작동하게 하는 것입니다. 이렇게 해야만 중국공산당 내부의 여러 문제를 진정으로 해결할 수 있어요.

위안 —— 권력 나눠먹기의 상황에서 이미 엄청난 기득권 세력과 족벌정치 세력이 자리 잡고 있었습니다. 이처럼 복잡한 이익 세력을 상대로 시진핑은 어떻게 일인 독재를 할 수 있었을까요?

차이 —— 시진핑이 막 집권했을 당시 사람들은 국내의 부패 상황이 아주 심각하다는 것을 알고 있었습니다. 부패 문제에 좌파, 우파, 중도 가릴 것 없이 모두가 이를 갈았고, 정부와 민간 모두 부패 척결을 원했습니다. 당시 이런 말이 유행했어요. "부패 척결을 안 하면 나라가 망하고, 부패 척결을 하면 당이 망한다." 그렇다고 공산당이 부패 척결을 반대하면 위신이 깎이겠죠. 이미 손쓸 수 없을 만큼 부패가 심각하기도 했고요. 그래서 시진핑도 집권하고 나서 부패 척결을 목표로 했습니다. 모두가 바라는 바였죠.

하지만 시진핑의 부패 척결은 이를 구실로 공산당 전체에 본때를 보이는 것이었습니다. 그는 부패 척결을 시작점으로 삼고 권력을 자기 손아귀에 넣으려고 했습니다. 낙마한 사람 중 일부는 정말로 부패 세력이었지만, 일부는 그와 의견이 맞지 않는 사람들이었습니다. 핵심 부서 간부들이 있다고 해보죠. 시진핑이 이 부서를 손에 넣고 싶다면, 부패 척결이라는 미명하에 그 간부들을 조사하는 식이었습니다.

얼마 전에 제가 어떤 자료를 조사해보니, 중앙기율검사위원회(중기위中紀委) 감찰부가 2016년 1월 2일에 공포한 자료에서, 2015년 '쌍규조사雙規調查'[2]를 받은 '중관간부中管幹部'가 37명이라고 합니다. 여기서 중관간부란 중앙위원과 차관급 이상의 간부를 가리키는데, 중앙조직부(중조부中組部)가 직접 관리하는 간부(이른바 '고간高幹')를 말합니다. 이 중에서 장관급과 성장급이 13명이나 된다고 합니다. 전국에 장관급과 성장급 직책이 몇 개나 되겠습니까? 2015년에 낙마한 총 간부의 3분의 1이 넘는 인원이 성장급 간부였습니다. 그리고 군대 방면으로는 2015년 11월에 공포한 자료를 보면 '제18차 전국인민대표대회(전인대)' 때부터 이미 45명의 장성급 군인이 낙마했습니다.

---

2 '쌍규雙規'는 비리 혐의를 받는 이가 정해진 시간과 장소에서 사건과 관련된 문제를 해명할 것을 요구받는 것이다. 이는 공산당 기율검열기관이 당내 기율검열 사건을 조사할 때 취하는 조치 중 하나다.

이런 식으로 시진핑은 부패 척결을 통해 위엄을 세웠습니다. 중국의 정치 체제에서 부정부패가 아주 보편적이라는 점 덕분이었죠. 당신이 정말로 부정부패를 저질렀다면 감히 가타부타 말할 수 없을 테고, 모든 관리는 자기만 걸리지 않으면 다행이라고 생각하겠죠. 게다가 걸려든 간부가 물러나면 그 자리가 비지 않겠습니까? 시진 핑에게 충성을 다하고 싶은 사람들, 그 자리에 올라가려고 기다리는 사람은 엄청나게 많습니다.

부패 척결을 통해 시진핑은 당내에 위신을 세웠을뿐더러 당심과 민심을 얻을 수 있었습니다. 하지만 나중에 사람들이 알아버리죠. 그의 부패 척결은 선택적이었고, 사실은 날강도 같은 수단으로 당 전체를 장악했다는 것을요. 모두 깜짝 놀랐죠.

또 다른 수단은 무엇이었을까요? 중국공산당은 2010년에 영도 간부領導幹部[3]가 개인 신상을 보고하는 규정을 만듭니다. 연말마다 부처장급 이상의 간부들은 자기 재산을 신고해야 합니다. 원래 관리는 응당 사회에 재산을 공개하고 사회 대중에게 감독받아야 하지만, 공산당은 시종일관 관리들의 재산을 사회에 공개하지 않았습니다. 그렇다면 이 규정은 어떤 역할을 할까요? 규정에서는 간부가 재산을 반드시 조직에 공개해야 한다고 말합니다. 이에 따라 간부들은 자신의 월급이 얼마이고, 보너스는 얼마이고, 본인이 강의나 글 쓰기를 통해서 얼마를 버는지, 자신의 가족이 주식 투자로 얼마를

---

3 중앙부서의 부처장급 이상과 지방의 현급 이상의 고위급 간부를 가리킨다.

벌고, 부인이 사업을 한다면 그 기업의 상황은 어떤지, 자녀가 어디서 뭘 하는지 등을 전부 조직에 보고해야 합니다.

전체 당의 수백만 명 간부를 과연 일일이 조사할 수 있을까요? 이에 시진핑은 추출 검사를 합니다. 무작위 추출 검사에서 사실대로 보고하지 않은 것이 걸리면, 당에 충성하지 않았다고 비판합니다. 간부들은 누가 걸릴지 모르니 사실대로 보고할 수밖에 없지요.

간부들 입장에서 이건 자신의 '약점'을 조직에 얌전히 갖다 바치는 거나 다름없습니다. 자기 '약점'을 다른 사람이 움켜쥐고 있다면 안 무섭겠습니까? 제가 한번은 베이징 시당위원회 조직부의 간부들을 상대로 강연했는데, 이 문제에 관해 물어봤습니다. "여러분에게 모든 사람의 자료가 다 있는데, 부서 인원 중 남의 자료를 마음대로 보고 처벌하고 싶은 사람을 처벌할 수도 있지 않나요?" 그들이 해명하더군요. "아니요. 우리는 오직 두 경우에만 자료를 봅니다. 하나는 간부를 선발할 때 반드시 그 사람의 자료를 봅니다. 다른 하나는 누군가가 고발했을 때입니다."

위안 —— 그러면 고발이 부추겨질 수도 있네요.

차이 —— 맞아요. 2016년 초에 중기위에서 자료를 하나 발표했는데요. 2015년 중국공산당 중조부와 중기위가 개인 관련 사항 보고를 추출 검사하고 사실을 확인한 비율이 과거 3~5퍼센트에서 10퍼센트로 증가했고, 조사받은 사람은 36만 명이 넘고, 그중 3370명의 승진이 중단되거나 취소되었습니다. 간부 파일이나 신고 자료의 위조 문제는 535건을 조사 처리했고, 54건을 신고했다고 합니다.

이런 과정은 '추출 검사를 하는데, 반드시 너라는 보장은 없어. 하지만 걸리는 사람은 재수가 없을 거야' 하고 말하는 것과 같죠. 제가 아는 중앙기관의 여성 간부는 일도 잘하고 업무 태도도 아주 훌륭했습니다. 그래서 당은 그를 중앙부처 과장급(처급)에서 부국장급(부청급)으로 승진시키려고 했습니다. 자, 그렇다면 자료를 꺼내 봐야겠죠? 그러고는 결국 승진을 미뤄버렸습니다. 그를 조직에 충성하지 않는다, 진실하지 않다고 비판하면서요. 어떻게 된 일일까요? 알고 보니 그 간부의 남편이 대학 이공계 교수였습니다. 이공계는 자신의 연구 성과를 실제 생산으로 쉽게 전환해서 소규모 회사를 차릴 수 있습니다. 그 교수도 일찍이 회사를 하나 차렸지만, 본업이 교수인지라 돈을 버는 장사는 잘하지 못했습니다. 회사는 차렸지만 경영을 계속하지 못한 거죠. 그래도 폐업하지는 않고 내버려뒀던 모양입니다. 그 여성 간부는 남편이 그들이 사귀기도 전에 회사를 차렸던 사실을 전혀 몰랐죠. 여러 해가 지나서 승진을 앞두고 이 일이 드러났고, 그는 조직에 진실하지 못하다는 비판을 받아야 했습니다.

사람들의 속마음은 어떨까요? 자기는 전혀 알지도 못하는 일로 죄를 뒤집어쓰고 당에 충성하지 않았다고 비판받다가 골로 간다고 생각하지 않을까요. 부처장급 이상의 간부들 전부의 '약점'이 시진핑의 손아귀에 있는 것이나 마찬가지고, 그가 처리하고 싶은 사람은 쉽게 처리됩니다. 공산당 간부들 입장에서 말하자면 마음속에 공포의 그림자가 드리워져 있다고 할 수 있습니다.

위안 —— 시진핑이 이렇게 나오면 분명 비판이 일 텐데요?

차이 —— 그렇죠. 시진핑은 2012년에 취임해서 2013년에 부패 척결을 감행했고, 2014년이 되자 말들이 나오기 시작했습니다. 선택적 부패 척결이라는 비판이었죠. 사람들이 본 거예요. 홍이대紅二代˙나 태자당太子黨˙˙의 부정부패는 전혀 조사하지 않고, 일반인 출신의 간부들만 조사한다는 것을 말이죠. 이건 보편적인 비판이었습니다. 또 어떤 상황이 벌어졌을까요? 2013~2014년 당시의 부패 척결을 주의 깊게 봤다면, 정부 행정 계통의 관리가 자주 조사받았고, 당무 계통의 관리는 거의 조사받지 않았다는 것을 알아차렸을 겁니다. 정부가 행정권을 행사하는 과정에서는 대량의 실무 처리가 동반되기 때문에 금권교역金權交易이 자생하기 쉽습니다. 따라서 부패 척결 운동이 시작되자 일차적으로 행정 계통의 관리들이 희생양이 되었고, 당무 계통의 관리들은 거의 조사받지 않았습니다.

그런데 제 눈에는 이게 어떻게 보였냐면, '일하는' 간부들이 '일

˙ 홍얼다이, 중국공산당 혁명 원로의 2세대로, 중국의 정계, 재계, 군부 등에서 막강한 영향력을 행사하는 엘리트 계층.

˙˙ 타이즈당, 홍얼다이 중에서도 특히 정치권력을 세습하거나 이용해 고위직에 진출하여 영향력을 행사하는 핵심 집단.

하지 않는' 간부들에게 제대로 한 방 먹은 걸로 보였어요. 공산당 당무 계통의 간부는 실제 행정을 하는 사람들이 아니고, 구호를 외치는 사람들입니다. 날마다 '당 중앙을 옹호하자!'라든가, '당의 지도를 견지하자!' 따위를 외칩니다. 구호만 잘 외치고, 중국공산당 중기위에서 중대한 사건을 몇 개 조사해내면 정치적으로 업적을 쌓을 수 있죠.

이렇다 보니, 공산당 관리들은 요즘 말로 '당평躺平'•을 하기 시작했습니다. '예전 관리는 아무렇게나 막 행동하고 권력을 마음대로 휘둘렀는데, 지금은 뭘 어떻게 해야 하는지 몰라서 아무것도 안 한다' 이거죠. 2014년 하반기가 시작되자 비판 의견들이 불거졌습니다. 결국 시진핑은 여러분도 알고 있는 네 글자, '부득망의不得妄議'••를 꺼내듭니다.

당시 저는 '부득망의'가 우리같이 비판하길 좋아하는 사람들을 겨냥한 말인 줄 알았어요. 그런데 나중에 누가 알려주길, '부득망의'는 은퇴했지만 아직 살아 있는 상무위원과 정치국 위원 이상의 사람들을 겨냥한 말이라고 하더군요.

그러면 시진핑이 어떻게 그 노인들의 입을 막았을까요? '함부로 입을 놀리고 싶어? 좋아, 그럼 당신 운전기사부터 잡아들이지. 당신이 차 안에서 무슨 말을 했든 기사는 다 들었을 테니, 기사한테서 당

• 탕핑. 본뜻은 '누워 있다'이지만, '아무것도 하지 않다'라는 의미로 쓰인다.
•• 함부로 엉터리 논의를 하지 마라.

신을 처리할 꼬투리를 잡아내면 돼. 우선 기사를 잡아들이고 그다음은 당신 부하 차례야. 어때, 그래도 입을 놀리고 싶어? 좋아, 이번엔 비서를 잡아들이겠어. 비서는 당신이 뭘 했는지 아무래도 기사보다 더 잘 알겠지. 비서를 잡아들였는데도 여전히 꼬리를 안 내리겠다? 좋아, 그럼 이번엔 당신 자식을 잡아들이지.' 일단 자식에게 손을 대면 모든 사람이 입을 다뭅니다. 이렇게 시진핑은 '부득망의'라는 네 글자로 그 노인들의 입을 막아버렸죠. 그들 중 집안이 깨끗한 사람은 아무도 없었거든요.

노인들의 입을 막았지만, 공산당 수백만 명의 간부와 수천만 명의 당원은 여전히 할 말이 많았죠. 그래서 2015년 말에 중앙 18기 5중전회에서 시진핑은 '당내 정치활동에 관한 약간의 준칙'을 개정하고, 다시 '중국공산당 기율 처분 조례'를 개정합니다. 정치 기율을 세워서 '부득망의' '4개 의식'*을 새겨넣었죠. 누구든 시진핑이나 당에 대해 논의하거나 비평하면 당 중앙을 함부로 말하는 것이 되었고, 그 뒤로 '부득망의'는 전체 당원을 처벌하는 근거로 변해버렸습니다. 이렇게 시진핑은 전체 당원의 입도 막을 수 있었습니다.

그의 권력 장악이 어째서 그렇게 쉬웠냐고 물으셨죠? 여기까지가 바로 그의 정치 수완 혹은 날강도 같은 수단이라고 할 수 있습니다. 당내에서 공포 통치를 한 겁니다.

---

* 시진핑에게 절대복종을 요구하는 정치·대국·핵심·일치 의식을 의미.

위안 —— 시진핑의 권력 장악이 중국공산당이라는 정당에는 어떤 의미일까요?

차이 —— 그가 권력을 장악한 후 공산당 전체가 입을 닫았고 아무도 목소리 내지 않았어요. 그는 당내에서 하고 싶은 대로 할 수 있었고, 그런 그가 첫 번째로 한 것이 바로 2018년의 헌법 개정입니다. 당시 아무도 그를 막을 수 없었습니다. 감히 어떤 말도 할 수 없었어요. 그래서 저는 시진핑이 조폭 두목이고, 중국공산당은 이미 정치 좀비가 되었다고 말했죠.

'20대大' 이후 그와 여섯 명의 상무위원이 등장했을 때 모두 하나같이 비서 출신이었어요. 차이치蔡奇도 리창李强도 딩쉐샹丁薛祥도 모두 그의 비서였어요. 리시李希는 시중쉰习仲勋(시진핑의 아버지)의 부하였고, 간쑤甘肅성 서기 리쯔치李子奇의 비서였어요. 왕후닝王滬寧은 중앙정책연구실 주임이었지만, 사실 당 중앙의 비서였죠.

이제 공산당은 더는 정당이 아니에요. 정당이라면 당내에 다양한 의견이 있어야 정상인데, 시진핑은 어떠한 균형도 필요 없고, 자신의 비서만으로 상무위원회를 만들겠다는 뜻을 '20대大'를 통해 사람들에게 적나라하게 보여줬어요. 이후로 중국공산당의 상무위원회에는 어떤 진정한 의미의 토론도 존재하지 않게 되었습니다. 상무위원회 회의는 마치 사장이 직원들에게 훈시하는 것처럼 변했고, 당은 시진핑의 손아귀에 들어가서 그의 도구로 전락했죠.

위안 —— 그러니까 한 사람의 의지로 모든 것이 결정된다, 이거죠?

차이 —— 맞아요. 한 사람의 의지가 당 전체를 제어하는 거죠.

위안 —— 그렇다면 앞으로 시진핑을 견제할 만한 요소가 남아 있나요? 아직 젊은 우리는 어떻게 살아야 할지, 이 나라가 어떤 모습으로 변할지를 생각해야 하거든요. 우리 14억 중국인에게 시진핑의 독재는 무엇을 의미할까요?

차이 —— 앞에서 말한 사건들이 벌어지고, 특히 3년간의 '제로 코로나(칭링淸零)'[4] 이후 어떤 사람들은 이 나라가 북한처럼 되고 있다고 말했습니다. 하지만 저는 이 나라가 북한처럼 되리라고는 생각하지 않아요. 북한은 1950년대부터 지금까지 줄곧 대외 개방을 하지 않았어요. 김씨 3대가 견고하게 북한 사회를 통제하고 있고, 북한 주민들은 바깥의 소리를 전혀 들을 수 없습니다.

만약 개혁개방이 없었다면 중국도 북한처럼 됐겠죠. 그러나 1980년대와 2001년부터 2006년까지, 이 두 시기에 중국의 대외 개방도는 비교적 높았습니다. 다양한 의견, 다양한 사조와 이론이 이

---

4 코로나19에 대응하고자 실시한 방역 정책. 중국에서 코로나19 발생 기간에 '역동적 제로 코로나' 개념을 만들어서, 전 국민 PCR 검사, 강제 격리 등의 방식으로 '제로 코로나' 정책을 폈다.

미 중국으로 들어왔습니다. 중국의 문이 열린 후 중국인들은 바깥 세상을 볼 수 있었습니다. 그래서 북한처럼 나라의 문을 걸어 잠그고 시진핑이 황제가 되고, 심지어 자기 자식에게 황제를 세습하는 건 제가 보기에 불가능합니다. 그도 그것까진 할 수 없을 겁니다.

개혁개방으로 중국은 세계 경제와 하나로 연결되었습니다. 외부 요인이 중국 정세에 미치는 영향이 갈수록 커지고 있죠. 이러한 영향력이 얼마나 강력할지는 세계 다른 나라에 대한 중국의 의존성이 얼마나 강하냐에 얼마간 달려 있습니다. 과거 시진핑이나 중국공산당은 중국이 세계의 공장이고 중국에 전 세계 공급망이 자리하고 있으니 세계가 중국을 떠날 수 없다고 여겼어요. 하지만 지금은 거대 자본이나 외국 기업이 중국에서 철수하거나 다른 나라로 이전하고 있습니다. 중국은 세계를 떠날 수 없지만, 세계는 중국을 떠날 수 있다는 것이 증명됐죠.

또 하나의 변수는 바로 중국 경제입니다. 3년간의 '제로 코로나' 이후 중국 경제는 자유 낙하를 하고 있습니다. 하지만 경제가 어느 정도까지 망가질까요? 시진핑과 당은 경제를 구할 수 있을까요? 구한다면 어느 정도까지 구할 수 있을까요? 아마 2024년 경제와 사회가 어느 정도까지 회복되느냐를 봐야 그가 지금처럼 완전히 통제권을 쥐고 있는 상황을 공고히 할지, 아니면 어쩔 수 없이 조금씩 입장을 바꾸게 될지 알 수 있을 것 같습니다.

중국의 경제 구조는 이미 오랫동안 왜곡되어 있었고, 줄곧 심도 있는 경제 개혁과 산업의 세대교체를 해내지 못했습니다. 그래서 우리는 양적 성장 중심의 경제를 체험했고, 영세기업의 생산력은 여전히 낙후된 상황입니다. 이것들은 이미 세계시장에서 도태되기 시작했죠. 과거에 개선하거나 교체할 수 있었던 것조차 그러지 못했고, 모든 문제가 지금에 와서 드러나고 있습니다.

중국공산당의 정치 논리와
감시 시스템 이해하기

페이민신은 1957년 상하이에서 태어났다. 현재 미국 켈리포니아주 클레어몬트매케나칼리지 정치학 교수이며 전공 분야는 전제 정권과 권위주의 체제의 전환이다. 그는 문화대혁명 이후 처음으로 미국 유학을 떠난 학생 중 한 명이다. 하버드대학에서 정치학 석사와 박사 학위를 받았고, 저명한 정치학자 새뮤얼 헌팅턴 교수에게 사사했다. 저서로는 『개혁에서 혁명까지從改革到革命』『간혀버린 중국의 체제 전환中國被困的轉型』『중국을 배신하다出賣中國』『감시국가』 등이 있다.

코로나19 기간에 중국의 '제로 코로나' 정책의 시행은 심각한 2차 재해를 일으켰다. 병원의 휴진과 공급망 단절은 수많은 노년층과 기저 질환자의 사망을 초래했고, 주민들은 장기 봉쇄로 집에 간혀 지내면서 집단적 심리 위기에 빠졌다. 엄청난 방역 비용과 간헐적인 사회적 중단은 중국 경제에 가늠하기 어려운 악영향을 끼쳤다.

'부밍바이'와 두 차례 인터뷰에서 페이민신은 중국공산당이 '제로 코로나' 정책을 밀어붙인 배경의 정치 논리와 '작악수권作惡授權'• 의 체제 특징을 분석했다. 그는 '제로 코로나' 정책이 14억 인구의 중국에서 전면적으로 실행될 수 있었던 것은 강력한 국가 감시 체계가 있었기 때문이라고 여긴다. 이 체계는 과거 수십 년 동안 심혈을 기울여 이룩한 현대 기술 통제 프로젝트를 포함하며, 이보다 더 중요한 것은 방대하고 노동 집약적인 스파이 네트워크가 시행되었다는 것이다. 페이민신은 2024년 저서 『감시국가』를 토대로 이러한 국가 감시 체계가 어떻게 운용되는지 설명했다.

• 규칙을 파괴하고 법률을 위반하는 일 처리가 일의 전개를 위해 묵인되거나 장려되는 것을 의미.

인터뷰 1
'역동적 제로 코로나'의 정치 논리

방송 일자
2022년 6월 1일

인터뷰 요약

- 독재 체제의 교정 메커니즘.

- '작악수권'의 정치 체제.

- 악의 평범성: 왜 정책 집행자는 오직 상부의 지시만을 따르는가?

- 당국은 어떻게 사회를 통제했나?

- '제로 코로나' 정책이 중국공산당의 합법성에 위협이 될까?

- 폭정을 마주한 중국인들은 무엇을 할 수 있나?

위안 —— 2022년 '제로 코로나' 정책으로 민중의 원성이 자자하고 경제도 엉망이 되었습니다. 중국공산당은 왜 아직도 이 정책을 견지할까요? 이 배후의 정치 논리를 설명해주실 수 있을까요?

페이민신(이하 페이) —— 두 가지 측면에서 말할 수 있겠네요. 하나는 정권과 사회의 관계, 다른 하나는 정권 내부의 권력 분배 문제로 볼 수 있습니다.

현재 중국의 정권은 겉보기에는 1959년 당시 정권과 아주 다르지만, 실제 그 본질은 변하지 않았습니다. 여전히 무한 권력의 정부이고 사회는 이에 어떠한 제약도 가할 수 없습니다. 제약을 가할 유일한 방법은 정권 내부의 권력 분배뿐입니다.

마오쩌둥 시대에는 그래도 펑더화이彭德懷같이 반대하는 목소리가 조금이나마 있어서 최고 결정권자의 생각을 바꿔보려는 시도라도 할 수 있었습니다. 최고 결정권자가 다른 의견을 들어줄 수 있다면 그래도 그 정권은 어느 정도 교정 메커니즘이 작동한다고 할 수 있죠. 그러나 만약 최고 결정권자가 이견을 자신의 권위에 대한 도전으로 받아들인다면, 그는 강력한 대응을 동원해 한술 더 뜨는 방식으로 받아칠 겁니다.

'대약진'의 역사를 보면, '루산 회의廬山會議'5 이후 죽은 사람의 수가 그전까지 죽은 사람의 수를 훌쩍 뛰어넘습니다. 마오쩌둥은 한술 더 뜨는 방식으로 받아쳤던 거죠.

시진핑이 집권하기 전, 덩샤오핑에서 장쩌민, 후진타오에 이르는 30여 년 동안 공산당은 왜 상대적으로 평온했을까요? 그건 바로 권력의 상호 제어로써 지도자가 무지막지한 실수를 범하지 못하게 방지했기 때문입니다. 물론 그 때문에 많은 중요한 일이 이루어지

---

5 '루산 회의'는 1959년 7월 2일부터 8월 16일까지 열렸으며, 이 기간에 펑더화이가 마오쩌둥에게 '대약진'의 좌경적인 과오를 지적하는 편지를 썼다. 그 후 회의는 펑더화이와 그의 측근들에 대한 비판을 전개한다.

지 못했죠. 예를 들어 1980년대 천원의 반대는 덩샤오핑의 수많은 개혁 절차가 전개되는 것을 막았어요. 장쩌민과 후진타오 시대에는 기본적으로 공산당의 권력을 공유했습니다. 하지만 지금은 다르죠. 그래서 '대약진' 이전의 실수를 다시 범하기 쉬워졌습니다.

제가 따로 관찰한 바에 따르면, 중국의 정치 체제에서는 상부에서 좋은 정책을 내려보내면, 밑으로 갈수록 제대로 이행되지 않습니다. 왜냐? 이해관계자들이 매우 많기 때문이죠. 위에서 내린 좋은 정책이 밑에서는 5퍼센트만 실행되어도 잘했다고 할 수 있습니다. 그리고 이 체제에는 몹시 나쁜 점이 하나 더 있습니다. 만일 상부에서 나쁜 일을 저지르면, 밑으로 갈수록 폐단이 확대됩니다. 예를 들어 상부에서 어떤 안 좋은 정책을 내리려는데 이게 하부 관리에게도 유리하다면, 그는 차라리 좌로 갈지언정 우로는 가지 않죠(영좌물우寧左勿右). 즉 나쁜 일을 더 확대하는 메커니즘이 작동하는 것입니다. 이런 상황에서는 최고위층의 정책이 잘못되었다면 그것이 밑으로 내려왔을 때는 최악의 정책이 되어버립니다.

위안 —— 지난번에 쑨리핑孫立平 선생님(칭화대학 사회학과 교수)이 제기하신 '작악수권'이 바로 이 의미인가요?

페이 —— 네, 맞습니다. 모든 정치 체제에는 그 체제만의 운영 논리가 내재합니다. 중국에서는 관리들이 해야 할 일을 안 하는 건 괜찮아요. 나쁜 일을 저질러도 피해자가 일반 국민이라면 아무도 뭐라고 하지 않습니다. 하지만 상부의 의지에 반하는 일이 벌어지면 문제가 달라집니다. 이 체제는 매우 도구화되어 있어서, 당신이 어떤 일을 처리하더라도 상부와 대가를 논해서는 안 됩니다. '어떠한 대가를 치르더라도'라는 말이 중국 관료들 사이에서 자주 등장하는 이유입니다. 그럼 그 말의 함의는 뭘까요? 이건 사회가 치러야 할 대가를 아까워하지 않는다는 겁니다. 관리 자신더러 대가를 치르라고 한다면, 그는 아예 일을 안 할 테고요. 따라서 이런 '작악수권'의 체제가 갖춰지면, 일반 국민만 괴롭습니다.

위안 —— 2022년 1월 시안 봉쇄 당시 저는 '중국의 강경한 제로 코로나 정책을 시행하는 100만 명의 군대'라는 글을 쓰면서 한나 아렌트가 제기한 '악의 평범성' 개념을 사용했어요. 그러니까 '제로 코로나' 정책의 집행자들은 단지 상부의 명령에 따라 일할 뿐, 이 명령이 옳은 것인지는 신경 쓰지 않고 오직 자기 밥그릇만 챙기면 된다고 생각한다는 거죠. 어째서 이들은 사람의 죽음마저 신경 쓰지 않고, 인류의 가장 기본적인 감정과 요구를 무시하는 걸까요? 저는 도저히 이해할 수 없어요. 왜 이들은 그 자리까지 올라가서 그런 식으로 일하는 걸까요?

페이 —— 이번 위기를 거치면서 심사숙고해야 할 문제가 많아졌습니다. 우리가 처음 대화를 시작할 때, 역사상 '제로 코로나'와 비슷한 정치운동에는 어떤 것이 있는지 물어봤죠? 가장 비슷한 것은

'대약진운동'입니다. 다만 이건 인위적으로 만들어진 재난의 관점에서 그렇고요. 방금 언급했던 '악의 평범성'에서 보자면, '문화대혁명'을 비슷한 사례로 들 수 있습니다. 당시도 무자비하고 잔혹한 일을 벌인 사람의 절대다수는 일반인이었죠.

위안 ── 이 체제의 통치가 일정 수준에 다다르면 실제로 사람의 악한 면을 불러일으킨다는 것이군요.

페이 ── 수많은 나쁜 점이 증폭되어 나쁜 제도가 됩니다. 이 제도 아래에서는 첫째, 좋은 일을 할 수 없어요. 둘째, 나쁜 일을 해도 벌을 받지 않습니다. 그래서 이는 '악의 평범성'이 하나의 보편적인 현상이 되게 합니다.

위안 ── 선생님, '다바이大白'ᐟ라고 들어보셨죠? 방호복을 입으면 마치 권력이 생기는 것 같다고, 제 친구들은 하나같이 방호복을 사고 있어요. 입으면 권력이 생기는데 왜 안 입느냐면서요. 정말 익살맞죠?

페이 ── 맞아요. 문화대혁명 때도 붉은 완장만 차면 사람들 집에

───────────

ᐟ 흰색 방호복을 입은 방역 요원을 가리킨다. 과도한 코로나19 방역 때문에 시민들과 극심한 갈등을 일으켰다.

처들어가서 재산을 몰수하고 물건을 빼앗고 사람을 때려도 아무도 말리지 않았어요.

위안 —— 그리고 어떤 사람은 '제로 코로나'가 일종의 사회 통제 실험이었다고 하던데요. 이 말에 동의하시나요? 요즘 '상하이의 신장화新疆化, 전국의 상하이화'라는 말이 유행 중인데, 이 말에 대해서는 어떻게 생각하시나요?

페이 —— 중국은 1990년대 말부터 '유지와 안정維隱'(국가 정세를 유지하고 사회 전반을 안정시키다)을 시작했습니다. 이번 '제로 코로나'는 사실 '유지와 안정'의 성과를 실전에서 시험해보는 것이었어요. 중앙정부에서 명령을 내리자마자 순식간에 상하이의 2500만 인구가 두 달 동안 밖으로 나오지 못했잖아요.

봉쇄에는 사회 유지와 안정을 위한 막대한 역량이 동원됐습니다. 경찰, 주민위원회, 네트워크 관리자, 건강 코드까지 사용할 수 있는 건 다 사용했습니다. SNS상에서의 의견 표현을 차단하는 인터넷 검열도 포함해야겠네요.

세상에 어느 나라가 두 달 동안 2500만 명을 집에 가둬두고 한 발짝도 못 나오게 할 수 있을까요? 상상하기조차 힘든 일입니다. 물론 이건 공산당이 신장新疆에서 벌이는 일들과는 구체적으로 차이가 있습니다. 신장에서 시행했던 사회 통제 방법과 일부 비슷했지만, 신장에서 썼던 방법을 다 쓴 것은 아니었어요.

이번 '제로 코로나'에는 두 가지 포인트가 있습니다. 첫째, '제로 코로나'는 일종의 대중운동으로, 동원된 인력 자원이 어마어마했습니다. 기술에만 의지해서는 해낼 수 없는 일이었죠. 둘째, 가장 효과적인 감시 체제를 위해 촘촘한 조직 시스템에 첨단 과학기술을 더한 것이죠. 이 두 가지 중 어느 하나라도 빠지면 안 됩니다.

이 정책은 구동독의 '슈타지'[6]와 같이 기본적으로는 인력에 의지합니다. 당시 동독의 인구가 1600만 명이었는데, 국가안전부의 인원이 9만 명이었습니다. 그때의 비율을 그대로 적용해보면 중국 안전부의 인원이 850만 명이어야 한다는 건데, 이건 불가능한 일입니다. 그렇지만 중국은 마오쩌둥 시대부터 지금까지 소위 '펑차오楓橋 경험'[7]을 사용해왔죠. 대중을 동원하고, 대중에게 의지하고, 대중이 신고도 하고 첩자가 되기도 하는 것입니다. 당시 중국은 가난했고 그 상황에서 나름대로 궁리해낸 방법이었죠.

현재 중국은 첨단 과학기술을 가지고 있으므로 이전 전제국의 비밀경찰 시스템 같은 것은 폐기해버렸습니다. 특히 20년이라는 시간을 들여서 최근 완성한 '천망공정天網系統', 지난 7~8년 동안 구축해온 '설량공정雪亮工程'은 모두 최첨단 과학기술을 이용해서 안

---

6 동독의 국가안전부로 1950년 2월 8일에 설립되었다.
7 1960년대 사회주의 교육운동 초기에 저장浙江성 닝보寧波시 펑차오현에서 처음 행해진 대규모 정치운동으로, 군중을 동원해서 인민의 적에 대한 독재를 강화했다.
• CCTV와 인공지능 기술을 사용해 공공장소를 실시간으로 감시하는 시스템.
•• 스마트폰이나 가전으로부터 개인정보를 수집하는 시스템.

면 인식, 클라우드 컴퓨팅, 클라우드 저장 등을 처리합니다. 이런 기술에 의해 '옐로 코드'[8]를 받은 사람은 실생활에서 옴짝달싹 못 하게 됩니다. 아주 간단해요. 경찰이 당신의 신분증 번호와 사진을 시스템에 입력합니다. 그러면 당신이 어디에 있든 경찰은 당신을 잡을 수 있어요.

그리고 '격자화관리網格化管理'도 있죠. 약 1000명당 한 명의 전문 관리원이 붙습니다. 관리원은 특수 휴대폰을 지니고 있는데, 지역 주민 기구의 시스템과 연결되어 있어서 무슨 일이 벌어지면 바로 지역 주민 기구에 문제를 보고할 수 있습니다. 저는 현재 중국의 감시 시스템이 세계적으로나 역사적으로나 가장 선진적이고 어떤 나라도 뛰어넘을 수 없는 경지에 달했다고 생각해요.

위안 —— 수십 년 동안 중국공산당과 인민이 맺은 사회 계약은 경제 발전을 이룸으로써 정권의 합법성을 획득한다는 것이었습니다. 그러니까 공산당이 나나 내 아이를 편히 살게 해주면, 개인의 권리를 탄압하는 것을 용인할 수 있고, 우리는 그저 조용히 돈이나 벌면서 살겠다는 거죠. 그런데 이번 '제로 코로나'로 경제가 엄청난 타격을 입지 않았습니까. 이런 상황이 공산당 정권의 합법성에 심각

---

8 코로나19 기간에 중국은 '건강 코드'라는 위치 추적 프로그램을 도입해서 '레드 코드' '옐로 코드' '그린 코드'로 개인의 감염 위험성을 평가했다. '옐로 코드'는 코로나19에 감염될 위험성을 가지고 있다는 뜻이다.

한 위협이 될까요?

페이 ―― 분명히 위협이 될 겁니다. 저는 줄곧 생각했어요. 중국이 북한처럼 변할 수 있지 않을까 하고요. 이건 아주 흥미로운 문제입니다. 북한 정권에 무슨 합법성이 있겠어요. 그저 폭력과 잔혹함, 탄압에만 의지하고 있는데 말이죠. 14억 인구의 국가에서 북한에서처럼 통치법을 실현한다는 건 마오쩌둥 시대에나 가능했죠. 게다가 40년의 개혁개방을 겪었고요. 만약 경제 발전을 기반으로 한 정권의 합법성을 되찾겠다고 봉쇄나 폭력, 비밀경찰, 첨단 감시 같은 것에만 의지하면 정권이 유지될까요? 저는 어려우리라 생각합니다. 어쨌든 이렇게 큰 국가는 비교적 다스리기가 어려워요. 게다가 김씨 일가는 3대 세습 왕조지만, 중국공산당은 어쨌든 당이잖아요. 당내부에는 일정한 제약의 기제가 있습니다.

또한 열악한 경제 상황과 정권의 합법성이 연결되려면 어느 정도 기다림의 시간이 필요합니다. 민간의 원망이 수많은 시스템을 통해 정권의 엘리트 집단까지 전해질 거예요. 오늘 주식이 폭락하고 일자리가 사라졌다고 내일 당장 사람들이 거리로 나가지는 않겠죠. 그러나 만약 정권이 바뀐다면, 그건 분명 엘리트 집단에 분열이 생겼다는 겁니다. 예를 들어 마오쩌둥 후기에 천원, 화궈펑華國鋒, 덩샤오핑 등이 '4인방'과 갈라섰고, 나중에 화궈펑과 덩샤오핑이 갈라서면서 비로소 개혁개방이 출현했죠.

1, 2년 후에도 경제가 아주 안 좋다면, 통치 집단의 엘리트들부

터 영향을 받을 겁니다. 중국의 정치 엘리트들은 동시에 경제 엘리트이기도 해서, 자기 집안 사람들이 돈을 벌지 못하면 자신의 돈주머니도 쪼그라들 테니까요. 그럼 정책이 실패했음을 스스로 느끼겠죠. 그래서 역시 어느 정도 기다림의 시간은 꼭 필요합니다.

저는 '문화대혁명'을 겪은 사람입니다. 제 기억에 문화대혁명 10년 동안 경제는 엉망이었고, 제 부모님과 형은 십수 년 동안 월급이 오르지 않아서 엄청나게 가난했습니다. 그리고 몇 년이 더 지나고, 국민이 더는 참을 수 없게 되니 그제야 1976년 '4·5 톈안먼天安門 사건'9이 발생합니다. 이건 결코 저우언라이周恩來를 애도하기 위함만이 아니라, 국가를 향한 원망이 문화대혁명 10년 동안 쌓였기 때문이었습니다. 이 10년 역시 기다림의 시간이었죠.

중국공산당과 중국 인민의 사회 계약에는 경제적인 면 외에 다른 면도 있다고 생각합니다. 그건 바로 정치적 권리는 원하지 않을지언정, 어느 정도 개인의 자유는 있어야 한다는 거죠. 내가 무엇을 하든, 어떤 옷을 입든, 어디를 가든, 정치와 무관한 일을 할 때는 당이 관여하지 말라는 겁니다.

그렇지만 이번 '제로 코로나'는 순식간에 수많은 인민이 이제까지 천부적으로 가지고 있던 개인의 자유마저 빼앗겼다는 것을 확실

---

9   1976년 4월 4일에서 5일까지, 저우언라이의 서거를 애도하기 위해 촉발된 대규모 군중 시위다. 이때부터 톈안먼 광장은 시위의 주요 장소가 된다. 이후 두 번째 톈안먼 사건은 대규모 폭력 사태로 끝맺는다.

히 느끼게 했습니다. 중국이 민주국가는 아니지만, 사람들은 개인의 자유만 주어진다면 민주국가인지 여부는 상관없다고 여겼습니다. 하지만 민주주의가 없다면 개인의 자유도 없고 그 무엇도 개인의 자유를 보장하지 않는다는 것을 이번에 여실히 느꼈죠. 이러한 측면에서 말한다면, 아마 '제로 코로나'가 공산당의 위신에 끼친 부정적인 충격은 상당히 크다고 할 수 있습니다.

위안 ── 이번 편은 내용이 다소 어둡습니다만, 중국의 '제로 코로나' 정책의 배후에 있는 정치 논리를 이야기한다는 게 매우 우울한 일이죠. 그러면 현 상황에서 중국의 보통 사람들은 무엇을 해야 할까요?

페이 ── 저는 우리 모두가 되돌아봐야 한다고 생각합니다. 예전에는 생각지도 못했던 일이 현재 벌어졌으니, 어쨌든 생각해봐야 합니다. 왜 이런 일이 벌어졌고, 도대체 심층적인 원인은 무엇인지를 말이죠. 그리고 저는 분노를 표출하는 것도 나쁘지 않다고 생각합니다. 지금 공산당은 상황이 어떻든 간에 아직 북한 수준에는 이르지 않았어요. 그러니까 민의民意는 여전히 유용합니다. 이것은 여러분의 친구, 친척, 가족 들이 고립되어 있지 않으며, 그들이 하는 생각을 다른 사람들도 하고 있다는 것을 느끼게 해줄 겁니다. 이 부분이 매우 중요하죠.

조금 전에 이야기했던 '악의 평범성'을 뒤집어 생각해보면, 우리는 일상생활에서 어떻게 착한 사람이 되고, 선한 일을 할지 헤아려 볼 수 있을 겁니다. 만약 오늘부터 사소한 일들을 잘 해낸다면, 분명 과거보다 상황이 더 나아지겠지요. 물론 개인 혼자서 강력한 독재 체제에 도전할 수 있다고 기대하면 안 됩니다. 이 체제는 인정사정 봐주지 않거든요. 하지만 개인의 일상생활에서 여러 사소한 일을 시도하는 건 거뜬하리라고 생각합니다.

위안 —— 맞아요. 이번에 상하이 사람들이 정말 잘했다고 생각합니다. 저는 상하이에서 작은 문예 부흥이 일어났다고 여겨요. 그렇게 많은 사람이 다양한 벽보를 쓰고, 나중에는 다양한 음악과 영상을 제작하고 끊임없이 퍼 나르는 것을 보면서, 당국이 어떻게 봉쇄하든 간에 중국에서도 이처럼 대단한 저항운동이 일어날 수 있다고 믿게 되더군요.

페이 —— 맞아요. 중국 역사에서 특히 1949년 이후로 수많은 비극이 발생했지만 우리는 줄곧 그것들을 잊고 있었습니다. 물론 중국 정부가 우리가 이것을 잊어버리도록 집단 기억을 지웠기 때문이지만 말이죠. 저는 예술도 좋고 문학도 좋으니 다양한 방식으로 이번 상하이 봉쇄를 꼭 기억해야 한다고 생각합니다. 이렇게 엄청난 대가를 지불해놓고, 그냥 잊어서는 안 되니까요.

중국의 국가 감시 시스템

방송 일자
2024년 3월 30일

인터뷰 요약

- 중국의 국가 안보 시스템의 구성과 기능.

- 중국의 스파이 정보 시스템.

- '중점 감시 집단'과 '중점 감시 대상자'는 어떻게 감시하는가?

- 정치 감시로 인한 영향.

- 국가 감시 시스템의 운영비, 중국 경계 그리고 '안정 유지' 시스템의 관계.

- 강력한 감시 시스템이 중국공산당의 영구 통치를 지속시킬 수 있을까?

- 감시 시스템이 중국 밖에서도 영향력을 행사할 수 있을까?

위안 ── 중국의 국가 안전 체계는 기본적으로 어떻게 구성되어 있고, 각각의 역할은 어떻게 나뉘나요?

페이 ── 중국의 감시 체계에는 다른 국가들과 차이점이 하나 있습니다. 옛 공산주의 국가들을 포함해 다른 국가들의 감시 체계는 특정 관료 기구, 예를 들어 구소련의 KGB나 구동독의 슈타지, 몇몇 국가에서는 국가안보부가 책임지고 있지요. 하지만 중국의 감시 시스템은 크게 세 부분으로 나뉩니다.

첫째는 국가안전부입니다. 국가안전부가 중국에서 담당하는 역할은 다소 협소합니다. 공개된 자료들을 분석해보니, 국외와 연관된 일은 방첩 역할을 하는 국가안전부 소관입니다. 또한 국가안전부는 소수민족 지역에서 활발하게 활동합니다. 국가안전부가 그 지역을 독점하고 감시하는지는 확언하기 어렵습니다만, 소수민족 지역에서 국가안전부의 시스템이 맹활약한다는 건 일리 있는 말입니다. 중국은 이제까지 소수민족과의 갈등이 외세의 개입 때문이라고 여겨왔으니까요.

둘째는 국가안전보위시스템, 지금은 정치보위시스템이라고 부르는 것입니다. 이것은 공안부, 더 구체적으로 말하면, 공안부의 정치보위국에서 관리합니다. 정치보위국을 예전에는 국내안전보위국이라고 불렀고, 그 밑에 각 성과 현의 국가보안대대, 그 아래에 국가보안지대가 있습니다. 이 시스템은 주로 국내 반체제 인사, 지하 종교 단체, 사이비 종교 단체, 악명 높은 요주의 인물과 적대적 인물에게 초점이 맞춰져 있습니다. 이 체계가 가장 큰 감시 체계는 아닙니다. 지역의 자료들을 근거로 볼 때, 이 체계에 속한 인원은 6만~9만 명으로 추정됩니다.

셋째는 지역 파출소입니다. 민경(인민경찰)은 그 수가 비교적 많아서 전국적으로 대략 50만~60만 명으로 추산됩니다.

이 세 개의 정규 조직 외에 비정규 조직도 있는데, 주로 스파이로 구성된 매우 방대한 조직입니다.

중국은 여느 독재국가와 달리, 수많은 정부 조직, 국영기업, 대학, 과학기술연구기관, 주민위원회, 마을위원회가 감시 임무를 맡고 있습니다. 이들은 모두 자신만의 정보원을 두고 중요한 안정 유지 임무를 담당하죠. 여기서 말하는 안정 유지 임무의 대부분은 감시 감독입니다.

위안 —— 저는 선생님의 『감시국가』를 읽고 어떤 나라의 감시 감독도 이보다 우위에 있을 수 없다고 생각했어요. 중국공산당이 정말 대단하다는 느낌까지 받았습니다.

페이 —— 제가 『감시국가』를 쓸 때 구소련과 동독에 가봤습니다. 당시 다른 공산주의 국가들보다 더 효과적으로 사회를 감시하고 감독했던 곳들이죠. 하지만 이들은 중국이 했던 인민 전쟁, '펑차오 경험'과 같은 대중노선을 걷지 않았습니다. 구소련은 주민위원회 같은 조직을 만들지 않았고, 중국이 대학과 전문대학에서 파출소와 같은 역할을 하도록 정법 시스템을 만들었던 것과 달리, 소련에서는 대학에 감시 임무를 맡기지도 않았습니다.

이 점 말고도 소련과 동독의 공산당과 중국공산당의 가장 다른 점은 중국에는 당을 대신해 국내 안전과 안정 유지를 담당하는 감시 감독 기구 '정치법률위원회(정법위)'가 있다는 점입니다. 상부에서 하부까지 각 계층에 당의 관료 기구를 설립하려면 막대한 자본을 투입해야 합니다. 중국공산당에는 중앙위원회 산하 중앙선전부(선전부), 중앙조직부(중조부), 중앙기율검사위원회(중기위), 통일선전부(통전부)가 있고 다섯 번째로 정법위가 있습니다. 중국공산당은 정법 업무를 특이나 중시했습니다.

역사적인 측면에서 봐도 흥미롭습니다. 정법위는 1950년대부터 있었습니다. 처음에는 정법소조政法小組라고 불렸는데, 1980년까지만 해도 인원이 적었고 전담 서기도 없었죠. 그러다 1989년 이후 안정 유지와 감시 감독이 비약적으로 발전하면서 정법위도 빠르게 발전하기 시작했습니다.

이후 중국의 개혁파 중 자오쯔양 같은 사람이 1988년에 아주 중요한 정치 개혁을 합니다. 바로 정법위를 없애버리는 것이었죠. 그는 정법위가 중국의 법치에 아주 큰 걸림돌이 된다고 여겼습니다.

위안 —— 이전 방송에서 현대 중국의 감시 기술, 예를 들어 '천망공정', 전국 공안 업무 정보화 시스템인 '금순공정金盾工程'*, 안면 인식 시스템, 코로나19 기간의 건강 코드 등에 깊은 인상을 받았다고 하셨는데요. 하지만 선생님의 새 책에서 중국 감시 기술의 가장 두드러지는 특징은 이러한 첨단 과학기술에 있는 게 아니고, 정보를 제공하는 스파이 시스템에 있다고 하셨습니다. 어떻게 그런 결론을 내셨는지 말씀해주시겠어요?

• 정보 검열 프로젝트.

페이 —— 몇 가지 이유가 있습니다.

첫째, 중국의 최첨단 감시 시스템은 최근 20년 동안의 일입니다. 공안 시스템 정보화 프로젝트인 '금순공정'은 2006년경에 완성되었고, 도심지의 CCTV 감시 시스템인 '천망공정'은 건립을 계획한 20년 전부터 완성되기까지 거의 10년이 걸렸죠. 그래서 안면 인식 기술이 중국에서 쓰이기 시작한 것도 10년 정도밖에 안 됩니다.

중국에서 현대 기술에 의한 감시 시스템이 활개를 친 건 과거 10년의 일입니다. 하지만 이 기술이 출현하기 전에도 중국공산당의 민중 감시 능력은 매우 뛰어났습니다. 따라서 우리는 공산당의 감시 능력과 현대 기술에는 직접적인 연관성이 없다고 판단할 수 있습니다. 공산당은 예전부터 이러한 능력을 갖추고 있었고, 현대 기술이 이 능력을 더 향상해준 것이지요.

둘째, 현대 기술에는 많은 맹점이 있습니다. CCTV를 사용한 감시는 CCTV가 있는 곳에서만 가능합니다. 하지만 모든 곳에 CCTV를 설치할 수는 없으니 꽤 많은 곳에서 당신을 식별할 수 없고, 당신의 동향을 파악할 수도 없습니다. 게다가 CCTV는 당신의 움직임만 파악할 수 있지, 당신이 무슨 생각을 하는지는 전혀 알 수 없습니다. 이것도 맹점 중 하나죠.

셋째, 현재 중국에서 가장 광범위하고 효과적인 감시 수단이 바로 휴대폰 감시인데요. 휴대폰 위치를 추적해서 당신의 위치를 알아낼 수 있습니다. 하지만 여전히 이러한 감시를 피할 방법이 있죠. 은박지로 휴대폰을 감싸서 신호를 없애는 겁니다.

이처럼 최첨단 과학기술을 활용한 감시에는 수많은 제한이 있는 반면 스파이에 의한 감시는 아주 효과적입니다. 특히 감시 대상의 생각이나 누구와 교류하는지 등을 알아낼 때는 더 그렇습니다.

위안 —— 책에도 쓰셨는데, 1989년 베를린 장벽이 무너졌을 때 동독 인구의 약 1퍼센트가 슈타지를 위해서 일했다고 하셨습니다. 선생님께서 추측하시기로 2010년대 중국 인구 중 0.7퍼센트에서 1.13퍼센트의 인구, 그러니까 1000만 명에서 1580만 명의 중국인이 정보원이라고 하셨으니, 거의 1600만 명의 중국인이 정부를 도와서 감시 업무를 하고 있다는 말이네요. 어떤 사람들이 이런 업무에 모집되는지 말씀해주실 수 있을까요? 그들은 주로 어떤 일을 하고, 어떻게 보수를 받을까요? 그리고 그들이 제공한 정보는 얼마나 가치가 있을까요?

페이 —— 정보원은 사실 중국의 스파이 전체 체계에서는 등급이 가장 낮습니다. 그들은 지역 체계에서 가장 바깥쪽에 속해요. 공안이나 국가안전부나 모두 자신들의 스파이를 두는데, 이들은 그나마 급이 높고 특별정보원, 줄여서 '특근特勤'이라고 불립니다.

특근은 엄격하게 관리됩니다. 대상의 물색, 선별, 평가, 보수에 대한 체계적인 관리 방법이 있고, 이는 기밀에 부쳐져 있습니다. 하지만 제가 본 2004년 『산시공안지陝西公安志』에는 대략 1만8000명의 특근이 있다고 적혀 있습니다. 이를 산시성 총인구수와 비교해보면, 약 1만 분의 0.04명입니다. 다른 지역도 산시성의 기준대로 계산해본다면 당시 중국에는 대략 60만 명 규모의 공안 조직 특근이 있었다고 할 수 있습니다.

두 번째 등급으로 지방 경찰이 자체적으로 선발하는 '치안이목治安耳目'이 있습니다. 이들이 몇 명이나 되는지는 알 수 없었습니다. 하지만 특근에서 한 가지 지표를 발견했는데 특근은 매년 두 명의 치안이목 양성을 목표로 한다고 되어 있습니다. 이를 근거로 예측해보면 치안이목의 수는 80만 명 정도가 됩니다. 그러니 특근과 치안이목을 합치면 100만 명이 넘는 스파이가 있다고 할 수 있습니다.

따라서 세 번째, 등급이 가장 낮은 정보원은 많아야 1500만 명 정도일 겁니다. 종합하면 동독과 비슷한 수치인 인구의 1퍼센트가 중국 정부나 경찰 시스템에서 다양한 형식과 정도의 첩보 업무를 담당하고 있다고 추측할 수 있고요.

그들은 도대체 어떤 사람들일까요? 개중에는 택시 기사들도 있습니다. 시안 같은 곳에는 기본적으로 열두 명의 택시 기사당 한 명 꼴로 특근이 있습니다. 집배원, 청소부, 터미널 매점, 아파트 동 대표, 주택 관리원, 주차장 관리원 등 직업군도 다양하죠. 그들은 많은 것을 관찰할 수 있는데, 이 점이 특근이나 정보원을 선발하는 중요한 기준이 됩니다.

특근은 주로 세 가지 업무를 합니다. 첫 번째 부류는 사건 해결을 전문으로 합니다. 예를 들어 살인, 절도를 조사하고, 지하 조직이나 비공식 마르크스 레닌주의 학습 조직에 사람을 투입하기도 합니다. 산시성 자료에 따르면 10퍼센트의 특근이 이 일을 맡으며, 주로 용의자에게 접근해서 정보를 캐내는 일을 한다고 합니다.

두 번째 부류는 정적특근政敵特勤입니다. 중국공산당이 모든 지역을 다 감시할 수 있는 것은 아닙니다. 결국 주요하게 감시할 곳을 지정해야 하는데, 도서관, 대학, 티베트 사원, 터미널, 광장처럼 사건이 쉽게 일어나는 곳이나 반체제 인사들이 모이는 곳에는 정적특근을 파견해서 감시합니다. 공안 조직이 선발한 특근의 40퍼센트가 이런 업무를 맡습니다.

나머지 절반의 특근은 통상적으로 일반적인 정보를 수집합니다. 경찰들이 정기적으로 그들을 찾아가서 어떤 것을 들었는지 물어보고 자신들의 업무에 반영한다고 추정됩니다.

등급이 가장 낮고, 기껏해야 1500만 명쯤 되는 정보원의 주 업무는 보편적인 정보를 수집하는 것입니다. 지역의 자료를 토대로 통계 내보면, 이들이 수집하는 정보는 세 부류로 나뉩니다.

첫째는 '적정敵情'입니다. 바로 파룬궁, 위구르 독립, 티베트 독립, 타이완 독립, 홍콩 독립 그리고 민주화운동가, 테러리즘 등에 대한 정보 수집입니다. 하지만 이것은 전체 수집된 정보의 3퍼센트밖에 되지 않습니다.

둘째는 대략 25퍼센트를 차지하는 정치 정보입니다. 예를 들어, 누가 시진핑에 대해 어떤 생각을 가졌다더라, 세계에 어떤 큰일이 벌어졌다더라 하는 것부터 반정부 언론 등을 조사하죠.

마지막으로 나머지 70퍼센트의 정보는 '사정社情', 즉 사회 상황에 대한 정보인데, 현재 사회에서 핫이슈가 무엇인지 조사합니다. 청년 취업 문제, 물가, 주택 가격 등을 정보원들이 수집합니다.

위안 —— 왜 SNS를 이용하지 않을까요? 선생님께서 책에 쓰신 내용을 보니, 스파이를 통해 민정이나 민의를 감시하던데, 차라리 SNS에서 이런 것을 수집하는 것이 감시 규모도 더 크고 효과적이지 않을까요? 왜 사람을 쓰는 걸까요?

페이 —— 물론 그들이 SNS를 통해서도 감시하고 있다고 생각합니다. 제가 알기로 중국 정부는 여론 모니터링 기관을 꽤 많이 만들었습니다. 하지만 이 기관들은 스파이를 통합해서 관리하지 않습니다. 아마도 자신들 각자가 선발한 스파이가 더 믿음직스럽다고 생각하는 것 같습니다.

우리가 또 살펴봐야 할 것은 사람들이 왜 자원해서 중국 경찰들을 도와 이런 부도덕한 일을 하는가입니다. 사정은 꽤 복잡합니다. 우선 경찰을 위해 이런 일을 한다면 기본적으로 경찰에게 약점을 잡혀서 그렇다고 볼 수 있습니다. 예를 들어 당신이 민주화운동에 참여해서 어떤 일을 했다고 가정해보죠. 그들이 당신을 붙잡은 뒤 제일 먼저 하는 일은 당신을 자기네 스파이로 삼으려는 겁니다. 그렇게만 되면 그들은 당신을 통해 많은 정보를 캐낼 수 있죠.

다른 하나는 중국공산당 정권이 레닌주의 정권이다 보니 엄청난 경제적 통제력을 가지고 있다는 겁니다. 예를 들어 당신이 국영기업에서 근무한다고 해보죠. 사장이 당신을 불러서 안정 유지를 위한 정보원이 되어달라고 하면, 감히 싫다고 할 수 있을까요? 싫다고 하면 밥그릇을 잃을 텐데요. 아니면 당신이 작은 노점을 하나 운영한다고 해보죠. 정기적으로 허가증을 연장받아야 하는데, 정부 관점에서 이건 당신의 중요한 약점을 잡은 거나 다름없죠.

그래서 다른 유형의 독재 체제보다 레닌주의 정권에서 스파이를 만드는 것이 훨씬 더 쉽습니다. 물론 어떤 사람은 돈을 벌기 위해서 스파이가 되기도 합니다. 성과급제로 일하는 정보원도 있는데, 비교적 가치가 있는 정보는 50위안부터 100위안, 심지어 1만 위안이 넘는 돈에 거래되기도 합니다. 하지만 제가 분석하기로, 정보원 대부분은 그 일을 강요받았고, 정부의 보복이 두려워서 이 일을 하고 있습니다.

중국이 비록 정보원을 많이 가지고 있다고는 하지만, 그들이 제공하는 정보가 얼마나 되는지는 잘 모르실 겁니다. 제한적인 지역 자료를 살펴보면 40퍼센트가량의 정보원이 정보를 제공한다고 합니다. 이는 한 명당 0.4개의 정보를 제공한다는 것이니까, 대부분은 이름만 걸어놓고 실제로 정보를 제공하지 않는다고 할 수 있죠.

또 다른 재미있는 현상은 75퍼센트의 정보가 정보로서의 가치가 없다는 것입니다. 쓸 만한 정보는 상부로 보고되는데, 이는 전체의 24퍼센트 정도밖에 되지 않습니다. 그래서 이 시스템이 비록 방대하긴 하지만, 정보의 가치 지표를 가지고 말하자면 그렇게 중요하지는 않다고 할 수 있습니다.

물론 이에 대해 두 가지 해석이 있습니다. 첫째는 중국이 상대적으로 안정되어 있다는 것입니다. 과거 중국 경제 발전의 황금기에는 별다른 큰일이 없었고, 정치적으로도 제공할 만한 적정이 없었다는 거죠. 둘째는 비록 제공된 정보가 많지는 않아도 이 시스템은 아직 쓸 만하다는 것입니다. 옆에 있는 사람이 정보원일지 모른다고 생각하면 말도 행동도 조심하게 됩니다. 말하고 싶던 것도 삼키고, 하고 싶던 일도 감히 할 엄두를 못 낸다는 거죠. 이 시스템은 여전히 대중에게 압박을 주고 있습니다.

위안 —— 책에 쓰시길, 대략 1퍼센트, 즉 1300만 명의 중국인이 중점 감시 인구로 분류되었으며, 정부의 감시를 받고 있다고 하셨는데요. 이들은 보통 어떤 사람들입니까? 이들에 대한 감시는 어떤 식으로 전개되나요?

페이 —— 감시 시스템에는 반드시 두뇌가 있어야 하는데 그걸 정법위가 맡고 있죠. 손은 공안부가 맡고, 눈과 귀는 스파이가 맡고 있습니다. 이들은 감시 대상들을 관리합니다.

중국에는 두 개의 정규 감시 대상이 있습니다. 하나는 '중점 인구重點人口'로, 이는 공안부가 관리합니다. 모든 파출소에는 '중점 인구'에 대한 파일이 있죠. 다른 하나는 '중점 인원重點人員'입니다.

'중점 인구'는 공안부에서 정하는데, 아주 상세한 관리 규정이 있습니다. 인터넷상에서 찾아볼 수 있어요. 중점 인구 감시 프로젝트에는 매우 정규적인 관리와 엄격한 통계를 적용합니다. 이 프로젝트는 1950년대부터 시작했지만, 1980년대에 와서야 제도화되어 널리 시행되었습니다. 그러면 어떤 사람들이 '중점 인구'일까요?

2000년 즈음에 제가 어떤 지역 자료에서 발견했는데, 사실 이 '중점 인구' 대부분은 범죄 전과를 가진 사람입니다. 여기에는 규정이 하나 있어요. 감옥에서 나온 지 5년 내의 사람이 '중점 인구'가 된다는 거죠. 공안은 이들이 어떤 일을 했는지를 정기적으로 조사합니다. '중점 인구'는 400만~500만 명 정도이고 정치 문제와 관련된 사람은 매우 적어서 그중 대략 3퍼센트라고 추정됩니다.

'중점 인원'은 '중점 인구'만큼 우리에게 정보가 많지 않습니다. 지방 연감에 '중점 인원' 항목이 많지 않기 때문입니다. 그러나 하나 분명한 것은 '중점 인원'은 지방에서 관리하고, '중점 인구'는 공안이 관리한다는 것입니다. 지방에서는 도대체 어떤 관료 기구가 '중점 인원'을 관리할까요? 아마 정법위는 아닐 겁니다. 정법위는 인원이 매우 적어서 현 하나에 열 명 남짓이 배정됩니다. 제 생각에 '중점 인원'은 주민위원회나 직장, 이 두 곳에서 관리하는 것 같습니다.

'중점 인원'에는 정치 문제와 관련된 사람이 비교적 많습니다. 하

- 중점 감시 집단. 특정 범죄 전과자처럼 특정한 집단 전체를 특별 관리·감시 대상으로 지정한다.
- •• 중점 감시 대상자. 특정 개인을 특별 관리·감시 대상으로 지정한다.

지만 도대체 얼마나 차지하는지는 알 수 없습니다. 그래도 자료를 통해 어떤 사람들이 '중점 인원'에 속하는지는 찾을 수 있었습니다. 사이비 종교인, 민원인, 제대 군인 들이 포함되는데, 이때 제대 군인은 조직 능력이 뛰어나서 종종 문제를 일으킵니다. 그리고 티베트나 위구르 그리고 군대와 연이 있는 소수민족이 포함됩니다. 따라서 '중점 인원' 감시 프로젝트는 형식도 정도도 다 다른 정치적 위협을 일으키는 사람을 통제하기 위한 주요 프로젝트입니다.

위안 —— 선생님께서 책에 쓰시기로, 스파이가 가득한 사회는 불신으로 인해 분열될 것이라고 하셨습니다. 그렇다면 정치 스파이 활동은 정권의 잠재적 위협을 찾아낼뿐더러 민중에 불신의 씨앗을 뿌릴 수도 있는 일거양득의 정책이라고 할 수 있습니다. 이러한 정치 정보 감시의 총규모는 어느 정도일까요?

페이 —— 우리도 그 규모를 특정할 만큼 충분한 데이터를 가지고 광범위한 통계를 내보지는 못했습니다. 다만 기본적으로 경찰과 스파이가 얼마나 되는지 추정해보는 거죠.

제 책에서 특히 대학을 예로 들었는데요, 이는 대학이 민주화운동의 진영이었기 때문입니다. 우리는 1980년대에 대학이 상당히 활기찼다는 것을 알고 있습니다. '8·9 민주화운동'[10]은 1980년대 대학의 계몽운동에서 비롯했습니다. '8·9' 이후 중국공산당이 취한 매우 효과적인 조치가 바로 캠퍼스를 점령하는 것이었고, 그때 쓴 수단을 '진영 제어'라고 합니다. 이 '진영 제어'의 핵심은 바로 스파이 선발이었습니다. 여러 대학의 연감과 인터넷상의 자료에 근거해보면 기본적으로 각 학년에 한 명의 정보원이 정기적으로 상황을 보고했습니다.

왜 '8·9' 이후 다시는 대학에서 다양한 사상이 꽃피우지 못했을까요? 주요 원인 중 하나가 바로 이 감시 통제입니다. 감시와 통제로 인해 모두가 순식간에 입을 다물어버렸습니다. 독재 체제는 민중이 서로를 의심하길 바라고 있습니다. 이들이 집단으로 행동하면 독재 정권의 생존이 위협받기 때문입니다. 스파이를 심는 방법은 그야말로 일거양득의 정책이라고 할 수 있습니다.

위안 —— 이런 정책은 반대 세력이 발전하는 데 치명적이겠네요?

페이 —— 매우 치명적이죠. 가장 치명적이라고는 못 하겠지만, 최소한 매우 치명적이라고는 할 수 있습니다.

지금 중국 반대 세력의 발전 양상을 보고 구소련을 떠올려보면, 소련에서조차 대규모 반대 조직이 나타난 적은 없습니다. 대규모

---

10 1989년 4월에 시작된 민주화운동으로, 총서기 후야오방을 기리기 위해 중국에서 벌어진 일련의 운동을 가리킨다. 당시 수많은 대학생과 각지의 민중이 톈안먼 광장에 모여들어 시위했고, 1989년 6월 4일 새벽에 정부는 폭력을 동원해 톈안먼 광장에 모인 이들을 진압했다. 민주화운동이 이날 당국에 의해 진압되었으므로 이후에 '6·4 사건'이라고도 불린다.

반대 세력의 출현은 결코 조직적이지 않습니다. 예를 들어 벨벳 혁명에서 사람들은 공포 통치가 곧 끝날 조짐을 보이자 들고일어났지만, 공포 통치가 지속되는 중에는 감히 이를 거스르지 못했습니다. 애초에 조직을 꾸릴 방법이 없기 때문이죠. 가령 당신이 아무개와 이야기를 나눴다고 합시다. 그런데 아무개가 즉시 윗선에 보고라도 하면 국보위가 찾아올 테고, 당신은 끌려가서 차를 마시게 되거나* 15일 구류를 당하죠. 아니면 5년 형을 받을 수도 있습니다. 상황이 이렇다 보니 반대 조직이 나타날 수 없습니다. 조직적인 반대 세력의 출현을 방지하는 효과적인 방법이죠.

위안 —— 선생님 책에서 무척 재미있게 읽은 이야기가 있습니다. '8·9' 민주화운동에 참여했던 장린張林이 감옥에서 출소한 후 그를 찾아온 동기를 만난 이야기를 쓰셨어요. 선생님께서 이들을 인터뷰 하셨죠?

페이 —— 제가 직접 당사자들을 인터뷰했죠. 장린과 사이가 매우 좋은 사람이었는데, 그 역시 민주화운동에 참여했던 전력이 있었습니다. 그런 그가 장린이 출소하자마자 장린을 찾아왔어요. 그가 말하길, 자신은 공안국이 장린을 감시하라고 보낸 사람이고, 장린의 집에 도청 장치가 있다는 겁니다.

• 정부 기관에 끌려가 훈계받는 것.

또 다른 예도 있습니다. '8·9' 이후, 학생운동 지도자였던 사람이 주저우株洲에 갔다고 합니다. 현지 경찰은 그를 주시했고, 혹여나 그가 '이상양정以商养政'*을 할까봐 수시로 그를 괴롭혔다고 합니다. 그가 상업적으로 성공하지 못하게 말이죠. 결국 그 학생운동 지도자는 자진해서 공안국의 스파이가 됩니다.

위안 ── 정말 이해가 안 되네요. 제가 얼마 전에 들은 일도 떠오르는데, 선생님의 견해를 듣고 싶습니다. 얼마 전 트위터(현 X)에서 '리 선생님은 당신의 선생님이 아니다'라는 트위터 사용자가 말하길 국가안전부가 100만 명이 넘는 자신의 팔로워를 겨냥해서 특별 전담반을 만들었으며, 상당수의 팔로워가 '차 마시는 것'을 당했다고 했습니다. 이를 입증할 수 있는 증거도 많이 모아뒀다고 하더군요. 그는 중국 내의 팔로워들에게 자신을 언팔로우하고 스스로를 보호하라고 말했다고 해요.

두 가지 의문이 생겼습니다. 하나는 국가안전부가 정말로 이렇게 많은 역량을 동원해서 절대다수의 중국인은 알지도 못할 SNS 계정을 주시할까요? 다른 하나는 국가안전부가 정말로 중국 내 모든 '리 선생'의 팔로워들을 찾아가서 훈계했을까요? 그런 식이면 국가 제도에 과부하가 걸리지 않을까요?

• 상업적 성공을 통해서 정치를 하려는 것.

72

페이 ── 맞아요. 국가안전부가 이렇게 했다면 분명 정치국 위원이나 정치국 상무위원회의 재가가 있었다는 뜻입니다. 윗선의 재가 없이는 그렇게 많은 경찰력을 동원할 수 없어요.

이런 걸 '특별 조치'라고 합니다. 일단 특별 조치가 내려지면 큰일 나는 겁니다. 여기에는 달성해야 할 목표가 설정돼요. 사이버 경찰들은 첨단기술을 사용해서 '리 선생'의 팔로워를 찾아내고, IP주소와 휴대폰 번호를 근거로 하나하나 정체를 밝혀냅니다. 만약 중국공산당이 어떤 일을 하고자 맘먹는다면 자금 따위는 아까워하지 않습니다. 이런 불가사의한 일도 그들은 아무 제약 없이 할 수 있습니다. 왜냐하면 그들은 상대적인 안전이 아니라 절대적인 안전을 원하기 때문이죠.

모든 사람을 다 찾아갔는지는, 글쎄요. 가령 가야 할 곳이 차로 반나절은 가야 하는 곳이라면 경찰도 가기 싫을 겁니다. 경찰은 분명 비교적 쉽게 갈 수 있는 곳부터 찾아낼 겁니다. 고생해야만 겨우 찾아낼 수 있다면, 경찰도 찾지 않을 테고요. 하지만 그 성과는 이미 달성했다고 할 수 있지요.

위안 ── 어떤 성과일까요?

페이 ── 100만 명이 넘던 팔로워에서 순식간에 20만 명의 팔로워가 줄어든 것이죠. 아랫사람들은 공안부에 특별 조치가 첫 성과를 냈다고 보고할 겁니다.

위안 —— 이때 국가 제도에 과부하가 걸리지는 않나요? 만일 사람들이 언팔로우를 하지 않는다면, 경찰이 찾아와도 상관없다는 뜻일까요?

페이 —— 아주 좋은 질문입니다. 사실 사람들이 겁을 먹기만 해도 이 조치는 성공한 거예요. 반대로 사람들이 겁을 먹지 않는다면, 큰일 난 거죠. 우선 100만 명에게 모두 차를 마시게 할 수는 없습니다. 100만 명의 경찰이 있는 것도 아니니까요. 설령 전국의 모든 경찰이 팔로워들을 찾아가서 차를 마시자고 하면, 다른 범죄는 누가 관리하겠습니까?

일단 제도가 무너질 때 공포도 사라집니다. 베를린 장벽이 1989년 11월 9일에 무너졌는데, 당시 슈타지는 여전히 10만 명 정도였고, 경찰들도 그 장소에 있었습니다. 그런데 어떻게 하룻밤 사이에 베를린 장벽이 무너졌을까요? 바로 공포가 사라졌기 때문입니다.

100만 명이 거리로 나왔다고 그들에게 기관총을 쏠 수는 없지 않겠습니까? 지금 이 시기에 공포는 효과적입니다. 하지만 분명, 어떤 때가 이르면 공포는 차츰 사라질 겁니다.

위안 —— 선생님께서 책에서도 말씀하시길, 독재 정권 중 현대화에 성공한 국가에서는 민주화가 발생할 가능성이 희박하고, 현대화에 실패한 국가에서는 발생할 가능성이 크다고 하셨습니다. 그러면 중국 경제가 실패했다는 것, 적어도 성공하지는 못했다는 점은 미래에 민주화가 이행될 수 있는 전조로 볼 수 있겠네요.

게다가 현재 중국 경제도 부진한 와중에 스파이 체계까지 포함하는 거대 국가 안보를 유지하려면 도대체 얼마나 많은 돈을 써야 할까요? 불안한 경제 상황이 방대한 국가 안전망에 어떤 영향을 줄 수 있을까요?

페이 —— 분명히 부정적인 영향을 줄 겁니다. 과거 '유지와 안정'이 상대적으로 성공했던 건 당시 경제가 지금보다 몇 배는 더 괜찮았기 때문입니다. 과연 지금의 중국 감시 체계가 정규 인원도 적고 경제까지 부진한 상황에서 안정적으로 규모를 유지할 수 있을지 의문입니다. 게다가 첨단기술 시스템에는 돈이 많이 들거든요.

위안 —— 서버에 컴퓨팅 파워에 그걸 관리할 인원까지요.

페이 —— 시스템이라는 것이 결국 광섬유로 연결된 고화질 감시카메라를 설치하고 그걸 조사할 사람을 파견하는 거니까요. 비용이 만만치 않습니다. 거기에 중국의 경찰과 공안 유지 비용도 있잖습니까. 여기에 투입되는 비용의 85퍼센트는 지방정부가 내고, 중앙정부는 그다지 돈을 지급하지 않고요.

위안 —— 지금은 지방정부도 돈이 없죠.

페이 —— 그래서 이게 엄청난 도전이라는 겁니다. 앞으로 중국은 아주 새로운 세계로 들어갈 것이고, 그때 지금까지 효과적이었던 감시 시스템이 계속 그럴지는 미지수입니다.

위안 —— 중국공산당이 무너지는 날이 온다면, 국가 안보 시스템이 제 기능을 못 해서일까요?

페이 —— 그렇지는 않습니다. 구소련이 무너질 때나 동독이 무너질 때도 국가 안보 시스템은 정상적으로 돌아갔습니다. 가장 중요한 것은 총체적인 위기가 도래했다는 겁니다. 일단 총체적 위기를 맞으면 아무리 좋은 예방 시스템이 있대도 소용없습니다. 조직에 속한 사람들, 정치 엘리트, 감시를 실행하는 사람들을 포함한 모든 이가 제도에 믿음을 잃기 때문입니다. 가장 두드러지는 건 경찰 시스템 내부에 생기는 문제입니다. 그들도 사람인지라, 가족들이 일자리를 구하지 못하고, 수많은 억울한 일과 모욕적인 일을 겪으면, 제도에 엄청난 실망, 더 나아가 반감을 갖게 됩니다. 제 생각에 중국은 아직 여기까지 오진 않았어요. 다만 경제가 계속해서 나빠져서 미래 중국에도 총체적 위기가 찾아올 것인가 가늠해본다면, 저는 역시 가능성이 있다고 생각합니다.

위안 —— 선생님께서 책을 쓰시면서 답을 찾고 싶었던 첫 번째 질문이 '강력한 국가 감시 시스템이 중국공산당의 통치를 더 오래 지속시킬까'였죠? 결론을 내리셨나요?

페이 ── 네. 제 생각에 이 시스템은 분명히 중국공산당에 도움이 될 겁니다. 감시 시스템은 여전히 어느 정도 효과가 있어요. 그렇지만 순전히 감시 시스템에만 의지해서 정권을 유지하려고 들면, 아예 북한처럼 변하겠죠. 그 방면으로는 북한이 가장 성공했거든요.

감시 시스템은 엄청난 비용을 지급해야 합니다. 사회 분위기는 매우 암울해질 것이고, 아무도 감히 행동하려들지 않을 테니 사회는 활력을 잃고 말겠죠. 그럼 경제도 침체될 테고요. 설령 정권은 살아남는대도 사회는 죽어버릴 겁니다. 물론 어디까지나 가능성이긴 하지만 말이죠.

중국공산당 정권이 살아남으려면 역사의 눈을 가져야만 합니다. 톈안먼 사건 이후 20년[11] 동안, 이 정권은 비교적 실용적이었고, 서방 국가들과 상대적으로 안정적인 관계를 유지했습니다. 그리고 국내에서도 얼마간 개방적인 태도를 보였고요. 당시 수준으로 돌아간다면, 이 정권의 수명이 조금이나마 연장될 겁니다. 하지만 지금처럼 계속된다면, 어렵지 않을까 합니다.

위안 ── 선생님께서 책 마지막에는 국가폭력을 사용한 통치 강화를 주제로 삼으셨는데요. 저는 선생님의 마지막 말이 정말 훌륭

───────────

11 1989년 '톈안먼 사건' 이후, 대략 1992년부터 2012년까지의 20년.

하다고 생각합니다. 중국공산당 정권은 가장 강력한 수단이 가장 약한 수단이기도 하다는 것을 알아야 한다고 쓰셨죠.

페이 —— 맞습니다. 실제로 중국공산당의 통치 기간에서 국가폭력이 가장 맹위를 떨치던 시기는 톈안먼 사건 이후입니다. 정말 안 써본 방법이 없죠. 어르고 겁주고 별별 수단을 다 썼습니다.

하지만 모든 사람을 적으로 돌리면, 그 정권은 아주 곤란해질 겁니다. 원래는 적이 아니었던 사람도 다 적이 될 테고, 그들을 억압하는 데 엄청난 비용이 들 테니까요. 엄청난 수의 경찰을 조직해서 수많은 사람을 몽땅 잡아들이면, 국제적 이미지는 형편없어지겠죠. 툭하면 사람을 스파이로 몰고, 뭐든 다 국가기밀이고, 데이터는 죄다 제한적이면 누가 같이 사업을 하려 하겠습니까? 이건 자멸하는 길과 다르지 않아요.

위안 —— 마지막 질문입니다. 중국공산당의 국가 감시 시스템이 해외에는 어느 정도까지 손을 뻗쳤을까요?

페이 —— 제가 보기에 그다지 손을 뻗지 못했습니다. 이 시스템이 다른 나라 상황에는 맞지 않거든요. 뻗었다고 해도 조직적인 체계는 갖추지 못했을 겁니다.

이 시스템은 해외에 거주하는 중국인 중 중국에 가족이 있는 사람에게는 압력을 주겠지만, 그렇지 않은 중국인에게는 그다지 압박을 가하지 못합니다. 해외에서 스파이를 고용하는 것도 돈이 상당히 많이 들 거고요. 게다가 서방 국가들의 방첩 기구나 FBI와 같은 수사 기관들이 그렇게 만만한 상대가 아니죠. 해외에서 이 시스템을 가동한다면 그들이 바로 알아차릴 겁니다. 그래서 미국에 세웠던 해외 파출소나 비밀경찰서들이 앞선 시기에 다 적발되었죠.

제 생각에 이 시스템은 아마도 민주화운동 영역 안에서나 가능할 겁니다. 하지만 전면적이고 대규모인 감시는 가능하지도 않고 그럴 필요도 없습니다. 공산당은 전혀 멍청하지 않아요. 정치적 의심에는 한계가 없어서 비록 투자가 과도해질 때도 있지만, 그들이 하는 일은 다 절묘하게 고안된 것이고 모두 명확한 목표를 가지고 있습니다.

우궈광吳國光

'20대大' 이후 정치 질서와
저항의 가능성

우궈광은 일찍이 중국공산당의 핵심 기관에 몸담은 정치학자다. 1977년 베이징대학 중문과에 입학해서 저널리즘을 전공했고, 『런민일보人民日報』에 입사해 논설부에서 근무했다. 1986년, 중국공산당 중앙정치체제 개혁연구소조 판공실로 차출되어 '13대大' 전후 정치 개혁 정책의 연구와 제정에 참여했다. 당시 소조의 책임자는 국무원 총리를 맡고 있던 자오쯔양이었다. 1989년 봄, 우궈광은 미국으로 연수를 떠났다. '6·4' 이후 미국에 남아서 1995년 프린스턴대학에서 정치학 박사 학위를 받고, 홍콩 중문대학과 캐나다 빅토리아대학에서 교편을 잡았다. 중국 정치 제도의 변화와 세계화 등을 연구하는 데 전념했다. 2022년 스탠퍼드대학에서 중국 경제와 제도 센터의 선임 연구원을 맡았다. 저서로는 『권력의 극장: 중국공산당

당 대회의 제도 운용權力的劇場: 中共黨代會的制度運作』『반민주의 세계화: 자본주의의 전 세계 제패 후의 정치경제학反民主的全球化: 資本主義全球勝利之後的政治經濟學』 등이 있다.

'20대大' 이후, 시진핑의 권력은 절정에 다다랐다. 20기 중앙정치국 위원과 정치국 상무위원 중에서 '단파團派'(공청단파)와 '강파江派'(상하이방)는 전부 자리에서 물러났고 시진핑의 신임을 받는 구성원만 일색이었다. 우궈광은 '부밍바이'와의 두 차례 인터뷰에서 '지도층의 물갈이 이후, 앞으로의 중국 정책 방향은 어떻게 흘러갈 것인가?' '일반인의 생활에 어떤 영향을 끼칠 것인가, 디지털 독재 시대에 상황이 급변할 가능성이 있는가?' '일상생활에서 일반인들은 독재에 맞서 어떻게 저항할 수 있을까?'를 논했다.

독재 시대에서 저항의 가능성

방송 일자
2022년 10월 15일

인터뷰 요약

- 중국은 갈수록 독재국가와 비슷해지는가?

- 시진핑과 마오쩌둥의 차이점과 공통점.

- 시진핑은 이미 절대 권력을 손에 넣었나?

- 중국공산당 조직은 지난 10년간 강해졌을까, 아니면 약해졌을까?

- 디지털 독재 시대에서 혁명이 일어날 가능성.

- '제로 코로나'가 중국공산당의 합법성에 끼친 영향.

- 일반인이 독재에 저항할 가능성.

위안 —— 오늘은 우궈광 선생님과 시진핑의 권력은 절대적인지, 과거 10년 동안 중국공산당의 조직은 강해졌는지 약해졌는지, 중국은 갈수록 북한을 닮아가는지, 정부의 감시가 빈틈없이 파고드는 시대에서 억압받는 개인은 어떤 저항을 할 수 있는지를 이야기 나눠보겠습니다. 제가 처음 드릴 질문은, '20대* 이후 중국은 갈수록 북한을 닮아가는가'입니다.

우궈광(이하 우) —— 코로나19 펜데믹 때 당이 사회 전체를 통제한 것만 봐도, 저는 중국이 북한보다 더 엄격하게 사회와 민중을 통제한다고 생각합니다. 그리고 엘리트 정치 측면에서 앞으로 더 그런 방향으로 나아갈 것으로 보이고요.

저는 중국 마오쩌둥 시대 이후 수십 년의 변혁을 보며 거시적인 견해를 다듬고, 기본적인 판단을 내려왔습니다. 저는 20년 전, 그러니까 대략 2002년부터 중국의 개혁은 끝났다고 논의하기 시작했습니다. 2001년 중국의 세계무역기구WTO 가입이 중국 경제 개혁의 끝을 상징한다고 주장했고요. 저는 당시 많은 사람과 논쟁했습니다. 그중에는 중국의 자유주의파 친구들도 있었고, 해외에서 중국 문제를 연구하는 전문가도 있었습니다. 그들은 모두 경제 개혁이 끝나면 정치도 개혁할 수 있다고 말했지만, 저는 중국공산당이 정치 개혁을 할 리 만무하다고 말했습니다.

저는 중국의 정치 개혁 시도를 몸소 겪었습니다. 1980년대 말 당시 중국의 지도자층에서는 정치 개혁을 하려는 성의, 최소한 정치 개혁을 주관하는 자오쯔양의 성의만큼은 확실했습니다. 그렇지만 우리는 이것이 조금도 추진되지 못하는 것을 목격했습니다. 그 후로 정치 개혁 방면에서 그때의 조치들이 역공당했다는 것은 더 말할 필요도 없고요. 저는 그때부터 중국공산당 정치 개혁에 어떤 환상도 가지지 않았습니다. 경제 개혁이야 이미 완성됐고요. 다만 '완성'이 대단히 잘했다는 의미가 아니라, 그저 공산당이 하려던 건 다 했다는 뜻에서요. 정치 개혁이라니, 애초에 하려는 의지조차 없는데, 개혁은 무슨 개혁이란 말입니까? 그러니까 저는 중국의 개혁은 2001년에 이미 끝났다고 말하겠습니다.

그렇다면 그 뒤로는 어떻게 되었을까요? 후진타오 시대는 '부저텅不折騰'*을 중시했습니다. 따라서 진일보한 개혁은 할 수 없었고, 이미 행해진 경제 개혁으로 일군 열매만 따 먹으며 세월을 보냈습니다. 그러다가 시진핑이 정권을 잡았고, 2012년부터 2013년에 그는 18기 3중전회에서 전면적 개혁 심화 위원회를 설립했습니다. 많은 사람이 이를 보고 시진핑이 과감하게 개혁을 실행할 것으로 예상했지만, 이 판단은 중국공산당의 논리를 전혀 이해하지 못한 데에서 나온 것이었습니다. 시진핑이 정권을 잡고 한 일은 '봉쇄contain'(제한)였습니다. 1970년대 말부터 중국 경제가 시장화되며 중국공산당 정권에 잠재적인 정치사회 비판과 도전이 가해졌지만, 정권은 '봉쇄'하는 방식으로 이를 억압했고, 더 나아가 완전히 말살해버렸습니다.

중국의 시장화라는 개혁이 도입된 이래로 공산당은 줄곧 이를 걱정해왔습니다. 하지만 과거 중국은 매우 낙후되어 있었기 때문에, 어쩔 수 없이 시장화의 힘을 빌리고, 세계화를 포용함으로써 중국 경제 발전을 추진할 수밖에 없었습니다. 어느 정도까지는 시장화로 인한 정치활동과 사회활동을 반드시 용인해야 했던 거죠. 경제활동이 어느 정도 다원화되는 것도 당연했고요. 하지만 이와 동

- 당이 정한 노선에서 벗어난 무리한 개혁은 인민에게 고통을 가한다는 뜻. 즉 중앙당의 지시를 벗어나지 말 것을 촉구한다는 의미다.

시에 덩샤오핑부터 장쩌민, 후진타오는 시장화의 정치적, 사회적 효과에 대해 상당한 경계심을 가졌습니다. 그리고 시진핑 대에 와서는 시장화의 힘을 빌려서 중국 경제 발전을 이루는 사명은 달성됐다고 생각했습니다. 그의 판단에 따르면, 이제 '동승東升'[12]을 말할 때가 된 겁니다. 그럼 '동승'이 무엇이냐? 그건 바로 중국의 국력이 이미 상당히 높은 수준까지 상승했다는 뜻입니다. 이런 맥락에서 그는 시장화가 가져온 사회적, 문화적, 특히나 정치적 영향을 전력으로 억압하기 시작했습니다. 그가 과거로 회귀할 것이라는 점도 사실상 충분히 예측할 수 있었죠. 2018년 3월, 시진핑이 헌법을 수정한 뒤 저는 도쿄에서 열린 학술 토론회에서 '시작: 새로운 전체주의로의 역전환'이라는 제목으로 강연을 했습니다.

위안 —— 어떤 사람들은 현재 중국이 시진핑의 치세하에서 갈수록 전체주의 국가와 비슷해지고 있고, 최소한 전체주의의 길로 나아가고 있다고 말합니다. 선생님은 어떤 관점이셨나요?

우 —— 중국은 전체주의의 길로 나아가고 있는 게 아니라, 이미 많은 부분에서 역사상 그래본 적 없는 지경까지 전체주의에 도달해

---

12 2021년 1월 시진핑은 '동승서강東升西降'이라는 정치 개념을 제기했다. 이는 동방 문명을 대표하는 중국이 일어서기 시작했고, 미국으로 대표되는 서방 문명은 쇠퇴하고 있다는 뜻이다.

있습니다. 마오쩌둥 이후 중국은 기본적으로 경제 발전을 중시하며 정치와 경제에 집중했고, 더는 사회생활의 많은 부분을 규제하지 않았으며, 모든 사람이 공산주의 이념을 믿어야 한다는 강제도 사라졌습니다. 중국공산당의 핵심 목표도 중기 목표와 단기 목표로 바뀌었고 덩샤오핑도 이 목표들을 제시했죠. 그건 바로 '소강사회小康社會*의 건설'이었습니다. 이는 공산주의와는 다른 것이었죠.

그러나 시진핑이 정권을 잡은 이후, 그는 이데올로기 체계를 세우고자 힘썼습니다. 수많은 당 간부학교, 연구기관, 더 나아가 마르크스주의 및 중국 특색사회주의 수업을 하던 일반 대학 들이 지금은 적나라한 시진핑 사상 연구센터가 되었습니다. 이곳들은 정부를 대변하는 데 힘쓰고 있고, 당원과 체제 안에 있는 사람들에게 시진핑의 사상을 신봉하라고 요구하고 있습니다. 공산당은 '학습 강국學習强國**'이라는 앱을 통해 시진핑의 지도 이념을 공부하며, 중국 대학에도 '습개習槪'라는 수업을 개설했습니다. 과거에 마오쩌둥 사상 개론을 '모개毛槪'라고 했듯이 지금은 시진핑 사상 개론을 '습개'라고 하는 거죠.

과거 문화대혁명 당시 경험했던 수많은 수법이 지금 다시 출현했습니다. 마오쩌둥 이데올로기의 가장 중요한 상징이 '빨간 책'이었죠. 사람마다 한 권씩 들고 다니던, 『마오쩌둥 어록』 말입니다.

• 보통 사람도 부유하게 사는 이상 사회.
•• 시진핑의 사상을 배워 강국이 되자는 취지.

2018년 당시, 저는 앞으로 5년 안에 정부가 '시 주석 어록'의 표준 판본을 출간하는 것이 아닐까 생각했습니다. 하지만 이 부분에서 시진핑의 추진력이 그렇게 강한 것 같지는 않습니다. 다양한 해적판 '시진핑 어록'이 아직 통일된 정부 판본으로 나오지는 않았으니까요. 하지만 앞으로 5년 안에 '시진핑 어록'이 출간된대도, 놀랍지도 않습니다. 실제로 2022년 올해 여름까지 시진핑이 이미 네 권의 『시진핑 국정 운영을 말하다習近平談治國理政』를 출간했으니까요. 마오쩌둥 선집의 표준 판본은 총 네 권입니다. 화궈펑 초기에 제5권이 출간되었지만, 정부에 의해서 폐기되었습니다.[13] 보세요, 시진핑도 공산당 당원이지 않습니까. 그의 이런 제왕적 사상과 위계의식이 얼마나 우스꽝스럽습니까. 마오쩌둥은 책 네 권을 냈고, 그럼 덩샤오핑은 몇 권을 냈을까요? 겨우 세 권 냈어요. 『덩샤오핑 선집鄧小平文選』이 겨우 세 권이고,『장쩌민 선집江澤民文選』『후진타오 선집胡錦濤文選』 모두 세 권입니다. 그런데 지금까지『시진핑 국정 운영을 말하다』라는 책이 네 권 출판되었습니다.* 이건 가십이지만, 시진핑이 마오쩌둥과 어깨를 나란히 하려 한다는 것을 알 수 있고, 전체주의로 돌아갔다는 것도 알 수 있습니다.

위안 —— 시진핑이 마오쩌둥만큼의 카리스마가 있나요? 그에게

---

13 제5권은 '건국 이래 당의 약간의 역사 문제에 관한 결의'와 당시 시행한 개혁개방 정책에 부합하지 않았다.
• 2025년 7월 제5권이 출판됐다.

그만한 권위가 있다고 보시나요?

우 —— 저는 없다고 봅니다. 마오쩌둥과 시진핑이 차지한 권력의 근본은 모두 강제력에 있습니다. 무력 기구와 군대를 장악하고 있고요. 마오쩌둥은 주로 군대를 장악했습니다. 하지만 당시 공안 계통의 상당 부분은 저우언라이가 장악했고, 마오쩌둥은 일부분만 장악하고 있었죠. 정보 계통도 마찬가지였습니다. 이후 덩샤오핑의 경우엔, 그도 군대를 장악하고 있었지만, 공안과 정보 계통을 천원과 똑같이 나눠 가졌습니다. 그러나 시진핑은 군대, 공안, 정보 모두를 완전히 장악하고 있습니다. 따라서 그의 힘의 원천은 바로 여기에 있다고 할 수 있죠.

마오쩌둥은 최소한 그의 동지 중에서, 고위급 지도자들을 포함한 중국공산당의 당원 중에서 이른바 카리스마를 가진 사람이었습니다. 일반 민중에게도 다년간의 선전을 통해 그는 카리스마적인 사람으로 형상화되었습니다. 오늘날의 중국에서 시진핑에게 카리스마가 있다고 생각하는 사람이 과연 다섯 명이나 될지, 저는 모르겠습니다. 그럼 공산당 간부 중에서는 시진핑에게 카리스마가 있다고 생각하는 사람이 얼마나 될까요? 제 생각에 아마도 아주 소수이지 않을까 싶습니다. 설령 여론조사를 한다고 해도 사람들이 진실을 말하지는 않을 테니 우리가 알 방법은 없을 테지만요.

그리고 마오쩌둥에게는 이데올로기 권력이 있었습니다. 시진핑도 지금 열심히 이데올로기 권력을 만들어내려고 하고 있습니다만,

실제로 시진핑의 이데올로기가 얼마나 설득력을 갖추고, 얼마나 감화력을 발휘할까요? 일반인을 상대로 가정할 때 말고, 공산당 간부들과 당원들을 상대로 할 때 말입니다. 그들에게 시진핑의 이데올로기 감화력은 몹시 약합니다.

위안 —— 아까 말씀하시길, 시진핑의 군대, 공안, 정보에 대한 관리 통제가 마오쩌둥보다 더 강하다고 하셨는데, 그렇다면 권력에 대한 시진핑의 관리 통제가 절대적이란 말씀이신가요? '20대人' 이후 그의 권력에 한계가 있을까요?

우 —— 저는 절대적이라는 것은 없다고 생각합니다. 지금 시진핑의 권력도 결코 절대적이지 않습니다. 방금 질문하신 내용은 그를 제약하는 요소가 있는지, 혹은 그가 통제할 수 없는 것도 있는지 물으신 것 같은데, 분명히 있을 겁니다. 그것도 아주 많이요.

제가 생각한 첫 번째 한계는 바로 시진핑 개인의 능력과 에너지입니다. 이렇게 거대한 권력을 가지고, 이토록 거대한 당과 통치 조직 그리고 국가를 다스리면서, 오늘날처럼 세계화되고 복잡 다변한 세상을 상대하기란, 설령 시진핑이 인간 세상에 내려온 신이라고 할지라도 감당하기 어려운 일입니다. 지금까지 60여 년 동안 시진핑의 면면을 보자면, 그의 '신의 능력'은 아직 발현되지 않은 것 같습니다. 시진핑의 능력에 관해서라면, 중국공산당이 아무리 선전한다 해도, 저는 그가 능력 부족이라고 봅니다. 게다가 그의 에너지는 어떨까요? 시진핑의 10년 전 사진과 지금의 사진을 놓고 한번 비교해보세요. 그러면 그가 얼마나 노심초사하고 있는지 알 수 있습니다. 시간이 흐르고 그가 더 나이 든다면, 에너지는 훨씬 더 고갈되겠죠. 제가 늙어보니 나이가 들수록 에너지가 떨어진다는 것을 확실히 알겠더군요. 따라서 첫 번째는 바로 시진핑 개인의 능력, 체력, 에너지의 고갈이 그가 극한의 통제를 할 수 없게 만들 것이라는 겁니다. 명목상으로는 엄청나게 많은 권력을 갖고 있다고 할지라도, 실제로 그 많은 것을 다 통제하기는 불가능합니다. 이건 절대 뛰어넘을 수 없는 첫 번째 한계입니다.

둘째, 독재자 혼자 모든 것을 다 할 수는 없습니다. 설령 모든 권력을 다 자신의 손안에 움켜쥐고 있다고 해도, 나라를 다스리고 정권을 통제하려면 반드시 권력을 다른 사람에게 나눠줘야 합니다. 조직 체계가 클수록 권력을 나눠줘야 할 기구도 많아지겠죠. 권력을 다른 사람에게 나눠주기 시작하면 이제 두 번째 한계가 모습을 드러냅니다. 우선 권력을 나눠줄 사람을 얼마나 믿을 수 있을까요? 그들의 권력이 커지면 독재자는 분명 두려워할 겁니다. 하지만 나눠준 권력이 작다면, 그들은 자신들이 해야 할 일을 할 수 없게 되고, 이는 시진핑이 지명한 임무를 완성하지 못한다는 뜻이 됩니다.

제가 10년 동안 관찰한 결과, 시진핑은 의심이 매우 많은 정치인입니다. 설령 자신이 발탁한 사람이라고 할지라도, 시진핑은 그를 전적으로 믿지 않습니다. 예를 들어 첫 5년 재임 기간에 그와 왕치산王岐山은 끊임없이 협력하면서 소위 '시왕체제習王體制'라고 불렸습니다. '시왕체제'가 강력한 반부패운동을 전개했기 때문에 시진핑은 재임 초기 권력을 신속하게 집중시킬 수 있었습니다. 하지만 결국에 어떻게 되었나요?[14] 그래서 저는 이것이 두 번째 한계라고 생각합니다. 즉 권력의 위임이죠. 다른 사람에게 권력을 나눠줬지만, 그를 믿지 못하는 것이 권력을 제한하는 겁니다.

셋째, 바로 관료 체계 전체입니다. 이렇게 말할 수 있겠네요. 권력이 집중될수록 효율은 낮아진다. 이것은 실제로 인류 역사상 권력이 집중될 때마다 돌아왔던 악순환이죠. 진정한 권력의 집중은 전체주의가 아닙니다. 권력의 집중은 권력의 운영에서 발휘됩니다.

권력이 집중되는 체계에는 두 가지 문제가 있습니다. 첫째는 바로 하의상달의 정보 경로 문제입니다. 윗선의 권력이 강력한 상황에서 아랫사람은 윗선이 싫어할지도 모르는 정보나 실정을 함부로 보고하지 못합니다. 이는 고위층의 정책 결정력 저하를 초래합니다. 시진핑이 상황을 정확히 보고받지 못한다면, 명확한 정책을 결정할 수 없겠죠. 권력이 클수록 정책을 제대로 결정하지 못하면, 그에 따른 후과後果 또한 심각해집니다. 푸틴을 보세요, 집권 후기가 될수록 그가 내리는 결정이 얼마나 멍청해졌는지.

둘째는 바로 상명하달된 정책의 관철입니다. 윗선에서 압박해야만 아랫사람이 겨우 움직인다면 이는 아랫사람이 능동적이지 못하

---

14 왕치산은 2017년 '19대大' 이후 중기위 서기에서 사임했고, 2023년 14기 전인대 1차회의 이후 국가부주석에서 사임했다.

다는 뜻입니다. 하지만 능동적으로 움직였다가 실수라도 하면 벌을 받을 게 뻔하겠죠. 정책 결정력도 저하되고 정책의 관철 능력도 형편없으면, 권력이 아무리 큰들 뭘 할 수 있겠습니까? 아무것도 못하죠. 그리고 중국에는 두 가지 문제가 더 있습니다. 하나는 관료들의 복지부동이고, 다른 하나는 윗선에 잘 보이려고 실제보다 목표를 높게 잡는 것입니다. 이런 상황에서는 대다수의 정책 결정이 안하느니만 못한 결과를 낳습니다.

위안 —— 과거 10년 동안 중국의 민간 조직과 사회 역량은 엄청난 타격을 받았습니다. 이와 비교해서 중국공산당은 같은 기간에 힘이 강해졌을까요, 아니면 약해졌을까요?

우 —— 좋은 질문입니다. 제 생각에 중국공산당의 조직 체계가 정치적 통제력을 강화했고, 사회 전체에 대한 당의 제어력도 강화되었다고 봅니다. 중국공산당에는 권력을 독점한다는 특징이 있어서 독점이 심화한 측면도 있죠. 하지만 분명 통치 기능이 약화된 측면도 있습니다.

경제 상황은 이미 우리가 목격했고요. 이번 방역은 전체주의가 매우 보기 드문 수준까지 발전했음을 보여줬습니다. 앞서 제가 전체주의를 논할 때 이데올로기적 특징에 집중했는데요. 전체주의의 또 다른 특징은 바로 사회에 대한 통제입니다. 실제로 마오쩌둥 시대는 중국의 전형적인 전체주의 통제를 보여줍니다. 그는 매체를 통제했고, 군대와 경제를 통제했습니다. 사회 통제는 두말없이 매우 엄격했습니다. 심지어 리커창李克強조차도 그 당시 사회 통제를 기억할 정도입니다. 그가 말하길, 밖에서 먹을거리를 구걸할 때마저도 생산대대 당 지부에서 발급한 신분증명서가 있어야 했다고 합니다. 리커창이 속해 있던 생산대대가 중국에서 거지로 유명한 펑양鳳陽현에 있었기 때문입니다. 신분증명서가 없으면, '맹류盲流(함부로 이탈한 사람)'로 취급돼서 구속되었습니다. 당시 일반인들의 생활을 통제하기 위해 그야말로 쓸 수 있는 수단은 다 썼다고 할 수 있죠.

하지만 설령 그렇게 통제했다고 해도 오늘날 백위병白衛兵[15]이 찬거리도 못 사게 하고 밥도 못 사 먹게 하는 전체주의만큼은 못합니다. 마오 시대에는 사람들이 물건을 사는 것까지 막진 않았지만, 지금은 사는 행위 자체를 못 하게 하니까요. 당시에는 농민이 농사를 지을 때 증명서 같은 게 필요하지도 않았고, 노인들이 아프면 병원에는 보내줬어요. 하지만 지금은 아무것도 못 하게 통제합니다. 그런 의미에서 중국공산당은 이번 방역을 통해 전체주의의 극치를 보여준 거죠.

위안 —— 맞아요. 선생님께서 2012년에 발표하신 글에서, "중국 현재 형세의 핵심과 미래 발전 방향은 위기가 개혁을 유발하는 것

---

15 코로나19 펜데믹 기간, 중국에서 흰색 방호복을 입고 각종 방역 정책을 가혹하게 집행한 사람들을 가리킨다.

도 아니고, 개혁과 혁명이 경쟁하는 것도 아니다. 오히려 당국이 돌이킬 수 없는 방향으로 혁명을 조성하고, 개혁은 그저 혁명이 길을 터주길 기다리는 것뿐이다"라고 하셨습니다. 3년의 펜데믹에서 특히 2022년 올해의 이 가혹한 '제로 코로나' 정책이 많은 사람의 삶에 엄청난 영향을 끼쳤습니다. PCR 검사가 쉼 없이 계속됐고, 수많은 사람이 일자리를 잃고 수입이 끊겼습니다. 게다가 정상적인 생활로 돌아갈 희망조차 전혀 보이지 않습니다. 상황이 이런데도 실질적인 반항은 찾아보기 어렵고요. 저항의 대가가 너무나 크다 보니 대다수 사람은 이 상황을 참고 견딜 뿐입니다. 매우 강력한 세뇌기계가 사람들을 '제로 코로나'가 필요한 정책이라고 믿게 만들어버렸습니다. 저는 선생님께서 지금도 2012년 당시의 관점을 견지하시는지 궁금합니다. 당국이 회개하고 혁명을 하기란 불가능할까요? 빅데이터를 이용한 전방위적 감시의 시대에서 혁명의 가능성이 있을까요?

우── 2012년 당시 저와 이야기 나누던 사람은 상황을 하나 가정했습니다. 당시 중국에서 자유주의자들이라든지, 비교적 깨어 있는 간부층이라든지, 이들이 개혁과 혁명이라는 두 선택지를 놓고 토론하고 있다는 설정이었습니다.

상대방이 이렇게 설정하고 질문한 것이라서 저도 그에 맞춰서 제 생각을 이야기했죠. 저는 중국의 개혁은 이미 2001년에 죽어버렸기 때문에 이제 개혁이라는 선택지는 존재하지 않고, 혁명이라는 선택지는 분명 대단히 어려운 선택지가 되었다고 말했습니다. 만약 제가 그 당시 당국이 혁명을 준비하고 있다고 말했다면, 실제로는 당국이 끊임없이 사회 갈등을 악화시키고 있다는 뜻이었을 겁니다. 그럼 사회 갈등이 악화하면, 반드시 혁명이 일어날까요? 물론 우리는 알고 있습니다. 첫째, 혁명이 일어나는 데에는 여러 가지 다른 조건들이 필요합니다. 둘째, 현실적으로 보자면, 특히 정보 수단이 이토록 발전한 오늘날, 중국처럼 국가가 각종 탄압 수단을 장악하고 있는 상황에서 혁명이 발생하기는 매우 어렵습니다.

이제 조금 전에 말했던 전체주의로 돌아가보죠. 전체주의의 특징 중 하나는 바로 군대와 무기를 완벽하게 통제한다는 것입니다. 2018년 제가 왜 이미 전체주의로 돌아왔다고 느꼈을까요? 그건 당시 식칼을 사는 것조차도 증명이 필요했기 때문입니다. 이건 마오쩌둥 시대에도 없던 일입니다. 식칼조차도 무기라고 여기는 무기에 대한 통제가 가정 주방에까지 미친 것입니다. 물론 이는 당국에서 민중의 엄청난 불만을 눈치챘다는 방증이기도 합니다. 당국은 다양한 방식의 통제를 강화해서 혁명의 싹을 초장에 자르려고 했던 겁니다. 하지만 실제로는 어떨까요. 며칠 전 제가 인터뷰를 하면서 루쉰 선생께서 여러 번 말씀하셨던 '불행을 가엾이 여기고, 맞서 싸우지 않음에 분노하다哀其不幸, 怒其不爭'라는 정서를 이야기했다가 인터넷상에서 적잖이 욕을 먹었습니다.

"너도 맞서 싸우고 있지 않잖아!"라며 저를 욕하더군요. 펜데믹 상황에서 수백, 수천 명의 사람이 광장에 모여서 한밤중에, 새벽 3시에도 새벽 5시에도 줄을 서서 코로나19 검사를 기다리고 있습니다. 1989년 이후부터 공산당은 사람들이 수십 명이 되었든 수백 명이 되었든 한곳에 모여 있는 것을 가장 두려워했습니다. 하지만 지금은 수백, 수천 명이 한곳에 모여 있어도 공산당은 두려워하지 않습니다. 솔직하게 말해서, 제가 이 말을 했을 때, 공산당이 그걸 듣고 '맞아, 사람이 모이는 게 싫어!'라면서 검사 방식을 기존의 수백, 수천 명이 대기하는 것이 아닌 수십 명씩 나눠서 검사받는 걸로 바꿨다면, 중국 대중은 덜 고통받았겠죠. 만약 제 말이 정말로 영향을 줬다면, 제 의도는 달성됐다고 할 수 있겠네요.

지금은 수백 명의 사람이 한꺼번에 '와!'하고 들고일어나는 것이 불가능해 보이지만, 만일 수백 명이 코로나19 검사 방식에 항의한다면 이건 성공할 수 있습니다. 정권을 무너뜨리라는 것도 아니고, 공산당을 뒤엎으라는 것도 아닙니다. 그냥 '이 검사를 이런 방식으로 안 하면 안 될까요? 20명씩 조를 짜면 어떨까요? 다들 휴대폰이 있으니까, 차례가 오면 연락을 해주세요. 그러면 노인들이 덜 힘들지 않을까요?'라는 식으로 말해보자는 거죠.

위안 —— 현재 '제로 코로나' 정책이 중국 경제에 엄청난 피해를 줬는데, 이게 중국공산당 집권의 합법성에도 영향을 주지 않을까요?

우 —— 마오쩌둥 시대에 있었던 3년 대기근으로 1000만 명에 달하는 사람이 굶어 죽었습니다. 마오쩌둥은 이 때문에 당내에서 일정 정도의 도전에 직면했을 뿐만 아니라, 사회적인 차원에서도 어느 정도 저항에 부딪혔습니다. 하지만 이러한 저항은 당시 거의 보도되지 않았습니다. 나중에 연구가 행해지며 저항에 관한 아주 진귀한 자료들이 발견되기도 했는데, 그중에는 일단의 농촌에서 말단 간부가 농민들에게 식량을 나눠준 일도 적혀 있었습니다. 그러나 전체적으로 보자면, 마오쩌둥의 명망은 그 이후로도 그다지 추락하지 않았습니다. 특히나 문화대혁명 시기에는 다양한 수단을 동원해 그의 명망이 최고 수준까지 끌어올려졌습니다.

마오쩌둥의 모든 제도는 중국인에게 엄청난 재난을 가져다줬습니다. 마오쩌둥이 죽은 뒤, 사람들이 제일 먼저 요구한 것이 굶주림 해결이었으니까요. 농민들이 자발적으로 '포산도호包産到戸'를 시행하는 등 변화를 거친 뒤에야, 중국 경제 발전이 비로소 중국 의제의 중심에 놓였습니다. 그리고 1970년대 말을 지나서 최근까지 중국 경제는 급속히 발전했고 G2의 자리를 차지했습니다. 중국이 경제적으로는 마땅히 어느 정도 기반을 마련했다고 할 수 있죠. 하지만 이것이 시진핑에게 대중을 괴롭힐 힘을 제공했습니다. 저는 중국 제도의 기괴한 점과 서글픈 점이 바로 여기에 있다고 생각합니다.

중국의 경제가 발전하면서, 중국의 민중은 덕을 톡톡히 봤습니다. 하지만 그중 가장 큰 덕을 본 것은 중국공산당의 관료들이죠. 중국공산당은 하나의 온전한 정권으로서, 사실상 최근 몇 년 사이에

• 농가 할당 생산 방식.

그렇게 되었지만요, 중국인을 괴롭힐 힘을 얻었습니다.

그러니까 저는 시진핑의 사고방식이 아마 이렇지 않을까 생각합니다. "'마오쩌둥 시대'가 너희를 수천만 명씩 굶겨 죽였지만, 아무도 반란을 일으키지 못했고, 공산당은 끄떡없었고, 너희는 오히려 마오쩌둥을 부모님보다 더 사랑했지. 그런데 지금은 너희한테 집도 주고 차도 주고 끼니 걱정도 안 하게 해줬으니 내가 너희를 10년 더 괴롭혀도, 20년을 괴롭혀도 괜찮을 거야. 처음에는 예전보다 힘들어졌다고 싫어할 수도 있지만, 20년쯤 괴롭히면 익숙해질 거고, 30년쯤 지나면 만세를 외치겠지. 왜냐하면 그때 서른 살에 접어든 사람은 온전히 시진핑 시대를 산 사람일 테고, 그들이 받은 교육은 시진핑 일색일 테니까. 그렇게 30년이 지나면 사람들은 시진핑을 그야말로 위대한 지도자라고 생각하겠지."

저는 만약 독재자가 특히나 마오쩌둥의 역사를 참고했다면, 이런 생각을 가진대도 이상할 게 없다고 생각합니다. 그런 의미에서 저는 '20대大' 이후의 시진핑에게 경제 발전이 그다지 중요한 임무였으리라 생각하지 않습니다. 제 생각에 그가 직면한 문제는 중국의 경제 발전을 일정 수준으로 유지하면서 그 와중에 더 많은 공산당 재정 자원을 얻어내는 것일 겁니다. 또한 사회 통제를 강화하는 것도 그가 직면한 문제겠죠. 여기에는 민간기업을 억제하는 것도 포함되고, 중국과 세계 경제의 상호 연계를 소멸시키는 것도 포함됩니다. 이것들은 중국 경제 발전에는 불리한 것들이고요. 즉 시진핑은 일정 수준까지 중국 경제를 발전시키는 것과 중국 경제 발전에 불리하지만 자신의 정치 통제와 정권 농단에는 유리한 수단을 채택하는 것, 이 두 가지 사이의 균형을 맞추는 일에 더 관심을 가질 겁니다.

위안 —— 하지만 앞에서 말씀하셨던 것처럼, 시진핑은 마오쩌둥만큼의 카리스마나 명성을 갖지 못했고, 지금 웨이보에서는 시진핑 개인에 대한 직간접적인 비평을 꽤 많이 볼 수 있습니다. 물론 몹시 모호한 방식으로 표현될 뿐이지만요. 선생님께서는 정말로 시진핑이 '마오쩌둥의 시대'만큼 저력을 가지고 있다고 생각하시나요? 아니면 이게 시진핑의 지나친 자신감일까요?

우 —— 제가 항상 되뇌는 말이 있습니다. 그것은 바로, '설령 시진핑의 권력이 이 세상의 모든 사람과 비교해서 가장 강력하다고 해도—중국에서는 물론 쓸데없는 가정이긴 합니다. 그가 가장 강력한 게 사실이니까요—그것이 시진핑이 하고 싶은 대로 다 할 수 있다는 뜻은 아니다'입니다. 공산당의 지도층이나 엘리트층, 간부 계층 안에서 그의 행위가 마음에 안 드는 사람이 있다면 다양한 방식으로 그것을 표현할 수 있습니다. 중국 민중도 그가 마음에 안 든다면, 비록 직접적으로 표현하는 것은 어렵지만, 얼마든 다양한 방식으로 저항할 수 있습니다.

우리 정치학을 연구하는 사람들 사이에 경전과 같은 연구서가 있는데, 『약자의 무기: 농민 반항의 일상적인 형식Weapons of the Weak:

Everyday Forms of Peasant Resistance』입니다. 이 책을 쓴 정치학자 제임스 스콧은 동남아시아의 농민들이 어떻게 자신들의 불만을 표현하는지를 연구했습니다. 이때의 불만은 서방의 사회운동이나 정치운동을 연구한 사람들이 쉽게 떠올리는 '거리 시위'로 표출되지 않았습니다. 동남아시아의 농민들은 밖에서 빙빙 돌거나 맡은 일을 질질 끄는 방법을 사용했습니다. 스콧은 이를 '일상의 반항'이라고 명명했고, 이는 정치학에서 경전과도 같은 연구가 되었습니다.

사실 중국에서도 이러한 일상의 반항을 곳곳에서 관찰할 수 있습니다. 제가 여기서 말씀드리려는 것은 우리가 의식적으로 일상의 반항에 참여한다면 이건 또 다른 이야기가 된다는 것입니다. 오늘날의 '윤학潤學'이나 '당평학躺平學'이나, 이 또한 일상의 반항 중 하나라고 볼 수 있습니다. 제가 "당신은 저항해야 합니다"라고 말한다고, 많은 사람이 "너는 중국 민중이 피를 흘려야 한다고 선동하고 있어!"라고 말하는데요. 저는 사람들이 제 주장에 일부러 낙인을 찍으려 한다는 것을 알고 있습니다. 실제로 '윤run(이민)'이나 '당평(자포자기)'이나 모두 반항의 일종입니다. 어떤 사람은 이렇게도 말합니다. "우리가 마지막 세대다. 아이도 낳지 않을 거야. 부추가 베어지는 것*은 내 대에서 끝나야 해!" 이건 대단히 격렬하면서도 비참한 반항입니다.

• 중국 청년들은 자신들을 베면 다시 자라는 부추처럼 이용만 당하는 불행한 세대라는 의미로 '부추 세대'라고 부른다.

정치라는 것과 사회라는 것은 다양한 요소들이 상호작용해서 만들어진 것입니다. 그래서 어떤 말을 할 때, 실제 의도는 다를 수 있어요. 말을 하면 상호작용이 일어날 수 있고, 그로써 다른 효과를 낼 수 있는 겁니다. 중국을 관찰할 때도 역시 그렇습니다. 시진핑은 상당한 수준까지 자신이 뜻한 대로 해냈습니다. 제가 좀 전에 말했 듯이, 시진핑은 권력을 집중하는 데까지는 성공했습니다. 그렇지만 권력을 모은 후 이를 행사하고, 하고 싶은 일을 하는 것, 중국을 완전히 자기 생각대로 주무르고 심지어 온 세계를 자기 맘대로 주무르는 것은 그가 원한다고 할 수 있는 일이 아닙니다. 중국인이 진흙 인형이라면 몰라도요. 하지만 실상은 그렇지 않죠. '윤'이나 '당평' 같은 저항도 일어나고, 심지어는 '마지막 세대'와 같은 극단적인 저항도 펼쳐지고 있습니다. 만약 중국인들이 모두 '마지막 세대' 같은 극단적인 저항을 한다면, 저는 오히려 중국의 앞날에 희망이 있다고 생각합니다.

저는 루쉰 선생께서 허망함과 희망에 대해 했던 말, '절망이 허망한 것은 희망이 그러한 것과 같다'를 정말 좋아합니다. 제가 제대로 이해했는지 모르겠지만. 이런 뜻일 겁니다. 모두가 희망이 없다고 느낄 때, 바로 그 순간 희망이 생긴다. 제 생각에 지금 중국의 문제는 가짜 희망이 판친다는 겁니다. 10년 전에 「10년 동안 꿨던 중국몽에서 깨어나다十年一覺中國夢」라는 글로 시진핑에게 희망을 걸었다면, 10년이 지난 후, 저는 리커창, 후춘화胡春華, 왕양汪洋에게 희망을 걸었습니다. 그리고 또…….

위안 —— 쑹핑宋平도 있죠.

우 —— 맞아요. 쑹핑도 있었네요. 제가 이 105세의 어르신을 언급하자 절 욕하는 사람이 많아지더군요.

위안 —— 제가 알고 있는 중국인 기업인, 비즈니스 전문가, 문화와 지식 엘리트 그리고 최하층의 민중까지, 그들은 일종의 보편적인 절망과 무력감을 말하고 있습니다. 이게 아마 그들의 현재 심경을 가장 잘 묘사한 것일 듯싶어요. 아마 자신들에게 어떠한 대책도 없고 할 수 있는 게 아무것도 없다고 느끼는 듯합니다. 이들에게 어떻게 하면 조금이나마 희망을 줄 수 있을까요?

우 —— 인생의 본질상 우리는 존재론적으로 무력합니다. 거대한 물리적 세계에서 인간이란 존재는 정말로 미미하죠. 당신이 마주한 사회나 중국까지 갈 필요도 없이, 가령 당신이 직장에 다닌다고 합시다. 직원들이 수십 명밖에 안 된다고 해도, 당신은 직장이라는 힘에 대적할 수 없을 겁니다. 그런 의미에서 보면 우리는 당연히 무력한 존재입니다.

하지만 저는 이 무력함을 완전히 받아들일 수 없는 게 인간의 숙명이라고 생각합니다. 완전히 받아들인다면, 학교도 안 갈 것이고, 매일 끼니를 챙기지도 않을 겁니다. 아마도 사람들은 자살할 겁니다. 저는 고등학교 1학년 즈음 자살이라는 문제를 생각하기 시작했습니다. 그리고 문제를 숙고한 뒤로는 더 이상 곤혹스러워하지 않았고요. 왜냐고요? 제 목숨은 부모님께 강제로 받은 것이지만 제가 살아야 할지, 아니면 죽어야 할지를 숙고한 뒤로 제가 제 삶을 완전히 제어하게 되었으니까요. 제가 고등학교에 다닐 때, 그러니까 1972년 당시 마오쩌둥의 힘은 정말 대단했습니다. 하지만 저는 마오쩌둥에게 반기를 들지도, 그를 의심하지도 않았습니다. 다만 제삶에 희망이 없다는 것만은 깨달았습니다. 제가 다니던 학교는 들판으로 둘러싸여 있었고 담장 하나 없었습니다. 선생님들도 기껏해야 고등학교 졸업장을 받은 게 다였고, 그런 분들이 저 같은 고등학생들을 가르쳤습니다. 당시 저는 어떤 정치의식도 없었고, 공산당과 마오쩌둥을 반대하지도 않았습니다. 단지 제 삶에 희망이란 전혀 존재하지 않는다는 것을 느꼈습니다.

하지만 내가 자살한다면 부모님이 고통스러워하실 텐데, 뭐 하러 부모님께 그런 고통을 드리나, 차라리 살아가면서 고통을 극복해야겠더군요. 그리고 바로 여기에서 한 개인의 반항이 시작됩니다. 우리는 운명이 우리에게 떠안긴 굴레를 받아들이지 않을 것이고, 설사 사람이 본질적으로 무력한 존재라고 해도 이를 받아들이지 않을 것입니다. 저도 오늘날 중국의 청년들이 우리 민족이 좋은 방향으로 발전하도록 정말 많은 일을 해냈다는 것을 알고 있습니다. 물론 방법은 각자 다르지만 말이죠. 어떤 사람은 환경보호운동에 참여하고, 어떤 사람은 '우산 혁명'[16]을 온라인에서 공개적으로 지지합니다. 그리고 많은 사람이 온라인에서 '평현 쇠사슬 사건'을 소리 내어 규탄합니다. 이렇게 목소리 낼 때마다 우리는 우리 자신의 운명을 바꾸는 데에 조금씩 힘을 보태고 있는 겁니다.

---

16 '우산 혁명'은 2014년 홍콩에서 발생한 운동으로, '행정장관 직선제 시행'을 목표로 생겨난 시민항명운동이다. 2014년 9월 28일 경찰이 시위대에 87발의 최루탄을 쏘자 시위대가 우산으로 막아냈고, 이 때문에 '우산 혁명'이라고 불렸다.

'20대大' 이후의 정치 질서와
중국이 나아갈 방향

방송 일자
2022년 10월 23일

인터뷰 요약

- 중국공산당 '20대大'의 정치국 상무위원 명단 분석.

- '20대大' 이후 강파와 단파는 완전히 소멸했나?

- 정치국과 정치국 상무위원 인선은 미래 정책 방향에 어떤 영향을 줄 것인가?

- 지도층의 대대적 물갈이는 일반인의 삶에 어떤 영향을 줄 것인가?

- 후진타오의 '20대大' 퇴장 사건 분석.

- 중국 경제가 계속해서 쇠퇴한다면, 어떤 정치적 후과에 직면할 것인가?

위안 —— 중국공산당 '20대大'가 끝났습니다. 새로운 중앙정치국 위원과 정치국 상무위원의 인선이 공표되었는데요. 소위 개혁파들은 거의 전부 물러나고, 그 빈자리를 차지한 인물들은 시진핑의 사람들 일색이었습니다. 오늘 우궈광 선생님을 다시 모셔서 선생님의 '20대大' 결과에 대한 분석을 들어보겠습니다. 우 선생님은 일찍이 중국의 권력 핵심부에서 일하셨고, '13대大' 전후 정치 개혁 정책 연구와 제정에 참여하신 적이 있습니다.

앞선 토론에서 '20대大'의 인사 안배는 순한 버전과 극단적인 버전, 두 가지가 있다고 했었는데요, 선생님께서는 이번 버전이 극단적인 버전이라고 생각하시나요?

우── 이번 인사 안배는 완전히 시진핑이 주도한 것이라서 극단적인 버전이라고 해야 합니다.

다만 의아했던 점을 이야기하자면, 이번 회의의 개회 방식이었습니다. 예전에는 대표대회에서 당 총서기가 보고를 마치면 현직 지도자가 각각의 대표단과 토론을 했습니다. 비록 그게 짜고 치는 아부성 토론이었지만 그래도 최소한 이런 과정이 있었고 이후에 보도되곤 했죠. 그런데 이번에는 일단 보도된 게 없습니다. 겨우 시진핑이 광시廣西 대표단과 토론했다는 내용만 보도됐을 뿐, 기타 유사한 보도가 전혀 없습니다. 이번 공산당 대회는 예전과 비교해서 훨씬 더 불투명해졌고, 이는 중국 정치의 불투명성이 갈수록 더욱 증가하리라는 것을 예시합니다. 1980년대 중반 이후로 거의 40년 동안 같았던 당 대회의 개회 방식이 변해버린 거죠.

사실 이번 인사 안배를 보고 저는 전혀 놀라지 않았습니다. 이는 시진핑이 앞서 '19대大'를 조직한 방법에서 그의 논리를 예측할 수 있었기 때문입니다.

지난 회기 정치국에는 열다섯 명이 새로 들어왔습니다. 그중 적어도 열 명은 시진핑의 측근이었습니다. 나머지 다섯 명 중에서 두 명은 아부를 특히나 잘했는데요. 한 명은 리훙중李鴻忠("충성이 절대적이지 않으면 불충이다"라는 말을 만들어낸 인물로, 14기 전인대 상무위원회 부위원장)이고, 다른 하나는 천취궈陳全國(신장 위구르 자치구 당위원회 서기, 신장 철권통치로 유명하다)입니다. 5년 전에 제가 마오쩌둥 시대를 포함한 역대 전인대를 분석해봤지만, 그 어떤 전인대도 이번처럼 지도자의 측근이 신임 정치국 위원의 3분의 2를 차지하는 경우는 없었습니다. 이번 인선에서는 리위안차오李源潮(전 국가 부주석), 류치바오劉奇葆(전 선전부장), 장춘셴張春賢(전 신장 위구르 자치구 당위 서기)을 포함한 지난 회기의 정치국 위원들이 나이 제한에 걸리지 않았는데도 억지로 물러났죠. 시진핑의 대략적인 수법이 이렇습니다. 지난 회기에는 정치국 장악에 초점을 맞췄다면, 이번 회기에는 정치국 상무위원회를 장악하는 데 초점을 맞췄습니다. 그리고 나이 제한에도 걸리지 않은 사람을 억지로 내보낸 뒤 그 자리에 자신의 측근을 앉혔죠.

그래서 저는 중앙정치국 상무위원회의 새로운 명단에서 리커창과 왕양의 이름이 빠진 것이나 리창이 총리가 된 것도 전혀 놀랍지 않았습니다. 하지만 나이 제한을 철폐한 것은 다소 놀라운 일이었습니다. 72세의 장유샤張又俠와 69세의 왕이王毅가 유임된 것은 특히 더욱 그랬습니다. 과거 중국공산당의 '칠상팔하七上八下'(당 대회 시점에 만 67세면 공산당 정치국 상무위원이 될 수 있지만 68세 이상부터는 은퇴한다) 규칙이 이제 아마도 완전히 깨진 듯합니다.

정치적으로 말하자면 이번에 시진핑은 단파(공청단 계열)를 주요 표적으로 삼았고, 단파는 대패했습니다. 그리고 중앙정치국 위원 명단에서 후춘화를 보셨나요? 없어요. 후춘화는 1963년생(2022년 '20대大' 당시 59세)인데 이번에 완전히 사라졌습니다. 시진핑의 일 처리는 정말 인정사정없습니다. 단파의 싹을 완전히 잘라버렸어요.

위안 ── '20대大'는 기본적으로 중국공산당 정치 엘리트 집단의 대대적인 물갈이라고 해야겠네요. 갈린 사람들에게는 어떤 상황이 닥쳐올까요?

우 ── 물갈이가 된 사람들은 이제 중요한 사람들이 아닙니다. 후춘화에게는 아마 다른 보직이 주어질 겁니다.[17] 관례로 보나 선의로 보나, 체면치레의 관점에서 보나, 우리 같은 사람들은 대체로 이렇게 추측할 겁니다. 하지만 시진핑은 말이죠, 관례를 따르지 않을 수도 있고, 체면 같은 것도 봐주지 않을 겁니다. 물갈이된 사람들이 만족하든 불만족하든 상관없습니다. 직에 있을 때도 불만을 표현하지 못했는데, 물러난 후에 불만이 있다 한들 뭘 어쩌겠습니까? 그리고 만약에 진짜 불만이 있다면 시진핑이 가만히 두겠습니까? 아무튼 그들은 이제 물러났으니 더는 중요하지 않습니다.

---

17 후춘화는 2023년 3월에 중국인민정치협상회의 부주석에 선출되었다.

위안 —— 그러면 소위 강파(장쩌민 계열)와 단파라고 불리는 세력들은 완전히 사라진 것인가요?

우 —— 좀 전에 『뉴욕타임스』 베이징 특파원이 제게 전화를 걸어 계파 문제를 물어봤습니다. 새로운 계파가 생기겠냐는 질문이었는데, 저는 아주 좋은 질문이라고 답했죠. 과거에는 강파, 습파習派, 단파 등이 있었습니다. 하지만 지금 단파는 완전히 전멸했고, 강파는 겨우겨우 숨은 쉴 정도입니다. 왕후닝이나 딩쉐샹도 상하이에서 성장한 이력이 있어서, 장쩌민의 사람들과 깊은 관계를 맺고 있습니다. 하지만 이들을 강파라고 부를 수도 없는 것이, 지금은 시진핑이 혼자 권력을 다 장악하고 있으니까요.

하지만 시진핑 밑에 분명 다양한 계파들이 출현할 겁니다. 시진핑 혼자서 모든 것을 다 처리할 수는 없으니 다양한 사람들이 필요할 테고요. 이번에 새롭게 많은 상무위원과 정치위원이 들어왔으니, 각자의 성장 배경이나 인간관계 그리고 그들 스스로가 중용하고 있는 사람들에 따라서 그들이 어느 정도 지위에 오르면 계파를 형성할 겁니다.

사실 시진핑은 이미 새로운 지도부에서 계파 균형을 맞춰놨습니다. 리창은 총리가 될 것이고, 딩쉐샹은 상무부총리가 될 겁니다. 허리펑何立峰은 이미 정치국에 들어갔고, 류허劉鶴가 국무원에서 맡았던 역할을 물려받을 겁니다. 이 세 사람, 리창은 저장浙江성에서, 딩쉐샹은 상하이에서, 허리펑은 푸젠福建성에서 왔습니다. 허리펑은 시진핑이 푸젠에 있을 당시 절친한 사이였습니다. 여기서 알 수 있듯이, 시진핑은 세 명 중 한 사람은 국무원에 올리고, 가장 신임하는 사람은 정치국 상무위원회에 올리고, 자신의 말을 잘 듣는 사람은 총리에 올려서, 각기 다른 계파가 상호 견제하게 해뒀죠. 따라서 시진핑은 리창에게 권력을 줬지만, 딩쉐샹과 허리펑의 견제를 통해 리창의 권력이 자신을 위협할 수준이 될까 걱정할 필요 없도록 손써뒀습니다. 시진핑의 제왕술이 상당히 노련했다고 볼 수 있겠네요. 계파들은 당연히 자연스럽게 성장하겠지만, 각 계파가 서로 견제함으로써 특정 계파가 커지는 것은 방지될 겁니다.

시진핑의 재임 기간이 길면 길수록 새로운 계파들 사이의 경쟁도 갈수록 치열해질 겁니다. 시진핑 이후를 대비해 자신들의 정치적 우세를 확립해둬야 하기 때문이죠. 계파 정치에서 구 계파가 사라지면 새로운 계파가 곧바로 출현합니다. 중국공산당 내부에서 파벌을 만드는 것은 사라지지 않아요. 시진핑이 파벌을 없앤다는 명목으로 다른 사람들을 숙청했을 때도, 사실상 그 자신이 가장 큰 파벌의 우두머리가 되었습니다. 그의 수하들도 어쩔 수 없이 파벌을 조직했고요. 이게 바로 중국 정치의 일상입니다.

위안 —— 좀 전에 장유샤가 72세의 나이에도 유임되었다고 하셨는데, 선생님께서는 정치국과 정치국 상무위원 인선을 보고 앞으로의 정책 방향이 어디로 가리라고 생각하시나요?

우 ─ 군 방면으로 보자면, 장유샤가 고령에도 유임되었죠. 우선 장유샤는 시진핑이 군 방면에서 특별히 신뢰하는 사람입니다. 장유샤는 시진핑이 권력을 잡기 전에는 평범한 장성이었습니다. 하지만 순식간에 중앙군사위원회 부주석에 발탁되었어요. 사실 장유샤와 시진핑은 아버지 대부터 친분이 있었습니다. 장유샤의 부친인 장중쉰張宗遜은 중국공산당의 개국상장으로, 국공내전 당시 시중쉰과 함께 싸운 전우였습니다. 장중쉰은 사령관으로, 시중쉰은 정치장교로 여러 해 동안 같이 일을 도모했죠. 그래서 장유샤의 시진핑에 대한 충성도는 상당히 높습니다. 장유샤는 1979년 베트남전쟁에 참여한 경험이 있어서, 현재 해방군 고위급 장성 중에서는 유일하게 전쟁을 경험한 장성입니다. 시진핑은 전쟁 경험이 있다는 이유로 그를 유임시켰습니다.

군사위 부주석 허웨이둥何衛東은 이번 정치국 인선에서 최대 다크호스입니다. 그 역시 시진핑과의 관계가 돈독합니다. 허웨이둥이 맡은 동부전구東部戰區는 타이완을 바로 마주하고 있는 최전선입니다. 이쯤에서 알 수 있는 건 시진핑이 이번 중앙군사위원회에 소위 '전쟁을 알 만한' 인물들을 투입하려 한다는 것입니다. 이 사람들이 정말로 전투에 능숙한지야 모를 일이지만요. 이 사람들은 전쟁을 경험했고, 군사 기술이나 전쟁 책략을 연구하는 등 비교적 전쟁을 잘 이해하고 있는 사람들입니다. 그리고 타이완해협을 마주하고 있는 '동남파東南派'도 있습니다. 시진핑은 푸젠성에서 저장성 그리고 상하이까지의 동남 지역에서 정무를 주관했기 때문에, 현지 군 장성들과의 관계가 대단히 돈독하죠.

제가 보기에 시진핑은 타이완해협 전쟁을 다소 급하게 밀어붙이고 있는 듯합니다. 이를 빌미로 군권을 장악하고 군대 내에서 자신의 사람을 발탁하려는 것 같아요. 그렇다면 그들을 발탁한 뒤에 정말로 타이완을 공격할지가 관건이겠죠. 먼저, 제 개인적인 견해로는 그렇게 빠르게 진행되지는 못할 것 같습니다.

첫 번째로 러시아와 우크라이나의 전쟁이 시진핑에게 교훈을 줬을 테고, 두 번째로 정치를 연구하는 사람으로서 말하자면, 타이완해협 전쟁이 정치 전쟁이기 때문입니다. 시진핑은 전쟁을 통해 자신이 바라던 가장 큰 정치적 이익을 얻으려고 할 겁니다. 그 정치적 이익이 무엇이냐? 그는 현재 중앙의 고위층 지도자 그룹을 자기 입맛에 맞게 꾸렸습니다. 이게 다 무엇을 위한 걸까요. 바로 후계 문제입니다. 후계 문제가 시진핑의 정치 일정에 올라오는 순간, 아마 타이완에 대한 군사적 모험을 감행할 테죠. 시진핑은 분명 이번 5년 임기가 끝나도 권좌에서 내려오려 하지 않을 겁니다. 그는 계속해서 네 번째, 다섯 번째, 심지어 여섯 번째 연임도 가능하다면 하려고 들 겁니다. 그러면 후계 문제가 언제 수면 위로 떠오를까요? 시진핑의 입장으로 보자면, 네 번째 때는 너무 이르고, 한 다섯 번째 때에 이 문제를 토론해볼 수 있을 겁니다. 그래서 저는 미국 정부 측 의견과 달리, 타이완 전쟁이 2~3년 이내에 발발할 것이라고 보지는 않습니다. 다만 시진핑은 장유샤나 허웨이둥 같은 사람을 군사위원회에 심어두고 타이완전을 적극적으로 준비하기 위한 토대를 마련하겠죠. 언제 타이완전 준비를 본격화할 건지는 시진핑의 정치적 판단에 달렸습니다.

위안 ── 현재 상무위원회의 구성을 보면 차이치는 이데올로기를 관리하고, 리창은 경제를 관리한다고 할 수 있는데, 이에 대해서 덧붙여주실 말씀이 있을까요?

우 ── 우선 경제부터 이야기해보죠. 리창은 총리로서 이인자가 되었습니다. 하지만 그가 도대체 얼마큼의 경제 권력을 가졌는지는 말하기 어렵습니다. 왜냐고요? 딩쉐샹은 상무부총리를 맡았고, 허리펑은 류허의 역할을 대신할 겁니다. 지난 10년 동안 딩쉐샹과 허리펑은 거의 매일 시진핑을 따라다녔습니다. 리창은 이 10년 동안 장쑤성과 상하이에 있었습니다. 그래서 시진핑은 딩쉐샹과 허리펑을 국무원에 배치해놓고 마음속으로 생각하는 겁니다. '리창, 네가 국무원 총리가 돼서 큰 권력을 가졌다고 생각하지 마. 보이지? 내가 이 두 사람을 네 옆에 놔뒀다고! 잘 알겠어?' 즉 리창은 경제와 관련해서 그렇게 큰 권력을 갖지는 못할 겁니다. 그러면 중국의 경제는 도대체 어떻게 될까요? 그건 최근 5년간의 경제 정책에서 짐작해볼 수 있을 겁니다.

이데올로기 방면으로는 차이치가 중앙서기처 제1서기가 돼서 이데올로기에 관여할 겁니다. 현임 중앙선전부 부장 황쿤밍黃坤明은 상무위원회에 들지 못했습니다. 그는 분명히 매우 낙담했을 겁니다. 그렇지만 낙담했어도 열심히 일한 덕에 시진핑 눈 밖에 나지 않았죠. 제 생각에 그는 분명히 중앙선전부를 떠날 겁니다.[18] 새로운 선전부장은 정치국과 서기처 소속이어야 합니다. 아마도 제 후배인 리수레이李書磊가 될 것 같네요.[19] 다른 인선이 있을까요? 시진핑 지도부에는 신화통신이나 중국중앙텔레비전, 중앙당학교 출신의 비교적 젊은 사람들도 있습니다. 다들 60대이지만요. 그중 제가 아는 사람들도 있는데요. 제가 보통은 사람들 욕하는 걸 싫어합니다. 특히나 공공장소에서는 더욱 그렇죠. 하지만 제가 이 사람들더러 아부꾼이라고 말한다면 이때만큼은 괜히 욕하는 게 아닐 겁니다.

위안 —— 예를 들어 누가 있죠? 호명해주세요!

우 —— 만일 시진핑이 그들이 아부꾼이라는 것을 안다면 오히려 그들에게 가산점을 줄까요? 그들은 아마 시진핑에게 이렇게 말할 겁니다. '해외 적대 세력들까지도 저더러 당신의 아부꾼이라고 말하는데, 이게 바로 제가 당신에게 충성을 다하고 있다는 방증입니다.' 이런 사람들이 이데올로기를 관장한다면, 분명 이데올로기 제어에 조금의 관대함도 없을 겁니다. 그들은 분명 시진핑의 악함을 받들 테고, 시진핑 황제께서 어떤 나쁜 일을 도모하시면 그들은 시

---

18 황쿤밍은 이 방송이 나가고 5일 후, 2022년 10월 28일 광둥성 당 서기에 임명된다.
19 리수레이는 이 방송이 나가고 3일 후, 2022년 10월 26일 중앙선전부 부장에 임명된다.

진핑보다 더 사악하게 해낼 겁니다.

시진핑은 아마도 그들에게 '당 이론 창조 능력' 같은 임무를 주고, 그들이 왕후닝보다 시진핑의 사상을 더 훌륭하게 만들 능력이 있는지 지켜볼 겁니다. 이 사람들의 거짓말하는 능력이 뛰어나다는 것은 의심할 필요가 없습니다.

위안 —— 차이치는 2017년 베이징에서 '하층민' 정리 작업을 실시했습니다.[20] 만약 그가 이데올로기를 관장한다면, 우리 같은 사람들이나 자주적으로 사고하는 수많은 중국인을 '하층민'으로 여기고 정리해버린 뒤 막다른 길로 내몰고 우리의 공간 또한 빼앗아버리겠죠?

우 —— 바로 그렇게 할 겁니다.

위안 —— 제가 인터넷에서 재미있는 이야기를 하나 봤는데요. "시진핑은 '상층민' 처리를 잘하고, 리창은 '중층민' 처리를 잘하고, 차이치는 '하층민' 처리를 잘하는 환상의 조합이다." 선생님께서는 어떻게 보시나요?

---

20 2017년 11월 8일 베이징 다싱大興구 농민공 거주지에서 화재 사고가 발생해 열아홉 명이 죽고 여덟 명이 중상을 입었다. 이 사건 이후, 베이징시는 40일에 걸쳐 '하층민 정리' 작업을 전개했고, 건설 노동자, 청소 노동자, 택배원 등 타지 출신 노동자들을 쫓아냈다.

우 ─ 그 사람들 모두 자신들을 믿지 않는 사람을 처리하는 데에 능하죠!

위안 ─ 제 친구들을 대신해서 선생님께 여쭤볼 게 있습니다. 많은 사람이 답답해하고 있어요. 그들은 이번 '20대大'에서 지도층이 대거 물갈이된 것이 일반인들의 삶에 구체적으로 어떤 영향을 미칠지 무척 궁금해합니다. 정책이 극단으로 치닫는다면 재난을 방불케 하는 사건이 발생할 수도 있지 않을까요? 선생님께서는 어떤 사건이 벌어지리라고 예측하시나요?

우 ─ 과거 10년, 특히 최근 5년 동안 재난은 이미 끊임없이 발생했습니다. 사회자께서 방금 베이징에서 외지인들을 쫓아낸 사건을 언급하셨는데, 더군다나 엄동설한에 사람들을 쫓아냈죠. 코로나 19 기간은 더 말할 필요도 없고요. 지역들이 다 봉쇄당하는 거대한 인도주의적 재난이었습니다. 허난河南성 수해, 평현 쇠사슬 사건, 탕산唐山 집단 폭행 사건 등, 우리는 여론이 이토록 엄격하게 통제되는 상황에서도 이런 사건들을 수시로 접하곤 했습니다. 만약 언론이 제대로 보도된다면, 거의 매일 여러 지역에서 재난 소식이 들려올 겁니다.

지금부터 한동안은 어떠한 재난도 발생할 수 있습니다. 지난번에도 말씀드렸듯이, 전체 관료 체계의 통제 능력은 강화되었지만 통치 능력은 약화했습니다. 통치 능력이 약해지면 윗선이 어떤 나쁜 정책을 만들든지 상관없이, 밑에 있는 관리들의 무능과 무지, 그리고 무지막지함 그 자체로 민중에게 직접적인 영향을 주는 여러 재난이 일어납니다. 앞으로의 중국은 아마 재난이 빈번하게 발생하는 국가가 될 겁니다. 매우 잔혹한 현실이죠. 어떤 사람들은 제가 외국에 있으니까 남 얘기하듯 말한다고 비난합니다. 저는 제가 오고 싶어서 외국으로 온 게 아니라, 다른 방법이 없어서 중국을 떠난 겁니다. 저는 오늘날 '윤'하는 사람들처럼 자각이 높지도 않았는걸요. 그들은 스스로 중국을 떠나기로 선택한 거니까요. 저는 1980년대에 우연히 미국에 올 수 있었고, 결국 돌아가지 못한 거죠.

　'제로 코로나' 정책은 1958년의 '대약진'과 비슷합니다. 둘 다 미친 정책이었고, 이성을 잃은 정책이었습니다. '대약진'은 동시에 인민공사人民公社운동이었으며 일대이공一大二公21을 구호로 외쳤고, 정부와 공사를 분리하지 않았습니다. 수천 년 동안 모래알 같던 농민을 중국공산당 당정 체계의 하나로 조직했지만, 결국 대기근이 초래됐죠. 앞으로 몇 년 안에 중국 사람들의 수입은 떨어질 테고, 인신의 자유도 더욱 제약받을 겁니다. 우리는 이미 외출할 때나 여행할 때 건강 코드로 정부에 통제받고 있잖아요. 빅데이터 전체주의는 계속해서 발전할 겁니다. 저는 하물며 지금보다 더 발전된 형태로

---

21 1958년 9월 3일 『런민일보』 사설 「인민공사의 붉은 기를 높이 들고 전진하자高舉人民公社的紅旗前進」에 나온 말로, 인민공사의 기본 특징을 가리킨다. 일은 크게大, 즉 공사의 규모는 커야 하고, 사심 없이公, 즉 공사가 사회주의화, 집단 소유제에 더욱 부합해야 한다는 뜻이다.

관료들을 숙청한다고 해도 놀랍지 않을 거 같아요. 지금까지 레퍼토리를 보면 공산당 관료들의 창조성은 우리보다 훨씬 더 뛰어납니다. 그들은 온종일 어떻게 하면 대중에게 고통을 줄까 고민하고 있으니까요. 그들의 무궁무진한 레퍼토리는 우리가 여기서 하루 만에 생각해낼 수 있는 수준이 아닙니다. 이러한 전망만으로도 두렵겠지만, 제 예측보다 상황이 더 심각해질 수도 있습니다. 저는 단지 몇 가지 가능성을 이야기했을 뿐이에요.

위안 — 다음으로는 이번 '20대大'에서 가장 희극적인 순간, 후진타오의 퇴장에 관해 이야기해보겠습니다. 선생님께서 트위터에 후진타오의 퇴장이 보여준 희극성과 정치적 함의가 '9대大'에서 마오쩌둥이 보여준 모습을 초월한다고 쓰셨는데, 그들이 도대체 무슨 일을 저질렀는지 설명해주시겠어요?

우 — 제가 『권력의 극장』을 쓸 때, 자료를 찾다가 영상을 하나 봤습니다. 마오쩌둥이 '9대大' 주석단에서 개회할 때를 담은 영상인데, 두 장면이 흥미롭더라고요. 마오쩌둥이 회의를 개최한 뒤 주석단 위원을 뽑기 위해 명단을 읽고 말했습니다. "동의하는 사람은 손을 드시오." 참석자들이 손을 들었고, 주석단 위원들이 선출되었죠. 이어서 마오쩌둥이 말했습니다. "이제 주석단 위원들은 단상으로 올라와 착석하세요." 그런데 이 주석단 위원들이 이미 단상에 올라와 앉아 있는 겁니다. 선거도 전에 미리 올라와서 앉아 있던 거죠.

그들도 이 선거가 눈 가리고 아웅이고 겉치레일 뿐이라는 걸 알고 있었습니다. 마오쩌둥이 뒤를 돌아봤을 때 이미 위원들이 자리를 차지하고 있으니 상당히 뻘쭘했겠죠. 마오쩌둥은 시진핑보다 유머 감각이 있어서 이렇게 말했습니다. "어이쿠, 우리 동지들은 하나같이 빠릿빠릿하군요!" 이 일은 이렇게 넘어갔습니다. 이어지는 장면이 더 재밌어요. 이제 주석단의 주석을 뽑아야 하는데, 마오쩌둥이 이렇게 말합니다. "나는 린뱌오林彪 동지가 주석이 되었으면 하는데, 어떤가요?" 순간 장내가 얼어붙습니다. 이때 가장 긴장한 사람은 린뱌오였습니다. 린뱌오가 벌떡 일어서더니 말합니다. "아닙니다! 아닙니다! 위대한 영도자 마오 주석께서 주석이 되셔야 합니다!" 그러고는 다른 사람들을 보면서 소리칩니다. "동지들 어떻습니까?" 모두 동의한다고 말하며 요란하게 박수를 쳤습니다.

왜 이 장면이 특히나 재밌었느냐면요, 사람들은 공산당 당원들은 언제나 마오 주석의 말을 따라야 한다고 말합니다. 그런데 왜 이때는 마오 주석의 말을 따르지 않았죠? 마오 주석이 린뱌오 동지를 주석으로 선출하겠다는데, 그들이 어떻게 동의하지 않을 수 있죠? 사실 이 사람들도 판단을 할 수 있고, 어떤 상황에서 어떤 행동을 해야 하는지 정확히 알고 있는 겁니다. 그래서 마오쩌둥이 린뱌오를 주석으로 삼겠다고 말했지만, 그들은 마오가 린뱌오를 놀리고 있다는 걸 눈치챈 거죠. 그들은 마오가 주석이 되고 싶어하고, 권력을 원한다는 것을 알고 있었습니다. 영상을 보면 누구보다도 린뱌오가 가장 당황해하죠. 그 역시 마오쩌둥이 자신을 갖고 놀고 있다는 것을 알고 있었습니다.

사실 거의 모든 당 대회에서 희극적인 상황이 발생합니다. 하지만 과거에는 보안이 철저해서 많은 정보를 전송할 방법도 없었고, 영상으로 기록되지도 않았습니다. 예를 들어 옌안延安에서 회의할 당시, 왕밍王明[22]을 들것에 실어서 연단에 올린 일이 있습니다. 위원들이 "우리더러 왕밍을 비판하라는데, 우리는 왕밍이 어떻게 생겼는지도 모르니 왕밍을 한 번 보여달라"라고 말했기 때문입니다. 당시 왕밍은 병들어 있었기 때문에 움직일 수 없었습니다. 그래서 들것에 실어 연단 위에 두고 몇 분 동안 위원들이 볼 수 있게 한 거죠. 당시 어떤 이는 왕밍이 잘생겼다고 말하기도 했습니다. 정말이지 희극적인 장면이지만, 아쉽게도 영상은 없습니다.

후진타오 영상의 핵심은 우리 모두 도대체 무슨 일이 발생했는지 모른다는 겁니다. SNS에서 여러 추측이 올라오더군요. 저는 추측하는 사람들에게 아무런 지적도 하지 않았고, 또한 어떠한 추측에도 휩쓸리지 않았습니다. 다만 저는 일부분만 보고 바로 확신에 찬 결론을 내리는 것을 정말 싫어합니다. 저는 단지 두 사람이 후진타오를 부축해서 내보내려고 했으나, 후진타오가 그곳을 떠나려 하지 않았고 거듭 자리에 앉으려 했다는 것을 봤을 뿐입니다. 우리 모두가 본 장면이죠. 제가 '후진타오는 가고 싶어하지 않았다'고 말한

---

22 왕밍은 중국공산당 초기 지도자 중 한 명이다. '옌안 정풍 운동' 당시 왕밍을 대표로 하는 '국제파'가 권력에서 밀려나고 비판의 대상이 된다.

다면, 그건 제가 그의 속마음을 추측한 것이 되고, 좀 과장하는 것일 수도 있습니다. 하지만 우리는 리잔수栗戰書가 일어서려고 하는 것도 목격했죠. 그가 후진타오를 부축하려고 한 것인지, 설득하려고 한 것인지는 알 수 없습니다. 그리고 우리는 왕후닝이 뒤에서 리잔수를 끌어당기며 자리에 앉히는 장면도, 후진타오가 회의장을 떠날 때, 시진핑에게 한마디 한 후 리커창의 어깨를 두드리는 장면도 목격했습니다. 트위터상에서 어떤 분이 댓글을 달기를, "독순술을 할 줄 아는 사람 있나요?" 그래서 제가 이렇게 댓글을 달았죠. "중국 정치를 연구하는 문턱이 갈수록 높아지네요. 예전에는 관상도 봐야 했는데, 이제는 독순술까지 알아야 하는군요. 계속 이렇게 흘러간다면 전 필시 밥을 굶어야 할지도요."

도대체 뭐가 어떻게 된 건지 우리는 모릅니다. 하지만 어쨌든 중국공산당 전국대표대회 폐막식 날에 이런 상황이 발생했다는 것은 이유를 불문하고 모든 사람이 뭔가 이상하다는 걸 느끼게 했죠. 전임 주석이 회의장을 떠나라고 강요받는데, 그게 선의든 악의든, 정치적인 원인 때문이든 건강 때문이든, 이유와 상관없이 시진핑이나 리커창이나 누구든 최소한 빈말이라도 한마디는 했어야죠. 회의장에 있는 사람들에게 뭐든 설명해야죠. '후진타오 동지가 건강상의 이유로 부득이하게 회의장을 떠나야 합니다. 우리 모두 환송해드립시다'라든지, 환송하기 싫으면 '아쉽게도 후진타오 동지께서 어쩌고저쩌고……'라든지, 한마디는 해야 했습니다. 이게 인지상정이죠. 하지만 우리는 후진타오가 등용한 수많은 사람, 리커창이나 왕양이나 후춘화 같은 사람들이 바싹 긴장한 채로 목석처럼 자리에 앉아서는 어떤 동정이나 위로도 보이지 않으며 상황을 관망하는 것을 목격했습니다. 이번 일로 오히려 SNS상에서 리잔수에 대한 호평을 많이 볼 수 있었습니다. 그가 무슨 의도에서 그랬든지 간에 최소한 그는 인간의 본능적인 반응을 보였고, 후진타오를 부축하려 했으니까요.

위안 —— 리잔수가 식은땀을 닦던데요.

우 —— 네, 그 장면도 봤어요. 대체 회의장에 있던 공산당 최고 엘리트라는 사람들은 어떻게 생겨먹은 사람들이랍니까! 이들에게 인간성이랄 게 있기나 할까요? 최소한의 인정이라도 있을까요? 후진타오는 당신들의 전임 주석이란 말입니다. 그 자리에 있던 수많은 이의 정치 인생이 그 사람 덕분에 엄청난 특혜를 입지 않았습니까? 이들에게 최소한의 인간미라도 남아 있기는 하답니까? 기본적인 인성만 놓고 봐도 이 장면은 중국 정치가 얼마나 비극적인지를 폭로하고 있습니다.

위안 —— 냉혹함이 극에 달했군요. 후진타오가 어떤 사람인지를 떠나, 기본적으로 사람이라면 표해야 할 최소한의 관심조차도 없네요.

우 —— 노인으로서, 환자로서, 설령 이번 일이 병 때문에 회의장을 떠난 것이 아니라고 해도, 후진타오의 건강이 안 좋다는 건 모두가 아는 사실입니다. 그가 전임 주석이라는 것이나 관련된 각종 이해타산은 차치하더라도, 낯선 노인이나 환자를 보면 우리는 동정을 표하지 않나요? 움직이는 것이 불편하다면 우리는 부축해주지 않나요?

누가 됐든 이런 당 지도층에 개혁이나 민주주의를 요구하려는 환상을 품는다면, 저는 이렇게 말해줄 수밖에 없어요. 당신도 저들과 똑같이 인성을 못 갖췄군요. 인성이 있어야만 할 수 있는 일을 인성 따위 나 몰라라 하는 사람들에게 부탁할 수 있나요? 생각해보세요, 말이 됩니까?

위안 ── 그래서 저는 선생님의 책『권력의 극장』제목이 참 탁월하다고 생각합니다. 당 대회는 권력의 극장 그 자체이자 정치적 위협이죠. 거기서 보여주는 행동 하나하나가, 심지어 차를 따르는 행위조차도 고도의 훈련과 리허설을 거친 것이니까요. 이런 일이 발생했을 때, 그 사람들이 과연 자신의 가장 진실한 마음을 표현할 수 있을까요?

우 ── 사실 저는 '권력의 인형극'이라고 지으려 했습니다. 일반적으로 극장 공연을 떠올리면 생동감 있고 활기차고 매력적일 것이라고 생각하잖아요. 하지만 제가 보기에 그들이 하는 짓은 인형극과 다르지 않았어요. 사실 이 책은 출판 전에 부제까지 문제시됐습니다. 원래는 제도의 '운용'이 아니고 제도의 '통제'였습니다. 하지만 '제도의 통제'라는 제목 때문에, 출판 마지막 단계에서 홍콩중문대학출판사에 모처의 압력이 가해졌죠. '통제'라는 단어는 쓸 수 없다고 했다더군요. 그래서 출판사에 다니는 친구가 사방으로 전화해서 저를 찾아야 했어요. 당시 저는 일본 여행 중이었는데, 그 친구가 수소문 끝에 제 아내 전화번호를 알아내서 한밤중에 그와 통화를 했습니다. 그 친구가 '통제'는 안 되고 '운용'은 어떻겠냐고 묻더군요. 저야 뭐 출판만 해준다면 감지덕지라고 말했죠.

위안 —— 마지막 질문을 드리겠습니다. 선생님께서도 말씀하셨는데, 중국은 매 순간 종국에는 정치적 문제가 생깁니다. 경제가 아무리 발전해도 마지막에 정치적 문제를 해결하지 못하면 일반 민중이 뒷감당을 지게 되더라고요. 요즘 들어 많은 중국인이 제게 물어봅니다. '경제가 지금처럼 계속 침체하면 어떻게 될까? 붕괴하는 걸까? 아니면 일본처럼 천천히 장기적으로 완만하게 회복되거나 혹은 아예 회복되지 않을까?' 과연 우리가 직면할 정치적 후과는 무엇일까요?

우 —— 국제적인 예시를 들어야 한다면, 일본은 절대 적당한 예가 아닙니다. 일본인은 열심히 심혈을 기울여서 일하며, 물건도 아주 정교하게 만들뿐더러, 경제적인 면을 봐도, 수십 년 동안 물가가 오르지 않습니다. 이는 중국인들이 말하는 '조용하고 좋은 세월을 보낸다'에 부합하죠.

다만 저는 그 같은 상황은 중국에서는 불가능하다고 생각합니다. 일본은 이전에 오랫동안 경제를 발전시켜왔고, 이는 일본의 사회, 문화 그리고 정치 제도와 경제가 아주 잘 호응했기 때문입니다. 예를 들어, 일본에서 실직 가능성은 대단히 낮습니다. 효율이 낮거나 경쟁력이 약한 회사라도 실직할 가능성이 적어요. 전체 사회가 책임져야 할 복지를 사실상 회사가 분담하고 있는 것과 마찬가지입니다.

그래서 저는 현재 일본에는 경제적 재앙이 발생하지 않았고, 경제가 고속 성장기를 지나 장기적인 안정기에 접어들었을 뿐이라고 생각합니다. 저는 이 단계가 경제가 고속 성장하는 단계보다 나쁘다고 생각하지 않습니다. 사실 저는 인간의 생활을 놓고 보면 장기적 안정기가 더 이상적일 수 있다고 생각합니다. 저는 사람들이 강한 욕망 없이 일상의 삶을 잘 영위할 때 마음이 평화로워진다고 생각하고, 이것이 이상적인 인간의 삶이라고 생각하거든요.

중국은 분명히 아직 여기에 도달하지 못했고, 도달하기까지 많은 시간이 필요하겠죠. 중국이 현재까지 축적한 부를 균등하게 분배할 수 있다면, 아마 중국 사회도 일본에 가까워질 수 있을 겁니다.

하지만 문제는 중국이 경제 호황기에도 이미 부패, 빈부 격차, 환경오염, 사회 치안 문제, 도덕 수준의 하락 등 부정적인 결과가 나타났다는 겁니다. 논리적으로 따져봐도 이런 문제들은 고속 경제 발전과 함께 나타나면 안 되는 것들입니다. 일본에서는 급속한 경제 성장기 중 발생했던 심각한 환경오염을 제외하면, 방금 언급한 심각하고 부정적인 결과들이 나타나지 않았죠. 무엇보다도 전체 사회의 도덕 수준이 급격하게 하락하지 않았습니다. 중국 성인의 말씀 중에, 잘 살아야 도덕 수준도 올라간다는 말이 있습니다. 그럼 제대로 살지 못한 후과는 누가 책임질까요? 바로 중국 국민입니다. 그러면 왜 항상 국민이 책임지게 되는 걸까요?

앞서 말했듯이, 이것은 정치적인 문제입니다. 정치에는 '누가 무엇을 얻는가who gets what?'라는 고전적인 질문이 있는데, 이것이 바로 정치의 핵심 문제입니다. 일반적으로 사람은 '누가 무엇을 얻는가?'라고 말할 때 이득만을 떠올리지만, 실제로는 대가의 분배도 '누가 무엇을 얻는가?'에 속합니다. 재난이 발생하면 왜 우리가 감당해야 하는 걸까요? 신장 커라마이克拉瑪依 대화재[23] 당시 왜 학생들이 아닌 지도자들이 먼저 대피했을까요? 이게 바로 권력이고, 정치이기 때문입니다. 재앙의 후과를 누가 책임지는지를 보여주는 거죠. 결과는 완전히 권력에 의해 결정됩니다. 정글 같은 정치 환경에서 이러한 정치권력이 존재하지 않았다면, 아마도 힘이 센 사람이 제일 먼저 피신했겠죠.

---

23 1994년 12월 8일 신장 위구르 자치구 커라마이시에 있는 '우의관友誼館'에서 화재가 발생했는데, 당시 그곳에는 열다섯 개 학교 학생의 문예 공연이 거행되고 있었다. 이 화재로 325명이 사망했고 그중 288명이 학생들이었다. 화재 발생 20여 일 후『중국청년보中國青年報』에 실린 「인재가 불길보다 맹렬하다: 커라마이 '12·8' 참사의 경고人禍猛於火——克拉瑪依 '12·8' 慘案的警示」라는 글에서 화재 발생 당시 교육국 관리들이 "지도자들이 먼저 나가야 한다"라고 외쳤다는 사실이 보도됐다.

사람들은 정글 같은 정치 환경을 원하지 않고, 질서 있는 정치 환경을 원합니다. 그렇지만 중국의 정치 질서는 약자를 보호하지 않고 권력자만 보호하죠. 저는 사실 중국의 모든 사회 및 경제 현상의 근본 원인이 정치가 권력자만 보호하는 것과 관련된다고 생각합니다. 경제는 갈수록 나빠지고, 경제 전망 역시 갈수록 안 좋아지는 상황에서, 저는 우리가 일률적으로 경제 문제만 걱정하기보다 차라리 경제 뒤에 있는 이러한 권력 기제를 생각해보는 것이 어떨까 싶습니다. 이 문제를 깨닫게 되면 경제 문제는 자연스럽게 해결될 겁니다.

예를 들어, 앞서 이야기했던 차이치와 리창으로 돌아가보죠. 시진핑은 그 둘을 다 신임할 수도, 그러지 않을 수도 있습니다. 그 둘이 서로를 감시하고 견제하게 하려는 것일지도 모르고요. 제가 이 이야기를 다시 하는 이유는, 그들이 자신들은 이제 시진핑 밑에서 일인지하 만인지상의 자리에 올랐으니 어떤 책임도 지지 않으리라고 생각해선 안 된다고 말하기 위해서입니다. 물론 경제적 후과를 그들이 직접 책임지지는 않겠죠. 하지만 경제적 후과가 가져올 사회 불안정, 뒤따라오는 정치적 책임을 분명 누군가는 감당해야 합니다. 중국 국민이 이 책임을 감당할 수는 없기에, 시진핑은 희생양을 찾을 것이고, 그렇다면 1순위는 그 두 사람이죠.

중국의 정치 체제는 '서로 해치는(호해互害) 구조'로 누구나 피해자가 될 수 있습니다. 따라서 중국의 정치 엘리트들은 경제 침체가 자신들의 재산에 손실을 초래할 뿐만 아니라, 그것이 가져올 사회적, 정치적 후과가 자신들의 정치 인생에 예측할 수 없는 악재가 될 수 있다는 것을 인식해야 합니다. 경제가 잘 돌아갈 때는 이러한 위기가 드러나지 않습니다. 그들은 그저 이 기회에 편승해서 돈만 벌면 된다고 생각할 겁니다. 하지만 이 체제는 언제든 고개를 돌려 그들을 지옥으로 보낼 것이고, 그때가 되면 그들은 속수무책으로 당할 수밖에 없을 겁니다.

만약 제가 누군가를 선동해서 그들을 희생양으로 삼아 이득을 취해야 한다면, 제가 가장 먼저 선동할 대상은 바로 이 체제의 권력과 부의 엘리트들입니다. 여러분들도 이 점을 분명히 알아야 합니다. 저는 이것이 중국의 미래 문제를 해결하는 데 더 큰 영향을 미치리라고 생각합니다.

장쉐江雪, 장제핑張潔平

황금시대에서 침묵의 시대로,
중국의 저널리즘에 무슨 일이 생겼나?

장쉐는 『화상보華商報』의 선임기자와 논설부 주임을 역임했고, 이후 『재신미디어財新傳媒』(재신)의 탐사 기자로 지냈다. 현재는 독립 언론인으로 활동하고 있다. 그녀는 민생과 법치 의제를 주로 다루며, 최근에는 반우파운동을 배경으로 하는 역사 구술 기록을 펴냈다. 2022년 초 봉쇄를 다룬 글 「장안 10일長安十日」이 널리 읽히며 주목받았다. 장제핑은 현재 하버드대학 니만 특별 연구원으로 선정되었으며(2023~2034년), '이니티움미디어端傳媒' 편집장, 『호외號外』 부편집장, 『아주주간亞洲週刊』 기자를 역임했고, 『뉴욕타임스』 중국어판에 홍콩을 다루는 장편 심층 보도를 게재했다. 그녀는 2018년에 탈집중화를 위한 창작과 토론 플랫폼 '매터스Matters'를 설립했고, 2022년에는 독립서점 '페이디(Nowhere)'를 열었다.

개혁개방이 중국에 가져온 긍정적인 변화 중 하나는 시장 지향적 매체와 소셜 미디어가 공공생활에 두드러진 영향력을 끼친다는 것이다. 매체와 소셜 미디어로 열린 자유 공간이 어떤 족쇄로 속박되었든지 간에, 중국 역사상 이는 매우 드문 빛나는 시간이었다. 시민의 언론 공간과 언론의 자유는 시진핑 정권이 가장 먼저 꺾어야 할 대상 중 하나가 되었다.

2013년 초의 『남방주말南方周末』 신년 헌사 사건부터, 웨이보 스타들에 대한 제재, '칠불강七不講,'* 그리고 2016년 제기된 '당매성당黨媒姓黨'**까지, 오늘날 중국 매체는 쥐 죽은 듯 조용할 뿐이다. 중대한 사건이 발생한 후에도 후속 보도를 하는 곳이 없고, 대중이 질문하는 문제에도 답을 주지 않는다. 정부 기관이 모든 정보를 독점하고 있어서 탐사 기자는 거의 사라졌고, 수많은 언론 종사자는 어쩔 수 없이 직업을 바꾸고 있다. 비슷한 상황이 변호사, NGO 단체, 기업가 들에게도 벌어지고 있다. 힘들게 싹틔운 중국의 시민사회가 엄청난 타격을 입었다.

이번 방송에서는 다양한 우여곡절을 겪었지만, 여전히 언론에 대한 열정이 충만한 두 명의 언론인과 함께 그들의 지난 10년의 경험을 듣고, 독립 매체의 부재가 중국 일반 민중과 정부에 의미하는 것이 무엇인지를 탐구한다.

- 언급하지 말아야 할 일곱 가지 주제.
- 당의 매체는 당에 속한다.

인터뷰 요약

- 2012년 당시 어떤 일을 하고 있었나?

- 중국 매체의 황금기는 어떠했고, 어떻게 끝났나?

- 전면적인 검열의 시대에서 언론 기자는 어떤 선택을 할 수 있나?

- 2020년 이후 홍콩 대중 매체의 거대한 변화.

- 코로나19 발생 초기 한꺼번에 나타난 탐사 보도와 공산당 검열.

- 기자의 취재 보도를 막기 위해 당국은 어떤 수단을 동원했나?

- 기자의 역할이 중국 사회에 어떤 영향을 주는가? 저널리즘 이상을 견지하는 것에 의의가 있을까?

- 언론업에 종사하는 것이 이토록 힘든 시대에 청년들이 계속 언론을 공부하고, 기자가 돼야 할까?

위안 —— 2012년 지도자가 바뀌던 즈음, 여러분은 어떤 일을 하고 계셨나요? 당시 중국에서 기자의 역할은 무엇이었나요?

장쉐(이하 쉐) —— 저는 그 당시 서북 지역의 한 신문사 논설부를 책임지고 있었습니다. 이때가 저의 언론인 인생에서 기자 일을 하지 않고 논설 일을 한 아주 드문 시기네요. 하지만 그 당시에도 언론계를 떠나지는 않았어요. 우리처럼 논설 일을 하는 사람들은 매일 같이 그날 논설을 할 만큼 가장 가치 있는 뉴스가 무엇인지 판단해 야 했거든요. 당시 여러 시장 지향적 매체는 모두 논설면을 매우 중 요하게 여겼는데요.『남방도시보南方都市報』가 시민들이 논설 지면에 서 자신들을 표현할 수 있게끔 했던 것이 기억나네요. 저는 그때 논 설면을 책임지고 있었고, 지도부 교체라는 엄청난 사건이 임박했기 때문에 그와 관련된 일련의 프로젝트를 기획하고 있었어요.

당시 사회 분위기로는 어떤 이야기도 막힘없이 할 수 있었습니 다. 원자바오溫家寶 총리가 기자 간담회에서 문화대혁명의 문제를 지 적하면서 이를 반성하고, 문화대혁명이 반복되지 않도록 경계해야 한다고 말했을 정도니까요. 우리도 이런 분위기를 타고 개혁개방을 계속해서 추진해나가야 한다는 내용의 논설을 기획했죠. 다만 수위 가 좀 높았습니다. 나중에 돌이켜 생각해보니, 당시의 그 분위기는 사실 마지막 몸부림이었던 같아요. 할 수 있는 말을 다 해보자는 식 의 몸부림이요.

위안 —— 그 당시에도 마지막 몸부림이라고 느끼셨나요?

쉐 —— 물론 당시에는 그런 분위기가 지극히 일반적이라고 여겼 습니다. 모두가 기뻐서 들떠 있었죠. 충칭重慶 보시라이薄熙來 사건도 막 끝난 뒤여서 제 친구들은 대단히 낙관적이었고, 곧 봄날이 올 것 이라 믿었어요.

위안 —— 제핑은 2012년에 어떤 일을 하고 계셨나요?

장제핑(이하 장) —— 저는 2010년부터 2012년 초에 베이징에 있었습니다. 짧지만 홍콩 매체의 베이징 특파원을 했던 시기예요. 덕분에 당시의 변화 과정을 직접 목격할 수 있었죠. 2012년 새 지도자가 정권을 장악하기 전, 저는 여러 외신과 마찬가지로 그가 중국에 개혁을 가져올 수 있을지 취재 중이었습니다.

제가 기억하기로 『로이터Reuter』『사우스차이나모닝포스트南華早報』『뉴욕타임스』등 여러 외신은 거의 6개월 동안 추측만 되풀이하고 있었습니다. 시진핑이 집권하기 전, 후진타오와 원자바오, 특히 원자바오가 이미 여러 외신에 밑밥을 깔아놨습니다. 중국은 헌정 개혁의 길을 갈 것이며 시진핑이 중국공산당의 유명한 개혁파였던 시중쉰의 아들이라는 점을 퍼뜨려둔 거죠. 마치 시진핑이 헌정 개혁을 한층 더 높은 단계까지 밀고 나갈 것처럼 보였어요. 그래서 대부분의 매체가 그렇게 방향을 잡고 취재하고 있었고요. 당시 홍콩의 『양광시무陽光時務』(이후 『양광시무주간陽光時務週刊』으로 개명)가 설립된 지 얼마 안 되었는데, 홍이대 출신인 사장님이 제가 취재할 수 있도록 시진핑의 어릴 적 친구들을 잔뜩 소개해줬습니다. 취재의 핵심은 '시진핑이 과연 개혁파가 맞는가'였어요.

그중 지금까지도 기억나는 사람이 있는데요. 그는 시진핑이 개혁파가 아니라고 단언했습니다. 바로 후야오방의 아들 후더화胡德華였습니다. 후더화는 계속해서 제 예상을 깨는 발언을 했고, 외신들의 예측이 모두 틀렸다고 말했습니다. 그는 예전에 시진핑과 둘이서 개혁에 대해 한 시간도 넘게 이야기를 나눴다고 해요. 다만 시진핑은 한마디도 하지 않았다더군요. 후더화가 제기했던 핵심 문제는 당의 이익을 우선할 것인가, 인민의 이익을 우선할 것인가였습니다. 그리고 그가 내린 결론은 시진핑은 헌정 개혁의 길을 가지 않으리라는 것이었습니다. 당시 이런 판단을 내린 사람은 후더화가 유일했습니다. 그를 제외하고, 다른 모든 사람, 후더화의 형인 후더핑胡德平까지 포함해서 하나같이 시진핑은 개혁파라고 굳게 믿고 있었습니다.

위안 ── 정말 재미있네요. 시진핑이 집권한 이후 『뉴욕타임스』의 칼럼니스트 니컬러스 크리스토프(1989년 당시 베이징 특파원)는 '시진핑은 개혁파다'라는 논평을 쓰고 화제가 됐었죠. 지금은 다른 사람뿐만 아니라 크리스토프 자신도 조롱거리로 생각하는 글이지만요.

장 ── 하물며 당시에 시진핑이 일주일 정도 자취를 감춘 적이 있는데요. 아무도 그의 행방을 몰랐지만, 혹시 그가 비밀리에 개혁을 도모하려는 것이 아닐까 추측했다니까요. 정말 웃기죠?

위안 ── 오늘 우리는 지난 10년 동안 언론 매체가 어떻게 변화했는지 이야기하려는데요, 장쉐가 '시장 지향적 매체'가 무엇인지 간단히 설명해주실 수 있을까요?

쉐 —— 제가 1998년에 처음 기자 일을 시작한 곳이 시장 지향적 언론사였습니다. 우리가 알던 수많은 유명 시장 지향적 매체는 모두 1996년 전후로 출현했습니다. 『남방도시보』는 1995년에 시범 간행을 했고, 제가 있었던 서북 지역 최대 신문사였던 『화상보』도 1997년 7월 1일에 개편했습니다. 비슷한 시기에 여러 지역에서 당보黨報와는 구별되는 시장 지향적 매체가 출현했습니다. 그중 상당수는 당보나 당보 조직에서 떨어져나온 것들이었지만, 점차 당보나 정부의 지원을 받지 않고, 스스로 시장에 들어와서 자립해나갔어요. 한창 번성할 때는 거의 모든 성省마다 하나쯤 주도적인 시장 지향적 매체가 있었고요.

우리는 그렇게 생겨난 매체들을 1949년 이후 형성된 매체 형식, 그러니까 구소련의 『프라우다Pravda』형식의 매체와 구별하기 위해 시장 지향적 매체라고 불렀습니다. 사실 『프라우다』부류의 매체는 진정한 매체라기보다 선전 기구일 뿐이었죠.

시장 지향적 매체가 생겨난 이후, 기존의 당보 조직은 스스로 자립하기가 어려워졌습니다. 정부 측 지원금에만 의존한다면 자립할 방법은 없다고 봐야죠. 그래서 각 지역의 당보는 자신들 밑에 '자보子報'(부속 신문)를 두었습니다.

위안 —— 여러분이 쓰는 글의 수위와 당보의 수위가 같았나요?

주제 선정에서는 어떤 점이 달랐나요?

쉐—— 매우 달랐어요. 예를 들어 무슨 일보日報나 만보晚報 같은 당보는 계속해서 당의 선전을 담당했어요. 하지만 시장 지향적 매체는 민생에 집중했습니다. 그들은 시장에 진입해야 했고, 그러려면 반드시 공신력이 있어야 했습니다. 솔직히 말해서 독자들이 신문을 사게 하려면 최대한 독자들이 좋아할 만한 내용을 실어야 하고, 그래야 광고주들도 광고를 내겠죠. 또 그래야 직원들을 먹여 살릴 수 있으니, 공신력은 시장 지향적 매체의 토대였습니다. 또한 신문 한 부는 8마오나 1위안에 파는데, 발행량이 엄청 많으면야 이익이 나겠지만, 신문 판매 자체로는 이윤을 보장받을 수 없고 광고를 내야 이윤을 보장받을 수 있었고요.

위안—— 소위 '중국 매체의 황금기'라고 말했지만, 중국의 매체들은 언제나 내용을 검열당했습니다. 당시 시장 지향적 매체를 상대로 한 내용 검열의 수위는 어땠나요? 여러분은 검열 요구에 어떻게 대응했나요?

쉐—— 시장 지향적 매체에 적용된 정부의 검열은 사후 검열제였습니다. 언론 기율을 준수하지 않으면, 노란 딱지나 빨간 딱지를 받게 됩니다. 노란 딱지가 누적되면 빨간 딱지로 바뀌는데, 심하면 출간 중단 처분까지 받을 수 있습니다. 하지만 이런 검열은 어디까지나 사후에 벌어졌어요.

위안 ── 그러니까 보도가 나간 뒤라는 말씀이죠?

쉐 ── 네. 물론 편집장은 전반적인 정치 지형을 인식해야 하고, 이에 대한 요구는 보도 전부터 주어지죠. 하지만 당보처럼 사설을 발표하기 전에 성의 지도자에게 보여줘야 하지는 않았습니다. 아무튼 제가 1998년에 이 일을 시작하며 몸담았던 시장 지향적 매체에는 사전 검열이 없었고, 다만 노란 선이나 빨간 선을 넘으면 엄청한 후과를 감당해야 한다는 것을 매체 스스로가 잘 파악하고 있었습니다.

그러나 2013년 『남방주말』의 신년 헌사 사건이 모두에게 저항해야 할 필요성을 상기시켰습니다. 정부가 규칙을 위배한 거예요. 정부는 줄곧 사후 검열을 유지해왔는데, 이때는 신년 헌사를 발표하지도 않은 상황에서 검열과 수정을 요구했습니다. 정부가 자신의 검열 규칙을 위반한 것입니다.

위안 ── 파급력이 큰 원고를 작성하거나 탐사 보도를 할 때 기사화가 제한되기도 했고요. 여러분은 과감하게 일단 기사를 내보내고 나중에 반성문을 썼다지요?

쉐 ── 오늘 우리가 '황금기'를 말하고 있지만, 사실 '황금기'가 있었나요? 돌이켜 생각해보면, 그때가 상대적으로 조금 나았을 뿐입니다. 당시에도 날마다 고통스러웠어요. 허구한 날 보도 지침이 내려와서 이것도 못 하게 했고, 저것도 못 하게 했으니까요. 제 생각에 소위 '황금기'의 중요한 지표는 비록 보도 지침이 내려왔더라도 모든 기자가 직업 공동체의식과 언론 기자로서 책임감을 가졌는지입니다. 자신이 선전가가 아니라 탐사 보도와 사회 사건 보도를 하는 기자라는 걸 인식하는 거죠. 그리고 보도 지침도 고정불변의 철옹성은 아니었습니다. 군대나 감옥 같은 '절대 금기 영역'은 어찌할 방도가 없지만, 그게 아니라면 건드려볼 수 있었습니다. 설령 제약이나 한계가 있대도 모두가 그것을 뛰어넘으려고 했습니다.

2008년 쓰촨 대지진 당시 정부는 지진 발생 첫날부터 '재난을 과도하게 기사화하지 마라' '신화사와 중앙 방송의 보도를 우선으로 한다' 같은 보도 지침을 내렸습니다. 그렇지만 조금이라도 뜻이 있는 매체는 전부 사고가 발생하고 몇 시간 내로 기자들을 쓰촨으로 보냈습니다. 재난의 규모가 너무나 컸기 때문에, 정보가 개방되지 않았다면 정부의 재난 구호는 불가능했을 겁니다. 현지 지방정부도 매체들이 오기만 손꼽아 기다리고 있었습니다. 매체들의 관심이 커야 해당 지역이 받을 수 있는 구호 자원도 상대적으로 커졌기 때문입니다. 그래서 당시 모두가 정말 열심히 일했죠.

위안 —— 맞아요. 보도 지침이 내려졌지만 언론인들에게는 지침을 어길 수 있는 여지와 용기가 있었죠. 물론 이건 징벌이 매체와 기자들이 감당하지 못할 만큼 엄하지 않았다는 것을 의미하기도 하지만요. 아무튼 중요한 건 당시 분위기가 그랬다는 거죠.

쉐 —— 아무래도 다들 스스로 판단은 할 수 있었어요. 혼자서는 위험이 크지만, 여럿이 함께하면 그만큼 위험도 줄어들 수 있었으니까요.

위안 —— 제펑은 당시에 중국 본토 매체에 글을 쓰고 있었는데, 정해진 수위가 있었나요?

장 —— 있었죠. 2014년 전까지 저는 『중국청년보中國青年報』 산하의 『빙점주간冰點週刊』『남방주말』『신주간新週刊』에 글을 싣고 있었어요. 저는 그 매체들의 홍콩 특파원이었고 필명을 사용했습니다. 제 본업은 홍콩 매체 기자였고요. 당시 언론 종사자들이 한계를 뛰어넘으려고 할 때, 홍콩 매체들은 종종 '타산지석'의 역할을 하곤 했습니다.

본토의 매체들이 홍콩을 대하는 태도는 2016년을 전후로 해서 뚜렷하게 달라집니다. 당시 법치, 민주, 지역 사회 보육, 청렴과 부패 등의 주제는 본토에서 보도될 때마다 제재받았고, 그럴 때면 홍콩에서 보도된 사례를 찾곤 했습니다. 그래서 저도 이와 관련해서 원고 청탁을 여러 번 받았고요. 가령 '본토에서 골목길 하나를 철거했는데, 홍콩에서는 그런 거리를 보존한다고 들었다. 홍콩의 지역 자치와 지역 사회의 저항에 관해서 글을 써줄 수 있겠냐'는 식이었죠.

저는 『빙점주간』에 노부인이 어떻게 강주아오대교 공사를 멈추게 했는지에 대한 기사, 본토의 법관이 사법 독립을 공부하기 위해서 홍콩대학의 법학대학에 유학 온 기사, 염정공서(독립 부패 방지 위원회)에 관한 기사 등을 썼습니다. 당시 본토가 홍콩을 보는 태도는 지금과 완전히 달랐습니다. 위안도 잘 아시겠지만, 홍콩은 본토에서 '우리가 더 좋아지려면' 혹은 '더욱 홍콩을 닮으려면'과 같은 말들로 거론되던 참고 대상이었습니다. 그래서 사실상 홍콩도 잘못한 일일 때, 예를 들어 골목길을 철거한 일과 관련해서 편집장이 저를 찾으면, 저는 "홍콩은 더 많은 거리를 철거했어요"라고 말했지만 편집장은 "괜찮아, 보존한 예 하나만 써주면 돼. 쓸 때는 반드시 좋은 방향으로 써야 해"라고 말했을 정도였죠. 저는 이 경험이 매우 흥미롭다고 생각해요.

이런 경험도 2017년 홍콩 주권 이양 20주년이 되었을 때 끝났습니다. 홍콩에 대한 선해가 절정에 달했던 건 2007년이고요. 그때만 해도 『남방도시보』나 『남방주말』 같은 매체들이 홍콩에 와서 '구석구석 홍콩을 배우자'라며 초대형 특집 기사를 썼으니까요. 2017년 '우산 운동' 이후부터는 내리막길을 걸었습니다. 하지만 그사이 10년 동안 저는 앞서 말한 내용과 비슷한 글을 엄청나게 써댔죠. '신주간'에 썼던 장편 특집 기사가 생각납니다. '왜 홍콩에 와서 대학을 다니는가?'라는 글이었는데, 특히 학생회를 다룬 부분을 아주 길게 상술했습니다. 홍콩대학과 홍콩중문대학의 학생회는 학교와 독립된 법률적 지위와 예산을 가진다고 썼죠. 물론 저 역시 사회운동에 대한 글은 쓸 수는 없었어요. 하지만 사회운동 같은 소재를 제외하면 쓸 수 있는 내용의 수위가 꽤 높았습니다. 국내 여행 잡지에도 글을 썼는데, '여행 공간으로서가 아닌 중요한 공공 장소로서의 빅토리아 공원'이라는 글이었죠.

위안 —— 빅토리아 공원에서 매년 '6·4' 집회가 열린다는 것을 쓰셨나요?

장 —— '6·4' 집회를 언급하지는 않았고, 매년 여러 중요한 날에 많은 사람이 그곳에 모여서 시위를 연다고 썼습니다. 제가 말하고자 했던 이야기는 도시마다 이러한 공공 장소가 있어야 한다는 것이었는데, 잡지사에서 제 의도대로 게재해줬어요.

위안 —— 정말 흥미롭네요. 변화가 상당하군요. 그럼 소위 말하는 언론 매체의 황금기는 언제 끝났나요. 어떤 상징적인 사건이 있었나요? 제 생각에는 『남방주말』의 신년 헌사가 도화선이 된 거 같은데요.

쉐 —— 저도 『남방주말』의 신년 헌사 사건을 분수령으로 생각해요. 그 뒤로 '칠불강'과 같은 제재가 시작됐으니까요. 이후에도 대학이나 NGO 단체, 변호사 업계에도 빠르게 변화가 도입됐다는 걸 느낄 수 있었습니다. 이 사건은 시민사회 전면에 가해진 탄압의 시작이었습니다.

위안 —— 제핑은 2013년 신년 헌사 사건이 발생하고 이와 관련해서 「'무릎 꿇고 반란을 일으키다'에서 '서서 저항하다'까지從跪著造反到站著反抗」라는 논평을 쓰셨는데, 당시 어떤 기분이었나요?

장 —— 저는 그 당시 중국 본토 밖에 있는 사람들에게 『남방주말』의 투쟁이 갖는 의의를 알려주고 싶었어요. 해외에 있는 사람들 눈에 중국의 언론 매체는 죄다 공산당 관리하에 있으니 다를 게 없어 보일 수도 있어요. 완전한 언론의 자유가 보장되지 않으니, 어떠한 언론의 자유도 없다고 판단할 겁니다. 그래서 해외에 있는 중화권 사람들이나 영어권 사람들은 언론인들이 속박된 상황에서 어떻게 한계를 극복하는지, '무릎 꿇고 반란을 일으키다'와 '서서 저항하다'에 어떤 차이가 있는지 이해하기 어려울 겁니다.

『남방주말』 신년 헌사 사건이 벌어졌을 때, 입만 살아 있는 국내의 급진파들은 '너희들이 뭐라도 되는 줄 아냐? 너희가 진짜 저항자라고 생각해? 너희는 이제까지 저항이라는 걸 해본 적도 없다. 결국에는 검열에 복종하지 않았냐'며 신랄하게 비판했습니다. 당시 이 논쟁은 실로 엄청났고, 비아냥거리는 사람도 많았습니다. 그야말로 중국 본토의 온건파와 급진파들의 대표적인 대립이었습니다.

이러한 맥락에서 보면, 사실 2008년, 특히 원자바오 총리가 정치 개혁을 처음 언급한 뒤로부터 중국의 자유 진영은 이미 온건파와 급진파로 분열되어 있던 거죠. 저는 2013년이 됐을 때 중국 언론의 황금기가 끝났을 뿐 아니라, 저항 세력도 급진파밖에 남지 않았고 그 세력 역시 미미해졌다고 생각합니다. 온건파의 목소리는 2013년에서 2015년 사이에 철저하게 소멸했습니다. 온건파의 지식인이든 언론인이든, 저는 '남방주말 사건'이 이 세력의 소멸을 상징한다고 생각해요.

일찍이부터 우리는 체제 안팎으로 온건 세력들이 연합해서 중국을 입헌 민주주의 국가로 이끌어가길 희망한다고 말해왔습니다. 이러한 논리는 오랜 시간 동안 이어졌고, 결국 개혁 성향의 잡지인 『염황춘추炎黃春秋』나 당 간부학교의 비교적 깨어 있는 교수, 시장 지향적 매체, 그리고 수많은 언론인과 지식인 들, 체제 안팎의 깨어 있는 세력 간의 연맹이 만들어졌습니다. 저는 연맹의 해체나 『염황춘추』폐간 모두 '남방주말 사건'과 관련한다고 봅니다. 이 사건 이후 중국 정치에는 양극화된 목소리만 남고 말았습니다. 물론 급진적인 세력과 정부의 이데올로기를 따르는 주류 세력, 이 두 세력의 세력 차이는 매우 크고요.

위안 —— 장쉐는 2014년에 십수 년 동안 몸담았던 신문사를 떠났는데, 그 당시 도대체 무슨 일이 벌어졌나요?

쉐 —— 저는 조건이 조금만 좋아도 꽤 괜찮은 성과를 내는 편입니다. 일할 수 있는 여지만 주면 최선을 다해 목적을 달성하고 새로운 영역을 개척하죠. 하지만 2013년과 2014년은 정말 아무것도 할 수 없었습니다. 이제까지 우리가 당연하게 여기며 논평해온 것들을 더는 논평할 수 없었어요. 저는 논설부 주임을 사직하고 기자로 전향했습니다. 어쨌든 언론 현장을 떠날 순 없었으니까요. 하지만 정말로 뭘 해볼 여지가 사라졌다고 느꼈죠.

가장 인상 깊었던 사건은 2015년 양쯔강 여객선 침몰 사건[24]이었습니다. 저는 당시에 이 체제 안에서는 언론 매체가 할 수 있는 일이 없다고 판단했습니다. 과거에는 치욕을 참고 견디면 어떻게든 결과를 낼 수 있었습니다. '이깟 치욕쯤 얼마든지 참을 수 있어.' 뭐 이런 거였죠. 정부가 정한 한계만 받아들이면, 저는 국민의 삶을 기사화할 수 있었고, 기자의 역할을 해낼 수 있었습니다. 하지만 2015년에는 정말 안 되겠더라고요. 계속했다가는 제 인생을 낭비하겠다는 생각까지 들었습니다. 이제 중년을 바라보는 나이인데, 이렇게 지낼 수는 없었습니다. 그래서 제가 하고 싶은 걸 하기로 했죠.

장 —— 방금 장쉐가 양쯔강 여객선 침몰 사건을 이야기했는데요, 원저우溫州 고속열차 사건[25]과 양쯔강 여객선 침몰 사건은 극명한 대비를 이룹니다. 우리 모두 2011년 7월 23일 원저우 고속열차 사

---

24 2015년 6월 1일 난징南京에서 충칭으로 가던 여객선 '둥팡즈싱東方之星'호가 후베이湖北성 젠리監利현 인근에서 기상 악화로 침몰했다. 여객선에는 모두 454명이 탑승했는데, 12명만 구조되고 442명이 사망했다.
25 2011년 7월 23일 원저우 역에서 발생한 열차 추돌 사고로 40여 명이 사망했다.

건을 기억할 겁니다. 웨이보에서 반응이 상당히 강렬했죠. 저는 양쯔강 여객선 침몰 사건이 기자들의 현장 보도를 바꾼 전환점이었다고 생각해요. 국내 기자든 외신 기자든 기자라면 처음 겪어본 곤란함이었을 겁니다. 보도 지침이나, 보도가 나간 뒤 기자를 향한 위협, 현지에서 당한 미행 등, 이런 일반적인 위협 말고도, 취재원과 그들의 가족들에게 가해진 엄격한 통제로 인해 기자가 현장에 가봤자 누구와도 인터뷰할 수 없는 경우가 난생처음으로 출현했습니다. 이전에도 비슷한 예가 있긴 했지만, 양쯔강 여객선 침몰 사건은 진정한 의미에서의 철저한 통제였습니다. 기자를 보냈더니, 유가족들은 강변의 구릉 위에서 인양을 기다리고 있었고 무장 경찰들은 구릉 전체를 봉쇄하고 있었습니다. 당시 현장에 있던 기자가 저한테 전화를 걸어왔는데, 저는 어쨌든 들어갈 수 있는 샛길이 있을 거고, 이런 경우라도 항상 해결 방법을 찾을 수 있다고 말해줬습니다. 그런데 나중에 알고 보니까 정말로 해결 방법이랄 게 전혀 없었어요. 당사자들을 취재할 방법이 전무했던 겁니다. 그 뒤로 수많은 당사자가 웨이보를 통해 입장을 밝혔지만, 끊임없이 삭제당했죠.

점차 이 일은 일종의 일상이 되었습니다. 중대한 공공 사건에 대해서, 가고 싶어도 갈 수 없고, 설령 갔대도 취재할 수 없었습니다. 간신히 취재해도 기사로 낼 수가 없습니다. 나중에 벌어진 항공 사고와 같은 재난 사건들도 모두 당사자들을 통제했는데, 당사자가 몇 명이든, 몇백, 몇천 명이든 인원수에 상관없이 모조리 다 통제했습니다. 엄청난 변화였습니다. 결국 국내외 매체 할 것 없이 중국 본토에서 취재를 한다는 것은 대단히 어려운 일이 되었습니다. 인터넷으로 연락한 내용은 쉽게 추적됐고, 당사자 역시 사후에 크게 처벌받았으니까요. 정말이지 엄청난 전환이었습니다.

위안 —— 맞습니다. 상황은 날로 심각해졌죠. 하지만 우한武漢에서 코로나19가 발생했던 2020년 초에는 『재신』『삼련생활주간三聯生活週刊』『인물人物』『신경보新京報』와 같은 언론 매체에서 대단히 훌륭한 사건 보도, 탐사 보도, 그리고 특정 인물을 취재한 특별 기고를 냈습니다. 『베이징청년보北京青年報』와 『재신』에서 발표한 리원량李文亮에 대한 특별 인터뷰 기사와 『인물』에서 취재한 의사 아이펀艾芬에 관한 기사는 제게도 매우 특별한 인상을 남겼습니다. 당시 선전부에서 매체들이 취재할 수 있도록 살짝 편의를 봐준 것 같았는데, 여러분도 그렇게 생각하셨나요?

쉐 —— 저는 개인적으로 '편의를 봐준다' 같은 건 없었다고 봅니다. 조금 전에 2013년 『남방주말』 사건을 언급했는데, 그 뒤로 2014년 12월 31일 상하이 새해맞이 행사에서 발생한 압사 사고, 2015년 양쯔강 여객선 침몰 사고, 이 몇 가지 사고로부터 저는 분명하게 '언론 매체는 이제 아무것도 못 하겠구나'라고 느꼈습니다. 울분을 꾹 참고 힘을 기르면서 십수 년의 성장을 거치는 동안 뜻있는 언론 매체들은 경험이 풍부한 기자들을 모아왔습니다. 2015년 이전까지만 해도 이 기자들은 보도 지침 같은 건 거들떠보지도 않고 현장으로 달려갔지만, 2015년 이후부터는 그 많은 매체가 더는 현장으로 가지 못하고 있습니다.

다만 2015년 8월 톈진항 폭발 사건 당시 탐사 보도의 작은 절정기가 나타났습니다. 『신경보』『재신』『재경財經』『펑파이뉴스澎湃新聞』 등, 전국의 수많은 언론이 사고 이튿날 사건을 보도하기 시작했고, 이어서 각종 문책성 기사를 냈습니다. 나중에 분석해보니, 아마도 이 사고가 일련의 부패 문제와 관련됐기 때문인 듯했습니다. 당시에 반부패 운동이 한창이었잖아요? 아무튼 당시 사건 보도는 충분했습니다. 즉 축적된 보도 능력은 조건만 맞으면 충분히 그 가치를 발휘할 수 있다는 뜻이겠죠. 2020년 우한에서 코로나19가 발생했을 때, 『재신』 같은 매체는 대중의 강한 우려를 표명했습니다. 엄청난 공중 보건 사건을 맞닥뜨리자 언론은 본능적으로 보도를 계속했습니다. 다른 매체들은 어땠는지 잘 모르겠지만, 『재신』의 기자는 우한에서 수개월을 상주하면서 거리에도 나가보고, 병원도 가보면서 취재를 이어갔습니다. 당시 시민 자원봉사단에 참여했던 아이샤오밍艾曉明 교수는 우한에 거의 1만 대에 달하는 자원봉사 차량이 있어서 택배도 접수할 수 있을 정도였다고 말했죠. 이때의 분위기는 2022년 봉쇄 당시와는 사뭇 달랐습니다.

하지만 저는 정부에서 매체가 제 역할을 할 수 있도록 일부러 편의를 봐줬다고 생각하지 않습니다. 리원량의 사망 이후 민의가 거세게 일어났을 때 정부의 서사는 재빨리 바뀌었어요. '전 세계가 중국의 업적을 베끼고 있다'는 식으로 말하기 시작한 거죠. 그러면서 여론은 순식간에 가로막히고 엄격히 통제당했습니다. 언론이 제 역할을 할 수 있는 여지가 사라진 거죠.

장 —— 저도 정부가 편의를 봐줬다고 생각하지는 않습니다. 다만 제가 느끼기에 당시에는 선전부도 아직 정책을 고안해내지 못했고, 이게 도대체 무슨 일인지 어리둥절해 있었던 듯싶어요. 코로나19가 앞으로 3년 동안 전 세계로 퍼져나가서 수백만 명이 죽는 펜데믹이 될 거라고는 아무도 예상하지 못했잖아요. 선전부의 정책도 진공 상태였던 거죠. 어쩌면 진공 상태가 아닐 수도 있겠네요. 선전부에서 의례적인 반응들은 보였으니까요. 하지만 펜데믹 상황에 어떤 원칙이 필요한지는 선전부도 몰랐고 관련 방책도 만들어지지 않았어요.

이런 상황에서 장쉐가 말했듯이 사람들은 진상을 알고 싶어했습니다. 수많은 사람이 죽어나갔으니까요. 이게 도대체 어떻게 된 일이냐고 모두 질문했어요. 여기에 언론 매체들은 본능적으로 달려들었고요. 저는 이때가 정말 소중한 유예 기간이었다고 생각합니다. 기억하시겠지만, 상하이든 청두成都든 아니면 다른 지역이 봉쇄되었든, 보도가 그때처럼 붐을 일으켰던 적이 없습니다.

위안 —— 맞아요. 저도 무척 동의합니다. 선전부도 처음에 당황한 듯 보였어요. 리원량이 사망한 날 저녁, 선전부는 놀라서 넋이 나간 것 같았고요. 그들은 순간 어떻게 반응해야 할지, 어떻게 대응해야 할지를 결정하지 못했던 거예요. 과거 수년간 정부를 그렇게나 맹신하던 사람들도 그날 밤에는 그야말로…… 평소에 정치적 발언을 하지 않던 다양한 계층의 사람들이 그날 저녁에는 한꺼번에 반응을 보였죠. 선전부는 대처할 수 없었습니다.

그러나 방금 장쉐가 언급했듯이 선전부는 재빨리 강력한 선전 시스템을 가동해서 재난을 선전의 기회로 삼고, 비극을 경사로 만들어버렸습니다. 2020년 2월 4일에 『신문연보新聞聯播』에서 보도하길, 중앙선전부에서 300여 명의 기자를 소집해 우한과 후베이 지역을 취재 보도하라고 지시했습니다. 시진핑이 펜데믹을 다루는 선전 교육과 여론 선도 작업을 제대로 진행하라고 지시했기 때문이죠.

쉐── 맞아요. 그래서 그때 기자들이 쓴 논평을 보면 다들 특정 세력이 코로나19 펜데믹뿐만 아니라, 펜데믹을 다루는 서사까지 통제하고 있다고 했습니다. 당시 코로나19 펜데믹이 전 세계에 만연했고, 수많은 국가가 감염자 증가의 절정에 있었습니다. 당국은 이 상황들을 중국의 우월성을 증명하는 좋은 기회로 삼았습니다. 그로써 리원량의 사망이 가져온 뼈아픔과 눈물이 언론의 자유에 대한 억압을 타파할 수 있을 거라던 기대는 순식간에 사라져버렸습니다.

장── 저는 팡팡과 천추스陳秋實*, 이 두 사람의 이야기도 중요하다고 생각해요.

『재신』은 비교적 큰 기업이라서 이 체제 아래에서 생존하면서도 한계를 극한까지 끌어올리는 법을 잘 알고 있습니다. 그래서 보도 기조도 정부 기조에서 크게 벗어나지 않게 하고요. 물론 어느 정도 정부에 도전할 때도 있었고, 특히 펜데믹 초기에는 기자들이 죽음의 위협을 무릅쓰고 많은 주요 보도를 하기도 했습니다.

하지만 기조에 변화가 생겼을 때, 실제로 변화를 실감했던 지표는 팡팡과 천추스의 사례에서였습니다. 팡팡은 체제 내의 작가였고, 천추스는 체제 밖의 시민기자였습니다. 팡팡이 당한 일은 최소한 겉보기에는 정부의 탄압이 아니라 선동된 민의가 저지른 중상모략이었죠. 천추스는 정부로부터 직접적인 탄압을 받은 경우고요. 이 두 사람이 겪은 일은 당시 여론의 방향이 확연하게 바뀌었다는 것을 알려줍니다.

위안 —— 앞에서도 잠깐 언급했지만, 2015년 이후부터 현장에 갈 수 있는 기자가 대폭 줄었죠. 여러분도 현장 취재를 직접적으로 방해받았나요. 아니면 후배 기자들이 경험했을까요. 보통 어떤 식으로 취재를 방해하던가요?

제 경험부터 얘기하자면 그리 특별하지 않았어요. 외신 기자다 보니 정부를 신경 쓸 필요가 없거든요. 보도 지침은 있지만 연연하지 않습니다. 다만 지방정부의 방해는 있었습니다. 그들에게는 기자

• 코로나19 초기 상황을 현장에서 취재하며 당국의 정보 은폐와 사회적 혼란에 대해 문제를 제기하다 당국에 체포되었다.

들의 정보를 모은 데이터베이스가 있어서, 기자가 지역에 가려고 표라도 사면 바로 지방정부에서 이를 알 수 있어요. 그리고 기자가 기차에서 내리는 순간부터 감시를 시작하죠. 예를 들어 탕산 집단 폭행 사건을 취재할 때, 한 기자는 기차에서 내리자마자 코로나19 격리소로 끌려가서 격리당했다고 하죠. 지방정부에서 기자의 뒤를 밟기도 하고, 웨이신(위챗)이나 전화를 감시하기도 하고요. 이에 대해서는 장쉐도 할 말이 많을 것 같네요.

그리고 또 다른 방해라면 현장 취재에 훼방을 놓는 거죠. 2015년 양쯔강 여객선 침몰 사건 당시, 제핑이 말했던 것처럼 유가족들을 구릉 위에 모아두고 무장 경찰이 그 주변을 둘러쌌어요. 기자가 드론을 날려서 현장을 보려고 했지만, 경찰이 드론 신호 차단기를 이용해서 촬영을 방해했죠. 어떻게든 취재를 끝내면 상사를 통해 원고 발송을 못 하게 압력을 넣기도 했고요. 심지어 원고를 발송한 뒤에도 여론이 흔들리면 국가인터넷정보판공실을 통해서 기사를 삭제했습니다. 여기까지가 제가 아는 것입니다. 외신 매체들의 보도는 점점 더 힘들어졌어요.

즉 기자들이 겪는 곤경은 이런 겁니다. 사건의 당사자들에게 지침이 내려오죠. '기자랑 말하지 마. 사건이 보도되면 외세에 칼자루를 넘겨주는 꼴이 되는 거야.' 우리 외신 매체는 특히 나쁘게 낙인찍혀서, 당사자가 외신과 이야기 나누는 건 그야말로 씻을 수 없는 죄를 짓는 거나 마찬가지죠.

중국을 취재하고 보도하기란 갈수록 그 내막이 요원해지고, 도대체 지금 정확히 무슨 일이 발생하는지 알아내기도 무척 어려워졌습니다. '제로 코로나' 때도 제가 수많은 기사를 써봤지만, 사람들이 매일같이 코로나19 검사를 받고 도시 봉쇄까지 당했는데도 도대체 얼마나 되는 사람이 이 정책을 지지하는지 또는 반대하는지, 지금까지도 알지 못할 정도니까요.

장쉐는 여전히 독립기자로 활동하고 있죠. 정말로 존경스러워요. 장쉐가 기자생활을 하면서 요 몇 년 동안 어떤 곤경을 겪었는지 말해줄 수 있나요?

쉐 —— 위안이 요약해준 상황 중에 뭐가 됐든 저도 하나쯤은 겪어봤을 거예요. 아니, 전부 다 겪었네요. 지금은 통제가 훨씬 더 치밀해졌습니다. 위안이 언급한 수단들 모두 남김없이 쓰이고 있죠. 특히 지난 3년은 더 그랬고요.

장 —— 맞아요, 수단을 가리지 않죠. 제가 근 1, 2년 동안 느낀 것을 더해도 될까요. 비록 저는 이미 언론 매체 현장을 떠났습니다만, 집단에 소속되어 있을 때 새로운 현상을 발견했습니다. 그때는 현장에 갈 수 없었고, 간대도 취재를 못 했고, 돌아와서는 보복을 당할 수도 있었어요. 원고는 삭제당하기도 하고 보도를 금지당하기도 했습니다. 당신이 취재하고자 하는 사람은 취재를 거부하거나, 설령 취재에 응했어도 나중에 번복하는 일이 비일비재하게 벌어졌고요. 그런데 지금은 기자 개인에 대한, 특히 외신 기자 개인을 향한 신상

털기와 표적화가 엄청난 위협이 된다고 생각합니다.

예전에는 CNN이나 『뉴욕타임스』를 적대시하면서, 그들이 중국을 모독한다고 여겼죠. 하지만 지금은 표적이 구체적인 한 명의 개인으로 바뀌었어요. 누가 기사가 나올 수 있게 외신을 도왔는지, 중국인 누가 보도했는지 찾아내서 그들을 표적화하는 겁니다. 저는 이 일이 장기적인 관점에서 세계와 중국의 상호 이해를 엄청나게 해쳐놓을 거라고 생각해요. 이건 전 세계와 이어진 메신저를 공격의 타깃으로 삼는 것과 똑같은 짓입니다. 서로 다른 세계를 이어주는 마지막 다리까지 끊어질 수 있어요.

위안 ── 우리 같은 사람들이 언제나 공격의 대상이 되죠. 우리는 글을 쓸 수 있고, 그것을 기사로 내보낼 수 있으니까요. 목소리를 낼 수 있는 이가 공격받는다는 건 어쩔 수 없는 일처럼 보입니다.

제핑이 홍콩 매체에서는 10년 동안 어떤 변화가 있었는지 들려주시겠어요? 이미 엄청난 변화가 일어서 본토와 비슷해졌을 텐데요. 저는 홍콩이 본토보다 더하면 더했지, 덜하진 않을 것 같아요.

장 ── 맞아요. 비교적 큰 변화는 2019년 이후부터 있었지만, 근본적인 변화는 아무래도 2020년에 '국가보안법(국안법)'이 통과되고 『빈과일보蘋果日報』와 『입장신문立場新聞』이 폐간된 이후부터였어요. 홍콩라디오텔레비전RTHK, NowTV, 『유선신문有線新聞』 같은 주류 매체의 핵심 구성원들이 완전히 물갈이된 일도 있네요. 『남방주말』이 다년에 걸쳐 물갈이됐다면 홍콩은 그 일을 최근 2, 3년 만에 다 겪었다고 볼 수 있습니다. 현재 홍콩의 언론 환경을 완전히 다시 쓰는 차원이었죠.

2020년 '국안법' 통과 전까지는 홍콩 매체 역시 자기 검열을 하거나 무형의 압박을 받았다고 해도, 그래도 본토보다 훨씬 더 큰 언론 공간을 가지고 있었습니다.

마침 어젯밤에 취자린區家麟, 저우바오쑹周保松과 함께 대담을 진행했습니다. 취자린은 홍콩에서 매우 중요한 언론인입니다. TVB 최고 황금기에 20년 동안 뉴스 편집과 제작을 담당했죠. 탐사 보도와 특집 기사 제작이 특기였고요. 저는 그를 홍콩이 키워낸 이 시대 최고의 언론인이라고 생각합니다. 취자린은 2016년에 홍콩중문대학 박사 과정을 졸업하면서 논문을 하나 썼고, 나중에 『20개 그림자 아래의 자유二十道陰影下的自由』라는 제목으로 책을 냈는데, 홍콩의 언론 검열을 다룬 책이었습니다. 어젯밤에 제가 취자린에게 이 책이 출간되던 2017년과 지금의 상황이 완전히 달라졌는데, 개정판을 낸다면 어떻게 바꾸겠냐고 물어봤어요.

그가 말하길 지금의 관점으로 보면 이 책에서 묘사한 홍콩 언론의 검열 상황이 이제 완전히 구식이 되어버렸으니 다 다시 써야 한다더라고요. 하물며 제목도 바꿔야 한대요. '20개 그림자'가 아니라 '20개 칼날'로요. 이제 자유는 사라졌으니, 그림자가 한칼에 베어버리는 칼날이 되었다고요. 저는 이 묘사가 아주 인상적이었어요. 2020년 전만 해도 많은 사람이 그림자가 천천히 드리워지고 있다고 생각했습니다. 하지만 이 그림자가 2020년 이후 칼날로 변했죠.

위안 —— 실로 번뜩이는 칼날이네요.

쉐 —— 홍콩의 변화는 너무나 빨랐습니다. 보통, 미지근한 물에 개구리를 넣고 온도를 점점 높이며 삶아버린다고 하잖아요. 그런데 홍콩은 펄펄 끓는 물에 바로 개구리를 던져버린 거죠.

장 —— 저도 동의해요.

위안 —— 이렇게 생긴 상처는 헤아리기가 쉽지 않습니다. 저는 홍콩의 언론인에게, 심지어 대중에게도 이게 어떤 상처인지 감히 미루어 말할 수가 없어요.

지금은 본토든 홍콩이든, 독립 매체나 상대적으로 독립적인 매체도 보도하지 못하고 있습니다. 이게 대중에게는 어떤 피해를 줄까요? 그리고 정부에는 어떤 직접적인 피해가 있을까요? 정부는 독립 매체들에서 정보를 얻으려고 하기나 할까요? 정부가 이 사회를 정보가 차단되고 불투명한 사회로 만들어버려서 대중은 어떤 사건이 발생해도 사건의 진상을 전혀 알지 못합니다. 그리고 정부 역시 제대로 알지 못하고요. 과연 정부가 내부 참고 자료에만 의존해도 될지 잘 모르겠어요.

장 ── 분명히 한계에 부딪힐 거예요. 정부의 정책 결정이 질적으로 하락하는 게 아주 분명해 보입니다. 이는 상대적으로 독립된 목소리가 갈수록 적어지기 때문이에요. 그렇다고 정부가 언제는 상대적으로 독립된 목소리에 따라 판단을 내린 것도 아니지만요. 하지만 독립된 목소리가 갈수록 줄어드는 것은 분명한 신호입니다. 민간에서건 정부 내부에서건 비평의 목소리가 점차 줄어들다가 결국에 완전히 사라진다는 신호예요.

단지 민간에서뿐만 아니라 정부 내부에서도 분명히 그럴 거예요. 정책을 내놓으려면 단계별 토론을 거치고 마지막에 선별 작업을 해야 합니다. 하지만 아부와 복종만 남은 곳에서 수준 높은 정책 결정을 할 리 만무하고 점점 더 질이 형편없어질 겁니다. 저는 홍콩과 본토 모두에서 이러한 현상이 뚜렷이 나타나고 있다고 생각해요.

위안 ── 대중은 아예 블랙박스 안에서 생활하는 것이나 마찬가지겠네요. 주변의 일을 전혀 파악할 수 없으니까요.

장 ── 다만, 저는 대중 상황을 논할 때 근본적으로 대단히 비관적입니다만, 지금 이 순간의 삶이 그렇게 엉망이라고만 생각하지는 않습니다. 분명 대안적인 공간도 있다고 생각해요.

제가 흥미롭게 보는 지점은 홍콩과 본토가 그다지 똑같지 않다는 겁니다. 가령 홍콩에서는 비록 2020년 하반기부터 수백 명의 기자, 편집인, 칼럼니스트 들이 잇달아 실직하거나, 직장 자체가 폐쇄되었지만, 많은 사람이 음식 배달업에 뛰어들거나, 맥도날드에서 아르바이트하고, 택시를 몰았어요. 정말로 많은 사람이 육체노동을 했죠. 그리고 사람들은 뿔뿔이 흩어졌던 기자들이 다시 모였던 것도 기억할 거예요. 그들은 삼삼오오 모여서 홍콩사람들이 '모기 매체'라고 부르는 모기처럼 아주 작은 매체를 만들었습니다. 이런 매체의 출현은 홍콩이 콘텐츠 생산자에게 고도의 통제를 가하는 와중에도 전체 콘텐츠 환경이 중국만큼 철저하게 파괴되지는 않은 덕분이었습니다. 방화벽도 철저하지 못해서, 얼마든지 페이스북 계정을 만들 수 있었고요. 그렇다 보니 많은 사람이 새롭게 모일 기회를 얻었고 작은 목소리로도 최소한 자기 주변의 커뮤니티를 결속시키는 일이 가능해졌습니다.

한편 본토에서도 제 친구들만 봐도 많은 사람이 끊임없이 새로운 공식 계정을 만들고 있습니다. 장쒜도 그런 친구 중 한 사람이겠네요. 장쒜는 독립기자이지만 그렇지 않은 사람들도 많습니다. 저는 매체의 수준이 어떤지는 차치하고, 일단 탐사 보도 부류의 매체들, 탐사 보도를 제작하거나 비교적 비판적인 내용을 싣는 공식 계정들이 끊임없이 출현하고 있다고 생각합니다. 물론 예전에는 대략 20여 개가 있었다면, 지금은 서너 개밖에 남지 않았지만요. 하지만 앞사람이 쓰러지면 뒷사람이 그 뒤를 잇는 식으로 매체가 나타난 덕분에 그나마 몇 개의 매체라도 유지할 수 있는 거죠. 그리고 팟캐스트만 해도 문자로는 토론할 수 없는 수많은 내용이 여기서 논해지고 있잖아요.

덧붙여 말하자면 저는 본토의 많은 청년이 자기 주변을 열심히 살피기 시작했다고 생각합니다. '주변'이라는 개념은 최근 1, 2년 사이에 최소한 시민사회 커뮤니티에서 매우 유행하고 있습니다. 거창한 담론을 만들어내도 사람들에게 전파할 길이 없다 보니 차라리 자기가 속한 커뮤니티로 돌아가서 자신의 주변을 잘 관리하는 편이 낫다는 거죠. 이러한 일련의 일들이 모두 입 밖으로 꺼낼 수 없는 그 말, 바로 '민주주의와 자유'를 생활 속에서 실천하고 있는 겁니다. 저는 이 변화가 눈에 보이는 추세라고 생각해요. 비록 환경의 붕괴와 비교해보자면 상대적으로 아주 작은 추세이지만, 그래도 이 흐름이 생기긴 생긴 거죠. 비록 제가 비관적인 입장이래도, 그럼에도 힘을 낼 수 있는 점을 찾아야 한다고 생각하고요.

저는 세대별로 그들만의 반항하는 방식이 있다고 생각합니다. 반항이라는 단어가 짐짓 너무 격렬하게 들린다면 자신만의 '대응' 방식이라고도 할 수 있겠네요. '매체'를 예로 들면, 우리 세대에 익숙한 '매체' 개념으로는 중국에서 '매체'란 두 번 다시 일어설 수 없을 겁니다. 하지만 새로운 세대는 그들만의 언어와 전파 방식을 가지고 있고 우리와는 다르죠. 우리는 이런 차이 때문에 그들의 대응 방식을 제대로 판단하지 못하고, 과소평가하곤 합니다. 우리의 관점에서만 봐서는 그들을 제대로 파악하지 못할 테니까요.

그래서 저는 마땅히 더욱 세심하게 관찰해야 하고, 제가 비관적인 사람일지라도, 무작정 철저히 비관할 필요는 없다고 생각해요. 이렇게 이야기해볼 수 있겠네요. 저는 구조적으로는 희망이 없다고 생각하지만, 새로운 세대의 대응 방식이 매우 흥미롭고 그들이 우리와 확연히 달라질 수 있다고 생각해요.

위안 —— 비록 절망하셨지만, 희망의 여지를 남기셨군요. 맞아요, 붙잡을 무언가를 찾아야 합니다. 그렇게라도 안 하면 정말 절망밖에 남지 않을 테니까요. 그럼 제핑은 기자로서 그리고 매체를 운영하며 언론계에서 활동한 시간을 되돌아봤을 때, 중국 사회에 실질적인 영향을 미쳤다고 생각하나요? 제핑이 그간 고수해왔던 저널리즘의 이상에는 어떤 의의가 있을까요?

장 —— 최근 흥미로운 생각을 하고 있어요. '저널리즘의 이상'이라는 말이 우리가 추구하거나 실천하는 바를 축소해버린다는 생각이죠. 저널리즘은 우리가 더 나은 세상이라는 이상을 실현할 때 쓰는 도구예요. 적어도 저는 그렇게 생각해요. 사실 저는 홍콩에서 언론 일을 시작하고 처음 10년 혹은 적어도 5년은, 그 후 10년과 비교해보면, 세상을 바꾸고 싶다는 생각을 조금도 하지 않았어요. 이건 중국 본토에서 건너간 사람만이 가지는 일종의 무력감 때문이었을 거예요. 저는 세계를 바꿀 수 있다고 기대하지 않았고, 적어도 당시 순수했던 많은 홍콩 기자 친구와 비교해보면 희망을 품지 않는 편이었죠.

홍콩 기자 친구들은 자기가 취재한 게 보도돼서 홍콩 정부의 정책이 바뀌길 바라더라고요. 실제로도 그런 일이 왕왕 있었고요. 그러니까 탐사 보도가 나가고 누가 자리에서 물러난다든지, 정책 방향이 바뀐다든지, 심지어는 선거에서 누군가의 승패가 뒤집힐 수도 있고요.

홍콩, 타이완, 미국처럼 그나마 정상적인 법치주의와 자유민주주의 사회에서는 언론 매체가 오랜 시간 동안 방금 말한 일들을 수행했다고 봅니다. 하지만 중국 출신으로 중국의 인권 문제를 보도해본 저 같은 사람은 그런 희망은 조금도 품지 않았습니다. 다만 제 모든 관심사는 역사에 흔적을 남기는 데에 맞춰져 있었죠. 발생했던 일을 간단히 한두 마디로 말하겠다는 게 아니에요. 이 일들에 얼마나 다양한 등장인물들이 개입됐는지, 그들이 얼마나 훌륭하며 찬란했는지를 기록하겠다는 거죠. 그들이 얼마나 인간미 넘쳤는지, 그들이 왜 단지 항쟁의 상징이나 억압의 대상만은 아니었는지 기록하고 싶다는 바람이 제가 오랜 시간 언론 일을 하면서 품었던 마음입니다. 실존 인물들의 본래 모습을 회복하고 역사에 남길 수 있다면 그것으로 만족했어요.

저는 시간이 지나서, 특히 매체를 설립하고 조직을 만드는 데 참여한 뒤에야 제가 항상 세계를 바꾸겠다는 희망을 품고 있었다는 걸 깨달았습니다. 이 무력감의 소멸이 홍콩이 제게 가르쳐준 것이었어요.

건강하고 민주적이며 자유로운 사회가 사람들에게 가르쳐주는 가장 핵심적인 가치는 참여의식입니다. 우리는 우리가 속한 곳을 바꿀 힘이 있으며 결코 무력하지 않다는 걸 믿어야 합니다. 우리가 속한 곳이 작은 커뮤니티이든 거대한 사건이든 상관없습니다. 당신은 마땅히 참여해야 하고, 상황을 바꿀 능력도 있습니다. 이 세상이 더 좋아질 수 있도록 당신은 힘을 보탤 수 있어요. 저는 우리 중국인들이 이제까지 이러한 가치를 습득할 기회가 없었고, 그래서 매우 이기적으로 변했다고 생각합니다. 또한 이것이 세계 각지로 이민 간 중국인들이 그 사회에서 미움받는 원인이라고 생각해요. 중국인들은 참여하도록 열려 있는 사회의 일원이 되어도 어떻게 참여해서 자기 주변을 바꿔야 하는지 전혀 모르니까요.

예컨대 난민을 받아들이는 사안 같은 건 중국인들에게 너무나 막연한 문제입니다. 결국 가장 원초적인 판단밖에 할 수 없어요. 나한테 이득이 되는가, 이게 유일한 판단 기준이 되어버립니다. 하지만 이렇게 된 게 다 그들 탓은 아니에요. 환경이 중국인들을 이렇게 가르친 거죠.

제가 잠깐 타이베이에서 지낼 때, 뜬금없이 서점 하나를 인수했어요. 그리고 '페이디'라고 이름 붙였죠. 일종의 자가 치유이자 이상에 대한 고집으로 벌인 일이었어요. 우리는 어디에 있든 변화에 참여할 기회를 만들어야 합니다. 만일 현실세계가 우리를 버렸대도 우리는 우리만의 새로운 작은 세계를 창조하면 돼요. 그로써 우리 스스로 그 세계에 투신하고, 세계를 바꾸며 새롭게 형성해내면 됩니다. 저는 이게 아주 근본적인 일이라고 생각합니다. 참여하며 살지 않으면 사람들은 무력감을 느끼고, 그러면 끝장입니다. 살아갈 원동력이 없는데 왜 살아야겠어요? 저는 이것이 홍콩이 제게 가르

처준 가치이고, 이것에 기대어 저널리즘에 대한 이상을 키웠다고 생각합니다.

위안 — 장쉐는 2015년부터 독립기자로 활동했고 매우 훌륭한 기사를 여러 편 보도하셨어요. 하지만 그 때문에 엄청난 대가를 치르기도 했죠. 2020년 5월에는 「국가 애도의 날, 나는 짜고 치는 합창은 거절한다在國家哀悼日, 我拒絶加入被安排的合唱」라는 글을 발표해서 경찰에 끌려가 심문을 당했죠. 2022년 초 시안이 봉쇄되고 언론 보도가 거의 없을 때 「장안 10일」을 써서 대단히 주목받았고요. 역시 이것 때문에도 엄청난 압력을 받아야 했지만요. 돌이켜 보셨을 때, 기자생활과 언론계에서 활동하신 경험이 중국 사회에 어떤 영향을 미쳤다고 생각하시나요? 당신이 고수하는 저널리즘의 이상은 현재도 유효한가요? 그리고 「장안 10일」이라는 글을 발표하면 어떤 일을 겪을지 잘 알면서 어째서 기어이 발표를 감행하셨나요?

쉐 — 제핑의 이야기에 푹 빠져 있느라 제 경험을 떠올릴 겨를이 없었네요. 제핑은 언제나 꿀벌처럼 근면했어요. 새로운 것을 창조하는 데 특히 능하고요. 그렇게 오랫동안 기자 일을 하면서 '이니티움미디어'를 포함해서 수많은 플랫폼을 만들었죠. 사실 저는 당시 독립기자로 활동했고 별다른 플랫폼이 없었거든요. 딸랑 '쉐핑雪訪'이라는 공식 계정이 다였고, 여기마저도 점점 통제가 심해졌죠. 그래서 더더욱이나 '이니티움미디어'가 당시에 대단히 중요한 출구였어요.

요즘은 2014년에 10년 형을 받고 수감된 변호사를 취재했던 내용을 글로 쓰고 있어요. 손꼽아보니 2년 후면 출소더라고요. 벌써 8년이나 감옥에 계셨네요.

위안 —— 샤린夏霖* 말씀이신가요?

쉐 —— 맞아요. 상상하기 어려우실 겁니다. 10년 형은 변호사에게 상당히 중한 형량입니다. 지금까지 8년이나 감옥에 있었고 출소까지 2년 남았습니다. 이 사건을 이렇게 오랜 시간 동안 다루고 있다 보니, 어떨 땐 저 스스로가 너무 무미건조하게 느껴지기도 합니다. 아무런 발전도 못 한 것 같고 가끔 멍해질 때도 있어요.

저널리즘의 이상에 대해 물어보셨죠? 저는 여전히 의의는 있다고 생각해요. 의의가 없는 삶에 무슨 가치가 있겠어요? 내가 하는 일에 의의가 없다면, 하루하루 먹고 싸는 것뿐이겠죠. 우리가 처음 품었던 이상은 다들 똑같을 겁니다. 『빙점』의 편집장이었던 리다퉁李大同의 책 『뉴스로 오늘을 바꾸자用新聞影響今天』처럼 말이죠. 우리는 이 일이 세상을 좀더 나은 곳으로 바꾸길 희망하잖아요.

• 중국의 인권변호사. 2014년에 공안 당국에 연행됐고, 2016년 1심에서 12년 형, 2017년 항소심에서는 10년 형을 최종 선고받았다. 2025년 현재 그에 대한 정보는 확인되지 않는다.

위안 —— 하지만 엄청난 압력이 따랐죠.

쉐 —— 그렇긴 하죠. 하지만 얻은 것도 많습니다. 저는 견뎌냈고, 다행히도 아무것도 잃지 않았어요. 제게는 아직 자유가 있으니까요. 제 친구가 했던 말이 떠오르네요. 자기가 한 일의 대가를 따졌을 때, 감옥에 가거나 죽임당하는 것까지 감당하지는 못하더라도, 돈을 좀 적게 벌게 된다든지, 화려한 삶을 살 수 없다든지, 그런 대가는 얼마든 감당할 수 있다고 하더군요.

「장안 10일」 이야기를 하자면, 느끼셨는지 모르지만, 저는 한때 무척 비관적이었습니다. 하지만 저는 그 기사로써 문자가 갖는 힘을 발견할 수 있었습니다. 2020년의 상황을 이야기했었는데요. 우한 봉쇄 당시에는 수많은 매체가 활약했지만, 시안 봉쇄 때는 그러지 못했죠. 뉴스도 정보도 얻을 수 없는 상황에서 저는 현장에 갔고, 글을 써서 기록으로 남겼습니다. 위안도 아시겠지만, 여기에 어떤 용기가 필요한 건 아니에요. 이건 순전히 본능에서 나온 행동이었죠.

저는 작가인데 도시에 갇혀서 허구한 날 굶주렸고, 먹을거리라고 해봐야 정부에서 조금씩 보내주는 배추와 감자가 전부였어요. 건물 밖으로 나갈 수도 없고, 현관문에는 봉인 딱지가 붙어 있고, 정부는 매일 이른 아침 코로나19 검사를 받으라고 문을 두들겼죠. 이런 생활이 한 달 넘게 이어졌고, 거기다 구이양 버스 전복 사고 같은 사고가 또 일어나지 않을까 매일 걱정했죠. 같은 건물 거주자가 감염되기라도 하면, 우리 모두 버스에 태워져서 격리 시설로 이송될 테니까요. 그러니까 저는 본능적으로 「장안 10일」을 썼어요. 저는 이게 매우 정상적인 반응이었다고 생각해요. 어떻게든 삶을 기록하려는 것이었으니까요.

이 글을 공식 계정에 올릴 때만 해도 그렇게 무수한 댓글이 달릴 줄 예상하지 못했어요. 비록 글은 삭제당했지만, 댓글 하나하나 모두 남겨졌답니다. 저는 이런 것이 역사라고 생각해요. 제 글을 수동 樹洞(나무 구멍)• 삼아서 사람들은 자신의 가장 깊은 생각을 공유해주었고, 이 사실이 제게 무척 큰 감동을 주었어요. 어쩌면 제 일의 의의가 여기 있을지도 모른다고 생각했죠.

제가 그들 한 명 한 명의 마음속에 찾아온 감동이나 충격을 감히 예측할 수는 없습니다. 다만 저는 가장 아름다운 것은 종종 매우 연약한 것이라고 말하곤 하는데요. 하늘을 찌를 듯이 높이 솟은 나무도 아주 작은 새싹에서 시작하잖아요. 그런 의미에서 제 일도 의의가 있다고 믿어요.

장 —— 그럼요. 장쉐에게는 당연히 엄청난 역량이 있어요. 장쉐가 한 일은 대단히 중요한 일이에요. 제가 설립한 창작과 토론 플랫폼 '매터스'에 "글쓰기는 가장 작은 단위의 자유다"라는 슬로건이 걸려 있어요. 글쓰기는 단연코 제게 가장 중요한 최후의 보루가 될 겁니다. 제가 쓸 글이 어떤 나비효과를 불러올지는 전혀 알 수 없지

• 비밀을 지켜주는 플랫폼이나 개인을 가리킨다.

만, 그 과정에서 얻어지는 자기 역량의 확립은 매우 중요하고 아름다운 것이죠.

쉐 —— 저는 반드시 우리가 개인의 삶으로 돌아가야 한다고 생각합니다. 대변혁의 시대도 중요하지만, 대변혁의 시대 속에서 자신의 삶에 갖는 감정도 매우 중요합니다. 뭘 하든 간에 본인 스스로 자기 삶이 어디에도 종속되지 않은 독립된 개체라는 것을 인식해야 합니다. 자유롭지 못한 세상에 살더라도 최선을 다해 자신을 자유로운 사람으로 만들어야 해요.

위안 —— 맞아요. 정말 동의합니다. 제가 팟캐스트를 운영하는 이유도 이것이 중국어로 진행되는 팟캐스트이기 때문인 것처럼요. 저는 대체로는 영어로 글을 씁니다만, 중국어로 팟캐스트를 진행하고, 청중들이 남긴 다양한 댓글과 편지를 보며 몹시 감동하곤 합니다. 저는 사회가 갈수록 암울해지고, 희망이 사라진다고 느꼈어요. 그리고 이런 정치적 우울을 달래기 위해 팟캐스트를 시작했죠. 그런데 팟캐스트를 운영하면서 엄청나게 많은 사람이 다른 의견을 궁금해하고, 망설임이나 거리낌 없는 대화를 듣고 싶어한다는 걸 알게 됐어요. 완전히 제 예상을 뛰어넘는 일이었고, 지금 중국에서 이건 아주 희귀한 일이죠.

마지막 질문입니다. 여러분은 이런 시대, 그러니까 언론인을 하기에 무척 힘든 시대에 청년들에게 저널리스트의 길을 걷도록 격려

하시겠습니까?

쉐 ─ 며칠 전에 비슷한 맥락에서 한 청년과 한참이나 대화를 나눴습니다. 저는 그에게 일단 생활을 안정시키는 것이 먼저라고 말했습니다. 사실 제핑이 들려준 이야기와 비슷해요. 바로 '주변'부터 바꾸라는 거죠. 우선 본인의 생활을 안정적으로 만들고요. 그는 저널리즘을 공부하는 대학원생이지만, 특수 목적생[26]이었기 때문에 졸업 후 외진 곳에 가서 몇 년 동안 일해야 했습니다. 저는 요즘 같은 상황에서는 아무리 저널리즘에 이상을 품고 있다고 해도 중국에 그것을 실현할 플랫폼도 없고, 당신을 이끌어줄 베테랑 기자도 없으며, 따라서 꿈을 실현하기가 어려울 것이라고 말해줬습니다. 제 경험에 비추어 이야기하자니 우리가 처한 환경이 너무나도 다르더라고요. 우리의 저널리즘의 이상을 가지고 청년들에게 바람을 넣어선 안 됩니다. 그들이 자신들의 삶을 마주하게끔 해줘야 해요.

물론 자기 마음속의 고집이 있을 테고, 하고 싶은 일을 하기 위해 항상 끊임없이 고민해야 합니다. 하지만 기자가 돼야 한다고 그들을 격려하기란 어려운 일이에요. 일단 어디에 가야 기자가 될 수 있죠? 이것부터가 문제입니다. 청년들을 받아줄 훌륭한 매체가 얼마 남지 않았습니다. 매년 이상과 열정을 가진 수많은 청년이 언론

---

26 대학의 학생 모집 계획으로, 특수 목적생은 정부나 기업의 지원을 받되, 졸업 후 반드시 지정된 기관이나 기구에서 일정 기간 일해야 한다.

관련 학과를 졸업하는데 말이죠. 정말 안타까울 따름입니다.

장 ── 맞아요. 저도 나서서 기자의 길을 장려하거나 막지는 않겠지만, 이제 막 사회에 발을 들인 사람들에게 잘 쓰인 이데올로기를 무작정 베끼기보다는 자신이 하고 싶은 일이 뭔지부터 찾으라고 할 거 같아요. 그 뒤에 천천히 스스로가 꿈꾸는 이상적인 세계를 찾아나가는 게 좋다고 생각합니다.

지금보다 그나마 환경이 좋았던 과거에는 언론업에 종사하면 어렵지 않게 수많은 사람의 인생을 접할 수 있었고, 다양한 삶의 모습을 볼 수 있었습니다. 저는 이게 자기가 누구인지, 무엇을 해야 하는지, 이 세계에서 어떤 위치에 있는지를 탐구하게 하는 지름길이라고 생각했어요. 하지만 지금은 환경이 달라졌습니다. 중국어권 세계든 영어권 세계든 다 똑같다고 말할 수는 없습니다만, 일단 중국어권 세계는 확실히 과거와 달라졌죠. 영어권 세계에서도 언론인이 되는 것만이 자신을 탐구하기 위한 유일한 선택지는 아닐 겁니다. 다양한 길이 있을 거예요.

다른 관점에서 보자면, 글쓰기를 좋아하거나, 기록과 역사 그리고 기억에 본능적으로 집착한다면 굳이 기성 매체에서 기자가 될 필요는 없습니다. 할 수 있는 다른 일들이 매우 많아요. 주변에서 일어나는 일, 반드시 다뤄야 할 주제, 잘 아는 내용, 그 밖에 기록해야 한다고 생각하는 내용 들을 쓸 수 있어요. 전통적인 미디어 방식으로 써야 하느냐 하면, 꼭 그렇지도 않습니다. 그래서 저는 이 두 측면을 고려하면 반드시 기자가 되어야 할 필요는 없다고 생각합니다. 단 두 측면 모두 매우 중요하기 때문에 반드시 새로운 방식을 찾아서라도 해야만 합니다.

2장

개혁을 역행하다

소련 체제로 회귀한 중국 경제

중국 경제에 가망이 있는가?

쉬청강은 중국경제학자로 1984년에 미국으로 유학 갔고 1991년 하버드대학 경제학 박사 학위를 받았다. 이후 런던정치경제대학, 홍콩대학에서 교편을 잡았으며 현재는 스탠퍼드대학교 중국경제제도 연구소 선임 연구원과 임피리얼칼리지런던의 객원 교수를 맡고 있다. 그는 또한 칭화대학 객원 교수, 유럽경제정책연구소 연구원, 세계은행과 국제통화기금의 고문을 역임했다.

쉬청강의 연구는 전환경제에 초점을 맞춘다. 그는 하버드대학에서 사회주의 체제를 연구하는 유명 경제학자 야노쉬 코르나이에게 사사했다. 코르나이가 1980~1990년대에 제기한 부족 경제학, 투자 갈망, 연성예산제약 이론 등은 중국의 경제학자와 경제 정책 결정자들에게 엄청난 영향을 끼쳤다. 쉬청강의 저서로는 2021년 출간

172

한『탐색의 여정探索的歷程』이 있다.

이번 편에서는 토지 재정과 중국 경제의 고속 성장 미스터리, 현재 직면한 통화 긴축 딜레마와 경제위기, 그리고 이로써 촉발된 전면적 위기를 중점으로 토론했다.

쉬청강은 중국이 부분적으로 시장경제 요소를 가지고 있는 전체주의 국가이며, 그 특징은 당이 모든 것을 통제하는 것이라고 설명한다. 또한 그는 과거 십수 년 동안 중국 경제가 고속 성장할 수 있었던 것이 민영경제의 공헌과 선진국과의 긴밀한 관계 덕분이었다고 말한다. 그러나 공산 전체주의 제도하에서는 경제 발전이 일정한 수준에 이르면 정부가 경제 성장에 강력한 제약을 가하기 때문에, 제도를 근본적으로 변혁하지 않는다면, 중국 경제는 결국 구소련의 말로를 걷게 될 것이라고 지적한다.

토지 재정의 유래와 중국 경제 고속 성장의 미스터리

방송 일자
2022년 10월 2일

인터뷰 요약

- 과거 10년 동안 중국 경제가 고속 성장한 원인 분석.

- 중국 경제가 직면한 구조적 문제점 분석.

- 부동산 위기에서 중국의 '토지 재정' 해석.

- 중국의 GDP에서 개인 소비가 차지하는 비중이 낮은 원인 분석.

- 중국에서 금융위기와 경제위기가 발생할 가능성.

위안 ── 중국의 경제가 과거 수십 년 동안 어떻게 그토록 빨리 성장할 수 있었는지 이야기해보려 합니다. 소위 '중국 경제의 기적'이라는 말을 교수님은 어떻게 생각하실까요?

쉬칭강(이하 쉬) ── 중국의 개혁개방 이래로 경제가 쾌속 성장한 것을 논할 때, 대단히 중요한 시작점을 까먹는 경우가 종종 있습니다. 제2차 세계대전 이후, 일본과 독일이 매우 빠르게 발전했지만 사실 발전의 이면을 차지한 중대 목표가 회복이었던 것처럼, 그 시작점이 중국 경제의 매우 심각한 손상이라는 것입니다.

1949년부터 문화대혁명이 끝나기 전까지 중국은 대약진과 문화대혁명이라는 두 차례의 재난을 겪었습니다. 거기에 10여 년의 시간이 더해지며, 중국 경제는 극도의 빈곤에 빠졌죠. 즉 개혁개방이 일어나기 직전의 중국 경제는 전후 회복이 발생하기 전의 상황에 비견한다고 할 수 있습니다. 그리고 어떤 나라에서든 극단의 혼란이 벌어지지만 않는다면 전후 회복은 상대적으로 쉽고 비교적 빠르게 일어날 수 있습니다.

그래서 저는 이것을 '경제 기적'이라고 부르는 것에 동의하지 않습니다. 제가 쓰고 싶은 표현은 '미스터리'입니다. 왜 미스터리냐? 북한을 제외한 모든 공산국가가 경제 개혁을 겪었지만, 대부분 공산국가의 경제 개혁은 실패했습니다. 하지만 중국만은 경제 개혁 시기에 빠른 경제 발전을 이룩했습니다. 이러한 관점에서 중국 경제의 고속 성장은 기적이 아닌 미스터리인 것입니다.

왜 기적이 아닐까요? 일본, 한국, 타이완 할 것 없이, 이들도 모두 고속 성장을 지속했고, 이들의 경제 수준은 선진국의 경제 수준에 미칩니다. 중국은 아직 그런 수준까지는 아니고요. 그래도 공산국가로서 개혁을 통해 수십 년 동안 경제를 빠르게 성장시킨 것은 다른 공산국가와 비교하면 역시 미스터리라고 할 수 있습니다.

이 미스터리에 대해 우리는 많은 연구를 했고 오늘 한번 간략하게 설명해보겠습니다. 미스터리의 핵심은 공산당 체제하에서 제도 내부의 동기부여 문제를 어떻게 해결하는가입니다. 그리고 그중에서 가장 해결하기 힘든 부분은 바로 당정 관료 체계의 동기부여 문제였습니다.

중국이 이 문제를 해결하는 데 사용한 방법은 지방 분권이었습니다. 중국은 정치, 이데올로기 그리고 인사와 관련해서는 고도의 중앙집권 체제지만, 행정과 경제 자원에 대해서는 지방에 권한을 나눠줬습니다. 이 제도는 개혁개방을 하면서 만들어진 건 아니고, 대약진과 문화대혁명 때부터 이미 형성되어 있었습니다. 즉 과거부터 내려온 제도를 연장한 것이었죠. 한편 과거의 대약진과 문화대혁명은 전쟁이나 마찬가지였고, 이 전쟁은 엄청난 파괴를 가져왔지만, 또한 중국에 소련과는 다른 제도를 가져다줬습니다.

개혁개방 시기, 지방 분권은 지방 관료들에게 상당한 동기를 부여했습니다. 강력한 동기부여의 핵심은 지방 관료에게 상당 부분의 자주권을 주는 것이었습니다. 그리고 이들을 평가할 때도 이들이 달성한 경제 성장을 기준으로 삼았죠. 그래서 이들은 자신이 담당한 지역의 경제 성장을 위해, 일정 정도 자주권도 가지고 있었기에, 여러 가지 불법적인 방법을 사용해서라도 민영경제의 뒤를 봐주게 된 겁니다.

이렇게 민영경제가 발전하자 중국에도 중대한 변화가 일어납니다. 하지만 민영경제 발전은 다른 공산국가에서는 절대 허락되지 않던 것이었습니다. 이는 공산당의 이데올로기뿐만 아니라 공산당의 조직, 원칙, 제도 등 모든 것과 충돌했죠. 그런데도 어떻게 중국에서는 민영경제가 발전할 수 있었다고요? 원인은 방금 말씀드렸습니다.

중국 경제에서 민간기업이 기정사실이 되고, 없어서는 안 되는 존재가 되자, 중국은 어쩔 수 없이 입법의 형식으로 민간기업을 승인해버립니다. 그것이 바로 2004년에 있었던 헌법 개정입니다. 중국은 헌법상에서 정식으로 사유재산을 인정한 공산국가가 되었죠. 물론 중국의 경제가 다른 공산국가와는 상당히 다른 점도 있었기 때문에 경제 발전이 더 쉽게 촉진될 수 있었고요.

정리해서 말하자면, 개혁개방의 전반 30년 동안 경제가 빠르게 발전할 수 있었던 데에는 두 가지 요인이 있습니다. 첫 번째, 당시 상황이 전후 회복과 비슷했고, 두 번째, 동기부여 기제가 다른 공산국가와 달랐습니다. 그 덕분에 민영경제가 엄청난 발전을 이룩할 수 있었습니다.

위안 —— 이어서 중국의 최근 10년에 관해서도 여쭤볼게요. 교수님은 2012년 시진핑이 집권할 당시 중국 경제를 어떻게 평가하시나요? 어떤 사람은 시진핑이 경제 호기를 이어받았다고 말하지만 교수님께서 그 당시 몇 년간 쓰셨던 많은 글은 전부 중국이 어떻게 개혁해야 하는가에 관한 내용이었습니다. 교수님은 중국 경제가 어떠한 도전에 직면했다고 보셨나요? 그 도전들은 현재에도 유효한가요?

쉬 —— 그때 저는 중국 경제가 무리수를 써서 성장을 유지하고 있다는 걸 똑똑히 확인할 수 있었습니다. 중국 경제에 근본적인 변화가 생겼다는 것이 명확했죠. 그때가 바로 글로벌 금융위기의 초기였거든요. 물론 글로벌 금융위기가 폭발하기 전부터 중국 경제에는 이미 심각한 문제가 발생하리라는 전조 증상이 보였습니다. 하지만 글로벌 금융위기의 충격이 이 문제를 덮어버렸죠. 그리고 중국 정부는 금융위기에 대응한다는 명목하에 막대한 채권을 발행하며 전면적인 공공 지출을 추진했고요. 특히 기초 인프라 부분의 공공 지출을 확대했습니다.

그렇지만 실상은 돈을 미래에서 끌어와 당면한 문제를 해결하는 식이었습니다. 중국은 막대한 채권을 발행해서 공공 건설과 기초 인프라에 투자했는데, 만약 이런 인프라 건설의 효율이 높다면 장차 투자 비용을 회수할 테니 문제가 안 됐을 겁니다. 하지만 실제로는 그러지 못했습니다. 투자한 인프라 건설 대부분은 효율이 형편없이 낮았습니다.

위안 —— 하물며 갈수록 더 낮아졌죠.

쉬 —— 맞아요. 그래서 금융위기 이후 중국 경제의 심각한 문제들이 드러나기 시작합니다. 하나는 부채 비율이 과도하게 높아졌다는 것이고, 다른 하나는 심각한 수요 부족인데, 당시는 생산 과잉이 몹시 심각했습니다. 엄청나게 높은 부채 비율에, 끊임없는 대규모 투자로 생산 능력은 갈수록 과잉되었고, 이는 결국 악순환에 빠지게 됩니다. 이것을 저는 2012년 이전부터 똑똑히 확인했죠.

이러한 문제를 해결하려면, 근본적인 제도를 건드려야 합니다. 경제 정책만 조정하는 건 일시적으로 상황을 완화할 뿐입니다.

사실 중국 경제 성장을 견인할 힘은 민간기업에 있습니다. 하지만 민간기업이 중국에서 직면하는 어려움은 갈수록 커져갔고, 금융 위기 이후 대규모의 공공 지출과 공공 건설에서 '국진민퇴國進民退'˙ 현상이 매우 뚜렷하게 나타났습니다. 상황이 이런데 어떻게 민간기업에 건전한 발전을 요구할 수 있겠습니까?

민간기업이 요구하는 것은 기업에 대한 제도적인 보호이지, 기업 편향적인 정책이 아닙니다. 무엇보다 공정한 법 집행이 꼭 필요하죠. 즉 중국에 필요한 것은 법의 공정함이며, 사유재산을 보호하고, 계약을 제대로 이행할 수 있게 보장하는 것입니다.

비록 2004년에 헌법을 개정해서 사유재산의 보호를 명문화했지만, 어떤 나라에서도 '헌법'상 조항 한 줄로 그 효력이 발생하지는 않습니다. 공산국가를 제외하고 세계 거의 모든 국가의 헌법에는 사유재산을 보호한다고 명시되어 있습니다. 하지만 진정으로 사유재산을 보호할 수 있는 나라는 선진국들뿐이며, 후진국이 후진국인 근본적인 원인은 그들에게 사유재산을 보호할 능력이 없기 때문입니다.

왜 사유재산을 보호할 능력이 없을까요? 그들 자신의 제도적 문제 때문이겠죠. 따라서 중국이 해야 하는 일은 '헌법'상에 사유재산 보호를 명시하는 것뿐만 아니라, '헌법'상의 그 조항을 정말로 집행

˙ 민간기업은 물러나고 국유기업이 전면에 나서는 것을 뜻한다.

할 수 있도록 보장하는 제도를 만드는 것입니다.

그러려면 첫 번째로 중요한 문제가 사법부의 독립입니다. 사법부는 독립된 사법부여야만 공정할 수 있습니다. 사법부의 독립은 공정한 사법 집행의 충분조건이 아니라 필수조건입니다. 사법부가 독립되지 않으면 당이 사법부를 관리하게 되고, 모든 국유기업도 당이 관리하며, 모든 토지는 당의 통제하에 국가 소유가 됩니다. 그러면 사법부가 판결을 내릴 때도 사법부만의 편향성이 생겨서 필연적으로 자신의 기관과 자산을 보호하려는 경향이 강해집니다. 좋게 생각해 봐야 남의 재산에 그다지 관심이 없다는 정도고, 나쁜 쪽으로 생각해 보면 국유기업이나 당이 사유재산을 빼앗는 것을 도와줄 겁니다.

계약 집행도 따져볼까요. 계약은 본래 기업과 구매자 간의 일이지만, 사법부가 독립되어 있고 공정해야만 처음에 체결한 계약이 계약 규정에 따라 집행될 것을 보장할 수 있습니다. 하지만 중국은 사법부가 독립되어 있지 못하기 때문에, 계약 집행에 언제나 문제가 발생했습니다. 모든 부분이 민간기업에 불리한 와중에 사법부도 독립되지 못했으니 중국의 경제 발전이 저해될 수밖에요. 그런데 여기까지도 단지 제도적인 문제의 일부분일 뿐입니다.

제도 문제 외에 또 다른 심각한 문제는 중국의 모든 토지가 국가 소유고, 거의 모든 은행도 국가 소유라는 것입니다. 실제로 이 때문에 많은 병폐를 낳았죠.

위안 —— 기왕에 토지 이야기가 나왔으니 부동산에 대해 이야기해보죠. 최근 몇 년간 부동산 산업이 겪은 문제에 근거해서 중국 경제 성장이 직면한 문제가 도대체 어느 지경이며, 왜 이런 문제가 생겼는지, 해결책은 있는지 말씀해주시겠어요? 토지 문제, 자금 문제, 그리고 소위 '국진민퇴'도 연관되어 있을 텐데요. 부동산업은 사실 예전에는 민간기업의 주도로 대단히 활발한 산업이었지만, 지금은 가장 큰 부동산 회사들은 거의 국유기업이고, 과거 잘나가던 민간 부동산 기업들은 모두 심각한 채무문제에 봉착했습니다. 이 문제가 대체 얼마나 심각한가요?

쉬 —— 중국에서는 1998년부터 부동산 시장화가 시작됐습니다. 당시 국내외를 가릴 것 없이 경제학계에 보편적인 오해가 하나 있었죠. 바로 국유 토지를 전제하는 부동산 시장의 성질에 대한 오해였습니다. 실제로 1998년에 부동산 시장화가 시작되며, 기본 정책에 대단히 중요한 변화가 생겼습니다. 제정과 세무 권한을 대폭 중앙정부가 가져간 것이죠.[27]

이전까지의 중국은 주로 지방이 세금을 징수해서 일부분을 중앙으로 보내는 형태였습니다. 그런데 분세제 개혁으로 지방이 세금을 적게 가져가고 중앙정부가 많이 가져가는 형태가 된 거죠. 당시 이 개혁 방안은 세계은행이 설계했습니다. 하지만 세계은행은 중국의 토지가 국가 소유라는 것을 표면적으로만 알았을 뿐, 이게 얼마

---

27 1994년에 실시한 분세제 개혁을 말한다.

나 심각한 문제인지 인식하지 못하고 있었습니다.

세계은행의 개혁 방안은 매우 피상적이었고, 기본적으로 미국의 연방세와 지방세의 관계를 모방하는 것이었습니다. 중국의 상황을 심각하게 오해한 결과였죠. 중국이 대약진과 문화혁명 당시 이미 '지방 분권형 전체주의 제도'를 시행 중이었다고 말했는데요. 즉 중국의 기본적인 제도는 당이 인사, 정치, 이데올로기 등 모든 것을 통제하는 전체주의이지만, 자원과 행정은 지방이 통제하며, 중국의 행정 대부분을 지방정부가 관리한다는 뜻입니다. 그러니 미국을 모방한 것은 정말로 잘못된 일입니다. 미국에서는 국가보다 민간기업이 많은 역할을 담당합니다. 연방정부나 지방정부가 경제에서 차지하는 몫은 매우 작고요. 그들이 하는 일은 공공 서비스뿐이지만, 중국의 상황은 전혀 다르죠.

중국의 자원 대부분은 각급 지방정부의 손아귀에 있습니다. 기본적으로 지방정부가 지방 경제를 책임지기 때문이죠. 하지만 미국의 지방정부는 경제에 관해 어떠한 직접적인 책임도 지지 않고 오로지 공공 서비스만을 제공할 뿐입니다. 중국에서는 공공 서비스와 경제 간의 경계가 명확하지 않고요. 세계은행의 개혁 방안은 중국의 이러한 성질과 그 문제점을 완전히 잘못 이해하고 있었습니다.

개혁 이후, 중국의 행정 대부분을 지방정부가 담당했는데, 행정에는 인프라 건설의 상당 부분이 포함됩니다. 따라서 중국의 거의 모든 인프라 건설을 지방정부가 담당하죠. 만약 중앙정부가 돈을 다 가져가버리면 전 중국의 인프라 건설이 완전히 마비되어버립니다. 정말로 미국의 세법에 맞춰서 중국의 조세 제도를 완전히 바꿨다면, 중국의 경제는 멈춰버렸을 겁니다. 그래서 당시에 타협하여 채택한 방법이 바로 토지 시장의 개방이었습니다.

토지 시장을 개방할 수 있었던 것은 토지 국유제가 있었기 때문인데, 일반적인 생각은 이랬습니다. 세수 대부분을 중앙정부가 가져가면 지방정부는 어떻게 재정을 해결할 수 있을까요? 기왕에 토지가 지방정부 것이라면, 그걸 팔든가 세를 주면 됩니다. 하지만 곧바로 다음과 같은 문제가 제기됩니다. 현재 중국의 부동산 시장은 사실상 하나의 토지 공급자가 독과점하고 있습니다. 이는 세계 어느 나라와도 다릅니다. 독과점하에서는 반드시 최고의 수익만을 좇게 됩니다. 그리고 최대한 수익이 나도록 가격을 정하는 최고의 방법은 바로 공급을 줄이는 것입니다. 공급을 줄여서 가격을 끌어올려야만 수익이 극대화되죠.

1998년 부동산 시장을 개방한 이후, 지방정부는 오직 토지 공급을 통제하는 방법으로 토지의 가격을 올리고, 이를 통해 재정 수입을 확보했습니다. 사람들은 이를 두고 토지 재정이라고 부르지만, 토지 재정의 근원은 사실 토지 국유제이고, 토지 국유제가 이 정책의 뿌리입니다. 그리고 끊임없이 부동산의 가격을 올리는 것, 이것이 지방정부 재정 수입의 기본 수단이 되어버렸죠.

이런 정책이 누적된 결과, 부동산 가격과 주민 수입을 비교했을 때, 중국이 전 세계에서 부동산 가격이 가장 비싼 국가가 되었다는 겁니다. 그리고 이는 엄청난 부가 정부의 손에 들어왔다는 것을 의미하고, 일반인과 정부 간의 부의 분배, 민간기업과 정부 간의 재정 분배를 결정했습니다. 정부의 그 많은 돈은 토지, 즉 주민과 민간기업에서 나왔고요.

토지 재정 확보를 기본 목적으로 삼는 부동산 시장은 당연히 지속되면 안 됩니다. 부동산 가격이 이 정도까지 오르는데 말도 안 되죠. 우리가 눈앞에 직면한 수많은 거대한 문제를 이야기할 때, 그 배후에는 가장 기본적인 문제들이 있고, 그것들로 인한 세부 문제들이 있기 마련입니다. 지방정부가 토지 재정에서 만들어낸 거대한 함정 혹은 시한폭탄은 바로 지방정부의 채무이고요.

글로벌 금융위기 당시 중앙정부가 4조 위안의 경기 부양책을 내놨고, 나중에 실제로 집행한 것은 거의 10조 위안에 달합니다. 부양책을 내놓으며, 중앙정부가 분명히 말했죠. 중앙정부에서 1조 위안을 낼 테니, 3조 위안은 지방정부가 해결하라고요. 실제로 조달된 자금이 거의 10조 위안에 달하는데, 중앙정부가 내놓은 건 1, 2조 위안이라면 나머지는 모두 지방정부가 마련했다는 거죠. 지방정부는 어떻게 이 돈을 만들었을까요? 문제가 바로 여기 있습니다. 지방정부는 특수한 방법으로 은행에 토지 저당을 잡고 돈을 빌렸습니다. 이때 특수한 방법이란 '지방 투자 플랫폼'을 뜻하는데, 특수한 국유기업이자 실상은 서류상 회사죠. 지방정부가 이 서류상 회사에 토지와 약간의 현금을 떼주면, 회사는 토지와 자산 부채표를 가지고 은행에서 돈을 빌립니다. 이런 방식으로 자금을 조달한 겁니다. 왜 이 점을 강조하냐면, 바로 이때부터 지방의 이런 식의 융자 플랫폼이 크게 발전하기 시작합니다. 이미 여러 해 전에 지방 융자 플랫폼이 토지를 담보로 빌린 돈이 50조 위안에 달한다는 것이 통계로 나왔죠. 하지만 나중에 이 데이터는 자취를 감췄고, 갱신할 방법도 관련 데이터를 구할 방법도 없어졌고요.

현재는 도대체 지방 융자 플랫폼과 지방 국유기업이 토지를 담보로 얼마를 빌렸는지 아무도 모릅니다. 다만 이미 50조 위안에 가까운 돈을 빌렸다는 것, 그리고 현재 거의 모든 지방정부가 엄청난 적자를 보고 있고, 전부 부채 비율이 매우 높다는 것을 알 뿐입니다.

보통 사람들이 금융 안전이나 재정 안전을 이야기할 때 부채 비율을 봅니다. 하지만 사실 부채 비율은 많은 지표 중 하나일 뿐입니다. 그래서 단순히 부채 비율만 보면 안 되고, 채무가 어떤 성질의 채무인지를 봐야 합니다. 만약 장기 채권으로 빌렸다면 만기 전까지는 걱정할 필요가 없습니다. 하지만 단기 채권이라면 만기를 신경 써야 합니다.

담보 대출은 가장 나쁜 성질의 채무입니다. 담보 대출은 자산을 담보로 빌린 것으로, 이는 은행의 자산 부채표에 올라갑니다. 그럼 당신의 자산이 속한 시장 상황이 안 좋아지면 당신의 담보 자산 가치도 함께 떨어지겠죠. 시장 전체의 상황이 나빠지면 모든 담보 자산의 가치가 한꺼번에 떨어질 테고, 그렇게 되면 은행에 문제가 생길 수 있습니다.

은행은 자본 잠식 상황에 처하는 것을 막기 위해서, 채무자에게 상환을 서두르라고 요구할 겁니다. 상환하지 못한다면, 당신이 파산하거나 은행이 파산하거나 둘 중 하나겠죠. 중국 정부의 부채 상당 부분은 담보 대출입니다. 어차피 다 나라 자산이니까 마음대로 담보 잡아도 된다고 생각했기 때문입니다. 그래 놓고는 역으로 전체 금융권과 은행권에 엄청난 압박을 가하고요.

위안 ― 왜 중국의 GDP에서 개인 소비가 차지하는 비중이 항상 낮을까요? 예를 들어 작년 중국의 개인 소비 비중은 38.5퍼센트인데 반해 미국은 거의 70퍼센트, 유럽은 50퍼센트, 일본은 56퍼센트였습니다. 중국이 개인 소비를 진작시키려면 뭘 해야 할까요? 사람들은 왜 돈을 쓰길 싫어할까요? 돈이 없어서인가요, 아니면 쓰기 싫어서인가요?

쉬 ― 일단 수입이 낮아요. 중국의 가장 큰 문제는 수입이 낮다는 겁니다. 이는 앞서 말했던 소유제 구조 때문이고요. 소유제 구조는 정부 국유기업이 엄청난 몫을 누리도록 만들었습니다. 개혁개방 이전의 30여 년 동안 성장 속도가 빨랐기 때문에, 비록 일반 민중의 수입이 차지하는 비중이 작았다고 해도 전체 수입은 계속 상승하고 있었습니다. 하지만 이제 민중의 수입이 GDP에서 차지하는 비율은 1995년부터 최근 몇 년까지 지속해서 떨어지다가, 최근 1, 2년 사이에 겨우 하락을 멈췄습니다. 상승한 적도 있었다고 말해봐야, 그건 일종의 조정 변동일 뿐이고, 이전까지의 비율은 줄곧 하락했습니다.

경제학 지식이 없는 사람도 쉽게 이해할 수 있을 겁니다. 공개적으로 발표된 경제 성장 속도와 재정 수입의 증가 속도만 봐도 알 수 있으니까요. 그럼 매년 재정 수입의 증가 속도가 그해의 경제 성장 속도보다 높다는 것을 발견할 수 있을 겁니다. 즉 해마다 정부에 더 많은 몫이 주어졌다는 거죠.

그리고 정부 측에서 발표하는 정부의 재정 수입은 정규 세수만을 이야기하는 거고, 토지 수입의 대부분은 거기에 포함되어 있지도 않습니다. 기본적인 분배 정책이 이렇게 지속적으로 정부에만 편향된다면 어떤 조치를 취하더라고 결국에는 소비 부족으로 이어지게 되어 있습니다.

위안 —— 교수님은 진짜 개혁해야 할 것은 정부와 시장 관계의 논리이며 시장경제 발전의 전제는 입헌 민주주의라고 말하셨습니다. 과거 10년 동안 중국 정부는 국유기업을 크고 강하게 만들어야 한다고 강조하면서 입헌 민주주의를 민감한 단어로 취급했습니다. 이 현상을 어떻게 평가하시나요?

쉬 —— 우리가 만약 정치학으로 제도를 구분한다면, 하나는 입헌 민주주의 제도로, 모든 선진국이 입헌 민주주의 제도를 도입했습니다. 다른 하나는 권위주의 제도이고, 이보다 더 극단적인 것으로 전체주의 제도가 있습니다. 중국은 전체주의 제도에 속합니다. 다만 개혁개방이 시작된 후 전체주의 제도를 조금 완화한 적이 있어서 한때 중국도 권위주의 쪽으로 방향을 전환했다고 말할 수 있습니다.

그러면 권위주의 제도와 전체주의 제도에는 어떤 차이점이 있을까요? 먼저 권위주의 제도는 당이 통제할 수 있는 제한적인 다원화를 허락합니다. 이는 경제의 다원화를 포함하죠. 당신이 진정한 의미의 민간기업을 가지고 있다고 할 때, 여기서 진정한 의미의 민간기업이란 당이 통제할 수 없다는 것을 뜻하며, 당이 통제할 수 있다면 더는 민간기업이라고 할 수 없을 겁니다. 마찬가지 의미에서 진정한 의미의 자주적 NGO라면 사람들이 스스로 자기 생각을 밝힐 수 있겠죠. 그렇지만 권위주의하에서는 민간기업에 제한이 가해지고, 충분한 언론의 자유도 보장되지 않습니다. 하지만 이때도 당의 통제를 받지 않는 이데올로기, 조직, 학교, 그리고 교학 강령 등이 여전히 존재하긴 합니다. 그러나 시진핑 집권 10년은 여태까지 아주 조금이나마 겨우 키워놓았던 제한적 다원화를 완전히 되돌려버렸습니다. 마오쩌둥이 과거 수차례 말했던 '당정군민학, 동서남북중, 당이 모든 것을 영도한다'를 부활시킨 겁니다.

당이 모든 것을 관리할 때, 그것을 전체주의라고 합니다. 시진핑이 가려는 방향은 입헌 민주주의와는 정반대입니다. 이제 중국의 개혁을 위해 입헌 민주주의를 추진하자던 주장은 오히려 반개혁적인 주장으로 취급받게 되었습니다.

위안 ── 저는 교수님께서 현재 중국을 전체주의로 정의하신 것이 매우 놀랍습니다. 그렇다면, 중국의 꽤 큰 민간기업, 예를 들어 알리바바나 텐센트 같은 기업은 100퍼센트 정부의 통제를 받지는 않는데요. 이건 어떻게 생각하시나요?

쉬 ―― '당이 모든 것을 영도한다'는 말은 빈말이 아닙니다. 기업가가 되었든, 기업이 되었든, 반드시 당의 영도를 인정하고 받아들여야 합니다. 경제학에서 '재산권'은 매우 중요한 개념입니다. '재산권'이 뭘까요? '재산권'은 바로 최종적인 통제권입니다.

많은 사람이 '재산권'에 대해 오해하고 있습니다. '재산권'을 많은 권리를 가지는 것쯤으로 여기는데, 이는 오해입니다. '재산권'의 진정한 함의는 재산의 최종적인 통제권이 누구의 손에 있는가입니다. 최종적인 통제권을 제외하고 다른 모든 권리는 다양한 방법으로 위탁해서 다른 사람이 당신을 대신할 수 있습니다. 하지만 당신이 최종적인 통제권만 장악하고 있다면, 당신의 대리인은 단지 당신을 대신하는 기계일 뿐입니다. 따라서 최종적인 통제권이 누구의 손에 있는가가 결정적입니다.

위안 ―― 사람들은 지금 경제가 매우 안 좋다고 생각합니다. 하지만 적지 않은 사람들이 비록 중국 경제에 큰 문제가 생겼다고 해도, 정부에는 엄청나게 많은 자원, 예를 들어 토지 국유은행이나, 국가 전반에 대한 절대적인 통제권 같은 자원이 있어서 경제가 순식간에 나빠지지는 않을 것이라고 말합니다. 설령 나빠진대도 오랜 시간이 필요할 것이라고 말하는데, 교수님은 어떻게 보시나요?

쉬—— 저도 동의합니다. 어떤 경제에 갑자기 큰 문제가 발생하면, 통상적인 용어로 '붕괴'라고 하죠. 갑자기 큰 문제가 발생하는 게 일반적인 경제 성장 과정은 절대 아닙니다. 그건 위기입니다.

위기란 무엇일까요? 바로 금융위기, 재정위기, 경제위기 같은 것들이죠. 예를 들어 금융위기는 재정위기를 촉발하고, 역으로 재정위기는 금융위기를 촉발합니다. 그리고 이 두 위기는 경제위기를 촉발하죠. 경제위기가 발생하면 경제가 갑자기 몰락할 수 있습니다. 그럼, 중국에 심각한 금융위기와 재정위기가 발생할 수 있을까요? 그리고 이것으로 심각한 경제위기가 촉발될까요? 이건 논쟁할 만한 문제입니다.

우리가 지금까지 이야기했던 중국의 일련의 사정들은 실제로 그 안에 금융위기와 재정위기의 조건들을 포함하고 있습니다. 이 조건들이 어떤 상태인지를 다시 한번 간략하게 개괄해보겠습니다. 금융위기를 주제로 토론할 때, 일반적으로 가장 먼저 관찰되는 주요 요인은 전체 경제에서의 총부채율로, 누적된 총부채율과 GDP의 비율이 중요합니다. 비록 이 데이터는 출처가 각각 다르고 정확하지 않을 수 있지만, 작년과 재작년에 국제적으로 신용도가 대단히 높은 기관에서 계산한 중국의 GDP 대비 총부채율의 비율은 이미 300퍼센트에 달했습니다.

위급한 상황은 아니지만, 상당히 안 좋은 상황이라는 뜻이죠. 금융위기가 촉발될 것인가는 채무의 만기일과 성질에 달렸습니다. 제가 중국 채무에 대량의 담보 대출이 포함되어 있다고 강조한 이유도 바로 이 채무의 성질 때문입니다. 담보 대출에는 부동산 담보 대출과 주식 담보 대출이 있고, 이런 채무는 경제 주기에 영향을 매우 크게 받습니다. 경제 주기가 좋을수록 당신의 상황도 좋아지고, 경제 주기가 나쁠수록 당신의 상황도 나빠지죠. 이게 바로 중국 채무의 기본적인 특징입니다. 따라서 우리는 중국에서 금융위기가 촉발될 위험이 매우 크다는 걸 알 수 있죠.

이어서 살펴볼 요인은 당신의 채무 중에 내채와 외채가 차지하는 비중입니다. 그다음 외채는 어떤 성질의 채무인지 따져야 합니다. 아니면 당신에게 외자가 얼마나 있는지, 그 외자는 어떤 성질의 자본인지 따져야 하죠. 당신의 상황이 안 좋아지면, 외자는 순식간에 빠져나갈 것이고, 당신에 대한 모든 나쁜 소문을 조장할 겁니다. 그러면 상황이 갈수록 안 좋아지고 결국 악순환에 빠지겠죠.

만약 당신의 외자가 전부 고정 투자라면, 고정 투자는 빠져나갈 수 없으니 걱정하지 않아도 됩니다. 공장은 무슨 일이 벌어져도 도망칠 수 없고 당신의 금융 장부에 영향을 줄 수 없습니다. 다만 최근 몇 년 동안은 엄청난 양의 유동 자금이 유입되었는데, 이 자금은 떠나고 싶으면 언제든 떠날 수 있는 자금입니다. 그러다 보니 최근 몇 개월 동안 미 달러 가치는 올라가고 위안화 가치는 떨어졌고요. 이렇게 위안화의 금리가 떨어지면서 환율이 하락하면 외자가 해외로 유출되겠죠. 만일 대규모 외자가 해외로 유출되면 여러 나쁜 소문들이 따라서 나돌게 되고, 이는 금융위기를 촉발하는 요인이 될 수 있습니다.

과거 많은 금융위기는 이렇게 만들어졌습니다. 외자가 유출되기 시작하면 금융위기가 왔고, 중국은 실제로 이러한 위험을 여러 번 직면했습니다.

위안 ── 그래도 정말로 발생하지는 않겠죠?

쉬 ── 어떤 일이든 발생하기 전까지는 그렇게 말할 수 있습니다. 하지만 위기란 아무도 그게 언제 터질지 알지 못하는 법이죠.

그래서 우리는 앞에서 말한 조건이 일단 촉발되면 정말로 무슨 일이든 벌어질 수 있다는 걸 인식해야 합니다. 이러한 분석은 지진을 분석하는 것과 비슷합니다. 아무도 지진이 언제 벌어질지 모르지만, 지진에 취약한 지역이 어디고, 여기서 지진이 발생하면 어떤 형태일지, 파괴력은 얼마나 될지 정도는 지구물리학자들이 충분히 알려줄 수 있습니다. 경제학도 이와 비슷한 수준에 이르렀지만, 정확하게 언제 위기가 발생할지는 아무도 예측할 수 없습니다.

디플레이션에 떨어진 중국,
구소련의 길을 따라가나?

방송 일자
2023년 8월 12일

인터뷰 요약

- 디플레이션 개념 해석.

- 중국 디플레이션의 발생 원인 분석.

- 중국 부동산 시장 정책 전환과 부동산 거품이 만들어진 원인.

- 현재 중국과 1980년대 말부터 1990년대 초 일본의 경제 상황 비교.

- 중국과 소련의 경제 발전 방식 비교.

- 중국 경제의 발전 방향 예측.

- 중국의 정책 결정자들은 중국 경제의 현 상황을 제대로 인식하고 있는가?

- 중국 경제가 장기 침체를 맞는다면, 일반 시민들은 어떻게 대비해야 하는가?

위안 —— 안녕하세요. 이번 주제는 '디플레이션'과 중국 경제의 미래입니다. 우선 디플레이션이 무슨 뜻인지부터 설명해주시겠어요? 디플레이션은 보통 어떤 경제 현상과 시장 현상을 몰고 오나요?

쉬 —— 디플레이션은 인플레이션의 반대말이죠. 간단히 말해서 인플레이션이 물가 상승이라면, 디플레이션은 물가 하락을 뜻합니다. 언뜻 물가 하락은 소비자에게 좋은 소식일 것 같지만, 실제로 디플레이션이 발생하면 사람들은 물가가 더 떨어지길 기다리고, 돈을 쓰지 않고 물가가 떨어지기만 기다린다면, 결과는 아주 엉망이 되고 말죠.

그래서 디플레이션은 경제 정책이나 화폐 정책 관점에서 통상적으로 가장 큰 위협이라고 할 수 있습니다. 디플레이션이 발생했을 때, 경제학자들은 '유동성 함정'이 발생할 수 있다고 말합니다. '유동성 함정'이란 아무도 돈을 쓰지도 빌리지도 않는 상황에 빠져서 헤어나지 못한다는 뜻입니다. 디플레이션이 발생하면 설령 선진국이라 해도 손쓸 정책 수단이 매우 제한적입니다. 선진국에도 몹시 힘든 상황이 찾아오죠. 그러니 모든 시장경제 국가와 선진국에서 디플레이션을 가장 두려워하는 것도 어렵지 않게 이해할 수 있습니다.

경제학에서는 디플레이션을 어떻게 정리할까요? 교과서는 인플레이션이나 디플레이션이나 모두 화폐 현상이라고 말합니다. 디플레이션을 일으키는 근원이 화폐라는 거죠. 하지만 이걸 교조적으로 받아들여서는 안 됩니다. 이 같은 설명 뒤에 감춰진 공식이 하나 있기 때문입니다. 디플레이션은 바로 이 숨은 공식에 따라 발생합니다.

실제 시장의 유동성은 대체로 기초통화에 어떤 계수를 곱한 값을 말합니다. 그렇다면 계수란 뭘까요? 경제학자들은 그것을 전달 기제라고 부릅니다. 전달 기제는 기초통화를 어떻게 실물 경제로 전달하느냐를 뜻하고요. 전달 기제라는 계수는 그 속을 전혀 알 수 없는 불투명한 상자와 같습니다. 그래서 경제학자들은 일반적으로 이 계수를 상수로 가정합니다. 그렇다면 시장 유동성은 무엇으로 결정될까요? 바로 기초통화죠. 그런데 사실 상수로 가정된 계수는 결코 상수가 아니며, 서로 다른 경제와 그 제도에 따라 계수도 달라집니다.

중국의 계수는 다른 선진국의 계수와 비교해봤을 때, 현저히 낮습니다. 지금 중국의 디플레이션은 가뜩이나 낮은 계수가 갑자기 더 낮아졌다는 뜻이고요. 실제로 중국은 기초통화의 공급을 줄이기는커녕 오히려 늘렸습니다. 기초통화 공급이 상승했는데도 디플레이션이 발생했다는 것은 중국의 경제 제도가 자체적인 문제점을 드러냈다는 뜻입니다.

위안 —— 교수님은 중국에 이미 디플레이션이 발생했다고 보시는데, 그러면 그 시작점은 어디였을까요? 무엇이 디플레이션을 초래했을까요?

쉬 —— 디플레이션이 처음 발생한 시기는 코로나19가 끝난 무렵이라고 생각합니다. 어쩌면 코로나19의 끝자락에서 이미 시작됐을 수도 있고요. 여러분도 당시 '제로 코로나'가 얼마나 잔인했는지 여전히 생생하게 기억하실 겁니다. 잔인무도한 '제로 코로나'는 순식간에 중국의 수요, 전체 사회의 수요를 완전히 억눌러버렸죠. 그러잖아도 중국 경제에는 다른 심각한 문제들이 있었는데, 새로운 정책으로 중국의 수요를 엄청나게 눌러버린 거죠. 수요가 억눌리니 디플레이션이 촉발한 것입니다.

디플레이션이 막 일었을 때는, 사람들이 이게 디플레이션인지 토론하곤 했습니다. 하지만 이윽고 인플레이션 중에 물가가 빠르게 떨어지는 것을 목격했고 물가는 계속 하락해서 지금에 이르렀죠. 다르게 말하자면 토론할 필요가 없어졌다는 겁니다. 토론을 한다 치면 제가 앞서 말했던 교과서적인 정의를 놓고 현재 직면한 현상이 그 정의에 부합하는지를 따져볼 수야 있겠죠. 하지만 지금 같은 때에 교과서의 정의를 따지는 일은 아무런 효용이 없습니다. 지금 가장 중요하게 따져봐야 할 것은 중국의 물가가 떨어지고 있는가, 중국 물가의 보편적 하락과 동시에 전체 사회의 수요도 하락하고 있는가입니다. 따져보면 알겠지만 이미 기본 전제나 다름없는 사실들이죠. 따라서 진짜 문제는 이 기본 사실들을 초래한 것이 무엇이며 이 사태의 후과가 무엇인지입니다.

디플레이션이 오면 사회 전체의 총수요는 떨어집니다. 여기에 예외는 없습니다. 설령 통화주의 학파가 초기 미국의 디플레이션이나 1930년대 미국의 디플레이션을 논할 때 기초통화 공급이 하락한 현상을 강조했단 한들, 실제로 당시 기초통화 하락과 밀접하게 관련 있었던 가장 기본적인 사회 현상은 대공황에 따른 사회 전체의 수요 하락이었습니다. 사회 전체의 수요 하락은 경제 기반 전반에서 비롯했습니다. 그리고 수요가 사라지니 자연히 물가도 떨어진 것이죠.

　현재 중국에서 발생한 심각한 디플레이션은 소비 수요와 투자 두 가지 측면에서 살펴봐야 합니다. 중국에서 소비 수요는 원래부터 상당히 낮았습니다. 중국의 GDP에서 가정 수입이 차지하는 비율이 매우 낮기 때문이죠. 가난한 사람이 많으면 전체 사회의 수요는 부족해집니다. 그리고 원래도 소비 수요가 낮은데, '제로 코로나'가 중국의 직접 수요와 상업 활동을 통제했습니다. 상업 활동이 큰 폭으로 떨어졌고, 해고 사태가 들끓었습니다. 수많은 농민공이 일자리를 잃고 떠밀리듯 고향으로 돌아가야 했죠. 이로써 전체 소비 수요가 또다시 하락했고 동시에 상업 활동도 대폭으로 감소했습니다.

　중국의 작년 물류 데이터를 참고해볼까요. 정부의 GDP 데이터는 상당 부분 부정확해서 GDP 데이터보다 물류 데이터에서 몇 가지 사실을 알 수 있습니다. 2022년 '제로 코로나'가 시행된 한 해 동안 중국의 물류는 10퍼센트 넘게 감소했습니다. 전체 물류가 10퍼센트 넘게 감소하면, 정부에서 아무리 GDP가 3퍼센트 성장했다고 말할지언정, 우리는 GDP가 떨어졌다는 걸 예측할 수 있습니다.

　전체 GDP가 떨어졌다는 것은 무슨 뜻일까요? 이는 한편으로는 앞서 말했듯 소비가 전체적으로 하락했다는 뜻이고, 즉 모든 상업 활동과 투자가 하락했다는 뜻입니다. 분명 후폭풍이 찾아올 겁니다. 실제로 작년 말부터 시작된 뚜렷한 물가 하락은 그해 GDP의 마이너스 성장으로 연결됐죠. GDP의 마이너스 성장이 물가를 끌어내렸지만, 사회 전체의 총수요는 오르지 않았고요. 다른 한편으로는 수출 하락을 뜻합니다. 중국의 수출은 최근 몇 개월 이내 큰 폭으로 떨어졌습니다. 정부 측 데이터가 어떻든 중국 정부도 국제 무역 현황을 감출 수는 없습니다. WTO와 각국에서 최근에 발표한 데이터가 상황을 다 드러낼 테니까요. 중국의 대외 무역은 러시아를 상대로 한 것을 제외하면, 세계 각국과의 수출입 모두 대폭 하락했습니다.

국내 총수요의 하락과 국제 무역의 하락은 물가의 전면적 하락을 초래했습니다. 이게 바로 디플레이션이죠. 심지어 중국 정부는 화폐 공급을 긴축한 적도 없습니다. 중국 정부와 중앙은행은 화폐 공급을 늘리려고 엄청나게 노력했습니다. 하지만 늘어난 화폐 공급은 소위 '유동성 함정'에 빠지고 말았죠. 즉 정부는 화폐 공급을 늘리는데, 그 돈이 기업의 생산과 투자, 가계 소비로 이어지지 않고 은행 시스템 안에서만 맴돈다는 뜻입니다. 다시 말해 정부가 화폐 공급을 늘렸지만, 사람들이 그 돈을 도로 은행에 저축해버린다는 겁니다. 사람들은 수중에 현금이 없으면 두려워합니다. 가정이든 기업이든 수중에 든 현금을 무척 소중히 여깁니다. 그래서 있는 현금을 죄다 은행에 저축하죠. 시중에 풀린 현금 대부분이 다시 은행으로 들어가는 것이 '유동성 함정'이고, 이 함정에 빠지면 통화 정책으로는 경제 회복을 돕지 못합니다.

위안 —— 그리고 6월 이래로 위안화는 여러 차례 평가 절하되었고, 일부 이율이 높은 저축 상품도 은행에서 취소해버렸죠. 정부는 사람들이 돈을 은행에 넣지 말고 꺼내서 써주길 바라고 있습니다.

그렇죠? 이것이 디플레이션에 맞서는 정부의 대응책이라고 할 수 있을까요?

쉬 ── 그렇다고 볼 수 있죠. 그리고 중국의 은행은 국유은행이기 때문에, 은행이 디플레이션 상황에서 계속 이자를 지급하면 손해 아니겠습니까? 은행의 손해를 막으려면 이자를 지급하지 않으려들겠죠.

위안 ── 그렇군요. 제가 이전에 교수님께 공유한 블룸버그 통신의 기사를 보니 중국 정부가 경제학자들에게 연구 보고서에서 디플레이션을 언급하지 말라고 했다더라고요. 보아하니 중국 정부도 상황의 심각성을 인식한 것 같죠?

쉬 ── 그렇습니다. 정부는 이 상황이 보도되는 것을 바라지 않으며, 정부 역시 두려워하고 있습니다. 무릇 금융을 아는 사람이라면 디플레이션이 얼마나 무서운 일인지 다 알기 때문이죠. 일단 디플레이션이 발생해서 '유동성 함정'에 빠지면, 선진국조차도 '유동성 함정'에서 단시간 내에 빠져나올 수 없다는 것을 정부도 알고 있습니다. 그걸 다들 알기에 해외 투자도 줄어들 게 뻔하고요. 경제학에서는 자기 실현적 균형self-fulfilling equilibrium이라는 단어가 있습니다. 상황이 좋아질 거라고 생각하면 상황이 정말 좋아지고, 나빠질 거라고 생각하면 상황이 나빠진다는 거죠.

위안 —— 중국 경제의 가장 큰 기둥은 부동산입니다. 현재 부동산 매매가 내림세를 보이고 있습니다. 시진핑이 과거에 줄곧 "집은 거주하는 곳이지 투기하는 곳이 아니다"라고 말했는데, 최근 정치국 회의에서는 이 주장이 잘 들려오지 않습니다. 어떤 이는 이를 두고 시진핑 정부가 부동산을 대하는 태도를 바꿨다고 추측합니다. 중국공산당은 이전에는 부동산업을 심하게 단속하더니, 어째서 이제 와서 태도를 바꾼 걸까요? 그리고 태도를 바꿔봤자 이미 늦은 건 아닐까요?

쉬 —— 맞아요. 시진핑은 시장경제에 대해 아무것도 모릅니다. 시진핑에게는 두 가지 큰 문제가 있어요. 첫 번째 문제점은 그가 경제에 그다지 신경 쓰지 않는다는 겁니다. 그가 더 신경 쓰는 것은 색깔혁명이에요. 시진핑은 자신의 강산을 보존하려 하고, 평화적 변화가 일어나는 것을 막으려고 합니다. 대형 부동산 회사가 민간기업이기만 하면, 그의 마음속은 일단 원한과 경계로 가득 찹니다. 민간 대형 부동산 회사들을 죄다 평화적인 변화와 색깔혁명의 기지라고 의심하기 때문입니다. 그리고 두 번째 문제점은 그가 시장경제에 대해 아는 게 하나도 없다는 것입니다.

이 두 가지 문제를 종합해 미루어보면 시진핑에게 주택은 자본가가 투기를 통해 돈을 버는 수단이어서는 안 되고, 서민의 거주 문제를 해결하는 수단이어야만 합니다. 서민의 거주 문제란 그가 중요하게 다루는 문제이기도 하죠. 하지만 실제로 어떠한 시장경제라도 집은 소비재이면서 투자재입니다. 가령 '투기'라는 말은 주택의 본질을 투자 도구로 본다는 함의를 제기하죠. 그러나 어떤 시장경제에서든 집이 매우 중요한 투자 도구 중의 하나라는 걸 부정할 수는 없습니다.

게다가 중국 부동산 산업에는 이미 대단히 큰 거품이 꼈습니다. 그리고 이 거대한 거품의 원인이 바로 토지 국유 제도죠. 이 제도를 바꾸지 않으면 부동산 거품 문제는 손쓸 방도가 없습니다.

이러한 배경을 고려하면 시진핑의 이전 주장은 국유제하에서 공산당이 모든 것을 통제하며 자기가 하고 싶은 대로 하겠다는 뜻으로 여겨집니다. 그러나 알다시피 중국 경제의 일부분은 이미 시장으로 변했습니다. 일부분이라고 해도, 시장으로 변한 이상 시장만의 법칙이 작용하기 시작했고요. 시진핑은 이를 전혀 모르고 있습니다. 토지 국유제하에서 부동산이 거품을 만들고 있는데, 그따위 주장만 반복할 게 아니고, 반드시 방법을 찾아내서 거품부터 꺼트려야 합니다. 하지만 정부가 선택한 해결책은 다양한 방법을 동원해서 부동산 시장을 사실상 동결시키는 것이었습니다. 즉 실거래를 없애는 것이었죠. 정부가 부동산 가격을 떨어뜨리는 것을 허락하지 않았기 때문에 팔아치우지도 못하게 된 겁니다.

그리고 조금 전에 말했던 '유동성 함정'도 고려해야 합니다. 투자든 소비든 뭐든 하락하는 조짐이 보이면 사람들은 분명히 집값이 더 내려가길 기다릴 겁니다. 예를 들어, 며칠만 지나면 투자 가격이 내려간다면 오늘 투자하지 않고 내일이든 모레든, 심지어 내년이든 후년이든 얼마든지 기다리는 거죠. 사람들은 모두 관망하는 태도를 보일 겁니다. 사실 이건 그나마 상황을 좋게 예상한 거고요, 솔직히 말하면 사람들은 무서워하고 있고 걱정하고 있습니다. 과거 '제로 코로나' 때도 사람들은 직장을 잃을까 두려워했고, 자신이 몸담은 기업이 도산할까 불안해했습니다. 이런 상황에서 저축한 돈까지 없으면 나는 어쩌며 또 내 가족들은 어쩌냐는 걱정이 앞서고, 사람들은 더더욱 저축에 힘을 쏟게 됐죠. 그 결과 '유동성 함정'의 골은 더 깊어졌습니다. '유동성 함정'이 커지고 깊어질수록 디플레이션에서도 헤어나오지 못하게 될 테고요.

위안 —— 어떤 사람은 중국의 현 상황이 일본에서 디플레이션으로 심각한 경제위기가 초래되고 장기간 경기 침체가 이어졌던 때와 비슷하다고 말합니다. 하지만 교수님은 일본은 적합한 참고 대상이 아니라고 말씀하셨는데, 그럼 어떤 나라를 참고하면 좋을까요?

쉬 —— 표면적으로 보면, 디플레이션이 발생하고 부동산 시장에 거품이 형성된 뒤 그 거품이 붕괴하면서 다시 디플레이션이 발생합니다. 이어서 실업률 증가와 소비자 물가 하락 등이 나타나죠. 이러한 흐름은 1980년대 말에서 1990년대 초 일본의 상황과 매우 유사합니다. 그러나 왜 중국의 상황이 일본과는 근본적으로 다르다고 말할 수 있을까요? 그 이유는 두 가지 핵심적인 차이 때문입니다.

첫째, 가장 큰 차이점은 기본 제도의 차이입니다. 저는 중국의 기본 제도를 공산 전체주의 제도라고 부릅니다. 대체로 중국인들은 공산 전체주의 제도를 사회주의 제도나 중앙계획경제라고 부릅니다. 하지만 사회주의 제도나 중앙계획경제는 개념이 모호하고, 개념이 모호하면 많은 오해를 불러일으킬 수 있어서 저는 공산 전체주의 제도라고 부르죠.

실제로 중국의 기본 제도는 공산 전체주의 제도를 약간 개혁한 것입니다. 하지만 이때의 개혁은 공산 전체주의 제도의 근본 핵심을 바꾸지는 못했습니다. 이것이 바로 중국의 제도와 일본의 제도의 중대한 차이입니다. 일본이 입헌 민주주의하의 시장 제도를 구축했다면, 중국은 시장의 요소가 뒤섞인 공산 전체주의 제도를 구축했죠.

공산 전체주의 제도에서 토지 국유제와 국유 은행제를 전면 보장하는 토대 위에 민간기업도 생겨났고 시장경제도 생겨났습니다. 하지만 시장경제를 구성하는 두 가지 핵심 요소인 토지와 은행은 여전히 정부의 손아귀에 있죠. 사람들은 '국유'의 뜻을 제대로 알아야 합니다. 그것은 전체주의 제도 아래의 '국유'이고, 공산당이 민간기업을 포함해 모든 것을 통제한다는 뜻입니다. 민간기업은 무엇을 두려워할까요? 왜 민간기업은 투자하려고 하지 않을까요? 중국 민간기업은 일본 민간기업과 다르게 행동합니다. 일본 기업이 오늘의 원가, 내일의 원가, 그리고 미래 원가를 따진다면, 중국 기업은 단순히 원가와 이윤을 따질 게 아니고, 공산당이 기업을 어떻게 통제할지를 따져야 합니다. 공산 전체주의 제도가 민간기업의 활동을 허락한 것처럼 보여도, 실제로는 민간기업이 자유롭게 행동할 한 치의 공간도 허락되지 않았으니까요.

둘째, 또 다른 차이점은 일본이 입헌 민주주의 시장제도라는 것입니다. 1980년대 말, 일본의 일인당 평균 GDP는 이미 미국의 80퍼센트에 달했습니다. 바꿔 말하자면, 일본은 이미 세계 선진국 반열에 올라섰고 세계의 과학, 기술, 경제를 선도하는 수준에까지 이르렀습니다. 그리고 바로 그 시점에 금융과 부동산에 거품이 생겼습니다. 일본의 거품은 일개 중진국인 중국에서 정부가 인위적으로 만든 거대한 거품과는 성질이 완전히 다르고, 후과도 다릅니다. 과거에 사람들은 이를 '중진국 함정'이라고 표현하길 원했지만, 사실 '중진국 함정'이 적확한 표현법은 아니었습니다. 하지만 중국은 정말로 '중진국 함정'에 빠져버렸습니다. 중국의 제도 때문에 생긴 일이었죠. 중국 제도는 함정이었고, 중국은 중진국 수준까지 발전했을 때 함정에 빠지더니 헤어나오지 못했습니다.

사실 중국의 공산 전체주의 제도는 고대 중국에서부터 발전해 내려온 것이 아니고 소련에서 차용한 것입니다. 가장 기본적인 사실이죠. 비록 40년이 넘도록 개혁개방을 추진했지만 중국의 근본 제도는 변하지 않았습니다. '당이 모든 것을 영도한다!'가 바로 오늘날 중국의 제도입니다. 우리는 이 제도를 떠올리며 소련과 동유럽이 왜 경제 개혁에 실패했는지도 같이 떠올려야 합니다. 그러면 공산 전체주의 제도 자체가 함정이라는 걸 알 수 있죠. 이 체제는 일정 수준까지 발전하면 모두 함정에 빠지고 맙니다. 이건 중국만의 특수한 상황이 아닙니다.

위안 —— 하지만 중국의 이제까지의 경제 발전 양상과 소련 및 동유럽 국가들의 양상에는 매우 큰 차이점이 있지 않나요? 중국에는 우리가 그걸 뭐라고 부르든, 중국만의 사회주의가 있고요. 게다가 나름대로 활력 있는 민간기업들도 있습니다.

쉬 —— 맞습니다. 경제가 급속하게 발전하는 단계에서 중국의 개혁은 소련이나 동유럽 공산국가의 개혁과는 매우 달랐습니다. 그 배후에는 두 가지 중대한 원인이 있습니다.

첫 번째가 바로 국내 민간기업입니다. 개혁개방 시기 민간기업의 엄청난 발전이 없었다면, 우리가 목격한 이 거대한 경제 성장은 없었을 겁니다. 두 번째는 중국과 선진국 사이의 밀접한 관계입니다. 개혁개방과 함께 중국은 한때 모든 선진국과 대단히 긴밀한 관계를 유지했습니다. 이 덕분에 중국은 과학기술, 상업 시장 운영 방식 등 모든 분야에서 선진국을 그대로 모방할 수 있었습니다. 선진국의 기업들은 중국에 와서 직접 활동하면서 실험실을 설립하고 다양한 기술들을 전파했고, 중국의 노동 생산성을 크게 향상했습니다. 이런 이유로 중국은 소련이나 동유럽과 근본적으로 달라졌죠. 그런데 지금은 왜 이렇게 변했을까요?

가장 간단한 이치는 중국이 여전히 공산당에 모든 통제권을 맡긴 사회라는 것입니다. 이 요인이 변하지 않았으므로 앞서 말했던 특수한 요인들도 결국 다 사라졌습니다. 이 요인들이 공산당 통치에 유리했다면 공산당은 민간기업을 용인하고 기업이 발전하게 놔뒀을 겁니다. 하지만 공산당이 색깔혁명과 자본주의의 부활을 걱정할 때면, 이러한 요인들은 곧장 자본주의로 간주됩니다.

사람들은 중국이 소련이나 동유럽과 다르다고 생각하지만, 공산당이 집권하는 한 중국이나 소련, 동유럽은 똑같습니다. 공산당은 어떻게 해도 공산당입니다. 공산당은 자본주의의 발전을 용인할 수 없습니다. 그들은 자본주의를 당의 통제하에서 발전시키려고 합니다. 하지만 자본주의는 공산당하에서는 발전할 수 없죠. 따라서 현재 중국의 상황을 정리하자면, 중국은 자본주의 요소가 빠르게 소멸하는 과정에 있고 동시에 국유기업은 신속하게 확대되는 중입니다. 다시 말해, 지금 상황은 중국의 유구한 '국진민퇴' 상황이라고 할 수 있습니다.

위안 —— '국진민퇴'를 십수 년, 아니, 거의 20년 동안 이야기하고 있네요.

쉬 —— 그나마 예전에는 '민民'도 '국國'과 같이 나아가고 있긴 했습니다. 단지 '민'이 나아갈수록 장애가 더 많아질 뿐이었습니다. 하지만 최근 몇 년 동안의 '국진민퇴'는 진정한 '국진민퇴'입니다. 정말로 국유기업이 중국의 경제를 통제한다면 그건 어떤 경제일까요? 그게 바로 소련과 동유럽의 경제인 겁니다. 사실 현재 중국은 경제 발전의 궤도를 공산 전체주의의 낡은 궤도로 되돌렸습니다.

위안 —— 하지만 밖에서 보면 중국에는 알리바바나 텐센트 같은 대기업이 있고, 전기차 산업, 2차 전지 산업, 태양광발전 산업 등은 놀라운 수준을 달성한 것만 같은데요. 베이징이나 상하이에서 온 친구들의 말을 들어봐도 식당이 사람들로 넘쳐나고, 여전히 시장경제 요소들이 다양하게 존재한다고 합니다. 이렇게 겉으로는 평온해 보이는 경제 격변에 대해 우리가 어떤 태도를 취해야 할지 말씀해 주시겠어요?

쉬 —— 중국은 광활하고 경제 규모도 거대하며 빈부 격차도 엄청납니다. 사실 상하이와 베이징도 경제 문제가 심각하지만, 상하이나 베이징에서는 여전히 번화한 곳을 찾을 수 있습니다. 매일같이 그런 번화한 곳에만 있으면 전체 경제 상황이 어떤지 볼 수 없죠.

우리는 앞서 중국의 대외 무역이 급속하게 하락하고 있다고 말했는데요. 그중에서도 가장 맹렬하게 하락하고 있는 부분은 미국 같은 최고 선진국과의 무역입니다. 미국, 일본, 독일과의 무역이 대폭 하락하고 있다는 건 중요한 함의를 갖습니다. 중국도 과거에는 시장경제에 있어 매우 발달한 부분이 있었고, 기술적으로도 역시 매우 발달한 지점이 있었습니다. 과거를 되짚어보면 언급하셨던 핵심 기술이 어디서 왔는지 알 수 있어요. 핵심 기술은 예외 없이 전부 선진국에서 온 것들입니다. 그런데 지금 우리는 중국과 선진국의 무역이 큰 폭으로 줄었다는 것, 선진국들이 중국에 투자하려들지 않는다는 것을 알고 있죠.

아직 시작에 불과하지만, 3년 정도만 지나면 중국은 기술적으로 선진국과의 관계를 완전히 끊을 수 있습니다. 중국에는 이제 막 서방이나 선진국에서 경험을 쌓고 돌아온 엄청난 수의 과학자, 기술자 들이 있습니다. 이들이 중국에서 활약하기 시작하면 최소 5년에서 10년까지 맡은 역할을 다할 수 있습니다. 그리고 그 추세가 지속되기만 하면 중국은 과학기술과 상업 등 각 방면에서 서방세계의 영향력으로부터 벗어날 수 있습니다. 하지만 일단 벗어나면 우리가 과거에 봐왔던 발전과 번영의 모습들은 완전히 사라질 겁니다.

이런 추정은 결코 비약이 아닙니다. 이 같은 추세가 참혹한 현실로 드러나면, 사람들도 중국이 정말로 소련과 동유럽이 갔던 길을 따라가고 있다는 걸 알아차리겠죠. 지금은 그 길로 들어서는 중이며, 아직 완전히 들어선 것은 아니지만, 분명 그 방향으로 가고 있습니다.

위안 —— 만일 우리가 예전 소련이나 동유럽의 모델로 돌아간다면, 3년 혹은 5년 뒤 중국의 경제는 어떤 모습을 하고 있을까요?

쉬 —— 예측은 대단히 위험한 행위예요. 예측은 대체로 틀리는 법이죠.

위안 —— 구조적으로만 타진해주신다면요?

쉬 ── 세 가지 가능성이 있습니다. 첫 번째는 가장 낙관적인 예측입니다. 바로 1976년 10월에 있었던 그런 일[28]이 벌어지는 겁니다.

위안 ── 너무 에둘러 말씀하시네요. '타도 4인방' 말씀이시죠? '타도 4인방'이라고는 했지만, 실제로 정변이긴 하네요.

쉬 ── 그렇죠. 1976년 10월에 발생한 그런 일이 다시 벌어지면 중국에는 중대한 변화와 동시에 엄청난 충격이 찾아올 것이고, 이것이 기회가 될 겁니다. 물론, 그런 일이 일어날 확률은 매우 작겠지만요. 하지만 그렇다고 완전히 배제할 수도 없죠. 가장 낙관적이지만 가장 확률이 낮은 경우를 맨 처음 이야기했으니, 나머지 두 가지 가능성은 제법 일어날 법한 것으로 이야기해보죠.

하나는 금융위기로 인해 재정, 경제, 사회 위기가 일어나고 전면적인 위기가 발생하리라는 것입니다. 실제로 중국의 현재 채무는 산더미처럼 쌓여 있고, 부채 비율이 과도하게 높으며, 디플레이션으로 소비는 심각하게 침체한 상태입니다. 그리고 채무 대부분이 담보 대출이라서 채무의 질도 매우 나쁘고요. 이런 조건을 하나로 합치면, 실상 중국에 금융위기가 터질 준비가 끝났다고 할 수 있습니다. 일단 금융위기가 발생하면 그 후과가 대단히 심각해서, 사회 전체에 엄청난 충격을 줄 것입니다. 충격 이후에 어떤 일이 발생할지

---

28 마오쩌둥이 죽고 한 달도 안 돼서 일어난 '회인당 정변懷仁堂政變'.

는 경우의 수가 너무 많아서, 예측할 수도 없겠네요.

금융위기가 발생할 확률은 결코 낮지 않습니다. 사람들은 이때의 확률이 10퍼센트일지 20퍼센트일지 갑론을박할 텐데요. 저처럼 확률이나 통계를 논하는 사람들은 10퍼센트, 20퍼센트를 낮다고 생각하지 않습니다. 다시 말하지만, 금융위기가 발생할 가능성은 결코 작지 않아요.

그러면 이보다 더 큰 가능성은 뭘까요? 그건 바로 미루는 겁니다. 적어도 단기간 내에는 위기가 발생하지 않게 하는 거죠. 이편의 가능성이 더 크다고 보는 건, 중국이 시장경제 체제가 아니기 때문입니다. 만일 시장경제 체제에서 지금의 상황에 처했다면, 위기가 언제든 터질 수 있다는 걸 진작부터 알고 있었을 겁니다. 하지만 중국은 시장경제 체제가 아니고, 중국의 각급 정부는 하나같이 부동산 시장에서 자기 이익을 챙겨두고 있습니다. 각 지방정부는 그들만의 은행을 가지고 있고요. 즉 모든 정부가 어떤 행정 수단을 동원해서라도 부동산 시장과 은행을 보호할 동기를 충분히 가지고 있는 거죠. 이 행정 수단으로 위기를 방지하거나 지연하는 게 가능할 테고, 위기를 오늘에서 내일로, 내일에서 연말로, 연말에서 내년으로 계속해서 미룰 수 있습니다. 정부는 시장이 돌아가지 않게 멈출 수 있으니까요.

시장이 멈춘다는 게 뭔지 부동산 시장을 예로 들어 설명해보겠습니다. 실거래가 없다고 부동산 시장이 곧장 무너지지는 않습니다. 하지만 실거래가 없으면 금방 또 다른 문제가 야기되죠. 부동산 회사가 주택을 팔지 못하는 겁니다. 살 사람이 없어지면 부동산 회사는 곧 도산할 겁니다. 그렇게 민간 부동산 회사는 하나씩 하나씩 전부 도산해버리고, 마지막에는 국유 부동산 회사만 남을 겁니다. 제가 왜 중국의 경제가 소련이나 동유럽을 따라간다고 말했는지 아시겠죠?

위안 —— 민간기업의 생존 공간이 갈수록 줄어든다는 말씀이군요? 민간기업은 대출도 불가능하고 정부의 지원을 받는 것도 불가능하기 때문이고요.

쉬 —— 네, 맞습니다. 국유기업은 왜 도산하지 않을까요? 그 기업들이라고 재정 상황이 더 좋지도 않습니다. 사실 상황이 더 안 좋을 거예요. 그런데 어떻게 도산하지 않을까요? 바로 중국이 소련과 동유럽 경제의 가장 전형적인 상태인 '연성예산제약'으로 돌아왔기 때문입니다. '연성예선제약'이야말로 중국이 정말로 소련과 비슷해졌다는 것을 의미합니다. 옛 공산주의 국가들이 무너질 때, 그들을 무너지게 만든 것이 바로 '연성예산제약'이었습니다.

위안 —— '연성예산제약'이 어떤 개념인지 자세히 설명해주시겠어요?

쉬 —— 시장경제에서 어떤 기업이 자본 잠식 상태에 빠지면 그

기업은 반드시 도산합니다. 이것을 '경성예산제약'이라고 합니다. 하지만 사회주의경제 또는 공산 전체주의 제도의 국유경제에서는 기업이 자본 잠식의 상태라고 해도 바로 도산하지 않습니다. 이것을 '연성예산제약'이라고 합니다. 왜 도산하지 않을까요? 그것은 바로 기업의 채무를 정부가 다양한 방법으로 대신 감당하고 있기 때문입니다.

기업이 도산하면 기업에는 당연히 엄청나게 치명적이지만 경제 전체의 관점에서는 그만큼 고통이 크지 않습니다. 엉망인 기업들이 하나씩 도산하면, 상대적으로 작은 고통을 감내하는 대신 전체 경제가 건강해질 수도 있죠. 하지만 '연성예산제약'이 경제를 차지해버리면, 사방에서 '고통'이 축적됩니다. 한 곳에 축적된 고통이 암이 되는 겁니다. 즉 '연성예산제약'은 경제의 암세포입니다. 경제의 모든 부분에서 암세포가 자란다면, 결국 그 경제는 더는 운영할 수 없는 상태가 될 겁니다.

본래 파산은 시장경제에서 전체 경제가 잘 돌아갈 수 있게 하는 기본적인 메커니즘 중의 하나입니다. 하지만 국유제의 '연성예산제약'은 부실기업이 파산하지 않게 해주고, 악질적인 병이 경제 전반에 만연하게 합니다. 결국 경제 전체가 운영을 멈추게 만듭니다. 이렇게 되면 중국은 과거에 개혁을 통해서 누렸던 그나마 작디작은 이익도 전부 잃고, 소련이 밟은 길로 들어서게 되겠죠.

위안 —— 아직 풀리지 않는 의문이 있습니다. 중국 정부는 경제 상황을 도대체 얼마나 제대로 파악하고 있을까요? 지금까지는 중국이 경제에 문제가 생겼다고 공식적으로 인정한 적이 없습니다. 정부의 견해는 줄곧 '안정 속 호전'이었습니다. 2023년 상반기 GDP 성장률이 5.5퍼센트라고 했고요. 게다가 실제 청년 실업률은 매우 높은데, 정부가 발표한 실업률은 5퍼센트를 조금 웃돌았죠. 정부는 줄곧 경제를 살리기 위해 최선을 다하고 있다고 외치지만, 특별히 실질적인 정책을 내놓지는 못한 것 같아요.

중국 정부는 중국 경제가 막대한 대가를 치르고 구제받아야 할 지경까지는 아니라고 여기는 게 아닐까요. 교수님은 중국공산당이 중국 경제 전반을 어떻게 판단한다고 생각하시나요? 그들은 우리가 본 것과 다른 데이터를 가지고 있는 걸까요? 우리가 보고 느끼기에는 중국 경제에 엄청난 문제가 생겼는데, 그들은 정말 그들이 말하는 대로 믿고 있을까요? 그들에게 주어진 정보가 그들의 주장과 일치할지, 저는 잘 모르겠어요.

쉬 — 정말 중요한 질문입니다. 두 가지 측면으로 나눠서 이야기해볼 수 있겠네요.

첫 번째 측면은 바로 경제 데이터 자체입니다. 2019년에 셰창타이謝長泰와 몇 명의 사람이 전미경제연구소NBER의 『워킹페이퍼*Working Paper*』에 「중국 국가 계정에 대한 포렌식 조사A Forensic Examination of China's National Account」라는 학술 논문 한 편을 발표합니다. 중국의 GDP 증가 데이터를 다룬 토론이 주요 내용이었습니다. 그들은 중국의 미시 데이터를 가지고 GDP를 처음부터 다시 계산해봤습니다. 그랬더니 중국 정부에서 발표하는 GDP 증가 속도에서 1.8퍼센트를 빼야 값이 맞아떨어진다는 결과가 나왔습니다.

이것은 2019년에 발표된 논문이고, 이후 코로나19를 겪은 2022년에도 엄청난 변화가 발생합니다. 과거에는 전문가의 시각으로 봐도 국가통계국이 일을 꽤 열심히 했고, 그들이 발표하는 추세는 기본적으로 실제와 맞아왔습니다. 하지만 작년은 GDP가 떨어질 수밖에 없는 상황인데도 정부의 발표에서는 여전히 상승세를 그렸고, 그로 인해 추세가 틀리기 시작했습니다. 이때부터 정부의 데이터를 더 믿을 수 없게 된 거죠.

두 번째 측면은 중국 정부에 속한 경제 전문가 혹은 시진핑의 고문이라는 사람들입니다. 우리는 그들이 내부 발언을 할 때 갈수록 조심스러워진다는 것을 발견했습니다. 즉 그들이 진실을 말하지 않고 있다는 뜻입니다.

이들 중에는 문제를 명확하게 파악하고 있는 사람도 있습니다. 예를 들어 한 전문가는 2014년과 2015년에 중국 경제를 상당히 비관적으로 전망했어요. 당시 해외에서는 중국의 미래를 낙관적으로 그렸지만, 그는 내부 관계자로서 중국 경제에 큰 문제가 발생했다면서 매우 비관적이었죠. 저는 그때도 그의 판단에 완전히 동의했는데, 시장에서 그 판단을 알고 있는 사람은 거의 없었습니다. 하지만 그 전문가는 지금 중국 경제를 그때보다 훨씬 더 긍정적으로 평가하고 있습니다. 이게 무슨 뜻일까요? 이제 중요한 건 그가 무슨 말을 하느냐가 아닙니다. 이처럼 갑작스러운 생각의 변화는 그가 겁에 질렸다는 것을 의미합니다. 바로 이 점이 중요해요.

　내부 정보를 알고 있는 사람들이 두려워하고 거짓말을 하거나, 모호한 말로 다른 사람들을 잘못 인도할 때, 그로 인해 겪게 될 곤란함은 더 커집니다. 푸틴이 우크라이나를 어떻게 그토록 대담하게 쳐들어갔는지 생각해보세요. 지금은 다들 알고 있죠, 주변 사람들이 러시아는 힘이 충분하니 쳐들어가기만 하면 이길 수 있다고 그를 속였다는 것을요. 지금 중국의 내부 전문가라는 사람들이 겁먹고 거짓말을 해서 문제가 커졌다는 것을 여러분도 모르지 않을 거예요. 이건 굉장히 중요한 문제입니다. 게다가 여기에는 또 다른 문제도 끼어 있습니다. 만일 그들이 진상을 알고 있다고 가정할 때, 과연 그들이 대응할 수는 있을까요?

　우리는 중국 경제가 이제까지 경험해보지 못한 엄청난 곤경에 처했고, 해결책을 마련하지 못하고 있다는 걸 알 수 있습니다. 왜 이렇게까지 말하냐고요? 사실 중국은 이전에도 매우 심각한 위기를 겪은 적이 있습니다. 바로 2008~2009년의 글로벌 금융위기입니다.

　처음 글로벌 금융위기에 처했을 때, 원자바오 총리가 4조 위안의 재정 부양책을 내놓겠다고 말했습니다. 해외에서는 이 말을 듣고 그 돈을 어디서 마련할 거냐면서 헛소리로 치부했죠. 그는 실제로 어떻게 해결했을까요? 원 총리가 말했습니다. "지방정부에서 해결책을 내놔. 못해? 그럼 자리에서 내려와." 그랬더니 성省정부는 시市정부로 미루고, 시정부는 현縣정부로 미뤘죠. 각 지방정부는 당시 부동산 붐을 일으켜서 토지를 담보로 은행에서 돈을 빌렸습니다. 그렇게 순식간에 9조 위안을 마련합니다. 원 총리는 4조 위안을 요청했지만, 결과는 그의 목표를 훨씬 뛰어넘는 '대약진'이었습니다. 이게 당시의 해결책이었습니다.

위안 —— 지금은 그렇게 할 수 없죠?

쉬 —— 불가능해졌어요. 시진핑이 집권한 후로 계속해서 지방 권력을 약화했고, 시진핑은 지방 권력을 회수해버렸습니다. 실제로도 지방정부는 2013년, 2014년부터 복지부동하기 시작했습니다. 시진핑을 위해 일하는 건 너무 위험해졌습니다. 설령 지방정부더러 글로벌 금융위기 때처럼 뭐라도 해보라고 해도 그들이 부동산으로 돈을 모을 수 있을까요? 부동산 거품은 이미 붕괴하고 있는데, 이걸로 어떻게 돈을 빌릴 수 있겠습니까?

위안 —— 땅도 팔 만큼 다 팔았을 테니까요.

쉬 —— 맞아요. 그래서 시진핑은 이제 방법이 없어요. 시진핑이 정말로 전대미문의 위기에 봉착하면, 누구도 그를 위해서 해결책을 내놓지 못할 겁니다.

위안 —— 그래서 사람들이 시진핑이 온종일 경제에 전력투구해봐야 실질적인 정책 호재는 마련하지 못한다고 말하는군요. 설령 그가 정말로 기업에 이윤을 양보하고 감세해준대도, 실제로는 아주 미미한 일부분이 호전될 뿐이라는 거겠죠?

쉬 ── 그렇죠. 사실 그를 즉각적으로 도와줄 수 있는 것은 외국 자본입니다. 이게 제일 쉽고 간단한 방법이죠. 하지만 그가 공격적인 '전랑 외교'를 하는 바람에 외국 자본들도 다 놀라 도망가버렸죠. 하지만 시진핑이 다른 나라들에 중국이 정말로 입헌 민주주의로 변했고, 세계 질서에 편입하려고 하며, 과거에 만들었던 무역과 투자 루트가 건재하며 쉽게 회복될 수 있다는 것을 보여주면, 세계 여러 투자자는 절대 중국을 떠나지 않을 겁니다.

위안 ── 맞아요. 투자자들은 중국을 떠나는 걸 가장 아쉬워했죠.

쉬 ── 물론 그들은 간첩으로 잡힐까 두려워하기도 했고요. 지금은 걸핏하면 사람을 간첩으로 몰고, 모든 수단을 동원해서 경제적 퇴로를 끊어버립니다. 정치가 경제에 몰고 온 문제들이죠. 이 문제는 오직 정치가 전면적으로 변해야만 해결될 수 있습니다.

위안 ── 하지만 정치가 전면적으로 변하는 것은 불가능하지 않을까요?

쉬── 불가능하겠죠.

위안── 그렇다면 미래에 중국이 장기간의 쇠퇴를 직면했을 때, 일반 대중은 어떻게 대비해야 할까요?

쉬── 이제 과거에 경험했던 호시절은 끝났다는 것을 깨달아야 합니다. 이건 확실한 사실이에요. 제가 방금 이야기했던 그 가설, 사람들은 우스갯소리로 듣겠지만, 중국이 민주화되지 않고서는 호시절은 오지 않습니다.

사람들은 옛 소련에 어떤 일이 생겼는지를 알아야 합니다. 단순히 중국과 소련은 전혀 다르다고 생각할 때가 아닙니다. 중국의 제도는 소련에서 유래했고, 중국이 무너진다면 소련에서 온 제도 때문에 무너질 겁니다. 그 원인도 당시 소련과 똑같을 거고요. 다행히도 중국에는 소련과의 차이점도 많지만, 이 또한 소련에서 차용한 제도 아래에서는 존속하지 못할 겁니다.

결국 우리가 가장 주의 깊게 봐야 할 것은 실제 중국 전체의 경제가 어떤지, 중국의 일반 대중의 삶이 어떤지입니다. 만일 지금의 상황이 계속된다면, 민간기업이 중국 경제에서 차지하는 비중이 계속해서 낮아질 테고 역할도 작아질 겁니다. 그렇게 되면 소련의 경제 제도와 별반 다르지 않겠죠.

중국 경제에 가망이 있는가?

방송 일자
2024년 2월 3일

인터뷰 요약

- 중국 GDP 데이터의 신뢰성.

- 중국은 금융위기를 피할 수 있는가?

- 현재 중국의 경제 문제는 시진핑 정권이 초래한 것인가?

- 쉬청강은 중국 정부가 내놓은 경제 쇠퇴 대응책을 어떻게 보는가?

- 평범한 중국인들은 경제 쇠퇴에 어떻게 대처해야 하나?

위안 —— 중국 정부에서 발표한 통계를 보면 2023년 GDP 성장률이 5.2퍼센트라고 합니다. 이 데이터가 믿을 만하다고 보시나요?

쉬 —— 아니요, 이 데이터는 믿을 수 없습니다. 정부에서 발표한 또 다른 데이터를 보면 중국 실업률이 큰 폭으로 올랐다는 것을 알 수 있습니다. 특히나 청년 실업률은 정부가 발표한 자료에서는 20퍼센트 정도지만, 베이징대학의 어떤 경제학자는 자신의 조사 보고서를 근거로 청년층 실업률이 이미 40퍼센트를 넘어섰다고 주장했습니다. 실업률이 빠르게 오르고 있는 상황과 약 5퍼센트의 경제 성장이라는 지표는 직접적으로 충돌하고 있습니다. 또 다른 정부 측 통계가 있는데, 그건 바로 중국의 대외 무역이 전체적으로 하락했다는 겁니다. 과거 수십 년 동안, 대외 무역의 성장은 이제까지 중국 GDP 성장의 매우 중요한 추진력 중 하나였습니다. 그런데 이 중요한 추진력이 지금은 마이너스가 되었습니다.

하나 더 보죠. 이 역시 정부 측 통계로, 중국의 전체 부동산 산업도 하락한 것을 확인할 수 있습니다. 과거 몇 년의 통계를 따져보면 전방산업과 후방산업을 모두 합한 전체 부동산업이 대체로 중국 GDP의 3분의 1을 차지한다는 것을 알 수 있습니다. 이 부동산업 전체가 하락하고 있는데, GDP 성장률이 5퍼센트라니 믿을 수가 없죠.

물론 정부 매체에서 발표한 보고서는 올해 중국에 3대 신 수출 성장 동력이 있다고 합니다. 바로 전기차, 리튬 전지 그리고 태양광 패널입니다. 하지만 이 세 영역이 실제로 생산해내는 총가치는 부동산업의 가치보다 훨씬 더 못합니다. 정부 측 보고서는 이 세 가지 제품이 대외 무역에서 차지하는 비중이 매우 크다고 합니다. 하지만 실제로 전체 대외 무역에서 이 제품들이 차지하는 비중은 겨우 3퍼센트로 매우 작습니다. 게다가 현재 전체 대외 무역의 성장률은 떨어지는 추세고요. 즉 지금까지 말한 내용을 종합하면, 5.2퍼센트라는 성장률은 믿을 수 없습니다.

정부가 과거에 발표했던 데이터 중에서 믿을 만한 건 뭘까요? 우선 대외 무역 데이터입니다. 대외 무역 데이터는 다른 나라의 수치와 비교해봤을 때 차이가 너무 크면 안 되기 때문에 부풀릴 수 없죠. 그리고 실업률도 참고해볼 수 있습니다. 다만 현 정부는 실업률 발표를 멈췄고, 정부가 발표를 멈춰버리면 어쩔 수가 없습니다. 사실 이제까지의 정부 측 실업률 통계에도 공백이 있었습니다. 중국의 엄청난 수의 실업자, 바로 농민공의 존재 때문이죠. 하지만 정부 통계는 이들을 빼고 도시 호적인 사람들만을 상대로 수치를 매깁니다. 따라서 지금의 통계는 농민공의 대량 실업 사태라는 사회 현상을 은폐하고 있습니다.

여러 경로에서 얻은 자료들을 보면 우리는 2023년 중국의 경제 성장 속도가 '0'에 가깝다고 추정할 수 있습니다. 조금 더 정확하게 말하자면 '0'보다는 조금 높고, '1'보다는 낮은, 영 점 몇 퍼센트일 겁니다.

2023년 전국 고속도로 물동량의 성장률이 2022년과 비교해서 대략 그 정도입니다. 0퍼센트보다 아주 조금 높은 거죠. 하나 더 살펴보면, 대외 무역의 성장률은 0퍼센트보다 아주 조금 낮습니다. 이러한 수치들을 합해보면 앞에서 말한 대략적인 추측값이 나오죠.

위안 —— 2022년 말에 시진핑이 중앙경제공작회의에서 금융위기의 출현을 막아야 한다고 말했습니다. 교수님은 중국이 금융위기를 피할 수 있다고 보시나요?

쉬 —— 중국이 시장경제 체제에 있다면, 현재 중국의 전반적인 상황이나 금융 상황을 미루어보아, 금융위기를 피하기는 어렵다고 봅니다. 부동산업에 엄청난 문제가 있을뿐더러 부동산 시장이 중국 금융 시스템에도 문제를 끼쳤기 때문입니다.

중국 금융 시스템이 떠안고 있는 막대한 대출은 부동산을 담보로 한 대출입니다. 부동산 시장이 하락하고 있는 상황에서 부동산 담보 대출을 발급해준 은행들은 자산 부채표의 자산 부분이 줄고 있습니다. 자산이 줄어들고 상황이 계속 악화하면 은행은 도산의 위험에 직면할 겁니다. 은행이 도산하면 연쇄반응이 생길 테고, 그게 바로 금융위기가 되겠죠.

하지만 만약 중국이 시장경제 체제가 아니라면, 이 문제들은 덮고 넘어갈 수 있습니다. 중국은 과거에 시장경제 체제도 아니었고, 모두가 경험할 만한 금융 현상이랄 것도 없었죠. 당시 중국이 엉망이 되고, 수천만 명이 굶어 죽어도 금융위기는 발생하지 않았습니다. 북한도, 과거 소련과 동유럽 공산주의 국가도 그랬습니다. 따라서 금융위기 방지를 국가의 최우선 임무로 삼는다면, 이러한 공산주의 국가들은 부득이하게도 시장경제를 포기함으로써 그 목적을 달성했습니다.

위안 —— 그러면 시진핑은 왜 금융위기의 출현을 막아야 한다고 말한 걸까요?

쉬 —— 중국공산당이 중국에 시장이 존속하길 바라기 때문입니다. 중국의 40여 년에 걸친 경제 개혁은 그들에게 중국이 소련이나 동유럽 국가들과는 다르다는 것을 보여줬습니다. 바로 중국에서는 시장이 발전한다는 것이었죠. 소련이나 동유럽의 시장 사회주의에는 민간기업이 전혀 존재하지 않았고 국유기업만 있었기 때문에 결국에는 무너졌죠. 그걸 아는 중국으로서는 시장경제를 유지하고 싶을 수밖에요.

그러나 세계 어디에도 금융위기 없는 시장경제란 존재하지 않을 만큼 금융위기와 시장경제는 한 몸입니다. 시장경제는 효율이 높은데, 이 고효율의 중요한 기본 기제가 바로 파산입니다. 기업이 산발적이고 개별적으로 파산할 때는 이를 금융위기라고 부르지 않습니다. 비교적 집중적으로 일련의 기업들, 특히나 금융기업들이 파산할 때, 이를 금융위기라고 하죠. 시장경제에서는 파산이 없을 수 없고, 시장경제는 금융위기로부터 도망칠 수 없습니다. 그러면 시장경제 체제의 정부가 할 수 있는 일은 금융위기로 인한 영향을 최소화하는 데 노력을 다하는 것뿐입니다. 어떤 정부도 금융위기를 완전히 피할 수는 없습니다.

위안 —— 두 가지 생각이 떠오릅니다. 먼저 중국 경제에는 원래부터 지방 부채나 부동산 거품 등의 체계적인 문제가 있었고, 시진핑 정권의 정책은 이러한 문제들이 커지는 데 부채질을 했다는 것입니다. 또 다른 생각은 물론 중국 자체에 구조적인 문제들이 존재하지만, 일본이나 미국 같은 경제 대국들도 그들 나름의 많은 문제점을 가지고 있다는 것입니다. 다만 시진핑 정권의 일련의 정책들이 중국 경제의 자체적인 조절 기능을 철저히 마비시켰다고 보는 거죠. 즉 경제 상황이 이렇게까지 암담하지 않을 수 있었고, 경제 쇠퇴도 이렇게까지 처참하지 않을 수 있다는 겁니다. 교수님께서는 어떻게 생각하시나요?

쉬 —— 정확합니다. 중국 경제에 도사리고 있는 문제는 어떤 한 사람이 아니라 중국의 제도가 만든 것입니다. 중국의 제도는 미국이나 일본의 제도와 근본적으로 다릅니다. 그래서 그 나라들과 나란히 놓고 이야기하기는 어렵습니다. 미국과 일본은 사유제를 기초로 하는 시장경제 체제이고, 민주주의와 법치주의의 나라이기 때문입니다. 법치주의란 사법부가 당과 정부로부터 독립되어 있다는 뜻입니다. 하지만 중국의 사법부는 당의 명령을 집행하는 도구일 뿐이죠.

이러한 기본 제도가 글로벌 금융위기 이후 중국 경제 성장률이 해마다 하락하는 원인으로 지목되죠. 하락은 대세로 굳어졌고, 사실 비슷한 상황을 중국만 겪은 건 아닙니다. 과거 소련과 동유럽 공산주의 국가들 역시 경제 성장률이 해마다 하락하더니 결국에는 자본주의 경제 체제의 성장 속도보다 느려지는 상황을 겪었습니다. 물론 시진핑 정권이 시행한 정책들은 내림세를 더 빨라지게 했습니다.

위안 —— 경제가 계속해서 나빠진다면, 어느 수준까지 나빠질까요? 결국 붕괴하고 말까요?

쉬—— 경제가 붕괴하느냐 마느냐는 제도와 배경에 따라 사람들의 이해가 다 다릅니다.

이 사회가 개방된 사회이거나 시장경제와 민주주의의 사회라면, 경제의 명백한 하락세와 동시에 실업률은 대폭 오르고, 주식은 대폭 떨어질 겁니다. 그러면 모두 입을 모아 경제가 붕괴했다고 하겠죠. 그리고 경제를 망쳤다는 이유로 선거를 통해 지도자를 갈아치울 겁니다. 지도자가 속한 정당은 표를 잃게 되고, 결국 다른 정당이 집권하겠죠.

하지만 만약 폐쇄된 사회, 특히나 전체주의 사회라면 이데올로기와 정보가 다 통제됩니다. 전체주의 제도의 통치자가 언론에서 경제를 다루는 게 정권에 위협이 된다고 느끼면, 관련 언론 활동을 전면 금지하고 관련 데이터 공개도 금지할 테니까요.

예를 들어, 과거의 3년 대기근(1959~1961년) 동안 중국은 모든 지역의 기근 상황이 밖으로 알려지는 것을 불허했습니다. 아무리 작은 지역의 기근 상황이라도, 그것을 폭로하는 사람은 누구든 상관없이 감옥으로 보내졌습니다. 상황이 이렇다 보니 대기근 동안, 심지어 대기근이 지나간 후 문화대혁명 기간에도 절대다수의 도시 사람들은 중국에서 기아로 수천만 명이 죽었다는 사실을 전혀 알지 못했습니다. 아사자가 발생한 지역에서도 자기 지역의 상황만 알 뿐, 다른 곳의 상황은 전혀 몰랐습니다. 또한 자기 지역 상황을 안다고 해도 감히 이 상황을 다른 사람들에게 알리려 하지 못했고요. 사람들은 그저 인내하고 또 인내할 뿐이었고, 그래서 당시 중국은 무너지지 않았습니다. 이와 비슷한 일은 우크라이나에서도 일어났죠. 우크라이나가 엄청난 대기근을 겪었던 그때가 바로 소련이 통치하던 기간이었습니다.

위안 —— 1930년대였죠.

쉬 —— 북한도 여러 차례 심각한 기근으로 수많은 사람이 굶어 죽었지만, 역시 붕괴하지 않았고 정권이 계속 유지되었죠. 그러니까 붕괴하느냐 마느냐는 사람들의 공통된 인식과 정보의 흐름에 달려 있다고 하겠습니다.

구체적인 예를 하나 더 들어보죠. 단순히 1989년 동유럽과 1991년 소련의 경제 수치만 비교해봐도, 이들의 상황은 중국의 3년 대기근보다 훨씬 덜 비참했고, 오늘날의 북한보다도 훨씬 더 나았습니다. 그런데 왜 그들은 붕괴했을까요? 이유는 20여 년 내내 극도로 실패한 경제 개혁에 있습니다. 20여 년간 반복된 개혁 실패가 그곳의 경제학자들, 사회 엘리트들, 심지어 공산당 고위층마저도 하나의 공통된 인식을 갖게 했죠. 지금의 제도로는 개혁이 불가능하며, 경제를 개혁하려면 먼저 제도부터 바꾸어야 한다는 것입니다.

'지금의 제도로는 개혁이 불가능하다'는 말은 무슨 뜻일까요? 이때의 제도는 민간기업을 금지하는 제도입니다. 그렇다면 무엇이 민간기업을 금지할까요? 바로 공산당이 민간기업을 금지합니다. 따라서 사람들은 오직 공산당의 통치를 끝내야만 사유경제를 발전시킬 수 있다는 것을 인식하게 됩니다. 사유경제의 발전은 결코 단순한 문제가 아닙니다. 사유경제의 발전이란 모든 이의 기본권이 인정받느냐 마느냐의 문제이며, 사유재산을 가질 수 있느냐 없느냐의 문제입니다. 모든 사람의 기본권이 인정받는다는 논리는 공산당의 가장 기본적인 원칙과 충돌을 일으킵니다.

이것이 바로 이들 국가에서 형성된 공통 인식이며, 이런 인식 속에서 기존의 제도는 붕괴하고 말았습니다. 만일 사람들이 공통된 인식을 형성하지 못하고, 목소리 내는 일이 모조리 금지당한다면, 지금의 북한처럼, 설령 기아로 사람들이 쓰러진다 해도, 사람들은 허리띠를 졸라매고 버텨야만 합니다.

위안 —— 그렇다면 경제가 안 좋은 상황에서 중국공산당의 통치가 군건할지, 쇠락할지는 중국인들에게 달렸고, 최소한 중국의 엘리트층이 공통된 인식을 만들어내야 한다는 것이군요?

쉬 —— 맞아요. 그들이 이 제도가 반드시 개혁돼야 한다고 인식할 수 있는지에 앞으로가 달렸습니다. 이것은 일개인의 문제도 아니고, 일개인 주변 몇 명의 문제도 아닙니다. 문제는 중국의 기본 제도에 있습니다.

위안 —— 많은 중산층 사람이 두려움에 떨고 있습니다. 다시 빈곤에 빠질까 두려워하고 있어요. 중산층의 몰락이 대규모로 벌어질까요? 보통의 중국인들은 이러한 경제 쇠퇴에 어떻게 대비해야 할까요?

쉬 —— 상황이 갈수록 나빠질 때, 저축을 하는 게 아주 중요합니다. 하지만 저축도 인플레이션이라는 엄청난 위기를 마주했죠. 인플레이션은 사람들의 저축을 '0'으로 만들어버립니다. 이런 일이 중국에서 처음 일어난 건 아닙니다. 소련과 동유럽 국가의 공산당 정권이 붕괴할 때, 갑자기 슈퍼 인플레이션이 발생했었죠.

어떤 사람들은 이 상황이 단순히 '충격 요법'[29] 때문이라고 말합니다. 하지만 그건 완전히 잘못된 해석입니다. '충격 요법' 자체로는 슈퍼 인플레이션을 만들어내지 못합니다. 사실 슈퍼 인플레이션은 수많은 악성 부채를 엄청난 양의 통화 유통으로 간신히 틀어막으며 피해온 게 마침내 터졌을 뿐입니다. 슈퍼 인플레이션은 과거부터 축적된 수많은 문제점 때문에 발생하는 거죠.

지금은 국유기업과 은행 들을 지탱하려면 수조, 수십조, 심지어 수백조 위안에 달하는 통화를 발행해야 합니다. 사실 기업과 은행들의 채무가 100조 위안에 달하기 때문에, 결국 국가도 금융 시스

---

29 '충격 요법'은 일종의 총체적 경제학 방안으로, 국가 주도적으로 갑자기 가격과 통화 규제를 완화하고, 무역의 자유화를 빠르게 진행하는 것을 의미한다.

템과 재정 시스템의 붕괴를 막으려면 그만큼의 통화를 발행해야겠죠. 하지만 일단 위기가 터지면, 그것은 파국과도 같은 인플레이션이 될 겁니다.

현재 중국은 심각한 내수 부족, 과잉 생산 능력, 디플레이션의 곤경에 직면해 있습니다. 적정 수준의 인플레이션은 사실 경제에 이로운 점도 있습니다. 하지만 지금의 문제는 곳곳에 엄청난 양의 자금이 쌓여 있고 악성 부채가 넘쳐난다는 것이죠. 이 문제들이 조만간 터져나올 겁니다.

위안 ── 그러면 보통의 시민들은 아무런 대책 없이 그저 폭풍이 몰려오기만 기다려야 하는 걸까요?

쉬 ── 우선 대출로 형성한 실물 자산, 가령 부동산 같은 자산을 소유한 게 아니라면, 악성 인플레이션에 직면했을 때 상당한 방어 능력을 갖출 수 있을 겁니다.

위안 ── 뭇 사람들은 공산당이 아직 내놓지 않은 패가 많다고 하는데, 이런 견해에 대해서는 어떻게 생각하시나요?

쉬 ── 국유 자산 총액을 따져본다면 그 액수가 어마어마할 겁니다. 모든 토지와 은행이 국가 소유이고, 국유 토지 위에 지어놓은 기반 시설들도 모두 국가 소유니까요. 게다가 모든 원자재 생산 업체도 국가 소유예요. 이런 것들을 모두 합하면 국유 자산의 총액은 실로 엄청날 겁니다.

조금 전에 우리가 언급했던 중국 경제의 총부채는 아마 GDP의 세 배 정도 될 겁니다. 하지만 국유 자산 총액이 확실히 그보다는 더 많을 겁니다. 그래서 사람들은 중국에 엄청난 국유 자산이 있으니, 이를 현금화해서 금융 문제를 해결하면 된다고 생각합니다.

하지만 여기서 우리는 대단히 중요한 기본 이치를 잊고 있습니다. 자산을 어떻게 현금화할 것인가입니다. 왜 금융위기가 출현할까요? 금융위기의 원인은 유동성 자산이 없기 때문입니다. 우리가 셈하는 국유 자산들은 전부 부동산이고, 유동성 자산은 없습니다. 국가에 유동성 자산이 없으면 어떻게 위기에서 벗어나야 할까요? 화폐를 더 찍어내지 않고도 유동성 문제를 해결할 수 있을까요? 아니겠죠, 그러니 당연하게도 화폐를 찍어내려고 할 겁니다.

즉 국가가 심각한 금융위기를 마주하면, 의지할 데는 국유 자산이 아니라 화폐 발행이 될 겁니다. 그리고 이렇게 문제를 해결하려다 보면 경제 전반에 인플레이션 문제가 생길 테고, 그럼 자산을 내다 팔아봐야 제값을 매길 수 없겠죠. 눈곱만큼의 자산을 아주 낮은 가격에 팔게 되는 거예요. 이런 식으로는 금융위기를 만회하지 못합니다. 전혀 쓸모없는 짓이에요.

또 다른 의지할 데는 바로 중국의 보유 외화입니다. 중국의 외화 보유액은 약 3조 달러에 달합니다. 하지만 중국 경제의 체급과 비교해보면 결코 큰 액수는 아닙니다. 게다가 외화 보유액은 계속해서 하락하는 추세고, 더불어 중국의 대외 무역도 계속해서 내림세를 보입니다. 이를 피할 길은 보이지 않네요. 보유 외환의 내림세는 조만간 위험 수준에 이를 겁니다.

그래서 '공산당 손에 꺼내지 않은 패가 많다'고 하지만, 우리는 이 패로 어떻게 게임을 할 수 있는지 알지 못하고, 사실 이 패로는 게임이 안 됩니다. 확실히 공산당 손에 자산이야 많지만, 이 자산을 국제 투자자들에게 파는 것 말고는 금융위기를 막아낼 방법이 없습니다. 하지만 개인에게 팔든, 국제 투자자들에게 팔든 이런 행위는 공산당의 집권 기반을 흔드는 일입니다. 그러니 정치적으로 받아들일 수가 없을 거예요.

위안 —— 지금의 경제 상황에서 사람들에게 추천해줄 책이 있을까요?

쉬 —— 컬럼비아대학 로스쿨 교수인 카타리나 피스터가 쓴 『자본의 코드: 법이 부와 불평등을 만들어내는 방법*The Code of Capital: How the Law Creates Wealth and Inequality*』을 추천합니다. 이 책은 우리에게 법치의 중요성을 알려줍니다. 이것이 저자의 원래 의도는 아니지만, 우리는 자본주의가 어디에서 왔는지, 자본은 어디에서 왔는지, 무엇이 자본인지를 깨달아야 합니다. 저자는 법학자의 관점에서 우리에게 자본주의가 법률 제도에서 왔고, 법률 제도가 없다면 자본주의도 없다는 것을 알려줍니다.

오늘날 중국에는 겉보기 법률은 있지만, 법치는 없습니다. 법치의 의미는 입법과 사법이 독립해 있다는 거죠. 그리고 독립이란 당과 행정 기구로부터의 독립을 뜻하고요. 이 책은 우리에게 어떻게 자본이 입법과 사법을 통해 생겨나는지를 알려줍니다. 실제로 중국에서의 자본과 자본주의 세계에서의 자본은 완전히 별개입니다. 자본주의 제도 뒤에는 제도를 지탱해주는 법치가 있으니까요. 즉 법치를 빼버린다는 건 자본주의의 혼을 없애는 것과 같습니다.

위안 —— 말씀하신 책이 타이완에서도 번역본으로 출간되었네요.

쉬 —— 네. 저자의 원래 주 관심사는 불평등이었고, 이 책에서도 불평등을 논하고 있습니다. 자본주의와 불평등은 떼려야 뗄 수 없는 관계고, 자본주의 사회에서 완전한 평등을 이루는 것은 불가능합니다. 그리고 제가 조금 전에 자본주의는 금융위기와 파산, 이 둘과도 떼려야 뗄 수 없는 관계라고 말했죠. 따라서 자본주의는 절대 완벽한 사회가 아닙니다. 우리 인류는 완벽한 사회를 찾지 못했어요. 하지만 최소한 자본주의에는 우리에게 더할 나위 없이 좋은 속성이 있는데, 바로 자본주의로써 인간의 권리를 보호할 수 있다는 것입니다. 현재까지 인류사회에서 가장 훌륭하게 만인의 기본권을 보호해주는 제도는 자본주의입니다. 저자도 책에서 불평등과 법률이 어떤 사람은 부자로, 어떤 사람은 가난한 사람으로 만든다는 점을 이야기하지만 동시에 우리는 이 책을 통해 이러한 것들이 자본주의의 단점이면서 독특한 점이라는 것을 알 수 있습니다.

위안 — 저도 어제 영어로 방송되는 팟캐스트를 한 편 들었는데, 자본주의와 민주주의의 관계를 다루는 내용이었습니다. 거기서 말하길, 민주주의 제도에는 반드시 자본주의가 필요하지만, 자본주의에는 민주주의가 필수는 아니라고 하더군요. 하지만 저는 자본주의가 오직 민주주의 제도 속에서만 지속적으로 발전할 수 있다고 생각합니다. 그러니까 소위 중국 특색의 자본주의는 결국 지속할 수 없다고 말해야겠네요.

쉬 — 네, 그 점이 바로 제가 자본주의나 사회주의로 중국을 논하는 게 적합하지 않다고 생각하는 이유입니다. 제가 왜 이 개념을 바로잡으려고 노력할까요? 중국은 전체주의 국가입니다. 중국은 전체주의 제도를 유지한 채 형식적으로 시장경제를 운영하는 척할 뿐이며, 전체주의가 지속될 수 있도록 노력하고 있습니다. 중국은 자본주의도 아니거니와, 법치도 존재하지 않는데, 무슨 자본주의를 논할 수 있겠습니다.

방금 말씀해주신 그 방송에서 '자본주의에는 민주주의가 필요 없다'고 했다면 다소 천박한 토론이라고 생각합니다. 사람들은 세계의 여러 국가에서 민주주의가 제대로 역할하지 못한다고 말하는데, 그건 선거를 치를 뿐인 권위주의를 민주주의라고 부르기 때문이고, 이런 식으로 민주주의의 의미를 확대 해석했기 때문입니다.

또한 수많은 정부에서 분명히 경제를 직접 조정하고 있는데, 그들 국가에 시장이 있다는 이유만으로 그를 자본주의라고 부르는 것도 자본주의의 의미를 확대 해석한 것입니다. 진정한 의미의 자본주의, 장기적이고 지속적인 발전이 가능한 자본주의는 민주주의와 하나로 연결되어 있습니다. 이유는 간단합니다. 자본주의 제도는 법치의 틀을 벗어날 수 없고, 법치의 틀은 민주주의 제도를 벗어날 수 없기 때문입니다.

위안 —— 오늘 참 많은 이야기를 나누었는데요. 우리가 다룬 이야기들 모두 사람들이 제게 줄곧 물어보던 문제들이었습니다. 마지막 질문을 드리겠습니다. 사람들은 중국 경제의 쇠퇴를 걱정하고, 경제가 붕괴하면 어쩌나 불안해하고 있습니다. 그리고 사람들은 중국 경제를 시장경제의 성격을 띤 경제 체제로 보고 있고요. 만약 중국을 전체주의 국가라고 여긴다면, 중국이 저지른 모든 행위의 논리를 이해할 수 있을 텐데, 이렇게 이해해도 좋을까요?

쉬 —— 네, 그렇습니다.

쑨쥔리孫軍利

부자가 됐다가 다시 빈곤해지다,
중국 경제가 수렁에 빠지자
치명타를 맞은 영세 사업자

쑨쥔리는 중국의 영세 사업자다. 그녀는 1970년대 산시성 농촌에서 태어났다. 쑨쥔리의 아버지는 그녀가 다섯 살 때 사고로 두 손을 잃었다. 쑨쥔리는 일찍이 노점상도 열어보고, 택시 운전도 해봤다. 그리고 2008년 스포츠 용품점을 운영하며 생애 처음으로 돈을 모을 수 있었다. 이커머스가 유행한 뒤에는 카페 체인점을 열었다. 하지만 2020년 말, 코로나19와 관련 정책의 이중 압박으로 체인점 20개를 모조리 날리고 막대한 빚더미에 오르며 큰 손실을 입었다.

그녀의 경험은 특수한 사례가 아니다. 그녀뿐만 아니라 많은 영세 사업자가 코로나19 기간에 겪은 일들은 중국 경제가 어쩌다 이 지경에 이르렀는지를 가장 잘 설명해준다.

독자들의 편의를 위해 쑨쿼리와의 인터뷰를 자전적 에세이로
재구성했다.

나는 1975년 산시陝西성에서 태어났고, 3, 4선 도시의 자영업자다. 촌에서 나고 자랐고, 고등학교를 졸업하자마자 도시로 가서 아르바이트했다. 당시에는 농촌호구, 비농호구, 도시호구가 나뉘어 있었는데, 나는 농촌호구이다 보니 도시에서는 직업을 가질 수 없었다. 하지만 농촌에서라고 달리 뾰족한 수도 없어서 무작정 고향을 떠나 도시로 갔다. 처음에는 노점상을 열었고, 택시 운전도 했고, 가전제품도 팔았다. 2008년에는 안타스포츠, 아디다스, 나이키 세 곳의 상품 판매를 대행하면서 전문 매장을 세 개 열었다. 내 생애 제대로 된 첫 수익이었다.

장사가 잘돼서 2013년에는 당시의 동업자이자 지금의 남편과 함께 카페 체인점 'Manny Coffee'를 열었다. 당시만 해도 중국에서 서양식 커피 사업은 틈새시장이었다. 우리는 1호점을 내고 차근히 매장을 늘려갔다. 2017년에는 매장이 20개나 됐고 산시 지역에서 제법 유명한 브랜드로 자리 잡았다.

나는 2015년부터 대출을 받기 시작했는데, 은행 대출로 매장을 늘릴 계획이었다. 2015년부터 2018년까지 5백만 위안이 넘는 돈을 대출받았고, 대출받는 것은 아주 간단했다. 내가 직접 은행에 갈 필요도 없었고, 은행 직원들이 찾아와서 대출을 권하곤 했다. 그때 연매출이 많게는 4000만~5000만 위안이었으니, 은행에서 나를 먼저 찾았다.

하지만 2018년 5월부터 2019년 10월 말까지, 은행은 대출금 5백만 위안을 정해진 기한보다 빨리 처우휘抽貨[30]해버렸다. 그 때문에 보유하고 있는 현금이 거의 동났지만, 곧 춘절 연휴 기간이면 성수기니까 버틸 수 있을 줄 알았다. 매장 20개면 춘절 기간 중 한 달에만 평균적으로 500만~600만 위안은 벌었기 때문이다.

코로나19 기간의 발버둥

2020년 춘절을 앞둔 섣달그믐날 저녁, 정부가 모든 매장을 닫으라고 통보했다. 그때만 해도 이게 어떤 일을 초래할지 알지 못했다. 단지 하필 대목에 영업에 차질이 생기겠거니 했다. 그렇게 매장을

---

30 은행에서 정해진 상환 일자 전에 기업에 운영상 문제가 있다고 판단하면 대출금을 미리 회수하는 것을 '처우휘'라고 한다.

닫고 기다림이 시작됐다. 얼마 지나지 않아 지역이 봉쇄됐고, 사람들은 거리에도 나올 수 없었다. 상황이 얼마나 심각한지 깨닫지도 못했는데, 갑자기 3개월 봉쇄가 시작된 것이다. 무려 3개월! 3개월간 수입은 한 푼도 없었다. 단 땡전 한 푼도 못 벌었다.

봉쇄가 시작하고 일주일이 지나자 슬슬 초조해지기 시작했다. 도대체 어쩌라는 거지? 대체 봉쇄가 언제 풀릴지 매일같이 뉴스를 찾아봤다. 봉쇄 3개월째에 접어들자 완전히 실의에 빠졌다.

마침내 5월이 왔고 매장을 열 수 있었지만, 모든 매장이 아니라 하나씩만 열 수 있었다. 영업을 재개했어도 매출은 반타작은커녕 거의 80퍼센트가 떨어졌다. 코로나19 이전에는 매장 하나당 하루 매출이 평균적으로 7000위안에서 1만 위안까지였다. 이제는 하루 매출이 고작 1000~2000위안밖에 안 됐다. 게다가 몇몇 직원은 출근을 거부하기도 했고, 물류에도 차질이 생겨서 재료 수급까지 어려워졌다. 완전히 망했느냐 물으면 망하지는 않았대도, 결코 제대로 돌아간다고도 할 수 없는 상황이었다. 와중에도 직원 월급이며 임대료가 꼬박꼬박 빠져나갔으니 사실상 매달 적자를 봤다.

매장 하나를 운영하려면 매달 3만 위안이 들었다. 매장 20개면 매달 60만 위안씩 손해였다. 그때부터 수중에 남은 현금은 없었다고 해도 무방했다. 나는 차며 집이며 닥치는 대로 저당을 잡고 현금을 마련했다. 코로나19 이전에는 매장 매출이 컸기에 신용카드 한도도 대략 50만 위안이나 됐지만, 이제 한도를 전부 사용했고, 그걸로도 모자라서 오빠와 여동생의 카드 한도까지 다 써야 했다.

이번 달만 버티면 다음 달에는 나아지겠지, 다음 달만 버티면 그 다음 달에는 나아지겠지 하는 마음으로 버티는 수밖에 없었다. 하지만 계속 밑지는 상황만 이어졌고 결국 2020년 11월 말에 이르러서는 상황은 최악으로 치달았다. 더는 뭘 밑지려 해도 밑질 게 없었다. 이때부터 건물주가 임대료를 재촉하는 상황이 시작됐다. 이미 2, 3개월 치 임대료가 밀려 있었기 때문에 건물주는 이번에 또 밀리면 매장을 닫겠다고 했다. 당시 나는 중앙 조리센터를 짓는 중이었고 거기에 500만 위안 가까이 투자한 뒤였다. 자체 공급망까지 구축하고 있었지만 공급망을 세울 때가 아니었다. 어쩔 수 없이 중앙 조리센터부터 닫기로 했다.

그럼에도 2020년 11월 말이 되자 더는 버틸 수 없는 지경이 됐다. 나는 다른 지역에 있는 매장을 도급으로 돌리기 시작했다. 예를 들어서 동업자와 운영하는 매장에 내 지분이 70퍼센트고 동업자의 지분이 30퍼센트였다면, 동업자에게 내 지분을 전부 넘기되 임대료와 임금 지급을 그쪽에서 책임지고, 대신 추가 수익도 전부 그쪽이 갖는 거였다.

투자비가 상대적으로 낮았던 매장들은 그나마 버틸 만했지만, 투자비가 가장 높았던 공항 내 매장은 내가 나서서 정리해야 했다. 코로나19로 공항을 찾는 사람이 없었기 때문이다. 공항 매장의 임대료는 1제곱미터당 500위안으로 비용이 너무 많이 들었다. 그리고 셴양咸陽시에는 매장이 8개 있었는데. 어떤 곳은 건물주가 직접 닫아버렸고, 어떤 곳은 출근할 직원이 없어서 내가 닫아야 했다. 2020년 12월 말이 되자 이제는 나한테 남은 매장이 하나도 없었다. 매장을 도급으로 돌리다 보면 돈을 벌지는 못해도 밑지지 않을 줄 알았고, 매장을 지킬 수 있을 줄 알았다.

2021년, 이해에는 내가 뭘 한 게 없다. 큰돈을 빌린 탓에 매일같이 돈 갚으라는 전화가 왔고, 집 문 앞에도 채권자들이 지키고 서 있었다.

그러던 중에 사고가 터졌다. 당시에 나는 한 달 보름 치 월급을 지급하지 못하고 있었다. 점포들을 처리했지만, 재무나 사무, 중앙 조리센터에서 일하던 직원들의 월급이 밀린 것이다. 직원들은 단체로 나를 노동감찰대대에 넘겨버렸다. 나는 노동감찰대대에서 공안국으로 넘겨졌고, 결국 16일 동안 구류되었다. 공안국에서 말하길 단체 소송이 들어왔으므로 월급을 지급하지 않으면 구류하는 수밖에 없다고 했다. 수중에 돈이 하나도 없었다. 공안은 매우 심각한 표정으로 만약 감춰둔 재산이 있으면서도 월급을 지급하지 않은 거면 징역을 살 수도 있다고 말했다. 하지만 공안이 아무리 나를 탈탈 털어봐야 땡전 한 푼 없다는 게 밝혀졌을 뿐이었다. 이윽고 채권자들은 나를 법정에 세웠고, 나는 신용불량자 명단에 올랐다. 그리고 지금까지도 비행기나 고속철도를 타지 못하게 됐다.

유치장에서 막 나올 때는 그 며칠간 내가 무슨 일을 겪었는지 떠올릴 수조차 없었다. 그때의 고통은 시간이 지나고서야 겨우 조금씩 치유할 수 있었다. 유치장에 가보지 않은 사람은 내가 뭐라고 설명한들 그곳을 이해할 수 없을 것이다. 고위직 관리들이 유치장만 다녀오면 백발이 되던데, 이제 왜 그런지를 충분히 이해할 수 있었다. 나도 머리가 하얗게 셌다. 머리카락 3분의 1이 흰머리가 됐다.

유치장 생활은 정신적인 학대였다. 내가 밖에서 누구였건 그곳에서는 죄수 번호로 불릴 뿐이었다. 이게 내가 유치장에서 느낀 것 중 하나였다. 두 번째로 깨달은 건, 유치장에 있으면 진정 자유를 잃는 게 뭔지 온몸으로 느낄 수 있다는 거였다. 앉거나 서거나 물을 마시거나 화장실에 가는 것처럼 지극히 평범하고 대수롭지 않은 일, 조금도 거리낄 게 없는 일들조차도 마음대로 할 수 없었다. 앉아 있는 게 힘들어도 코앞에 손만 뻗으면 닿는 침대에 절대 누울 수 없다. 화장실에 가려면 보고해야 하고, 모두에게 화장실에 가겠다고 알려야 한다. 심지어 사람들이 보는 앞에서 용변을 처리해야 한다.

정신적 학대 그 자체였다. 비록 십 며칠의 시간이었지만, 만약 내가 자기 주관이 없는 사람이었다면 일주일 만에도 명령에 복종하는 사람으로 세뇌당했을 것이다.

아침 6시면 반드시 10분 내로 기상해야 하고, 일어나면 이부자리를 정리한 뒤 줄지어 양치를 하고 화장실에 간다. 그다음에는 교도소 규정을 암기해야 한다. 시간대별로 정해진 행동만 할 수 있으며 그 외 다른 행동은 하면 안 된다. 처음 나흘 동안은 온몸이 마비된 것 같았다. 내가 어디에 있는지도 모르겠고, 밥도 못 먹겠고, 아무것도 하지 않았다. 그저 간수들이 시키는 대로 했다. 그러다 다섯째 날부터 서서히 정신을 차렸고 명상을 시작했다.

누군가 얼마나 힘들었냐고 묻는다면 사실 물리적으로 고통받은 건 아니었다. 아무도 날 무시하거나 곤란하게 만들지 않았다. 하지만 그곳에서의 생활은 완전히 정신적인 학대였다.

2021년은 이처럼 수난의 연속이었다. 2022년에 또다시 수모를 겪을 수는 없었다. 나는 10여 개의 매장을 양도받은 이들에게 그들이 매장 관리 경험이 없을 테니 내가 대신 매장을 운영해주겠다고 제안했다. 대신 그들이 내게 월급을 주는 거였다. 매장당 500위안이나 1000위안씩 월급을 받는다면 정상적인 생활이 가능했다.

그런데 생각지도 못한 일이 벌어졌다. 시안이 봉쇄되기 시작한 것이다. 매장들이 각기 다른 지역에 있었기 때문에 나는 셴양에서 웨이난渭南까지 가야 했다. 하지만 고속도로에 갇혀버렸다. 각종 PCR 검사 때문이었다. 내가 세 들어 사는 집은 셴양 기차역 근처인데, 불행하게도 이곳은 매번 봉쇄됐다. 2022년에만 8번이나 봉쇄됐고, 길게는 24일까지, 짧게는 7일까지 봉쇄가 이어졌다. 한 번은 PCR 검사 결과, 내가 '간접 접촉자(밀접 접촉자와 접촉한 사람)'라면서 우리 집을 봉쇄해버렸다. 때로는 자고 일어났더니 내가 사는 단지가 봉쇄당하는 식이었다. 그러면 밖으로 나가지도 못하고 아래층으로 내려가지도 못한다. 매장들도 마찬가지였다. 걸핏하면 문을 닫아야 했고, 영업 정지를 당하거나 강제로 폐장됐다. 설령 상황이 나아져서 폐장까지는 안 돼도, 매장 내 식사가 금지됐다.

즉 매장들을 정상적으로 운영할 방도가 전혀 없었다. 결국 모든 매장이 다 적자였다. 업주들이 손해를 보고 있는 터라 내 월급을 달라고 할 수도 없었다.

당시 내 오빠는 내가 운영하던 회사의 냉동탑차 기사로 일했는데, 사업이 멈춰버리자 배달 일을 시작했다. 오빠가 사정이 조금 나아지자 가끔 생활비로 300~500위안을 보내주기도 했다. 그 덕에 생활을 이어나갈 수 있었다.

봉쇄 해제 이후

2022년 말에 갑자기 봉쇄가 해제됐다. 하지만 더 큰 슬픔이 찾아왔다. 아버지가 봉쇄가 풀리자마자 코로나19에 걸렸다. 아버지는 줄곧 폐병을 앓아왔고, 나는 아버지가 버티지 못할 것을 알았기에 서둘러 시안에 있는 암 전문 병원으로 모시고 갔다. 아버지의 입원 기간은 6일이었다.

당시 오빠가 아버지를 간호하기 위해 병원에 있었는데, 아버지가 코로나19 검사 결과 양성반응이 나왔고, 병원 의사들과 간호사들도 양성반응이 나왔다. 이윽고 병원 전체를 소독해야 한다며 아버지의 퇴원이 결정됐다. 나는 지금 퇴원하면 안 된다고 반대했지만, 병원은 들어주지 않았고 모든 환자가 병원을 나와야 했다.

아버지는 결국 12월 23일에 퇴원했고 이틀 후 12월 25일에 돌아가셨다. 돌아가시던 날 아침부터 미열이 났다. 션양에서부터 아버지를 모시고 아버지 고향인 한청韓城으로 차를 몰았다. 오빠가 운전대를 잡았고 나는 아버지를 꼭 껴안았다. 아버지는 그렇게 고향에 가던 중에 내 품에서 눈을 감으셨다.

아버지를 보내드리고 나서 곧바로 춘절이 찾아왔고, 모든 매장의 장사가 정상으로 돌아갔다. 정월 초하루부터 보름 동안 매장별 매출이 대박을 터트렸다. 매일 5000~6000위안까지 매출이 회복됐다.

춘절이 끝나자 직장인들은 회사에 나갔고 학생들도 학교에 가면서 매출이 다시 떨어지기 시작했다. 당시 난 속으로 매해 한동안 매출이 하락하는 때가 있으니까 이번에도 이 시기가 지나면 매출이 다시 오르리라고 생각했다. 2월 매출은 기대치보다 너무 낮지도, 그렇다고 높지도 않았다. 평균적으로 매일 3000위안 정도 매출이 나왔다. 그러나 3월부터 매출이 떨어지기 시작하더니 4월에는 더 떨어졌다. 코로나19 이전만 해도 5월부터가 성수기였지만, 이해 5월 매출은 4월만도 못했다.

매장을 찾는 사람도 점점 줄어들었다. 이전에 평균적으로 달에 3000건 이상 주문이 들어왔다면, 5월에는 겨우 1200건이 다였다. 매출액도 점점 줄어서 매장 한 곳의 월 매출이 10만 위안이 전부였고, 그나마 이것도 내가 혼신의 힘을 다한 결과였다. 서비스, 운영, 마케팅 계획 등 예전에 활용했던 수단들을 총동원해도 한 달 동안 매장 한 곳에서 겨우 10만 위안을 벌 수 있었다.

비로소 나는 주 고객층에게 돈이 없다는 것을 알아차렸다. 그들은 돈을 쓸까 말까 주저하는 게 아니라 정말 쓸 돈이 없었다. 내 주 고객층은 대체로 샐러리맨이었지만, 사업가나 공무원, 사무직 종사자 등 중산층 이상의 소비자들도 포함했다. 예전에는 진쥔메이金駿眉나 정산샤오중正山小種처럼 고품질 차 한 주전자에 200위안을 넘게 받았지만, 올해는 128위안으로 가격을 낮춰도 주문하는 사람이 없었다. 만약 틱톡에서 2인 세트 메뉴를 68~69위안에 판다고 홍보하면 순식간에 다 팔렸지만, 홍보가 끝나고 원래 가격으로 돌아오면 매출이 안 나왔다. 이제는 싸게 판다고 홍보하지 않으면 손님이 오질 않았다.

나는 지금 동업자들에게 매장 정리를 권하고 있다. 원래라면 판매하는 상품의 원가가 낮고 임대료가 저렴한 매장은 한 달 운영했을 때 손해는 면할 수 있다. 하지만 내가 알기로 지금은 임대료가 낮은 점포들조차 4~6월, 3개월 동안 크고 작은 차이는 있대도 모두 손해를 봤다. 어디는 3만 위안, 어디는 2만 위안, 또 어디는 5천 위안, 다들 손해를 보고 있다.

모두 다 잘못한 걸까?

사실 사업을 시작할 때부터 뭐 하나 쉬운 게 없었다. 나는 원래부터 나태하지도 않고, 응석받이로 자라지도 않았다. 나는 항상 온갖 고난과 싸우며 살아왔다. 비록 배운 게 많지는 않았지만, 여러 매장을 관리하면서 공부를 멈추지 않았다. 영업 관리에 대한 것부터 매니저 양성 과정까지 공부했다. 공부하는 게 무척 좋았다. 나는 새로운 마케팅 계획을 세우기 위해 상하이나 광저우廣州, 홍콩에 갔고, 태국이나 주변 동남아시아 국가도 찾아갔다. 밖으로 나가야 더 많이 배울 수 있다는 것을 알았기 때문이다.

처음에는 마음속으로 세상을 원망하고 미워하기도 했다. 때로는 지금 내 상황이 내가 과거에 잘못된 선택을 한 탓이라고 자책도 심하게 했다. 나는 모두가 실수한다고 믿지 않았고, 그저 내가 멍청해서 실수를 저지르고 재산을 날린 것 같았다. 그런데 주변을 둘러보니 예외가 없었다. 주변 사람들도 나와 사업 규모가 별반 다르지 않은 영세 사업자들이었고, 매년 매출은 5000만~6000만 위안 정도였다. 하지만 이들도 지금은 예외 없이 다 가난하다. 내가 요식업을 선택했으니 내 잘못인가? 그럼 옷가게를 연 사람도 그의 잘못인가? 가구를 만드는 사람은? 석탄 세척 공장을 하는 사람은? 다 이들 탓인가? 주변 사람들 모두 각자의 일을 하고, 맡은 바 책임을 다한다. 그런데도 이들 모두 잘못한 것일까? 나는 다시 생각해봤고, 자책은 그만하기로 했다.

출구

최근의 나는 줄곧 생각을 정리하고 있다. 내가 뭘 할 수 있을까.

나는 수많은 가맹업자를 만났다. 정말로 그들은 가맹점의 이익을 가로채고 있었다. 나는 마음이 불편했다. 왜 'Manny Coffee'는 애초에 가맹 사업을 하지 않았을까? 그 이유는 경영 능력이 없는 사람이 점포를 운영하면 돈을 조금도 벌 수 없기 때문이고, 그런 사람에게 가맹비를 받는 것은 그의 피를 빨아먹는 것과 다르지 않기 때문이다.

그래서 나는 소규모 요식업을 준비하려 한다. 투자비는 10만 위안에서 15만 위안을 넘지 않고, 가맹점주의 수익을 보장해주는 것이다. 매장 위치 선택부터 매장 운영 방법, 홍보 방법까지 전부 가르

처줄 것이다. 내가 직접 모델을 만들어서 이를 공유할 것이다. 그러면 가맹점주들은 이 모델로 수익을 창출하고, 나도 마땅히 내가 벌만큼 벌 수 있다.

물론 이런 식으로 모두를 구제하지는 못한다. 하지만 내가 할 수 있는 한 최선을 다해 사람들을 돕고 싶다. 올해 매장 직원을 뽑았는데, 정말로 많은 사람이 일자리를 구하고 있다는 것을 알 수 있었다. 예전에는 대학까지 나온 사람은 지원하지 않았다. 그런데 며칠 전에 카페 체인점 점장에 지원한 사람을 보니 부동산 중개업을 하던 사람이지 뭔가. 지원자들의 학력이 눈에 띄게 높아졌다. 예전에는 그저 성실하고 일 잘하는 사람들이 지원했지만, 올해에는 4년제 대학에 다니는 학생들까지 지원하고 있다. 게다가 이제는 구인 플랫폼에 공고를 올렸다 하면 일단 매일 엄청나게 많은 사람이 전화를 걸어서 사람이 필요하냐고 묻는다.

나는 매장을 개업할 줄 아는 것 말고 다른 능력은 없다. 수중에 10만 위안도 없는 내가 뭘 할 수 있겠나? 그저 나는 내 아이디어를 가지고 동업자를 찾아서 함께 사업을 일으킬 뿐이다. 현재도 오로지 이 힘으로 동업자를 찾았다.

사실 나 같은 사람들은 대단한 걸 바라지 않는다. 지원금을 달라는 것도 아니다. 그저 정부가 신용불량자 명단에서 우리의 이름을 삭제해서 우리가 일상을 무난히 지낼 수 있길, 다시 한번 창업의 길로 나아갈 수 있길 바랄 뿐이다.

일자리를 찾지 못한 청년들

중국 경제가 나날이 쇠퇴하자, 청년 취업은 많은 사람이 주의 깊게 살펴보는 의제가 되었다. 2023년 중국은 대졸자 1160만 명 배출이라는 역사적인 기록을 세웠다. 그러나 정부 측 자료에 따르면 중국 청년 다섯 명 중 한 명꼴로 실업을 면하지 못했다고 한다. 이 역시 역사상 최고로 높은 수치다. 일자리를 찾지 못한 청년들은 지금 어떤 일을 겪고 있을까? 그들은 자신과 국가의 미래를 어떻게 바라볼까?

독자들의 편의를 위해서 본 편의 인터뷰 내용을 면담자의 자전적 에세이로 재구성했다.

미래에 어떤 가능성이 있을까?

저는 인터넷 관련 분야를 전공했고, 작년에 영국의 대학에서 석사 학위를 받았습니다. 올해는 일자리를 찾고 있는데 정말 힘드네요. 전공을 살려서 대기업 여러 곳에 이력서를 냈고, 면접까지는 갔지만 어디에서도 합격 연락을 받지 못했습니다. 교직을 알아보기도 했는데, 지금처럼 경직된 체제에서 저를 교수로 임용해주는 곳은 없었어요. 융합학과를 전공했기 때문에 저는 어디에도 갈 수 있지만, 사실상 제도의 한계로 어디에서도 저를 받아주지 않았습니다. 이후에 국영기업 면접도 봤는데 유학을 다녀온 탓인지 결국 다 떨어졌고요.

저는 2016년에 대학에 들어갔고, 당시는 인터넷 산업이 엄청나게 잘나갔습니다. 제 기억에 입학 후 몇 달도 안 돼서 공유 자전거가 출시됐어요. 마침내 기회가 충만한 시대가 도래한 듯했죠. 그때 중국에서 유행했던 책이 윌리엄 R. 맨체스터의 『영광과 꿈*The Glory and the Dream*』이었습니다. 저는 중국도 이제 미국의 '영광과 꿈'의 시대와 맞먹는 시기를 맞았다고 생각했습니다. 하지만 예상과 달리 제가 졸업하자마자 인터넷 산업은 사양 산업이 되고 말았습니다.

영국에서 대학을 졸업할 때만 해도 일자리를 찾는 게 쉬울 줄 알았습니다. 이전 졸업생들을 보면 정말 쉽게 취업했으니까요. 다들 원하는 기업을 골라 갈 정도였으니, 취업이 이토록 어려울 줄 상상도 못 했어요.

일자리를 찾는 것만이 문제가 아니었습니다. 많은 기업의 기업 문화가 절 견딜 수 없게 만들었습니다. 면접에서부터 인사 담당자들은 초과 근무를 할 수 있는지 물어봅니다. 저는 아마 이 질문에서 걸러진 것 같아요. 이렇게 답했거든요. "어떤 경우에 초과 근무를 해야 하죠? 저는 무의미한 초과 근무는 하고 싶지 않습니다. 제게는 저만의 생활이 있습니다." 나중에 회사가 보낸 메일에는 이렇게 적혀 있었어요. "초과 근무는 필수입니다."

한 여자 동기는 인터넷 산업 회사에 취직했지만, 입사 첫 주에 사장에게 성희롱을 당했다고 말했습니다. 사장이 동기더러 물건을 집 안까지 옮겨달라고 했고, 거절하자 온갖 방법으로 괴롭힘을 당했다고요. 나중에 동기에게 듣자니 사내 여성 직원들은 다 사장에게 성희롱을 당한 적이 있다고 하더군요. 최악의 기업 문화가 아닐 수 없죠.

전 중국의 발전을 그다지 좋게 보지 않습니다. 최근 있었던 '샤오귀원화笑果文化 사건'[31]처럼, 정부가 사회 전체를 옥죄고 있는 한 앞으로 어떤 가능성도 없을 테고, 우리가 새로운 것을 창조할 공간도 없을 테니까요.

저는 사람들에게 공간을 마련해주는 것이 중요하다고 생각합니다. 국가는 우리 같은 신지식인들을 테두리 안에 가두지 말고, 새로운 기술을 시도할 수 있게 보장해줘야 합니다. 저는 젊은 사람이 나이 든 사람보다 분명 더 창의적이라고 생각해요.

중국의 경제 상황은 분명 디플레이션에 빠져 있습니다. 제 어머니는 꽤 성공한 사업가라고 할 수 있는데요. 어머니가 어느 날 제게 돈이 생기면 어디에 투자할지 묻더라고요. 그래서 제가 대답했습니다. 투자할 생각 말고 달러로 바꿔두시라고요. 지금은 모두가 투자를 주저하고 있습니다. 현재 경제 상황에서 어떤 사업가도 안정감을 느끼지 못하는데 어떻게 투자를 하겠어요. 게다가 어디에 투자해야 할지도 모르는 상황인데 말이죠. 저는 경제든 기술 혁신이든, 이 방면으로 중국에는 그다지 희망이 없다고 봐요.

---

31 샤오귀원화 소속 개그맨 리하오스李昊石가 토크쇼에서 말한 내용이 인민군을 모욕했다며 논란이 됐다. 베이징 공안국에서 이 사건을 조사했고, 샤오귀원화는 1000만 위안이 넘는 벌금을 물었으며, 많은 오프라인 무대 공연이 중단되었다. 이 사건으로 중국 내 여타 오프라인 토크쇼 공연들도 몸을 사려야 했다.

글로리아Gloria

직장생활이 가져올 변화가 두렵다

안녕하세요. 저는 글로리아입니다. 저는 중국 중부 지역의 한 도시에서 태어났고, 올해 6월이면 석사 학위를 받습니다. 작년 9월과 10월의 '추초秋(가을 캠퍼스 취업설명회)' 때부터 구직활동을 시작했어요. 올해 3월까지도 여전히 구직활동 중이고요. 최근 일주일 동안 미친 듯이 이력서를 돌렸고, 두세 곳에서 면접도 봤어요. 작년에 학교에서 취업설명회를 개최했는데, 많은 기업에서 우리 학교를 찾아왔어요. 저도 가봤지만 제 전공에 맞는 일자리는 없더군요. 저는 의기소침해졌지만, 제가 할 수 있을 것 같은 일이라면 일단 무조건 이력서를 내기로 했어요. 그렇게 세 번의 면접 기회를 얻었죠.

첫 번째 면접은 판매직 면접이었어요. 인사 담당자가 물어보더군요. "석사 학위도 있는데, 판매직을 하겠다고요? 이 일은 정말 힘든 일인데." 사실 전 조건에 꽤 만족했거든요. 직장도 상하이에 있고, 인재 양성형 채용이라서 월급이 한 달에 1만 위안이 넘었어요. 앞으로 승진의 기회도 있고요. 하지만 담당자는 자꾸 저더러 잘 생각해보라고, 일이 정말 힘들다고 말했어요. 담당자와 통화를 마치고 저도 회사에 대해 이것저것 검색해봤죠. 그러다가 어떤 사람이 적어놓은 불만 사항을 봤는데, 매일 밤 10시가 넘어도 퇴근하기 힘들다고 하더군요. 그걸 보고 '난 안 되겠다, 포기하자'고 생각했어요.

두 번째 일자리는 광저우에 있었어요. 채용하려는 보직과 제 전공이 맞지 않아서, 담당자가 제 실습 경력을 보더니 차라리 운영직을 맡아줄 수 있겠냐고 묻더라고요. 저는 일단 월급과 근무 시간부터 여쭤봤어요. 월급도 그다지 높지 않고, 숙식도 제공하지 않는다고 하더라고요. 월급도 적은데 숙소도 직접 구하려면 생활이 어려울 것 같았어요. 그때 저는 속으로 어떻게 구하는 일마다 이 모양이냐고 생각했어요. 나중에서야 정말 진지하게 지난번의 판매직을 해야 하나 싶더라고요. 다른 일을 찾을 수 없다면 그 일이라도 해야겠어서요. 판매직 일을 하면서 다른 일을 찾아봐도 되니까요.

제가 느끼기에 요즘 경기가 무척 안 좋다 보니, 구직도 정말 힘든 일이 된 것 같아요. 저축해둔 돈이 없다면, 매월 안정적으로 월급이 들어온대도 굉장히 불안할 것 같고요.

저도 이제 20대 후반이라 그런지 위기감을 느껴요. 심각한 수준은 아니래도, 아무튼 위태로움을 느끼죠. 그래서 두 번째 면접 이후부터는 조건도 따지지 않고 마구잡이로 이력서를 넣었어요. 웨이보든 위챗 채팅방이든 구인 공고가 뜨면 이력서부터 넣고 봤어요. 답을 기다리는 며칠 동안 미칠 듯이 초조하더라고요. 300곳도 넘는 데에 연락했고, 50여 통의 이력서를 넣었으니까요. 마침내 두 군데에 면접을 보러 갔죠.

처음에는 저도 일해보고 싶은 곳을 찾아서 이력서를 냈지만, 그런 곳에서는 절 신경도 안 썼어요. 그래서 관심이 없더라도 이력서를 내야겠다 싶어서 내보면 전공이 그 일에 맞지 않는다며 거절당했고요. 저는 '북상광심北上廣深(베이징, 상하이, 광저우, 선전深圳)'에는 기회도 많고 저한테 관심을 가져주는 곳도 있을 줄 알았어요. 실상은 이력서를 내봐야 형식적인 답변만 돌아오는 게 다였어요. "보내주신 이력서는 잘 받았습니다. 서류 합격 시 3일에서 5일 안에 연락드리겠습니다." 그러고는 아무 연락도 없는 곳이 태반이었죠.

'정말 안 되겠다. 어떻게 면접 기회조차 없는 걸까?' 점차 초조해졌어요. 그래서 다시 전공과 관련된 일자리를 찾기 시작했죠. 그랬더니 그나마 면접 기회는 생겼는데, 면접에 가면 듣는 이야기가 뻔했어요. "이 일은 초과 근무가 필수입니다. 주에 6일 근무하거나, 정 안 되면 격주로 주 6일 근무하셔야 해요."

또 어떤 회사는 정말이지 받아들이기 어려운 조건을 내걸었어요. 자기네는 최저 임금이고 뭐고, 순전히 능력에 따라 급여를 지급한다나요. 듣는 순간 어안이 벙벙해졌어요. 대체 능력을 어떻게 평가하겠다는 건지, 그럼 임시직으로 일하는 거랑 뭐가 다른지…… 다른 곳도 신입은 뽑지 않을 거라며 최소 2~3년 경력이 있는 사람만 지원할 수 있다고 했고요.

당시 제가 받은 인상은 사회적 분위기든 기업이든 신입사원에게 기회를 주고 싶어하지 않는다는 거였어요. 경기도 안 좋고 인원 감축도 잦은데, 신입을 뽑아서 일을 가르치는 게 기업에는 낭비처럼 느껴지겠죠.

제가 면접을 다니면서 깨달은 건, 기업들이 초과 근무를 스스럼없이 제안하는 데다 심지어 이게 정상이라고 생각한다는 거였어요. 하지만 저는 초과 근무는 절대로 하지 않겠다는 주의였고, 결국에는 많은 기회를 포기해야 했어요. 최근 2년 동안 갓 졸업한 대학생들이 과로사했다는 이야기를 자주 들었어요. 저는 겨우 일에 목숨까지 걸고 싶지 않아요. 우선 몸이 건강해야 뭐라도 해볼 수 있잖아요. 사람은 삶을 살아야 하지 않겠어요. 고작 일하고 자는 데에만 삶을 바칠 수는 없어요. 그렇게 살면 고등학생 때 일어나서 매일같이 공부만 하던 삶과 뭐가 다르죠? 저는 그런 생활이 넌더리가 나고 숨막혀요. 그때도 그게 좋아서 한 건 아니었어요.

'초과 근무'라는 게 중국의 기업 문화를 잘 반영한다고 생각해요. 원래 저녁 6시면 퇴근해야 하는데 매일 자정까지 초과 근무한다고 해보죠. 그런데 초과한 6시간 동안 일하는 척 시간만 보낸다면 회사가 효율을 논할 수 있을까요? 저는 초과 근무는 전혀 효율적이지 않을뿐더러 개인의 에너지만 축내는 일이라고 생각해요. 제대로 쉬지도 못하고, 매일같이 뭘 하는지도 모르고, 그저 사장에게 내가 이 일을 위해 목숨까지 갈아 넣고 있다는 걸 보여주기 위한 거라면,

좋아하려야 좋아할 수가 없죠.

면접에서 자주 들은 질문이 '당신은 수고를 감내하는 편인가요?'예요. 저도 물론 정신적이든 물질적이든 제게 이롭다면야 고생도 감내하죠. 하지만 아무것도 배울 게 없는 일을 반복적으로 시키면 할 수 없어요. 거기에는 아무런 삶의 의의도 없다고 생각해요.

이런 생각도 해봤어요. 도대체 학력이 무슨 의미일까요? 석사 학위까지 받고 이제 곧 졸업인데, 저는 정말로 제가 하고 싶은 일에 가까워지고 있는 걸까요? 저는 도대체 뭘 원하는 걸까요? 사실 저도 모르겠어요.

이전에는 남들이 다 공부하니까 저도 해야겠다고 생각했어요. 남들이 대학원에 갈 준비를 하니까 저도 했고, 그 이전에는 남들이 다 대학에 가니까 저도 가야 하는 줄 안 거죠. 스스로 미래를 뚜렷이 그려본 적도 없고, 내가 뭘 하고 싶은지 생각한 적도 없어요. 마치 파도에 휩쓸리듯이, 남들이 하니까 저도 하는 꼴이었죠.

기숙사 방을 네 명이 같이 쓰는데요. 저를 뺀 룸메이트 세 명 모두 공무원 시험을 준비하겠다고 말해서 깜짝 놀랐어요. 작년에 졸업한 1년 선배인 언니는 졸업하기 전부터 공무원 시험을 준비했고요. 코로나19 때문에 결국 시험을 미뤘지만요. 졸업할 때 제가 언니에게 물어봤죠. "이미 직장도 다니는데 그래도 공무원 시험을 준비할 거예요?" 언니가 말했어요. "계속 준비할 거야." 나중에는 방향을 바꿔서 고등학교 행정직을 준비한다고 하더라고요. 그 직업이 안정적이어서요. 또 다른 룸메이트도 역시 공무원 시험을 준비했는데,

너무 어려워서 이제는 임용고시를 준비하기로 했대요. 하지만 둘 다 처음에는 공무원 시험을 준비했고, 안정적이고 편하면서 남들 보기에도 좋은 직업을 희망한 거죠. 결국에 진로를 바꿀 때도 안정적이기만 한 직업이면 된다고 생각한 것 같아요. 지금은 일자리를 찾는 것이 정말 어려워요. 룸메이트와 이야기하는데, 룸메이트가 예전에는 '급여 많고, 일은 적고, 집에서 가까운' 일자리를 원했다면, 지금은 이 중에 하나만 괜찮아도 좋겠다더라고요.

저는 작년부터 명확한 목표가 생겼어요. 바로 '윤'이에요. 절대로 중국에서 이렇게 살지 않을 거예요. 지금 당장은 좀 불안하죠. 월급을 많이 받는 것도 아니고요. '윤'하려면 우선 충분한 자금이 있어야 하는데, 천천히 마련하려고요. 이보다 제가 걱정하는 건, 자금을 다 모으지 못했는데 시국이 예상할 수 없는 방향으로 흘러가는 거예요. 타이완해협 사태와 같은 일이 언제 발생할지 예측할 수 없으니까요.

저는 확실히 비관적이에요. 예전에는 정치에 그다지 관심이 없었지만, 3년간 '제로 코로나'라는 난리를 겪고 나니, 책에서나 볼 법한 황당무계한 일이 현실에서도 벌어질 수 있다는 걸 알게 됐어요. 오직 윗사람의 뜻대로 일하는 사람들은 윗사람이 어떤 명령을 하든 상황을 둘러보지 않고 기계처럼 명령을 수행해요. 윗사람이 절 끌고 가라고 하면 그들은 무조건 절 끌고 가겠죠. 마치 문화대혁명 당시 홍위병들이 민가에 몰려가서 집집을 샅샅이 뒤지고 털었던 것처럼요.

앞으로도 직장을 구하지 못하면 판매직이라도 하려고요. 생활비로 쓸 월급이 꼭 필요하거든요. 부모님께서는 공무원 시험을 준비하라는데, 전 절대 안 해요. 공무원직은 미래의 '윤' 계획에 차질을 줄 거예요. 공무원을 그만두는 게 어려울 테니까요. 저는 안정적인 월급과 안정적인 근무 시간, 저만의 휴식 시간을 원해요. 여기에 유연성도 필요하고요. 그래야만 제 미래 계획을 차근차근 실행해 나아갈 수 있어요.

개인 시간을 가질 수 있다는 게 제게는 정말 중요해요. 잘 때 빼고는 일만 하는 삶을 살 수는 없어요. 이전에 대학 동기가 자기가 다니는 직장에 대해 말해준 게 있는데, 저는 듣기만 해도 정말 무섭더라고요. 친구는 막 졸업하고 나서 월급이 6000위안인 직장에 취직했는데, 매일 엄청난 스트레스를 받았대요. 저랑 만났을 때도 관둘 생각을 하고 있었고요. 그때만 해도 저는 천진난만하게 월급도 높은데 왜 관두려는 거냐고 물었죠. 그 친구가 이렇게 말했어요. "난 매일 자정까지 초과 근무를 하고 겨우 자취방으로 돌아가. 그러고는 밤마다 악몽을 꿨어." 관리자는 매일 직원들을 감시하고 더 많은 성과를 내라고 압박했대요. 하나를 끝마치면 쉴 새 없이 다른 일을 주고요. 친구는 매일 극도로 정신이 긴장된 상태로 지냈다고 해요. 제가 보기에도 예전처럼 수다 떠는 것을 좋아하지도 않고, 아주 우울한 분위기를 풍겼고요. 이전에는 우리 둘이 만나면 한참 수다 떨곤 했거든요. 이제는 제 말에 반응도 없더라고요. "정신과 상담을 받아보는 게 어때?" 제가 물어봤어요. 친구의 상황이 무척 걱정돼서요. 하지만 친구는 가족을 부양해야 하고, 회사를 그만둘 수는 없다면서 고개를 저었어요. 그래도 저는 관두는 편이 낫겠다고 말했죠. 이상한 일이죠. 친구를 만나고 채 몇 시간 만에 생각이 바뀐 거예요. 처음에는 '왜 관두려는 거냐' 물었는데, 결국 "빨리 관두는 편이 낫겠어"라고 말했으니 말이에요. 친구에게 일어난 변화가 처음에는 보이지 않았지만 대화를 마칠 즈음 확실히 보였어요. 직장생활이 친구에게 일으킨 변화가 정말로 무서웠어요.

제가 아니라 누구라도 친구의 낙담과 무기력함, 영혼이 빠져나간 것 같은 느낌을 알아차릴 수 있었을 거예요. 저는 제가 알던 그 재미났던 친구가 어째서 이렇게 변했는지 생각해봤어요. 처음에는 이해하지 못했지만, 친구와 대화를 마치고 저는 초과 근무는 할 게 안 된다고 확신했어요. 아무리 돈을 많이 준대도 저렇게는 못 해요. 매일 생기 잃은 눈을 하고 일에 치여서 힘들어한다면, 그건 정말 가치 없는 일이에요. 전 겨우 20대 중반이니까 즐겁게 웃으면서 저만의 행복한 20대를 보낼 생각이에요. 결혼이나 아이를 낳을 생각도 없고요. 저만의 인생을 행복하게 보내야겠어요.

마일스Miles

개인의 권리가 보장되는 땅에서
평온하고 자유로운 삶을 살다 가고 싶다

저는 올해 졸업을 앞둔 석사생입니다. 어려서부터 공부는 꽤 했어요. 그리고 대학원 시험에 합격해서 중국 최상위권 대학원에 진학했고요. 머지않아 '샤오훙수小紅書'에 널려 있는 연봉 100만 위안의 직업을 가질 수 있을 것[32]처럼 보였습니다. 하지만 중국에서 비교적 높은 연봉을 받는 직업을 가지려면 아주 긴 실무 경험이 있어야 합니다. 그래서 저도 인턴직을 꾸준히 해왔습니다. 월급도 거의 없고, 주 7일 근무에, 24시간 대기하는 생활을 하다 보니 건강은 갈

---

32 '샤오훙수'는 중국의 생활 공유형 애플리케이션으로 많은 사용자가 자신의 고수입을 자랑한다. 몇몇 사람은 이 앱의 사용자들은 연평균 100만 위안 이상을 번다고 농담조로 말하기도 한다.

수록 나빠졌습니다. 점점 견디기 힘들어졌고, 이렇게 계속 살 수 없을 것 같았습니다. 설령 연봉이 100만 위안을 넘으면 또 뭘 어쩌겠습니까? 아마도 더 비싼 집을 사고 싶어하겠죠. 하지만 여전히 그 고통스러운 삶에 꽁꽁 묶여 있을 겁니다. 어려서 선생님과 부모님으로부터 '노력은 행복을 가져온다'는 말을 듣고 자랐지만 현실은 판이했습니다. 저는 이 직장을 떠나기로 결심했습니다.

제가 다니던 직장의 사장은 항상 자정에 업무를 줬습니다. 언제까지 해야 하는지 물어보면 다음 날 아침까지 달라고 했고요. 즉 오늘 자지 말라는 것이었죠. 한번은 새벽 3~4시까지 날을 세면서 일했는데, 도무지 견딜 수가 없었습니다. 심장이 너무 빨리 뛰고 숨이 막혀오자 정말 무서웠습니다. 하지만 당시에 저는 견뎌야 한다는 생각에 사로잡혀 있었습니다. 그때만 해도 다들 이런 생활을 견디는데 나라고 못 하겠냐고 되묻곤 했습니다. 여기서 견디지 못하면 더 나은 삶도, 정규직도 물 건너간다고 생각했고, 직장을 다니는 동안 스스로를 채찍질하며 견뎠습니다. 나중에 회상해보면 정말로 끔찍한 짓이었죠. 이 업종은 사람이 넘쳐납니다. 제가 갑자기 과로로 죽는다고 해도, 벼랑 끝에 매달린 수많은 사람이 앞다퉈서 내 빈자리를 메우려고 할 겁니다. 하지만 저는 죽으면 그것으로 완전히 끝나버리고 마는 겁니다.

어려서부터 부모님과 선생님이 가르쳐주신 건 매일 열심히 공부하면 좋은 대학과 대학원에 입학할 수 있고, 좋은 직장을 얻을 수 있고, 그러면 먹고살 걱정 같은 건 안 해도 된다는 것이었습니다. 심지어 이런 가치관은 살짝 왜곡되기까지 해서, 소위 '잘난 사람'이 되면 앞으로 한평생 존경받는 삶을 살면서 명망도 얻고, 물질적으로도 걱정할 필요가 없을 것이라는 생각까지 했습니다. 그저 공부만 열심히 하고, 남들보다 더 뼈를 깎는 노력을 하면, 그만큼 더 똑똑해질 테니 평생 걱정 없이 살 수 있을 것 같았습니다.

하지만 사회생활을 하면 할수록 금수저가 아니면 그런 일은 없다는 걸 알게 됐습니다. 저는 권력도 없고 집안에 잘나가는 사람도 없고, 그저 정직하게 공부하는 길을 걸어왔습니다. 예전에는 다들 이 길을 걷는 게 아주 훌륭한 일이라고 말했지만, 정작 사회에 나와 보니, 이 길은 단지 좀더 고급스러운 '인간 자원'으로 쓰일 자격을 얻는 길일 뿐이었습니다. 이 자격을 얻겠다고 건강을 해치고, 더 나아가 목숨까지 희생합니다. 마치 제가 예전 직장에서 일했던 것처럼 말입니다. 그 직장에서는 해마다 사람들이 죽어났습니다. 우리는 내가 죽지 않아서 다행이라고 안도하곤 했습니다. 하지만 언제까지 내가 아닐 수 있겠습니까?

이 같은 일들을 겪고 난 후, 저는 인생의 방향을 모색하기 시작했습니다. 저는 대체 어떻게 살아야 할까요? 어떤 직업을 선택해야 할까요? 처음에는 단순하게 생각했습니다. 어차피 '996' '007' 근무 시간[33]을 받아들일 수 없다면 고향으로 돌아가버리자고요. 매일 아

---

[33] '996'은 아침 9시에 출근하고 저녁 9시에 퇴근하며 주 6일 근무하는 것을 뜻한다. '007'은 자정에 출근해서 다음 날 자정에 퇴근하며 주에 7일 근무하는 것을 뜻한다.

침 9시에 출근해서 오후 5시에 퇴근하는 일자리를 찾아봐야, 이런 일자리를 찾는 건 불가능했고, 저녁 7시나 8시에 퇴근해도 이른 축에 속했습니다. 아무튼 월급이 낮더라도 근무 시간이 짧은 일자리를 찾았습니다. 가늘지만 길게 살아야 마지막에 가서 웃을 수 있지 않겠습니까?

하지만 주변을 둘러보니, 고향에 간다고 한들 근무 시간과 월급이 괜찮지도 않았습니다. 만약 매일 근무 시간이 4시간 줄면, 급여는 3분의 1이나 4분의 1로 줄어듭니다. 그러니까 소도시로 가면 방세와 생활비는 낮아지겠지만, 월급은 훨씬 더 낮아집니다. 저는 생각했습니다. '가늘고 길게 산다는 게 이렇게 극빈한 삶을 대가로 치러야 한다는 뜻인가?'

다른 보통의 중국 청년들 역시 저와 마찬가지일 겁니다. 어려서부터 아무도 가르쳐주지 않았고, 그저 잘 짜인 '인간 자원이 되는 길'을 따라 살아왔기 때문에, 빠르게 문제의 근원을 찾지 못할 겁니다. 저도 단지 제게 직관적인 느낌이 있을 뿐이었습니다. 그러니까, 항상 제 삶이 뭔가 잘못되었다고, 미래가 암울하다고 느꼈을 뿐, 도대체 문제의 근원이 무엇인지는 모르고 있었습니다.

저는 우연히 VPN을 써보기로 생각했습니다. 수개월 동안 우회 접속을 하면서 저는 엄청난 양의 당사黨史, 중국 역사, 정치 자료, 다양한 인문 지식을 접할 수 있었습니다. 그때부터 각종 국내외 시사를 주의 깊게 살피기 시작했고, 차츰 모든 질문의 답을 찾아냈습니다. 마침내 이 모든 것이 결코 우연이 아니었다는 것을 알게 되었습니다. 당시 저는 어찌할 바를 몰랐고, 오랜 믿음들이 무너졌습니다. 몇 달을 우울하게 보냈고, 심할 땐 밥도 제대로 못 먹고, 잠도 제대로 못 자고, 침대에 누워서 두 눈만 멀뚱멀뚱 뜨고 있었습니다.

그러다 어느 순간 실상을 이해하는 것이 광명을 찾는 첫걸음이라는 것을 깨달았고, 점점 충격을 받아서라도 깨달음을 얻은 게 다행이라고 여길 수 있었습니다. 우울증도 자연스레 치유되었고요. 저는 그때부터 오직 중국을 떠날 날만을 꿈꾸며, 적극적으로 여러 나라의 자료를 찾아보고 무작정 영어를 공부하기 시작했습니다. 특히 최대한 빨리 이 나라를 떠나기 위해 온갖 방법을 생각해냈습니다. 어쨌든 현재 시국이 매우 불안하고 예측할 수 없기에, 떠나는 것이 늦어지면 늦어질수록 결국 영영 발이 묶일까 걱정스러웠습니다.

따지고 보면 사실 저는 지금도 중국에서 일자리를 찾을 수 있고, 또래 젊은 친구들과 비교해서 더 높은 수입을 벌 수 있습니다. 하지만 저는 이런 기회들이 미래의 위험과 견줬을 때 아주 보잘것없는 이익일 뿐이며 이마저도 오래가지 못할 것을 압니다. 전체 파이가 급속하게 줄어드는 상황에서 설령 내 앞의 파이가 좀더 크다고 한들, 배불리 먹기란 불가능합니다. 게다가 시민사회에 대한 각종 탄압으로 삶의 질은 이루 말할 수 없이 하락하고 있습니다. 중국에서 권력을 갖지 못한 사람은 '인간 자원'일 뿐이고, 오직 '고급 인간 자원'이냐 '저급 인간 자원'이냐를 나눌 수 있을 뿐, 본질적으로는 모두 다 희생양일 뿐입니다. 저는 제 일생이 중국공산당의 사악한 통치에 소모되는 희생양이 되는 것을 참을 수도 없고, 원하지도 않습니다. 저는 그저 도망치고 싶을 뿐입니다. 설령 이 육신을 아르바이트하는 데 내몰아야 한대도 도망칠 수만 있다면 기꺼이 그렇게 하겠습니다. 저는 일확천금 같은 건 바라지도 않고, '잘난 사람'이 될 수 있느냐 없느냐도 신경 쓰지 않습니다. 저는 그저 개인의 권리가 보장되는 땅 위에서 평온하고 자유로운 삶을 살다 가길 원할 뿐입니다.

저는 저의 경험이 한편으로는 현 중국 청년들의 절망을 반영하고, 다른 한편으로는 일부 청년들의 각성을 반영한다고 생각합니다. 설령 어려서부터 세뇌되어 무감각해진 채 문제 푸는 기계와 일하는 기계로 자라난 사람조차 '이 사회는 도대체 뭐가 문제일까? 그 근원은 도대체 어디에 있을까?'라고 생각하기 시작할 겁니다. 현시점에서 볼 때, 저처럼 아직 능력이 받쳐줘서 '고급 인간 자원'으로 취급받는 젊은이들은 불똥이 튀지 않았다 보니, 하루하루가 평온하고 살 만하다고 여기는 듯합니다. 중국인들은 대체로 오직 자기 밥그릇에만 관심이 있습니다. 하지만 끊임없는 변화와 충격에 노출되면, 갈수록 많은 사람이 각성할 것이고, 이윽고 그들 내부로부터 상당한 힘을 키울 수 있다고 저는 믿습니다. 걸핏하면 자본주의니 미국이니 타령부터 멈추면 중국인들에게도 머지않아 광명이 비칠 겁니다.

어떤 사람은 이렇게 말합니다. "우선 국내에서 몇 년 동안 돈을 모아보고 이민을 계획해도 괜찮잖아." 제가 보기에 그렇게 말하는 사람들은 계획을 뒤로 미룰수록 수입이 끝없이 낮아지리라고는 생각하지 못하는 것 같습니다. 제가 예전에 다니던 직장도 이미 월급을 깎기 시작했고, 심지어 큰 폭으로 감봉이 이뤄졌습니다. 이외에도 심리적인 측면에서 보면, 오래 머물수록 더 깊게 연관되고, 그럴수록 삶을 바꿀 용기가 사라집니다. 그래서 저는 신속히 행동해야 한다고 생각합니다. 부동산 거품이나 지방채 채무 불이행의 위험이 임박해 있습니다. 중국의 인구 구조도 균형을 잃었고, 서방과 관계를 끊은 것은 경제 성장의 동력 부족을 초래했습니다. 압제정치가 가져온 자유의 억압은 더 말할 필요도 없이 심각합니다.

제가 보기에 중국이 말하는 비약적인 경제 발전은 그 자체로 기형입니다. 눈앞의 이익에 급급해서 앞뒤 재지 않고 미래의 재원을 끌어다 쓴 거나 마찬가지입니다. 그렇게 20년간 고속 발전을 했으니, 앞으로 40년은 전 국민이 허리띠를 졸라매고 빚을 갚아야 할지 모릅니다. 이 40년은 바로 제 청춘의 전부겠죠. 그러니 당연히 대단히 절망적일 수밖에 없습니다.

처음에는 이렇게까지 깊게 생각하지는 않았습니다. 많은 사람의 첫 번째 깨달음은 반드시 자기 경험에서부터 시작하는 법입니다. 그곳에서부터 천천히 더 깊은 생각으로 들어가죠. 저는 처음에 '도대체 이게 다 어떻게 된 일이지?'라고 생각하는 것으로 시작했습니다. 그 오랜 시간을 열심히 공부해서 남들이 다 훌륭하다고 하는 대학에 들어갔는데, 어떻게 아직도 내 목숨을 불태워야 하는 걸까? 설마 내가 그토록 열심히 살아온 것이 내 목숨을 불태울 기회를 얻기 위해서였다는 걸까? 매일 이렇게 긴 시간 동안 일만 하는데, 설령 연봉이 100만 위안을 넘는다고 한들 그게 무슨 대수일까? 설령 베이징이나 상하이에 아파트를 살 수 있다고 한들 그게 또 무슨 대수일까? 쉰도 안 돼서 암에 걸리기밖에 더할까? 이런 고강도 직장생활을 계속한다면 불가능한 일도 아닐 겁니다.

저는 으레 젊은 나이라면, 다양한 것들을 아울러 깊이 사고해야 한다고 생각합니다. 특히나 인문학 지식에 해박해야 합니다. 저는 고등학교에서 이과를 나왔는데, 모든 학생이 대학 진학을 두고 스트레스가 상당했습니다. 학교에서는 문제 푸는 기계로 살았고, 성인이 돼서는 일하는 기계로 살다 보니, 깊이 사고할 시간이 거의 없었습니다. 당과 국가는 사람들이 깊게 생각하는 것을 원하지 않습니다. 그들은 생각 없이 오직 일과 공부만 하는 기계를 키워내서 당과 국가에 이바지하게 하고자 합니다. 생각이란 많이 하면 할수록 반동분자가 될 가능성을 키울 뿐일 테니까요. 그렇죠?

교육은 바로 이 같은 복종심을 키우는 데 동원됩니다. 이러한 정신 교육이 매일의 수업에 깊게 뿌리박혀 있습니다. 가령 우리가 어문 수업에서 독해를 배울 때, 우리는 확산적 사고를 키우기보다는 윗사람의 뜻을 헤아리는 법을 배웁니다. 틀에 박힌 수업, 특히 이과에서는 끊임없이 문제를 풀어대는데, 이 역시 복종심만 키울 뿐입니다.

저는 왜 사람들이 '사고'하지 않는지 이해할 수 있습니다. 하지만 역사적으로나 정치적으로나 사고하는 것은 매우 중요합니다. 물론 제가 여기서 말한 역사와 정치는 중국식의 역사와 정치를 뜻하지 않습니다. 사람들이 읽어왔던 중국의 역사와 정치 책은 중국공산당의 선전 책자일 뿐 교과서가 아닙니다. 제가 말하는 진정한 역사와 정치는 우리 삶에 대단히 중요하며, 이는 끊임없이 되풀이되어왔습니다. 중국에서만이 아니라, 독일의 파시스트 정권 때도, 일본 군국주의 시기에도 되풀이됐습니다. 많은 역사적, 정치적 사건이 오늘 벌어지고 있는 일들과 완전히 똑같습니다. 설령 완전히 똑같지 않을 때조차 우리는 역사에서 현실의 문제를 해결할 실마리를 찾을 수 있습니다.

역사는 과거부터 현재에 이르는 흐름입니다. 저는 역사를 이해하는 것은 수평축을 이해하는 것과 같다고 생각합니다. 그리고 정치를 이해하는 것은 지금 사회에서 무슨 일이 벌어지고 있는지, 우리가 어떻게 살아가야 하는지, 어떻게 자신의 권리를 주장해야 하는지를 아는 것입니다. 이는 수직축이자 이 사회에서 자신의 위치를 설정하는 하나의 방식입니다. 가로축과 세로축 모두 몹시 중요하며, 이에 대해 명확히 사고해야만 자신이 어떤 사람인지를 알 수 있습니다. 나아가 우리 사회가 어떤 모습이며, 이 세계가 어떤 모습인지 알아야만 자신이 이 사회와 시대 속에서, 그리고 세계 속에서 어디에 놓여 있는지 알 수 있습니다. 그리고 오직 이로써 우리는 앞으로 나아갈 방향을 찾고 자신의 목표를 세울 수 있습니다.

불황 속에 발버둥질하는 청년 농민공

중국 경제의 기적 뒤에는 3억 명에 가까운 '농민공'이 있다. 그들은 고층 빌딩과 고속철도와 고속도로를 건설했다. 그들은 생산업 일선에서 의류, 가전제품, 휴대폰을 만들었고 막대한 외화를 벌어들였다. 그들은 도시에서 음식을 서빙하고 설거지를 했으며 음식 배달도 도맡았다. 하지만 그들의 업무는 중요하게 여겨지지 않고, 그들 대부분 일용직이거나 계절 근로직이다. 그들은 심지어 국가 실업률 통계에도 포함되지 않는다. 국가통계국의 실업률은 오직 도시 실업인구를 대상으로 하며, 농민공은 포함하지 않는다. 농민공의 월수입도 일이 있을 때만 통계로 잡히고, 일이 없을 때는 잡히지 않는다.

시진핑은 2020년 담화에서 다음처럼 사실을 인정했다. "경제에 변동이 일면 그 충격을 가장 먼저 받는 것은 농민공이다." 그는

2008년 금융위기 당시 일자리를 찾지 못한 2000만 명의 농민공을 고향으로 돌려보내라고 말했다. 그리고 2020년에는 3000만 명에 가까운 농민공이 코로나19 때문에 어쩔 수 없이 고향에 머물러야 했고, 일을 전혀 하지 못했다.

시진핑은 담화에서 농민공들의 두 차례 대규모 귀향은 어떠한 사회문제도 초래하지 않았으며, 오히려 그들에게는 고향의 땅과 집이 있으니 돌아가서 농사를 지으면 먹거리도 해결되고 구직도 해결된다고 말했다. 하지만 이는 조금도 중국 농촌의 상황을 반영하지 못한 말이다. 도시에서 장기간 일하면서 살아온 대부분의 농민공에게 고향으로 돌아간다는 것은 생계를 유지할 방법이 없다는 것을 의미한다.

이번 방송에 참여한 농민공은 모두 스무 살에서 서른 살 사이이다. 그들은 자신들의 부모님과 조부모님을 보고 자라며 본인 역시 하루도 쉬지 못하리라는 것을 깨달았다. 그들은 결혼하거나 아이를 낳을 엄두도 내지 못하고, 아플 때 병원에 갈 엄두도 못 낸다. 그렇다고 자포자기할 수도 없다. 그저 움직일 수 없을 때까지 일해야 한다. 그들에게 실업 급여가 주어지는 것도 아니고, 부모들의 퇴직 연금도 고작 100~200위안밖에 안 되기 때문이다.

방송 일자
2023년 10월 22일, 11월 11일

장張

삶이 행복해야 아이를 낳을 수 있다

장 —— 제 이름은 장이고, 올해 스물여덟 살입니다. 고향은 랴오닝遼寧성의 농촌입니다. 중학교 3학년까지 일반학교에 다녔고, 그 뒤 2년 동안 기술학교에서 전기 용접을 배웠습니다. 집안에 용접 일을 하는 사람이 절 데리고 다녀줬습니다.

대략 2013년부터 쭉 용접 일을 했고 용접 일을 안 할 때는 판매직에서 일했습니다. 전에는 고향 주변에 일자리가 생기면 베이징이든 네이멍구內蒙古든 찾아갔습니다. 지금은 광저우에 있습니다. 연초에 고향을 떠나와서 용접 일을 찾았지만 못 찾았고, 광저우까지 와서 다이어트약을 파는 일을 구했는데, 그것도 40일 정도 하고 관뒀습니다. 그 뒤로 4개월째 실직 중입니다.

위안 ── 왜 그만두셨나요?

장 ── 회사에서 사사건건 요구하는 것이 너무 많았고, 정해진 출퇴근 시간이 없었거든요. 낮에는 좀 한가해도, 퇴근 후 저녁까지 고객이 이런저런 걸 문의하면 응대해야 했습니다. 게다가 회사는 수많은 금지어를 정해놨는데, 예를 들어 '효과가 없으면 환불해드립니다' 같은 말을 했다가는 말한 사람을 찾아내서 벌금을 물렸습니다.

위안 ── 40일 동안 얼마나 버셨나요?

장 ── 대략 6000∼7000위안 정도 벌었습니다.

위안 ── 2013년부터 지금까지 임금 수준은 어땠나요? 일감은 자주 들어왔나요?

장 ── 제가 하는 일은 수요가 들쑥날쑥합니다. 용접 일을 시작하고 처음 2년은 한 프로젝트당 대체로 2∼3개월이면 일이 끝났습니다. 일감이 들어오면 일하고, 없을 땐 쉬었죠. 쉴 때는 월급이 없으니까 아르바이트라도 해야 했습니다. 그마저 여의치 않으면 판매 일이라도 해야 했죠. 판매 일까지 적당한 게 없으면 셋방에서 일이 들어올 때까지 대기하고 있었습니다. 코로나19 기간에도 일이 없었는데, 따져보니 작년에 15일 정도 일했네요.

위안 ── 결혼은 하셨나요? 아이는요?

장 ── 결혼도 안 했고, 아이도 없습니다. 작년 초까지는 1만 위안 정도 저축해둔 돈이 있었습니다. 작년에 제 고향은 툭하면 봉쇄당했고, 아주 엄격하게 통제됐습니다. 마을 입구가 통나무로 막혔고, 차도에는 차 한 대 지나다니지 않았고, 마트도 다 닫혔죠. 대략 작년 5월까지 봉쇄가 이어졌는데, 집에 있는 시간이 너무 길어지더라고요. 저는 궁리 끝에 선양瀋陽에서 일거리를 찾기로 했습니다. 그리고 선양에 갔고 3개월을 지냈지만 겨우 보름 정도 일했습니다. 일거리는 찾기 힘들고, 여기도 툭하면 봉쇄되고, PCR 검사를 하도 자주 해서 일거리를 찾는 것도 수시로 방해받았습니다. 결국 9월 말에 고향으로 돌아와서 올해 초까지 지냈습니다. 하지만 고향에서는 용접 일을 찾으려고 아무리 물색해봐도 적당한 일자리가 없었고, 결국 광저우까지 오게 됐습니다. 여기가 고향보다는 낫겠다 싶더라고요. 일자리를 찾자고 들면 뭐든 간에 고향보다는 자리가 많겠다 싶었습니다.

위안 ── 부모님은 아직 농촌에 계시죠? 부모님도 도시로 나가서 일하셨나요?

장 ── 어머니는 집에 계시는데, 예전에는 현縣에 있는 의류 공장에서 일했습니다. 원래도 봉제 기술을 갖고 있었지만 사장이 월급을 안 줘서 2, 3개월 일하다가 관두셨죠. 아버지는 베이징에서 엔지니어 일을 하셨습니다.

위안 —— 지금 사는 곳의 환경은 어떤가요?

장 —— 광저우는 방세가 저렴합니다. 저야 잘 수만 있으면 되니까요. 막 광저우에 왔을 때 세든 방은 방세가 320위안이었고 바이윈白雲구에 있었습니다. 방이 정말 작아서 침대 하나가 겨우 들어갔고, 작은 화장실이 딸려 있었습니다. 베란다도 없었습니다. 나중에 작은 베란다가 있는 곳으로 이사했는데, 방세가 400위안이었고 위치는 전에 살던 곳보다 좀더 오가기 편했습니다.

저는 일자리를 구하지 못할 때도 그다지 큰 문제는 아니라고 생각하고 딱히 조급해하지도 않습니다. 끼니는 직접 해결하고, 출근할 때도 도시락을 싸갔습니다. 하루에 보통 두 끼를 먹고, 간단히 때우기 때문에 돈도 많이 안 듭니다. 방세도 그다지 비싸지 않고요. 고향 집에 있었으면 먹고사는 데에는 돈이 하나도 안 들 테니까 한 달에 용돈으로 1, 2백 위안만 있으면 충분했겠죠.

위안 —— 고향 집에는 농지가 있나요? 주로 어떤 작물을 심나요?

장 —— 땅이 조금 있고, 옥수수를 심습니다. 매년 수확하는 옥수수로는 1500위안 정도밖에 못 벌어서 농사일만 해서는 생활을 유지할 수 없습니다. 하지만 저는 조금이라도 능력이 받쳐주면 농사는 안 지을 겁니다. 농작물은 돈이 안 돼요. 농사만으로는 돈을 벌수가 없습니다. 그리고 너무 힘들고요. 제 생각에 차라리 밖에 나가서 아르바이트로 하루 100위안 정도만 벌어도 농사일보다 훨씬 더 낫습니다.

위안 ── 그렇군요. 만약에 농사일로 한 해에 겨우 1000~2000위안을 번다면, 밖에서 보름 동안 일해서 버는 수입이랑 별 차이가 없네요. 농촌호구를 위한 의료보험이나 사회보험은 따로 있나요? 아프거나 일자리를 잃거나 나이가 들면 어떻게 하죠?

장 ── 농촌호구에도 의료보험은 있습니다. 하지만 해마다 보험료를 내야 해요. 올해 초에도 300~400위안을 낸 것 같아요. 제가 어머니한테 딱히 쓸모도 없으니 내지 말라고 했지만, 어머니는 당신에게 무슨 문제라도 생겨서 입원이라도 하면 어쩌냐며, 무조건 내야 한다고 하셨습니다. 제가 보기에 의료보험을 내면 진료비도 비싸지는 것 같더라고요. 예전에는 500위안이면 치료할 수 있던 병인데, 병원에서는 이제 1000위안을 내라고 하죠. 그리고 나서 500위안을 보험금으로 돌려주니까, 뭐, 드는 돈은 똑같네요. 이전에 저랑 같이 일하던 누나가 작년에 유방암에 걸려서 수십만 위안을 내고 수술을 받았습니다. 병원비를 지불할 능력이 안 되다 보니 수이디처우水滴筹[34] 같은 곳에 모금도 해보고, 친구들한테 빌리기도 하더라고요. 최근 몇 년 동안 저나 부모님이나 크게 아픈 적은 없습니다. 사실 농촌에서는 큰 병에 걸리면 애초에 감당할 여력이 안 돼요. 자잘한 병은 약이나 사다 먹으면서 버티고요.

농촌 노인들을 위한 특별한 은퇴 자금은 없습니다. 약간의 국가 보조는 있어요. 할아버지와 할머니가 74세인데, 매년 국가 보조금으로 각각 1400위안을 받습니다. 두 분의 보조금을 합하면 2800위안인데, 거기서 농촌 의료보험료 380위안씩 총 760위안을 냈죠. 일전에 할머니가 병원에 입원하셨을 때는 대략 7000위안을 냈고 보험으로 3400위안 정도 돌려받았습니다.

위안 —— 아직 미혼이신데, 듣기로 결혼하는 데 돈이 많이 들어서 농촌의 많은 사람이 결혼을 포기한다던데요. 정말 그런가요?

장 —— 네. 제 사촌 형은 연애결혼을 했습니다. 그래서 예단도 얼마 들지 않았고, 결혼 후에는 큰어머니네로 들어가서 살 곳도 있었죠. 그런데 제 주변에 어릴 때부터 같이 지낸 친구들을 보면 대부분 중매결혼을 합니다. 그러다 보니 예단이며 신혼집이며 다 돈을 빌리더라고요.

위안 —— 예단에는 보통 얼마나 드나요?

---

34 병원비가 부족한 환자들을 위한 모금 플랫폼.

장 —— 우리 동네에서는 결혼 예단에 10만 위안 정도가 필요합니다. 연애결혼이면 좀 줄겠지만, 뭐든 다 상의해야 하죠. 어쨌든 보통 10만 위안 정도예요.

위안 —— 집을 산다면, 최소한 현 소재지까지는 가서 사야겠죠?

장 —— 네. 하지만 우리 동네는 집값이 상대적으로 더 낮습니다. 1제곱미터당 3000∼4000위안 정도 합니다. 전국적인 집값에 비해 싸지만, 저한테는 무척 비싸게 느껴져요.

위안 —— 장은 왜 결혼을 안 하시나요? 결혼할 분을 만나지 못한 걸까요, 아니면 결혼 비용이 부담스러워서일까요?

장 —— 아직 결혼하고 싶은 상대를 만나지 못했기 때문이죠. 어릴 때는 마음도 불안정했고, 인연이 오래가지 못했습니다. 지금의 저는 아이는 안 가질 생각이지만 인연만 만나면 결혼하겠죠. 적당한 사람 생기면 사귀고요. 뭐, 혼자 사는 것도 나쁘지 않습니다. 올해 집안 분이 사람을 소개해주셨는데, 별로 만나보고 싶지 않았습니다. 저는 제가 직접 짝을 찾고 싶지 소개는 받고 싶지 않아요.

저도 예전에는 웬만하면 결혼하려고 했어요. 20대 초반에 결혼했더라면, 지금쯤 아이가 꽤 컸겠죠? 하지만 나이도 어린 데다가 여러 가지 이유가 더해져서 결혼생활을 오래 유지하지 못했을 겁니다. 어린 나이에 결혼하지 않고 아이도 낳지 않은 게 얼마나 다행인지 모릅니다.

위안 —— 왜 다행이라고 생각하나요?

장 —— 저는 예전에 '샤오펀훙小粉紅'•이었습니다. 그래서 중국이 정말 좋은 나라라고 생각했고, 중국을 몹시 사랑했습니다. 하지만 유튜브에서 다양한 이야기를 접하면서 제가 예전에 알고 있던 것들이 틀렸음을 알게 되었고 무척 실망했습니다. 저는 삶이 행복해야 아이를 낳을 수 있다고 생각합니다. 일종의 책임감이라고도 할 수 있죠. 삶이 엉망진창이라고 생각하면서 아이를 낳겠다고 하면, 아이에게 못 할 짓 아닐까요?

위안 —— 일전에 트위터에 게시물을 하나 올리셨죠. "내가 생각하는 이상적인 국가는 모든 국민이 안정된 생활을 하며 즐겁게 일하고, 안전한 먹거리가 제공되고, 언론의 자유가 보장되며, 사법은 공정하고, 언론은 불공정을 폭로할 수 있어야 한다. 그리고 노동자에게는 주 5일 40시간 근무제를 제공하고, 교육을 중시하며 원한을

• 중국의 MZ세대. 1990년대에 출생한 '주링허우九零后'와 2000년대 출생인 '링링허우零零后'가 주를 이룬다. 중국공산당의 각별한 관심 아래 주입식 이데올로기 교육을 받고 자란 세대다. 중국의 극렬 누리꾼을 뜻하기도 한다.

품지 않아야 하고, 공무원은 국민을 위해 봉사하며 청렴해야 한다. 만약에 이와 같은 것을 해낼 수 있다면, 누가 집권을 하든 어떤 당파가 정권을 잡든, 그리고 얼마나 오랫동안 집권하든 상관없이 나는 그 정권을 지지할 것이다." 이렇게 묘사한 나라가 어째서 이상적인 나라인지 설명해주실 수 있나요? 지금의 중국은 장이 생각하는 이상과 얼마나 멀어져 있나요?

장 —— 정말 까마득하게 멀리 떨어져 있습니다. 간단한 예를 하나 들어볼게요. 길거리에 붙어 있는 '사회주의 핵심 가치관' 따위를 보시면, 얼마나 달성되었다고 보십니까? 민주니 자유 법치니 하는 것들이 하나라도 달성되었다면, 지금 이런 상황에까지 이르진 않았을 겁니다. 평범한 사람에게는 법치가 살아 있는 사회가 무척 중요합니다. 설령 아르바이트를 한대도, 제 어머니를 보세요. 다른 사람을 위해서 일을 해주고도 불안에 떨어야 하고, 법원은 1년이 넘도록 체불임금을 중재하지 못하고 있습니다.

위안 —— 트위터에 '당평 청년'을 태그하셨던데요. 그리고 제게 보낸 메시지에도 적으셨죠. "저는 종종 고향 집으로 돌아가서 '당평'을 합니다. 우리 고향은 동북 지역에 있고 저는 대체로 타지에 가서 일자리를 찾습니다. 때로는 1~2개월, 때로는 반년 정도 일합니다. 일이 없을 때는 농촌에서 '당평'을 하든가, 농사일을 거듭니다." 저는 장이 초조하지는 않을지 궁금해요. 앞으로 살아가는 데 어떤 계획을 세워뒀나요? 사회보험이나 의료보험이 없고, 퇴직금도 없는데, 어떻게 '당평'하실 계획인가요?

장 —— 어떤 때에는 분명 초조하기도 합니다. 하지만 스스로 잘 다스리려고 합니다. 지금 사회가 전반적으로 무척 어렵잖아요. 며칠 전에 틱톡을 보는데, 중국 제일 부자인 마윈馬雲이 그러더군요. "다 힘들어, 다 힘들어! 지금은 다 힘들어!" 중국의 제일 부자도 힘들다는데, 저 같은 일반인은 더 말할 필요도 없겠죠. 아무튼, 돈이 없다면 어쩌겠어요. 방법을 강구해서 돈을 벌러 가야죠.

제 생각에 저는 그래도 꽤 운이 좋다고 할 수 있습니다. 제가 내린 몇 가지 선택도 지금 와 생각하니 다행이었고요. 몇 년 전에 어머니가 대출을 받아서 집을 사려고 했는데, 저는 그 엄청난 대출의 압박이 싫어서 집을 사지 못하게 막았습니다. 집을 안 산 것도, 결혼을 안 한 것도, 아이는 낳지 않기로 한 것도 옳은 선택이었습니다.

앞으로의 계획이라면, 너무 멀리까지 생각할 엄두가 안 납니다. 지금 당장 돈을 벌어야 최소한의 생존을 보장할 수 있고, 일거리가 없으면 집에서 죽치고 있어야겠죠. 요즘 집에서 온전히 '당평'만 하는 젊은이는 없습니다. 제 주변에서도 다들 평균적으로 몇 개월 혹은 반년 가까이 나가서 아르바이트라도 합니다. 그렇게 하고 남는 시간에 집에 있는 거죠. 집에 있다가도 일이 생기면 나가서 일합니다. 일 년 내내 집에만 있으면 남들이 험담할 거예요.

위안 —— 타지로 일을 찾아 나온 지 10년째죠? 열일곱, 열여덟 살에 기술학교를 졸업하고 일을 시작할 때는 일거리가 많았나요?

장 —— 당시에는 일거리가 참 많았습니다. 일하고자 하면 일할 수 있었어요. 그때만 해도 저도 꽤 의욕이 넘쳤죠. 전기 용접을 시작한 처음 몇 년은 힘들었지만, 매일 300~400위안을 벌었고 항상 몇만 위안씩은 저축해둘 수 있었습니다. 최근 몇 년은 일거리가 줄더니 아예 일거리를 찾을 수가 없습니다. 특히나 작년과 올해는 심각했습니다. 이제는 몇 위안 쓸 때도 생각에 생각을 거듭해야 합니다. 안 쓸 수 있으면 최대한 안 쓰고요. 일거리가 없으니 정말 어쩔 도리가 없거든요.

위안 —— 이번에 고향에 돌아가면, 내년에 또 일거리를 찾아 도시로 나오실 건가요?

장 —— 내년에는 일단 판매 일은 안 할 생각입니다. 최대한 용접 일을 해보려고요. 그래야 조금이라도 더 벌 수 있으니까요. 판매 일은 공사장에서 일하는 것보다 힘들고, 용접일보다도 힘듭니다. 머리를 계속 굴려야 하고, 매일같이 어떻게 팔아볼지 심사숙고해야 합니다. 가뜩이나 스트레스가 심한데 사장은 영업 실적을 내라며 항상 재촉하고요.

위안 —— 그럼, 내년 설 연휴가 지나면 일을 찾아 어디로 가실 건 가요?

장 —— 그때 가서 알아봐야죠. 집안 친척을 따라갈까 싶기도 해요. 아무튼 용접 일을 하면 조금이라도 돈을 모을 수 있지만, 판매 일로는 저 혼자 먹고살기도 빠듯합니다.

위안 —— 지금 통장에 얼마나 들어 있는지 물어봐도 될까요?

장 —— 없어요. 진짜로 돈이 없어요. 1000위안 정도가 다고, '화베이花唄'[35]에 2000위안 정도 채무가 있네요. 하지만 솔직히 말해서, 비록 돈은 없지만 상관없습니다. 돈이야 있으면 있는 거고, 없으면 마는 거니까요.

위안 —— 상관없다니요?

장 —— 포기한 거죠. '당평'한 거예요.

위안 —— '당평'했다라. 결혼도 안 하고, 아이도 안 갖고, 집도 안

---

35 2015년에 앤트파이낸셜이 중국에 출시한 소비자 신용 상품으로, 기능은 신용카드와 유사하다.

사고, '당평'이긴 하네요.

장 —— 나중에도 집은 안 살 것 같아요. 아이는 정말로 가질 생각
이 없고요. 결혼은 상황을 봐야겠지만, 괜찮은 사람을 만나면 서로
짝이 돼서 같이 사는 거고, 아니면 혼자 살죠, 뭐.

관關

눈앞의 현실이 이런데,
열정만 있어봤자죠

관 —— 저는 90년대 생입니다. 간쑤甘肅성 농촌에서 태어났고, 부모님도 농민이에요. 학력은 고졸이고, 광둥에 가서 부동산 중개업을 5년 동안 했습니다. 그러다가 2019년 말에 코로나19가 터지면서 고향으로 돌아왔습니다.

위안 —— 부동산 중개업을 할 때 상황은 어땠나요? 어디에 사셨고, 수입은 대략 얼마였나요?

관 —— 당시 저는 도시 한복판에 살았는데, 한 달에 방세가 700~800위안이었습니다. 주된 업무는 광고와 주변 부동산 중개였습니다. 월급은 기본급이 1000~2000위안이었지만, 중요한 건 성과급이 얼마나였습니다. 그렇다 보니 고정적인 월수입을 말하기 어렵네요. 아무튼 집을 한 채 팔면 수중에 떨어지는 돈이 잘 받으면 2, 3만 위안이었고, 잘 못 받으면 1만 위안이 안 됐습니다. 평균적으로는 한 달에 1만 위안이 조금 안 되게 벌었습니다.

위안 —— 숙소나 생활 환경은 어땠나요?

관 —— 도시 한복판이었고 작은 방을 임대해서 혼자 살았습니다.

위안 —— 그렇군요. 선전에 계시는 동안 어떠셨나요? 힘드셨나요?

관 —— 제가 농촌 출신이다 보니 그렇게 힘든 일은 없었습니다. 솔직히 대도시에서 살면서 부동산을 파는 게 힘든 일이라고 말할 수는 없죠. 다만 제가 이 일에 적합하지 않다는 건 알게 되더군요. 저는 육체노동에 좀더 잘 맞는 것 같아요.

위안 —— 선전에 머물 때 공장 아르바이트를 해봐야겠다는 생각도 해봤나요?

관 —— 아니요. 같이 일하던 동료가 이전에 공장에서 일했는데, 부동산 중개업을 하는 것보다 더 힘들다고 했습니다. 수입도 더 낮다고 그러고요. 그래서 저는 하지 않았어요.

위안 —— 2019년 말에 집으로 돌아온 뒤에는 어떤 일을 하셨나요? 그동안 무슨 일을 하며 지내셨나요?

관 —— 고향에 오고부터 지금까지는 공사장에서 굴착기를 몰았습니다.

위안 —— 3년이 넘는 시간인데, 그간의 생활과 굴착기를 모는 일은 어땠나요?

관 —— 우선 부모님과 한집에 지냈고요. 격리 중에는 아무 데도 못 가서, 숙식에도 돈이 안 들어요. 그리고 공사가 대체로 산속에서 진행되다 보니 생활 형편은 상대적으로 열악합니다. 컬러 강판을 사용해서 만든 임시 숙소에서 자고요. 월급은 한 달에 대략 8000위안에서 1만 위안 사이였습니다. 숙식은 대체로 공사장에서 해결했어요.

위안 —— 간쑤에서 8000위안에서 1만 위안을 번다면 괜찮은데요? 그렇죠?

관 —— 맞아요, 괜찮죠. 하지만 겨울이 되면 공사가 멈춥니다. 코로나19가 아닐 때에도 1년에 아홉 달에서 열 달 정도만 일했어요.

위안 —— 일의 강도가 높은 편이죠?

관 —— 맞습니다. 굴착기를 몰다 보니, 산속에 길을 내는 게 주 업무였습니다. 매일 오전에 5시간, 오후에 5시간 총 10시간을 꼬박 일했습니다.

위안 —— 이전의 중개업과 비교하면 어땠나요? 힘들진 않으셨어요?

관 —— 저는 제가 육체노동에 더 잘 어울린다고 생각해요. 판매 일처럼 사람들을 자주 많이 만나는 일이 잘 안 맞고요. 공사 일은 힘들긴 해도, 간쑤성에서 괜찮은 축에 속했습니다. 하지만 이것도 오래 할 일은 아닙니다. 일의 강도가 너무 높아서 젊을 때면 몰라, 나이 들고도 굴착기에 앉아서 일하기란 쉽지 않을 테니까요.

위안 —— 이 일은 어렵게 구하셨나요?

관 —— 그때가 코로나19 이후였고, 코로나19 때처럼 도시가 봉쇄된 건 아니었지만. 이쪽 업계의 일감이 해마다 줄고 있었습니다. 그와 동시에 대금 결제도 갈수록 어려워졌고요. 임금이 체불될 때도 점점 잦아졌습니다. 한마디로, 상황이 해를 거듭할수록 나빠질 때였죠.

위안 —— 임금을 떼인 적도 있나요?

관 —— 네. 많이는 아니고 한 5000위안 넘게 못 받았습니다. 그때는 코로나19가 한창이었어요. 끝내 방법을 못 찾아서 결국 노동국까지 찾아갔습니다. 1개월쯤 지나서야 겨우 다 받아냈죠.

위안 —— 월급 외에, 5개 보험 1개 기금五險一金°이나 기타 복지 혜택도 받고 있었나요?

관 —— 아니요. 그런 건 없었습니다. 월급을 받는 게 전부였고, 일을 관두면 한 푼도 받지 못했습니다. 각종 보험 혜택도 없었고요. 사장은 세금을 덜 내려고 월급을 현금으로 지급하거나 위챗 이체로 지급했습니다. 그러니까 그런 보험도 들지 못하죠.

위안 —— 아프기라도 하면 어떡하죠?

관 —— 스스로 해결해야겠죠. 어떤 보장도 못 받습니다.

위안 —— 농촌에도 의료보험이 있잖아요. '신농합新農合'°° 같은 거요.

• 양로 · 의료 · 실업 · 공상 · 출산보험 및 장기 주택 기금.
•• 신형 농촌 합작 의료 제도.

관 —— 있긴 합니다. '신농합'은 농촌 의료보험인데, 진료를 받으면 진료비의 60퍼센트에서 70퍼센트를 보장해줍니다. 하지만 보험 적용이 안 되는 약이 상당히 많죠.

위안 —— 아까 공사 일은 젊을 때나 할 수 있다고 하셨는데, 나이가 들면 다른 일을 찾아야겠네요. 그럼 언제까지 일할 계획인가요? 앞으로는 어떤 일을 알아보실 건가요?

관 —— 솔직히 말씀드리면, 좀 막막합니다. 상황도 안 좋고, 가진 것도 한계가 있고요. 별다른 선택지가 없는 상황입니다.

위안 —— 부모님은 계속 농촌에 계셨나요? 아니면 관이 어릴 때 부모님도 도시로 일하러 가셨나요?

관 —— 부모님은 거의 농촌에서 농사만 지으셨어요. 어릴 때를 떠올려보면 아버지가 동네 다른 아저씨들과 타지로 일하러 가시기도 했지만, 마을 여자들은 집에 남아서 아이들을 돌보고 농사를 지었습니다. 하지만 농사로 벌어들이는 수입이 얼마 안 됐기 때문에, 일하러 나갈 수 있는 사람은 모두 일하러 나가고 농사는 남은 사람들이 지었습니다.

위안 —— 고향 집에 농지는 얼마나 있나요?

관 —— 고향 집 논농사는 다른 사람들이 짓고 있어서 잘 모르겠고, 옥수수밭은 아마 5~6마지기 정도 됩니다.

위안 —— 결혼은 하셨나요?

관 —— 아니요. 아직 혼자입니다.

위안 —— 결혼을 하실 계획인가요? 가족들은 어떻게 생각하시나요?

관 —— 부모님 두 분 다 농촌 분들이라 별로 신경 쓰지 않으시는데, 그래도 대는 이어야 한다고 말씀하시긴 합니다. 저는 결혼은 해도 그만, 안 해도 그만이라고 생각합니다. 사는 게 너무 힘들잖아요. 좋은 사람을 만난다면야 좋겠지만, 만나지 못하면 혼자 사는 거죠.

위안 —— 듣자 하니 요즘 농촌에서도 결혼 비용이 너무 많이 들어서 결혼하기가 어렵다던데요.

관 —— 그렇습니다. 예단에만 보통 20만 위안이나 그 이상이 들어갑니다. 게다가 집이나 차도 필요할 테고요. 아등바등 몇 년 동안 돈을 벌어서 결혼하고 아이를 낳고 산대도, 그다음은 어떻게 하죠? 미래의 일자리와 급여가 보장되지 않는데 아이 교육부터 부모님 의료비와 양로비 등 이걸 다 어떻게 감당할지, 더 말할 것도 없죠.

위안 —— 돈을 쓸 용기도 안 나죠. 그렇죠?

관 —— 맞아요. 아예 돈을 쓸 엄두가 안 납니다. 주변의 친구들을 보면 누구는 공장에서 일하고, 누구는 재래시장에서 도매업을 합니다. 또 아르바이트까지 하면서 월급으로는 주택 담보 대출이나 자동차 대출을 갚습니다. 매달 쪼들려 생활하는데도 어떤 달에는 대출금도 못 갚고요. 이런 일이 허다합니다.

위안 —— 그럼 관은 어떤 목표를 세워뒀나요? 매달 얼마씩 저축하세요?

관 —— 숙식을 거의 공사장에서 해결하다 보니, 가족들 약이나 생활용품을 사는 데 쓰는 돈 말고는 꽤 많은 돈을 저축합니다. 요즘은 불확실성이 너무 크잖아요. 기왕 이렇게 된 이상 하고 있는 공사 일을 계속 해봐야죠. 더 좋은 선택지가 있지도 않고요. 우선 돈부터 모으고 계획은 차차 생각하려고 합니다.

위안 —— 지금 대략 얼마나 모았는지 물어봐도 되나요? 결혼할 자금은 충분한가요?

관 —— 아니요. 게다가 결혼을 결심할 만큼 미래가 보장되지도 않았습니다. 결혼의 목적이 대를 잇는 거라면, 우리 고향에서는 돈은 남자가 벌어야 한다고들 합니다. 그러니까 저한테 경제적으로 문제라도 생기면 이혼부터 각종 문제가 발생할 겁니다. 다르게 말하자면 결혼은 투자 비용이 너무 많이 드는 일입니다.

위안 —— 이혼율이 높나요?

관 —— 무척 높죠. 제 생각에 50퍼센트는 넘을 것 같습니다.

위안 —— 그래서 결혼에 그다지 큰 관심이 없으시군요?

관 —— 눈앞의 현실이 이런데, 열정만 있어봤자죠.

위안 —— 농사도 지어보셨나요? 나이 든 뒤에 농사일로 생계를 유지해보겠다는 생각도 해보셨나요?

관 —— 농사일로 생계를 유지하는 건 불가능합니다. 어릴 때부터 지금까지 매년 공사장에서 시간이 남거나 다른 일을 끝내고 손이 빌 때 집안 농사일을 거들었는데, 농사로 버는 수입이 너무 적어요. 가족들을 먹여 살리려면 다른 사람의 땅을 도급받아서 대규모 기계화 영농을 해야 할 겁니다. 자기 집 땅만 농사지어서는 절대 불가능합니다.

위안 —— 그럼 부모님도 계속 일을 하셔야 하나요? 농촌에는 은퇴라는 개념이 없을까요?

관 —— 농촌에는 어떤 사회 보장도 없다 보니, 은퇴하고 말고 정해둘 수가 없죠. 움직일 힘이 있으면 자녀를 대신해서 손주를 돌보든가 아니면 주변 농지라도 살피며 관리해야 합니다. 그래야 자식이 외지로 일하러 나갈 수 있어요. 이 정도 소일거리도 할 수 없게 되면 병원 침대에 누워 계셔야죠. 형편이 대개 이렇습니다.

위안 —— 관은 나중에 나이 들면 어떻게 생활할지 생각해본 적 있나요?

관 —— 저는 이미 확실히 정해두었죠. 지금 제 능력을 생각하면, 일단 돈부터 모아야겠더라고요. 나중에 어찌 될지 알 수 없지만, 아마 노인이 될 때까지 살지는 못할 듯해요.

지금 제 주변의 남자들을 보면 그들이 결혼하지 못한 건 적당한 상대를 못 만나서도 그렇지만, 그보다는 돈이 없어서입니다. 소위 정치 환경의 압박? 그런 것 때문이 아닙니다. 그들은 정치 환경의 압박 같은 것은 의식하지도 못해요. 그저 다들 단순히 돈이 없다, 그뿐입니다.

헌터 지 Hunter Ge

하루라도 빨리
중국을 떠나게 해달라고 기도합니다

헌터 지(이하 헌) —— 저는 허난 사람이고 올해 서른네 살입니다. 지금은 장쑤성 쑤저우蘇州에 있는 공장에서 일하고 있습니다. 이전에는 폭스콘에서 6, 7년 일했습니다.

고향은 허난 농촌이고, 학교를 다 마치지 못하고 열일곱 살에 중퇴했습니다. 중퇴하고는 허난의 자오줘焦作나 정저우鄭州, 아니면 상하이나 톈진의 공사 현장에서 일했고, 인테리어 일이랑 판매 일도 해봤습니다.

위안 —— 열일곱 살부터 일을 시작했으면, 당시에는 대략 얼마나 버셨나요? 나중에 폭스콘에서의 월급은 얼마였나요?

헌── 제가 처음 했던 일이 톈진 어느 공사장 막노동이었는데, 당시 공사장의 전기나 배관 설치를 도왔습니다. 아마 하루에 20위 안을 받았던 것 같습니다. 나중에는 판매 일을 했는데, 그것도 제대로 배우지는 못했습니다. 제가 말재주가 없어서 중도에 포기했습니다. 그래서 돈도 얼마 못 벌었습니다. 폭스콘에서는 제 기억이 맞다면 첫해 월급이 1350위안이었습니다.

위안── 2011년, 2012년 즈음이겠네요?

헌── 네.

위안── 근로 시간은 몇 시간이었나요?

헌── 10시간이었습니다.

위안── 일주일에 며칠 일하셨나요?

헌── 6일 일하고 일요일은 쉬었습니다. 하지만 초과 근무를 하면 수당을 받아서 매달 2000~3000위안을 벌 수 있었습니다. 폭스콘의 월급이 계속 올랐는데, 당시 중국 경제 상황이 꽤 괜찮았거든요. 저는 그때만 해도 철이 없어서 별로 열심히 일하지 않았습니다. 초과 근무도 하기 싫어했고요. 돈이 조금이라도 생기면 애인이랑 놀러다니며 연애하느라 바빴습니다. 요즘 유행하는 말로 '당평 청년'이었어요.

위안 —— 도중에 왜 관두셨죠? 고향에 농사지으러 가야 했나요?

헌 —— 그때 집에서는 폭스콘에서 돈을 제대로 못 번다고 제가 거기서 일하는 걸 싫어했습니다. 기본급도 낮았고, 저도 거의 '당평'했었고요. 집안사람들은 제가 돌아와서 농사일을 도와주길 바랐습니다. 우리 집이 곡식을 대량으로 수매해서 다시 전매했기 때문에 지역에서는 형편이 나름 괜찮은 편이었습니다. 하지만 아버지는 제게 다소 가혹하리만큼 요구하는 게 많았습니다. 제멋대로 지내는 게 버릇되다 보니, 아버지랑 같이 있는 걸 견딜 수 없더라고요. 그래서 일을 하러 나갔습니다.

위안 —— 폭스콘에서 일하던 동안 월급은 대략 얼마였나요?

헌 —— 폭스콘에서는 애플의 제품을 만드니까 월급도 성수기와 비수기가 나뉩니다. 비수기에는 기본급을 받고, 초과 근무는 30시간 정도 할 수 있습니다. 중국법에 초과 근무에는 기본 급여의 1.5배, 주말 근무에는 2배, 법정 휴일 근무에는 3배를 지급해야 한다고 되어 있습니다. 이걸 모두 합해보면 매달 3천 위안 정도를 벌 수 있습니다. 코로나19 이전 성수기에는 더 벌었네요. 월급이 5000위안을 넘을 때도 있고, 심지어 6000위안을 넘을 때도 있었습니다. 6000위안을 넘게 벌었다는 건 쉬지 않고 일했다고 봐야죠.

위안 —— 한 달 동안 쉬지 않고 일한다면, 하루에는 몇 시간이나 일하죠?

헌 —— 10시간 일합니다. 어떤 때는 10시간 30분, 11시간 일할 때도 있습니다. 30일 내리 일하고 하루 쉬는 거죠. 코로나19 기간에는 월급이 조금 늘었습니다. 당시 폭스콘의 소문*이 흉흉하게 나 있었고, 거기에 더해서 코로나19까지 심각했다 보니 다들 자기도 감염될까 두려워서 출근하려고 하지 않았습니다. 외국이 엔데믹에 들어설 때 중국은 여전히 통제가 심했죠. 그런 와중에 월급은 꽤 올랐습니다. 당시 한 달에 1만 위안, 심지어 2만 위안까지 받을 때도 있었습니다.

위안 —— 역으로 코로나19 기간에 급여가 상당히 올랐네요?

헌 —— 네. 아마 평소에 국내 뉴스만 보던 사람들은 심리적 압박이 상당했을 겁니다. 언제 어디서 죽을지 모르는 판국에, 목숨을 걸

---

* 당시 폭스콘에서는 과도한 봉쇄와 열악한 환경으로 노동자들의 대규모 탈출과 시위가 발생했고, 확진자 수를 과장한 루머나 사망자 발생설 등이 돌며 논란이 증폭됐다.

고 돈을 벌어야 하나 싶었겠죠.

위안 —— 헌터는 상관없다고 생각하셨나봐요?

헌 —— 저는 해외 뉴스를 자주 봅니다. 그래서 오미크론이 대체 뭔지 알 수 있었습니다. 국내에서는 많은 사람이 제대로 알지 못하고 있었죠.

위안 —— 올해 초 폭스콘에서 나온 뒤, 장쑤에서 일을 시작하셨는데, 일자리는 쉽게 찾으셨나요?

헌 —— 요즘은 일자리를 찾는 게 상대적으로 꽤 수월합니다. 해외에 사는 친구들은 지금 중국에서 일자리를 찾는 게 무척 어렵다고 생각하지만, 사실은 전혀 그렇지 않아요. 특히나 요즘 공장에서는 날마다 사람을 뽑습니다. 이것저것 따지지 않으면 일자리를 금방 찾을 수 있습니다. 물론 돈은 많이 못 벌지만요.

위안 —— 지금 하는 일과 예전을 비교하면 수입과 근무 시간은 어떤가요?

헌 —— 폭스콘에서 저는 관리직을 맡았습니다. 비록 직급은 낮았지만, 저처럼 중학교만 졸업한 학력에 그마저도 감사했죠. 최근에는 생산 라인에서 일을 시작했습니다. 관리자라고 할 수 있는 분과 몇 번 대화해봤는데, 저를 무척 마음에 들어하더라고요. 생산 라인에서 일한 지 이틀밖에 안 지났는데 저더러 관리직을 맡으라고 했습니다. 일종의 말단 관리자가 된 셈이죠. 근무 시간은 오전 7시 출근, 저녁 6시 퇴근이고, 중간에 1시간 30분 식사 시간이 있습니다. 지난달 25일부터 오늘까지 쉬는 날 없이 꼬박 2주간 일했네요.

위안 —— 7월경에 입사한 뒤로 수입은 어떻던가요?

현 —— 지난달은 입사하고 얼마 안 지나서 급여를 받았는데, 3900위안 좀 넘게 받았습니다. 20일 일하고 받은 거니 한 달 급여는 아닙니다.

위안 —— 그럼 9월에는 급여를 더 많이 받겠네요?

현 —— 네. 다음 달 월급이 더 많을 겁니다. 쉬거나 명절을 쉬지 않았으니까, 다 합해서 7000~8000위안 정도 받을 것 같습니다.

위안 —— 현재의 근무 상태에 만족하시나요? 올해 서른네 살인데, 결혼은 하셨는지, 자녀가 있으신지 궁금합니다. 앞으로의 생활이나 일과 관련해서 어떤 계획을 세워두셨을까요.

현__ 먼저 현 근무 환경에 저는 극도로 불만족합니다. 직원 처우부터 관리 방침까지 다 마음에 들지 않습니다. 그리고 일단 국내에서 사는 게 너무 답답합니다. 정말 아무 말도 할 수 없습니다. 제가 트위터에서 활발하게 활동하다 보니 하루는 현지 경찰과 강제 면담이 잡혔습니다. 24시간을 갇혀 있어야 했죠. 며칠 동안 울화가 치밀었지만, 누구에게 말해야 할지 모르겠더군요. 경찰들이 제 휴대폰까지 가져가버렸거든요.

그때 중국에서 더는 살지 못하겠다고 생각했습니다. 사실 경찰서에 불려 가기 전부터 제 나름대로 계획해둔 게 하나 있었습니다. 앞으로 5년 동안 국내에서 규칙을 잘 지키면서 성실히 돈을 벌고, 그 뒤에 미국으로 불법 이민을 가는 겁니다.

이게 제 인생 계획입니다. 그냥 하는 말이 아닙니다. 제가 폭스콘에서 일할 때도 사무실에서 일하면 편하긴 편했지만 여전히 너무 답답했습니다. 어떤 날에는 출근하기 싫어서 아침에서야 휴가를 신청하기도 했습니다. 여기에 와서는 출근 첫날부터 감기에 걸렸고, 한 달 보름 동안 내내 몸이 안 좋았습니다. 그렇지만 저는 죽을 각오로 버텼습니다. 하루라도 빨리 중국을 떠나게 해달라고 기도하는 게 이 생활을 견디게 하는 원동력입니다.

위안__ 일을 무척 오랫동안 하셨는데, 저축은 얼마나 하셨나요?

현__ 아이가 있어서 모아놓은 돈이 거의 없습니다.

위안 —— 결혼을 하셨고, 아이도 있으시군요?

헌 —— 아들이 한 명 있고, 아내와는 몇 년 전에 이혼했습니다. 땡전 한 푼 없다고 할 수는 없지만 그래도 모아둔 게 얼마 안 됩니다.

위안 —— 아이는 부모님께서 키우시나요?

헌 —— 네. 터놓고 말하면 아직도 부모님께 빌붙어 사는 거죠.

위안 —— 아들은 얼마나 자주 만나시나요?

헌 —— 폭스콘에 있을 때는 집에 자주 들렀습니다. 여기로 온 후로는 이제까지 가보질 못했네요. 아마 설 연휴 때나 갈 수 있을 것 같아요.

위안 —— 삶에 목표가 있다고 하셨고, 그럼 돈을 모으셔야겠네요.

헌 —— 네. 인생에 계획이 있어야 돈을 모을 수 있어요. 예전에도 돈을 안 모은 건 아니지만 많이 모으지는 못했습니다. 수중에 돈이 조금이라도 들어오면 써버리고 싶었다고 할까요?

위안 —— 거금이 들어온 것도 아닌데 말이죠?

헌 —— 네. 많지도 않았죠. 돈을 조금 모아서 집에 갈 때면, 특히 설 연휴에는 씀씀이가 커지죠. 이것도 사고 저것도 사야 하니까요.

위안 —— 게다가 아이까지 키우시니까요.

헌 —— 아이한테 용돈도 줘야죠. 전 아이에게 용돈 주는 것이 참 좋습니다.

위안 —— 그럼 부모님께서는 여전히 농사를 지으시나요?

헌 —— 네. 부모님은 한가할 틈이 없으세요. 집에 논밭이 대략 2000평 정도 있는데, 주로 밀과 옥수수를 재배합니다.

위안 —— 이민을 결심하신 이유가 지금 하는 일에 미래가 없기 때문인가요? 아니면 정치적인 압박 때문인가요? 혹은 다른 이유가 있나요?

헌 —— 이런 말이 있습니다. "생명은 참으로 소중하고, 사랑은 그보다 더 값지다. 그러나 자유를 위해서라면, 이 둘마저도 버릴 수 있다."
저는 미국 친구들이 많은데, 개중에는 기자도 있고, 사업을 하는 사람도 있고, 노동이나 인권운동을 하는 인사들도 있습니다. 그들과 소통하면서 많은 것을 배우고 보니, 국내에 현 상황에서는 희망도 미래도 보이지 않더군요. 역시 이민하는 게 낫겠다는 생각이 들었습니다.

위안 —— 방금 희망도 보이지 않고 미래도 보이지 않는다고 말씀하셨는데요, 그게 경제적인 부분에서 그런 건가요? 아니면 정치적인 부분이나 개인적인 삶이 그렇다는 건가요?

헌 —— 제가 시사 문제에 관심을 가지니만큼 우선은 정치적인 이유가 큽니다. 비록 지금은 저들이 제 입을 막고 있습니다만, 한마디 해야겠습니다. 이 세계는 낮과 밤이 뚜렷하게 구분되는데도, 여전히 수많은 사람이 이를 제대로 구분하지 못하고 있습니다. 러시아와 우크라이나 전쟁을 예로 들어볼까요. 잘잘못이 낮과 밤처럼 뚜렷한데 국내 수많은 사람은 이해하지 못해요. 제가 그들에게 러시아가 어떻게 우크라이나를 침범했는지 말해주면 그들은 저를 정신이상자 취급합니다.

위안 —— 주변 사람들에게 이해받지 못하니 무척 외롭겠어요.

헌 —— 이건 일부분일 뿐이죠. 중요한 건 제가 제 존재 가치를 찾지 못했다는 겁니다. 살아 있는 사람이라면 누구나 자신의 존재 가치를 찾아야 합니다. 제게 가장 충격적이었던 일은, 하루는 집에서 아들에게 타이완해협 갈등을 알려주는데, 아들이 아주 무례하게 저를 비난하며 따져 묻더군요. "아버지는 중국인*입니까?"

위안 —— 아이가 몇 살이죠?

헌 —— 올해 열한 살입니다. 그 녀석은 제 말은 들으려고 하지도 않고, 대화도 안 하려고 들어요. 제가 마음을 차분히 가라앉히고 아이한테 말했죠. "내 이야기를 다 듣고 나서 판단해도 늦지 않아. 너도 자기만의 생각을 가져야 해." 그러자 녀석이 바로 대꾸하더군요. "아버지는 중국인입니까?" 저는 이때 이 국가, 이 민족에는 일말의 희망도 없다고 느꼈습니다.

위안 —— 부모님은 의료보험과 사회보험을 가입하셨나요? 만약 이민 가는 게 잘 안 됐을 때, 나중에 나이 들어서는 어떻게 살지 생각해보신 적 있나요?

헌 —— 다행히도 집안에 돈이 좀 있습니다. 그래서 저는 부모님이 나이 들어서 의지할 곳이 없을까봐 걱정한 적은 없습니다. 아버지께서는 종종 이렇게 말씀하셨습니다. "너한테 날 돌봐달라고 하지 않을 거다. 나는 늙으면 양로원 같은 데에 갈 거야." 그리고 제 외

• 이때의 '중국인'은 단순히 국적을 지시하는 게 아니라, 모든 중국계 혈통을 중화인민공화국 정체성 아래 묶으려는 정치적·민족주의적 함의를 지닌다. 대만·홍콩·마카오 및 해외 화교들의 개별 정체성을 지우는 표현이라는 비판이 뒤따른다.

조부와 외조모 두 분을 통해 노인 의료보험이 어떤지 조금 알게 됐는데요. 작년에 외조모께서 코로나19로 입원하셨고, 연세가 많다 보니 2개월이나 입원해 계셨습니다. 의료보험이 확실히 일부분은 보장해주더라고요. 하지만 여전히 수많은 항목이 보장받지 못했습니다. 양로연금은 더 형편없습니다. 외조부와 외조모는 한 달에 겨우 100∼200위안을 연금으로 받습니다.

위안 —— 그러면 아무래도 자녀들에게 의지해야겠네요?

헌 —— 중국인은 노후생활을 자녀에게 의지할 수밖에 없습니다. 정부에만 의존해서 노후생활을 하는 건 불가능합니다. 제 마음을 괴롭혔던 슬픈 일을 하나 말씀드리자면, 외조부께서 올해 90세이신데, 작년에 외조모의 병원비를 벌어야 해서 개인 양돈장에서 분뇨 청소 일을 하셨습니다. 아주 지저분하고 힘든 일이죠. 비록 부모님이 외조부께 용돈을 드리지만, 외조부는 여전히 그 일을 하고 계십니다.

위안 —— 올해 90세에, 엄청 힘든 일일 텐데요. 그렇게 한 달에 얼마나 버시나요?

헌 —— 아마 800∼1000위안을 버는 것 같은데, 정확히는 잘 모르겠네요.

위안 —— 아직도 그 일을 하신다는 거죠?

현 —— 지금도 하고 계세요. 위안은 중국인들이 은퇴라는 걸 할 수 있다고 보시나요?

위안 —— 외조부께서 이 일이나마 안 하신다면, 한 달에 겨우 100 위안 남짓의 수입만 있을 뿐이네요.

현 —— 맞아요. 생각해보세요. 외조부께서 일을 안 하면 별도의 수입도 없을 테니, 한 달에 겨우 100~200위안의 생활비밖에 없습니다. 외조부도 가끔은 용돈이 필요할 겁니다. 농촌에서는 다른 집에 경조사가 나면 부조금을 내러 가야 하니까요. 그리고 외조부처럼 연세가 많으신 분들은 그런 자리에 꼭 가시죠. 안 가면 안 됩니다. 그렇다 보니 돈이 떨어지면 미안해하시면서도 아들과 딸에게 부탁해야 하죠.

위안 —— 공장 일은 쉽게 찾을 수 있나요?

현 —— 어렵지 않습니다. 상당히 쉬워요. 하려는 의지만 있으면 오늘 가서 이야기하고 내일부터 출근할 수 있을 만큼 아주 간단합니다.

위안 —— 그러면 왜 청년들은 일자리를 찾기 어렵다고 말할까요?

헌 —— 일자리를 찾지 못하는 건 사람들이 공장에서 단순 육체노동을 하기 싫어하기 때문입니다. 너무 힘들까봐서죠. 제가 25일부터 오늘까지 하루도 안 쉬고 매일 출근했던 것처럼요. 그리고 엊저녁 7시 30분부터 오늘 아침 7시까지 일한 저를 보면, 이 생활이 얼마나 피곤한지 알 수 있을 겁니다. 게다가 업무 내용도 단순 반복입니다. 한 가지 동작을 계속 반복해야 하고, 일하는 속도도 공장의 기계들에 맞춰야 합니다. 예를 들어서 30초에 부품을 하나씩 만들어내는 기계를 따라잡으려면, 손을 멈추면 안 됩니다. 기계가 멈추지 않도록 30초 안에 작업을 처리해야 합니다. 그러니까 젊은이들은 일자리를 찾지 못하는 게 아니라, 몇 년 전 경제 호황 때 할 수 있던 일을 찾을 수 없는 겁니다. 아파트를 분양하거나 자동차를 팔아서 월수입이 1만 위안이 넘던 그런 일들은 이제 없어졌습니다. 하지만 공장 일처럼 월급이 적은 일은 여전히 넘쳐납니다. 단지 아무도 원하지 않을 뿐이죠.

위안 —— 그래서 수많은 청년이 음식 배달을 하면 했지, 공장에서는 일하지 않으려고 하는 거군요?

헌 —— 네, 바로 그렇죠. 그리고 제가 지금 일하는 공장에는 한 라인에 대략 70명이 넘는 사람이 일하는데, 그중 40퍼센트만 정규직이고, 나머지는 전부 시급제 노동자입니다.

위안 —— 정규직과 시급제에는 어떤 차이가 있나요?

헌 —— 시급제는 정식 근로 계약서를 작성하지 않습니다. 시급제 노동자는 중개업체를 통해서 일하러 온 사람들입니다.

위안 —— 그러면 급여도 중개업체를 통해서 받는 건가요?

헌 —— 네. 이건 심각한 법 위반입니다. 중국의 '노무파견 잠정시행규정' 제2장 3조에는 다음처럼 명시되어 있습니다. "고용 업체는 파견 근로자의 수를 엄격하게 통제해야 하며, 파견 근로자의 수는 총 고용 인원의 10퍼센트를 초과하면 안 된다."

위안 —— 헌터는 정규직인 거죠?

헌 —— 저는 정규직입니다. 저는 불법 중개업체가 계약하자는 것을 거부했습니다. 급여가 좀더 낮고, 일이 좀더 고생스러울지라도, 저는 절대 불법 중개업체와 계약하지 않을 겁니다.

위안 —— 그러면 청년들은 왜 시급제로 일하려고 할까요? 정규직이 되는 게 매우 어렵나요? 아니면 수지타산이 안 맞아서 그럴까요?

헌 —— 정규직의 급여가 조금 더 적습니다. 시급제는 현재 1시간에 30위안을 받는데, 정규직의 기본급 2800위안을 시급으로 환산하면 정규직 급여는 시간당 20위안도 안 됩니다.

위안 —— 왜 회사는 안정된 급여를 지급하려 하지 않을까요?

헌 —— 제 생각에 회사도 언제든 문을 닫으려고 예비해두는 것 같습니다. 이미 우리 회사도 수많은 공장을 팔아치웠거든요. 직원들이며 기계며 공장 전체를 다른 회사에 팔아버렸습니다.

위안 —— 이렇게 오랫동안 일하셨는데, 한 곳이라도 '5개 보험 1개 기금'을 내준 곳이 있나요?

헌 —— 폭스콘은 내줬습니다만, 전혀 쓸모가 없었습니다. 의료보험은 그나마 도움이 될 겁니다. 평소에도 진료를 받고 바로 약을 탈 수 있으니까요. 저는 집을 살 계획이 없고, 정저우시의 주택 기금은 받을 수 없으니 쓸모없습니다. 그리고 일전에 한 달간 실업한 적이 있는데, 실업 급여를 받지 못했습니다. 정부도 돈이 떨어졌다나요.

위안 —— 실업 급여는 다시 신청해보셨나요?

헌 —— 신청해봤습니다. 문의도 여러 차례 해봤는데, 다들 줄 수 없다더군요. 친구 중에 받았다는 사람도 있지만, 받지 못했다는 사람이 많습니다. 개인이 알아서 이 문제를 해결하려면 처리해줄 사람도 구해야 하고, 중개업체에 돈도 줘야 합니다. 그렇게 하면 중개업체에서 대신 일부분이라도 받아줄 수 있다더라고요. 그리고 양로보험이라면 저는 중국에서 노후를 보낼 계획이 없으니 보험료를 낼 필요가 없죠.

방 龐

중국이 더 나아질 거라는 희망

방 —— 저는 1989년생이고, 장거리 화물차 운전기사로 일하고 있습니다.

위안 —— 언제부터 화물차를 운전하셨나요? 스물네 살 때부터 지금까지 해오신 건가요?

방 —— 아니요. 고등학교를 졸업하고 집에서 1, 2년 빈둥거렸습니다. 부모님도 학벌이 안 좋아서 제 학업을 지도해주지 못하셨고요. 그러다 화물차 면허증을 땄고, 2013년부터 2015년까지는 '중국전신'에서 인터넷 설치를 했고, 2017년부터 화물차를 몰았습니다.

위안 ── 장거리 운송을 하면 보통 몇 시간 동안 운전하고, 휴식은 어떻게 취하시나요? 그리고 수입은 대략 얼마쯤 되나요?

방 ── 수입은 괜찮은 편인데, 몸이 좀 피곤합니다. 장거리 운행은 보통 2인 1조로 돌아가면서 운전하고, 1회 왕복에 3일 걸립니다. 제 일은 그래도 꽤 수월한 편이에요. 항저우에서 선전까지 48시간이면 왕복하니까요.

위안 ── 잠은 주무시나요?

방 ── 네. 나라에서 졸음운전을 엄격하게 단속하고 있어서 화물차에 침대칸이 있습니다. 네 시간마다 돌아가면서 운전하고요. 아주 장거리, 그러니까 2000킬로미터를 넘어가면 무척 힘들어요. 하지만 제가 맡은 운행 거리는 1300킬로미터라서 수월한 편입니다.

위안 ── 그렇지만 네 시간에 한 번 자는 거잖아요?

방 ── 익숙해졌죠. 죽자 살자 일하면서 익숙해지긴 했는데, 여전히 힘들죠. 죽겠어요.

위안 ── 수입은요?

방 —— 수입은 달마다 계산하는데, 한 달에 1만 3000위안에서 1만 4000위안 사이를 받습니다. 그야말로 청춘과 목숨을 바쳐서 번 돈입니다. 예전에 혼자 일할 때는 2만 위안 넘게 벌었지만 안전하지도 않고 문제가 많았습니다. 제가 알던 기사님 두 분은 연세가 좀 있으셨는데, 쉬지도 못하고 운전만 하다가 졸음운전을 했고 결국 사고로 돌아가셨어요. 그래서인지 근 1, 2년 동안 졸음운전 단속이 심해졌습니다.

위안 —— 7년 가까이 운전하시면서 최근 몇 년의 경제 상황이 변했다는 느낌을 받으셨나요? 이를테면 일감이 늘었나요, 줄었나요?

방 —— 줄었습니다. 마윈馬雲•이 탄압받은 뒤로 물량이 확실히 줄었습니다. 경제 상황이 나빠진 것도 이유겠죠. 확실히 안 좋아졌어요.

위안 —— 그렇게 느끼실 만한 일을 경험하셨나요?

방 —— 제가 경험한 건 아니고, 회사 동료들을 보고 느낀 겁니다. 특히 그다지 번화하지 않은 도시들로 운송하는 동료들을 보면 정말로 일감이 줄었습니다. 저는 둥관東莞에서 항저우, 선전 같은 도시로

• 마윈은 2020년 중국 금융 규제를 공개적으로 비판한 뒤, 정부로부터 앤트그룹 IPO 중단 및 알리바바에 대한 거액의 반독점 벌금 등 전방위적인 규제와 압박을 받아 사실상 경영에서 물러나고 공개 활동을 중단해야 했다.

운송하는데, 이 도시들은 아직 상황이 괜찮습니다.

위안 —— 선생님은 어떻게 이렇게 좋은 노선을 배정받으셨나요? 다른 동료들은 어쩌다 별로 좋지 않은 노선을 운행하게 됐죠?

방 —— 좋은 노선을 배정받으려면 팀장에게 1만~2만 위안을 건네야 합니다. 중국 회사들은 다 이런 식이에요.

위안 —— 회사에서 사회보험은 들어줬나요?

방 —— 우리 회사에 그런 건 없습니다.

위안 —— 아팠던 적이 없나요? 아프면 어떡하죠?

방 —— 전 아직 젊잖아요. 크게 아파본 적이 없습니다. 감기에 걸려서 열이 나면 약이나 좀 먹고요.

위안 —— 결혼은 하셨나요? 아이는 있으신가요?

방 —— 아니요. 하지만 결혼은 하고 싶습니다. 아시겠지만, 일하는 데 시간을 너무 많이 뺏겨서 사람을 만나고 싶어도 그럴 시간이 없습니다.

위안 —— 부모님께서 재촉하지는 않나요? 농촌에서는 특히 부모님들이 자녀의 결혼을 신경 쓰시는 것 같던데요.

방 —— 부모님은 전통을 상당히 중시하세요. 그렇지만 별수 있나요. 사회 전체 분위기도 좋지 않고, 결혼하려는 여성도 별로 없어요. 젊을 때 기회를 놓친 거죠.

위안 —— 인생이나 직업에는 어떤 계획을 세워뒀나요? 가령, 지금 저축을 열심히 하고 있나요? 운송업을 예로 들자면, 몇 살까지 이 일을 할 수 있을 것 같으세요? 나중에는 다른 일을 할지, 노후는 어떻게 준비할지, 이런 것들을 고민하시는지 궁금해요.

방 —— 고민해봤죠. 지금 하는 일이 너무 힘드니까요. 밤을 꼴딱 새워야 해요. 동료 중에 급사한 사람도 있고요.

나중에 기회가 되면 시내버스를 운전하고 싶습니다. 시내버스 기사들은 사회보험이 있더라고요. 하지만 지금 정부에 돈이 없어서, 버스 회사에서도 사람을 뽑지 않는다는군요.

위안 —— 한 달에 대략 얼마를 저축하세요?

방 —— 한 달에 1만 위안 넘게 저축합니다.

위안 —— 정말로 돈을 안 쓰시네요?

방 —— 쓸 시간이 없죠.

위안 —— 둥관에서 항저우까지 왕복 48시간을 운전하고 돌아오면 하루 쉬는 건가요?

방 —— 네. 하루 휴무입니다. 3일에 한 번 운행하고, 한 달에 열 번 운행하죠.

위안 —— 이 일을 시작하실 때 힘드셨겠어요.

방 —— 힘들었어요. 처음에는 적응도 잘 안 됐지만, 점점 익숙해졌습니다.

위안 —— 어떤 부분이 적응하기 힘들던가요?

방 —— 일단 생각보다 일이 너무 힘들어서 적응하는 데 시간이 오래 걸렸고, 사람과의 만남이 거의 없다는 거요. 애인을 사귈 기회가 없어요.

위안 —— 온종일 차에만 있으니까요. 외로운 직업이네요.

방 —— 네. 그렇지만 농민공이 다 그렇죠, 뭐.

위안 —— 가정 형편을 말씀해주실 수 있을까요? 부모님은 어떤 일을 하셨나요? 방은 어릴 때 '유수아동'[36]이었나요? 그리고 지금 두 분은 어떤 일을 하고, 연세는 어떻게 되시나요?

방 —— 부모님은 모두 70세가 넘으셨고요, 제가 형제 중에 제일 어립니다. 예전에 아버지도 타지로 일하러 가셨고, 일 년에 두세 번밖에 집에 안 오셨어요. 어머니께서 저를 돌봐주셨죠. 그리고 조부모님도 집에 계세요. 지금은 아버지도 연세가 많으셔서 아무것도 안 하세요. 집에 오신 후로 매달 수입이 180위안뿐입니다.

위안 —— 형제들이 부모님께 용돈을 드리나요?

방 —— 네. 설 연휴에 다들 드립니다.

위안 —— 방도 드리고요?

방 —— 저도 드리죠. 많이 드리지는 못하지만요. 많이 드리면 2000~3000위안이고 적게 드리면 1000~2000위안이고요.

---

36 부모가 타지로 일하러 가서 집안의 다른 어른과 농촌에서 생활하는 아이를 가리킨다.

위안 —— 농촌에서의 노후 준비는 자녀들에게 의지하는 부분이 크네요, 그렇죠?

방 —— 그렇습니다. 저는 인터넷으로 이것저것 자주 찾아보는 편인데, 도시호구를 가진 사람들과 비교해보니 그들은 한 달에 보조금으로 2000위안을 받더라고요. 농촌호구를 가진 제 아버지는 180위안을 받으니 격차가 확연하게 드러나죠. 심각한 불평등이에요. 저는 '외망外網'[37]에도 자주 접속하고 위안이 쓴 글도 즐겨 읽습니다.

위안 —— 『뉴욕타임스』도 보신다고요?

방 —— 자주 봅니다.

위안 —— 고향집에 논밭이 있나요? 부모님께서 여전히 농사를 지으시나요?

방 —— 농사는 아주 조금 지으세요. 200평이 조금 넘을 겁니다. 지금은 다 기계화되어서 콤바인이 있고, 예전만큼 힘들지는 않습니다. 수확물을 팔려는 건 아니고 집에서 먹으려고 짓는 겁니다. 제가 평소에 농사 좀 그만 지으라고 해도, 당신들이 가만히 있지를 않으세요.

---

37 중국에서 방화벽을 차단한 해외 사이트를 가리킨다.

위안 ── 부모님을 뵈러 얼마나 자주 가시나요?

방 ── 저는 그나마 자주 찾아뵙니다. 제 동료들은 1년에 2, 3일 다녀오는데, 저는 집이 그리워서 제법 자주 가요. 올해만 해도 벌써 두세 번 다녀왔네요. 하지만 일을 쉬면 돈을 못 법니다. 우리는 연가 같은 게 없거든요.

위안 ── 부모님이 아프시기라도 하면 어떻게 하나요? 의료보험 에 가입하셨나요?

방 ── 부모님은 매년 보험료로 380위안을 내세요. 2021년에는 어머니께서 입원하셨어요. 광저우에서 입원하셨는데, 보험 보장 비 율이 높아졌더라고요. 예전에는 거의 보장받을 수 없을 정도로 낮 았거든요. 어머니께서 당시 1개월 동안 입원하시고 병원비로 3만 위안 넘게 냈는데, 1만 위안쯤은 보장받으셨어요.

위안 ── 코로나19 기간에는 업무에 지장이 있던가요?

방 ── 영향을 받았죠. 제가 관찰한 바로는 2020년 코로나19 첫 해에는 택배 물량이 엄청나게 많았습니다. 사람들이 저축해둔 돈으 로 온라인 구매를 많이 했나봐요. 2021년부터는 상황이 안 좋아졌 습니다. 2022년에는 더 비참해졌고요. 우리 회사가 국내에서 2, 3위안에 드는 물류 회사라서 다행이었지, 만약 우리까지 할 일이 없었다면 국내 경제는 정말로 끝장났다고 봐야죠.

위안 —— 제가 듣기에 농촌에서 결혼하는 건 비용이 많이 든다던데요. 예단도 준비해야 하고 집이랑 자동차도 사야 한다는데, 이게 결혼을 포기하는 데 영향을 줬나요? 아니면 일 때문에 사람 만날 시간이 아예 없었을까요?

방 —— 저도 결혼을 하고 싶어요. 저는 부모가 되는 것과 연애를 하는 것이 사람의 권리라고 생각합니다. 그리고 전 그 권리를 원하고 희망합니다. 하지만 제가 이 일을 하는 한 뭘 어떻게 해볼 수가 없네요. 가끔 이 일을 그만두고 좀더 편한 일을 찾거나 다른 일을 하면 사람을 만날 기회가 생기지 않을까 생각해봤습니다. 하지만 지금 사회 상황이 이렇다 보니 직업을 바꾸는 게 쉽지 않을 거 같아요. 게다가 결혼을 희망하는 여자들도 확실히 줄었고요.

위안 —— 지금 서른네 살인데, 나중에 부모님과 비슷한 나이대가 되면 어떻게 노후를 보낼 생각이세요?

방 —— 도무지 상상이 잘 안 됩니다. 국내 경제가 너무 안 좋잖아요. 제가 종일 해외 사이트를 돌아다니다 보니, 중국 사회에 대한 이해도 늘었지만 그만큼 비관적인 시각도 갖게 됐습니다. 경제가 제일 호황이던 때에도 우리는 돈을 못 벌었는데, 지금처럼 모든 게 더 나빠진 상황에서 돈을 벌겠다고 하면 말이 안 되죠. 지금은 노후에 대해 별다른 계획이 없고, 상황이 좀 좋아지면 시내버스를 운전하지 않을까 싶네요.

위안 —— 하지만 작년에 수많은 도시의 버스회사들이 파산으로 운행을 중단하지 않았나요?

방 —— 그렇긴 하지만 저는 앞으로 경제가 좋아지리라고 생각합니다. 중국의 경제 규모는 실로 거대하잖아요. 순식간에 붕괴하지는 않을 겁니다.

위안 —— 저축은 대략 얼마나 하셨는지 말씀해주실 수 있나요?

방 —— 겨우 몇만 위안밖에 없습니다. 젊을 때는 돈을 모을 줄도 몰랐고, 돈이 생겼다 하면 바로 써버렸습니다. 저축은 최근 1, 2년 사이에 시작했습니다. 경제가 나빠지는 걸 보면서 돈을 모아야겠더 군요. 만일 지금 당장 일을 그만둬서 추가 수입이 없대도, 저축해둔 돈으로 2, 3년은 버틸 수 있을 것 같습니다.

위안 —— 그렇군요. 덧붙여 들려주고 싶은 이야기가 있을까요.

방 —— 저는 희망을 품어야 한다고 생각합니다. 해외 사이트를 자주 들락날락하면서 바깥세상을 볼 수 있었고, 서서히 중국의 5000년 역사도 이해할 수 있었습니다. 5000년의 전제주의 역사지만 말이죠. 아무튼, 저는 경제가 좋아지길 바랍니다.

위안 —— 경제가 안 좋아지면요?

방 —— 그래도 살아야죠. 죽을 수는 없잖아요. 언젠가는 좋아지리라고 믿는 게 중국인의 생활 철학이죠. 중국이 더 나아지길 바라는 희망을 품어야 합니다.

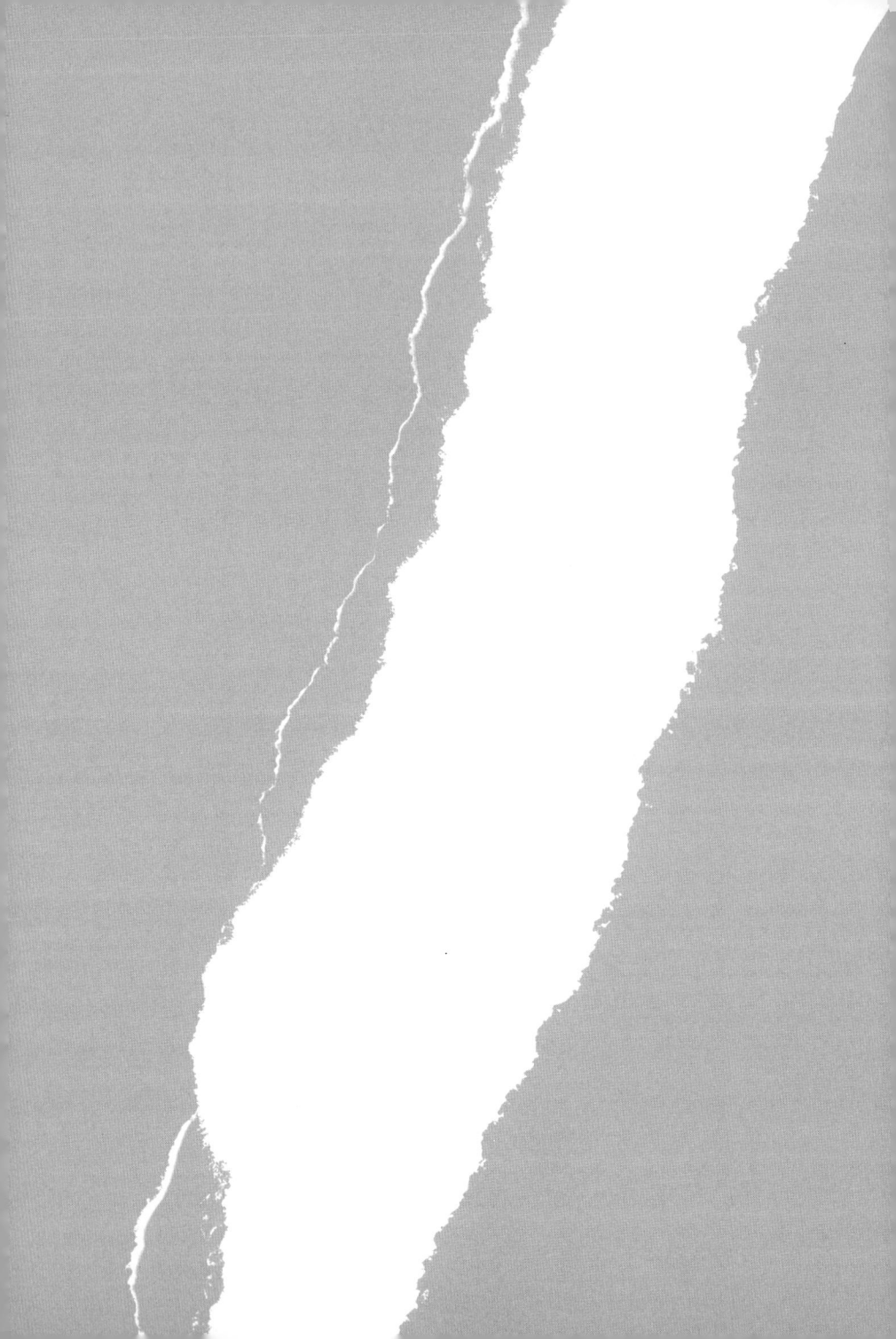

3장

어둠 속 작은 불빛

역사 퇴조 시기의 희망

'편정수상編程隨想'은 누구인가?

'편정수상'은 2009년부터 2021년 5월 9일까지 운영된 중국어 블로그로, 각종 인터넷 보안 지식과 인터넷 우회 접속 방법, 익명성 활용 교육, 전자책, 정치 평론을 게시했다.

2022년 한 네티즌은 인터넷 우회 접속의 보안 문제를 설명하다가, 수많은 우회 접속 방법의 믿을 수 있는 출처로 '편정수상'을 언급하며 이렇게 말했다. "'편정수상'은 중국 민중을 우매함, 무감각 그리고 복종으로부터 각성시키려고 노력했습니다. 그는 사람들에게 어떻게 진짜 정보를 취사선택할 수 있는지, 어떻게 정보 감옥에 빠지는 것을 피할 수 있는지, 어떻게 독립적인 사고를 할 수 있는지를 가르쳤습니다. 그가 한 모든 일은 중국공산당의 정보 통제, 강력한 세뇌를 통한 우민 정책과 반대되는 일들이었으며, 중국을 변화시키려는 깊은 취지에서 비롯했습니다."

"'편정수상'은 중국 인터넷 보안 분야의 전설적인 인물로 중국공산당의 눈엣가시입니다. 국가 안보국에는 그를 체포하려는 전문 팀도 있었지만, 수년간 추적해봐도 전혀 소득이 없었습니다. 오히려 되돌아온 것은 '편정수상'의 시도 때도 없는 공개적 조롱과 도발뿐이었습니다. 이 사건의 결말도 상당히 신비한데요, 주인공이 아무런 조짐도 없이 갑자기 사라졌습니다. 이로 인해 '편정수상'이 도대체 누구인가 하는 의문은 영원한 미스터리가 되었습니다."

올해 3월, 베이전잉貝震穎이라는 여성이 트위터에 도움을 요청하는 글을 올리면서, 자신의 남편이 '편정수상'이라고 밝혔다. 이로써 사람들은 '편정수상'의 실종이 신비로운 미스터리가 아니며, 그가 2021년 5월 10일에 당국에 체포되어 2023년 2월 '국가 정권 전복 선동죄'로 7년 형을 선고받았다는 것을 알게 되었다.

'편정수상'의 본명은 롼샤오환阮曉寰이다. 베이는 롼샤오환이 평소에 어떤 사람이었는지, 어떻게 남편이 블로그에 글을 쓴다는 걸 여태 몰랐는지, 그리고 남편이 체포되고 1년여가 지나 1심 판결이 나온 지금에야 그녀가 알게 된 인터넷 속 남편은 어떤 사람인지 이야기했다. 아울러 '편정수상' 블로그 내용에 대한 그녀의 견해도 들려줬다.

방송 일자
2023년 5월 19일

위안 —— 2021년 5월 10일에 어떤 일이 일어났는지 말씀해주시겠어요?

베이 —— 그날 정오였어요. 벨이 울리길래 저는 생수 배달이 온 줄 알았어요. 그래서 남편에게 물을 받아달라고 했죠. 서재에 있던 남편이 나가자마자 현관에서 누가 "꼼짝 마!"라고 외치는 소리가 들렸습니다. 가벼운 몸싸움 소리도 났고요. 제가 급히 현관으로 갔을 때는 아무도 없었습니다. 그리고 곧바로 사복 차림의 남성 한 명이 들어왔습니다. 저는 그가 강도고, 뭔가 나쁜 일이 벌어진 줄 알았어요. 그에게 물어봤죠. "강도질하러 온 건가요?" 그러자 그가 잠시 제 눈을 똑바로 바라보더니 자기는 경찰이라면서 공안증을 보여주더군요. 곧이어 십수 명이 들어와서 온 집안을 샅샅이 수색했습니다.

머리가 멍해졌어요. 신분증을 보니, 그가 절 속일 리는 없어 보였어요. 따라 들어온 인원 중에는 사복 차림도 있었고, 경찰복을 입은 사람도 있었습니다. 그들은 집에 들어와서 응접실에 있던 모든 전자 기기를 통제했고, 저까지 통제했습니다. 저는 어디에도 연락을 취할 수 없었어요. 그때가 점심시간이라서 식사 준비를 막 끝냈을 때였습니다. 식탁에 음식을 차려놓고 남편을 부르려던 차였는데…… 이제는 밥도 들어가지 않고 식욕도 잃었어요. 그저 남편을 기다리고 있을 뿐입니다.

위안 —— 주방에서 나오셨을 때, 남편은 이미 사라진 뒤였죠?

베이 ── 네. 그리고 그들은 방을 하나하나 수색했습니다. 남편의 방을 특히 오래 뒤졌어요. 그때 저는 밖으로 끌려 나가 있었고요. 그렇게 몇 시간이 지나고, 몇 사람이 남편을 끌고 왔습니다. 비록 저와 남편 사이가 사람들로 가로막혀 있어서 대화는 못 하더라도, 이렇게 엄청난 일이 벌어졌으니 남편이 적어도 저를 쳐다봐줄 거라고 생각했어요. 그런데 그이는 끝까지 눈길 한번 안 주더군요.

경찰은 마치 남편에게 시킬 일이 있다는 듯이 그이를 서재 앞까지 끌고 갔습니다. 남편이 책상을 가리키며 뭐라고 말했는데, 제대로 듣진 못했어요. 그리고 남편은 이내 다시 끌려 나갔습니다. 이때가 재판이 열리기 전, 남편과의 마지막 시간이었습니다. 남편이 끌려 나가고 나서 경찰이 저한테 좀 쉬고 있으라고 하더군요. 그래서 침실에 갔더니 경찰 서너 명이 쫓아 들어와서 저를 감시했고 이런저런 것들을 물어봤습니다. 그중 한 명이 말했습니다. "우리는 동갑이에요. 당신 입장을 난 충분히 이해합니다. 남편이 무슨 일을 했는지 아나요, 모르나요? 남편이 해외 블로그에 중국의 정권을 전복시키려면 처음에는 뭘 해야 하고, 다음에는 또 뭘 해야 한다는 식으로 글을 썼어요."

당시 저는 여전히 멍해 있었어요. 그 사람은 이어서 저랑 남편만 알 수 있는 이야기들을 다 안다는 듯이 말하더군요. 자세한 내용은 기억나지 않지만, 우리 집을 도청하지 않고선 알 수 없는 내용이었습니다. 저도 곧바로 응수했습니다. 아는 척하지 말고, 묻고 싶은 게 있으면 뜸 들이지 말고 말하라고 말이죠. 그랬더니 그는 마치 제가 거짓말을 하는 범죄자라도 되는 양 노려봤습니다.

저는 거리낄 게 없었습니다. 재차 생각해봐도 저는 어떤 범법 행위도 저지르지 않았거든요. 남편 역시 범법 행위를 저지르지 않았을 거라고 믿었습니다. 그들도 그제야 대놓고 물어보더군요. "당신 남편이 가지고 있는 돈은 어디서 났나요? 왜 당신 통장에도 돈이 많죠?" 그래서 저는 우리는 통장도 따로 쓰고, 저축도 따로 한다고 말했습니다. 그랬더니 이렇게 말하더군요. "당신이 외국으로 출장을 자주 갔다는 것도 알고 있습니다." 그들은 제가 종종 타오바오에서 쇼핑한다는 것까지 알고 있었습니다. 정말 모르는 게 없었어요.

저는 당시에 혹시 남편이 가진 기술과 이 일이 관련된 게 아닐지 생각했습니다. 남편은 인터넷 보안 엔지니어지만, 마음은 해커였거든요. 제가 짐작해볼 수 있는 건 그게 전부였습니다. 그리고 마침 2021년은 중국공산당 건당 100주년이었고, 상하이에서 언론을 통제하려는 움직임이 있었습니다. 저는 이 민감한 시기에 남편이 꼬투리 잡힐 발언을 한 게 아닐까 생각하기도 했습니다. 아무튼 저도 뭐가 대체 어떻게 돌아가는 건지 알 수 없었습니다. 휴대폰도 없어서 뭘 찾아볼 수도 없었고요. 그저 참고 기다려야 했습니다.

위안 —— 당시 남편이 무슨 일로 잡혀갔는지 전혀 몰랐다고 하셨죠? 나중에는 어떻게 남편이 '편정수상'이라는 걸 알게 되었나요? 남편이 잡혀가고 얼마나 지나서 아셨죠?

베이 —— 오랜 시간이 걸렸습니다. 5월 10일의 저는 아무것도 모른 채 그저 남편이 빨리 풀려나기만 바랐고, 당장만 잘 넘기면 금방 풀려날 줄 알았습니다. 그러나 뜻밖에도 36일이나 지나서 그는 정식으로 체포되었습니다. 그날부터 지금까지 저는 법이 허락하는 범위 안에서 남편을 위해 투쟁했습니다. 하지만 제가 선임한 변호사는 수사 기간 동안 구치소에서 남편을 접견하지도 못했습니다.

경찰은 수사 기간을 연장했습니다. 그러면서 그들은 이미 수사 첫날에 남편이 그 블로그 글을 자기가 썼다고 자백했다고 말했습니다. 그래서 제가 사안이 그렇게 간단한데 왜 수사 기간을 연장하냐고 질문했지만, 그들은 아직 남편의 해외 연락책을 찾아내지 못했기 때문이라고 답하더군요. 그렇게 사건 수사 기간은 계속 연장되었고, 8월이 넘어서야 겨우 양푸楊浦구 검찰원(검찰청)으로 사건이 넘어갔습니다. 양푸구 검찰원은 지방 검찰원이라서 원래는 이런 사건을 수리하면 안 됩니다. 이 사건은 국가 안보 사건이기 때문에, 마땅히 그 윗선인 중급인민검찰원으로 넘어가야 해요. 하지만 양푸구 검찰원에서 한 달이 넘게 시간을 끌더니 다시 상하이 시 인민검찰원 제2분원(이하 2중검*)으로 사건을 이첩했습니다. 저와 시부모님은 검찰원 민원실에 가서 진행 상황을 알아봤습니다. 하지만 우리는 아무 정보도 얻지 못했습니다. 변호사도 여전히 남편을 만나지 못했고요. 사건이 2중검으로 넘어올 때까지 보름이 넘게 걸렸습니

---

* 제2 중급 인민 검찰원.

다. 변호사가 사건 기록을 열람한 후에야 구치소에서 처음으로 남편을 접견할 수 있었고, 그때가 이미 9월 29일이었습니다.

위안 —— 언제 남편이 '편정수상'이라는 것을 알게 되셨나요? 지금 말씀하신 과정 중에는 모르셨던 거죠?

베이 —— 전혀 몰랐습니다. 이 과정 중에도 저한테는 아무 정보도 전해지지 않았습니다. 당시에 시어머니도 남편이 도대체 무슨 말을 했는지 변호사를 통해 알아내려고 했지만, 어떤 정보도 알아낼 수 없었습니다. 그래서 우리는 도대체 남편이 누구라는 건지 해외 사이트를 뒤져보기로 했습니다. 그래야 남편이 도대체 무슨 말을 했으며, 이게 얼마나 심각한 일인지 알 수 있겠다고 생각했습니다. 하지만 저는 우회 접속도 할 줄 몰랐고, 남편이 해외 사이트에서 블로그를 하나 운영한다는 것만 겨우 알 뿐이었습니다. 그 많은 해외 블로그에서 어떻게 남편의 블로그를 찾아야 할지 정말 막막했습니다.

조사 기간 중에 수사 담당자가 제게 말하더군요. "아니, 정말로 남편이 뭐라고 적었는지 몰라요? 남편 블로그 좀 한번 봐보세요." 그래서 제가 곧바로 그 블로그는 대체 어떻게 보냐고 물었더니, 그가 이렇게 말했습니다. "나중에 사건이 정리되면 판결문을 보여드릴 겁니다. 남편 블로그도 판결문에 나와 있을 거예요. 그때 가면 다 알게 될 테지만, 당신 남편은 양면성을 가지고 있어요. 당신이 전혀 모르는 일면이 있다고요." 저는 조만간 판결문만 나오면 그때는 이게 다 어떻게 된 일인지 알 수 있으리라고 기대했습니다.

2월 10일에 1심 판결이 나왔습니다. 판결문을 받았죠. 하지만 판결문에는 아무 정보도 없었습니다. '전복 선동'을 했다는 발언 증거조차 없었고, 남편의 블로그 명도 적혀 있지 않았습니다. 저는 이 판결문은 매우 잘못되었다고 생각했습니다. 그리고 블로그에 뭘 쓰는지는 표현의 자유에 속한다는 게 기본 상식 아닌가요? 왜 남편의 발언들이 '국가 정권 전복 선동'에 속한다는 거죠?

판결문을 받은 뒤로 저는 두 가지 일을 시작했습니다. 하나는 인권변호사를 찾는 것이고, 다른 하나는 마음속에 품은 이 의문점을 스스로 해결하기로 한 것입니다. 하지만 최우선으로 처리해야 할 문제는 역시 변호사를 찾는 것이었습니다. 많은 친구에게 도움을 청했습니다. 판결문을 받고 나서야 제가 고정관념에 빠졌다는 것을 알았거든요. 판결문에 증거조차 명시되지 않았다면, 그 말은 즉 남편이 무죄일 수 있고, 마땅히 무죄 석방되어야 한다는 겁니다. 위챗에서도 말한 적 있는데, 저는 베이징의 모사오핑莫少平 변호사* 사무실의 변호사를 선임하기로 했습니다.

하지만 2월 19일에 베이징에 가서 변호사 위임 계약서를 쓰려던 계획은 상하이의 국가보안대에 가로막혔습니다. 그들이 그러더군요. "혹시 남편이 억울하게 당했다고 생각하는 건가요? 증거가 없

• 중국의 인권변호사. 중국의 반체제 인사인 류샤오보劉曉波, 가오위高瑜 등을 변호했다.

어서?" 저는 이 사람들이 어떻게 내 생각을 알지 하고 깜짝 놀랐습니다. 하지만 금방 깨달았습니다. 이들이 제 위챗 기록을 봤다는 걸요. 그들은 또 물었습니다. "모사오핑 변호사 만나러 가는 거죠?" 이역시 알린 적도 없는데 이미 다 알고 있었습니다. 역시 위챗을 모니터링해서 알아낸 게 분명했습니다.

저는 그들이 제가 주장하는 무죄 석방에 대해 어떻게 생각하는지 듣고 싶었습니다. 그들은 이렇게 말했죠. "당신이 지금 뭘 단단히 모르고 있다는 건 아나요?" 그 말을 듣자 저는 더더욱이 남편이 도대체 어떤 사람이었는지 알아낼 필요가 있다고 강하게 느꼈습니다. 그래서 인터넷 우회 접속을 공부하기 시작했죠.

위안 —— 그 뒤에 어떻게 '편정수상'의 정체를 알게 되셨나요?

베이 —— 그건 정말 우연이었습니다. 저도 제가 이렇게 쉽게 밝혀내리라고는 생각지도 못했습니다. 저는 단지 구글에 '실종' '블로거' '2021년'을 입력했을 뿐인데, 곧바로 『아주주간亞洲週刊』의 기사가 하나 뜨더군요. 남편이 잡혀 간 바로 그날 게시된 기사였습니다. 그리고 같은 날부터 '편정수상'의 블로그의 업로드가 멈췄다는 걸 알아차렸습니다.

제 남편은 너무 직설적이라서 블로그 이름 같은 것도 재미있는 이름으로 해놓지 않았을 사람입니다. '편정수상'*이라는 이름을 보자마자 남편의 품격이 느껴졌습니다. 이게 남편의 블로그라는 것을 직감했어요.

저는 바로 블로그에 들어가서 게시물을 읽어봤습니다. 이 블로거의 사고방식은 아주 명확했고, 기록하는 습관이 있는지 해마다 블로그 회고록을 작성했더군요. 그래서 목록 같은 것도 쉽게 볼 수 있었습니다. 저는 이 블로거의 여러 특징이 제 남편의 특징과 완전히 일치한다는 것을 곧바로 알 수 있었습니다. 여러 사소한 부분을 조합하자 남편이 '편정수상'이라는 필명으로 12년 동안 글을 썼다는 것이 점차 분명해졌습니다.

당시 번뜩 떠오른 기억이 있습니다. 2017년 말경에 남편이 급성 천식 발작 때문에 응급치료를 받고 호르몬제를 주입했었는데요. 그것 때문에 전신에 홍색피부증이 일어났고, 증상이 아주 심각했습니다. 그때 남편은 겨우 침대에만 누워 있었기 때문에, 그 시기에도 남편이 블로그에 글을 올렸을까 궁금했습니다. 그래서 찾아봤더니 정말로 2017년 11월 말부터 2018년 초까지 몇 달간, '편정수상' 블로그에 올라온 글마다 요즘 바빠서 업로드가 늦었다고 쓰여 있더군요. 저는 비로소 '편정수상'의 정체를 확신할 수 있었습니다. 그때 저는 피시방에 있었는데, 참지 못하고 울음을 터트렸습니다. 이게 제가 남편의 정체를 확인하게 된 경위입니다.

- 편정수상編程隨想은 '프로그래밍을 하며 떠오른 단상'이라는 뜻이다. 환샤오환은 유명한 IT 전문가다.

위안 —— 두 분은 어떻게 만나셨고, 결혼은 언제 하셨나요? 남편 분은 일상에서 어떤 분이셨는지, 두 분의 가장 아름다웠던 추억은 무엇인지 들려주시겠어요?

베이 —— 우리는 1996년에 처음 만났습니다. 화둥이공대학 입학 행사였고, 광장 풀밭에 앉아 같은 반 학우들에게 자기소개하는 시간이었죠. 그때 제가 말을 좀 웃기게 했는데, 제 소개를 하면서 "제 원산지는 상하이입니다"라고 했죠. 나중에 남편이 이 말 때문에 제가 기억에 남았다고 했어요.

위안 —— 두 분은 같은 반이셨군요?

베이 —— 네. 같은 반이었어요. 둘 다 화학공학과에서 화학 공정을 전공했습니다. 제가 남편에게 받은 인상은 비교적 밝다는 것, 어리숙하면서도 책을 좋아하는 공붓벌레 같다는 것이었습니다. 사실 대학교 새내기인 저에게 그는 특별한 인상을 남기지 못했지만, 학우들 사이에서는 꽤 유명했어요. 남편의 컴퓨터 실력이 엄청났거든요. 남편은 반 전체에서 컴퓨터 실력이 가장 뛰어났습니다. 게다가 특이한 점도 있었습니다. 곧잘 자기 시간을 써가면서까지 동기들의 질문에 답해주곤 했거든요. 그는 매일 한두 시간씩 동기들의 공부를 도와줬습니다.

이거 말고는 남편에게 특별한 인상을 받진 않았습니다. 그러다

하루는 유비소프트가 우리 학교에서 세미나를 개최한다기에, 할 일도 없고 무료하기도 해서 들으러 가봤습니다. 남편도 거기에 있더군요. 남편 옆자리가 비어 있어서 제가 가서 앉았습니다. 이때에야 제대로 대화해볼 수 있었죠.

그 뒤로는 자습할 때마다 남편과 자주 마주쳤습니다. 남편이 제가 있는 교실에 오곤 했어요. 나중에 알고 보니, 남편이 모든 강의동을 다니면서 제 자전거를 찾았더라고요. 제 자전거가 있으면 그 강의동에 들어와서 강의실을 하나하나 돌아다니며 저를 찾았다나봐요.

위안 —— 우연을 만들어낸 거군요.

베이 —— 그런 셈이죠. 저는 사실 화학공학에 흥미가 없어서 대학 공부를 열심히 하지 않았습니다. 하지만 그이는 컴퓨터를 무척이나 좋아했습니다. 캠퍼스 사람들은 그이더러 기숙사, 도서관, 교실만 왔다 갔다 하는 단조로운 생활을 한다고 입을 모아 말했죠. 아, 식당도 추가해야겠네요. 어쨌든 밥은 먹어야 하니까요. 아무튼 그이는 그중에서도 도서관에서 가장 긴 시간을 보냈습니다. 컴퓨터 공부를 하다가 전공 수업을 빼먹기도 했습니다. 기숙사에는 같은 기숙사생들끼리 돈을 모아서 마련해둔 컴퓨터가 하나 있었는데, 사용 시간을 정해놓고 서로 돌아가면서 사용해야 했죠. 그런데 전공 수업 시간에는 아무도 없잖아요. 그이는 전공 수업을 포기하고 기숙사에서 온종일 컴퓨터만 들여다보곤 했습니다.

나중에 사귀고부터는 자주 같이 공부했습니다. 그러다 피곤해지면 운동장에 나가서 산책하면서 이야기를 나누곤 했고요. 그때 저는 남편의 독서량이 엄청나다는 것을 알게 됐고, 정말 깜짝 놀랐습니다. 그리고 그이는 사람 이름을 기억하는 능력이 아주 뛰어났습니다. 이름을 한번 들으면 까먹지를 않았죠. 게다가 무척 박학다식해서 모르는 게 없었어요. 아마 그때부터 남편에 대한 인상이 무척 좋아졌던 것 같습니다.

남편은 졸업하기 전부터 대학 부설 소프트웨어 회사에서 일했습니다. 2000년에 제가 졸업할 때, 남편은 전공 수업 중에 영어 수업을 이수하지 못해서 졸업장을 받지 못했고, 저와 함께 사회생활로 뛰어들었죠. 결혼은 2004년에 했고요.

위안 ── 두 분이 결혼한다고 말했을 때 주변의 반대는 없었나요? 제 기억에 90년대 중국이라면 대학 졸업장이 상당히 중요했을 텐데요.

베이 ── 우선 제가 보기에 남편의 능력은 정말 뛰어났습니다. 그런 남편이 결정한 일이라면 제가 의문을 가질 필요가 없었죠. 저는 지금도 남편이 졸업장이 없는 것을 두고 가타부타 말할 생각이 없습니다. 다만 시부모님들은 졸업장이 없는 것을 무척 안 좋게 생각하셨어요. 특히나 시아버지가 더 그러셨죠. 그분은 대학교수시다 보니, 어릴 때부터 잘 교육해서 좋은 중고등학교에 보내고 이어서 명문대학까지 들어간 아들이 졸업장을 포기한다는 걸 받아들이기 힘들어하셨습니다.

위안 —— 두 분이 가장 행복했던 순간은 언제인가요?

베이 —— 즐거운 순간이 정말 많지만, 최근에 함께했던 행복한 시간이 먼저 떠오르네요. 아마 2014년일 거예요. 필리핀 팔라완으로 여행을 갔죠. 인터넷에 검색하면 남편 사진을 볼 수 있는데, 사진 속 남편은 체크무늬 셔츠를 입고 빨간색 어깨끈이 달린 가방을 메고 있습니다. 밝고 활기찬 모습으로 환히 웃고 있죠. 그 사진이 바로 우리가 필리핀에 여행 갔을 때 찍은 사진입니다.

위안 —— 남편분은 밝고 낙천적인 분이셨나요?

베이 —— 네. 대학생활 당시 남편의 트레이드마크가 그의 호쾌한 웃음소리였습니다. 사람들은 교실 어디에서나, 심지어 강의동 1층에서도 남편의 웃음소리를 들을 수 있다고 말하곤 했죠.

위안 —— 두 분의 결혼생활도 정말 재미있었겠어요. 돈은 각자 쓰셨다고 하셨고, 남편분은 많은 시간을 서재에서 보내셨다고 하셨는데요. 베이는 서재에는 잘 안 들어갔나봐요. 그런 이유가 있나요?

베이 —— 우리의 결혼생활은 다른 사람들 눈엔 확실히 이상해 보였을 겁니다. 저는 더치페이가 각자의 경제적 독립성을 나타낼뿐더러 매우 정상적인 일이라고 생각해요. 특히나 우리 부부는 소비관이 달라요. 남편은 필요한 것만 사고, 아주 현명하게 구매 결정을 하는 사람입니다. 하지만 저는 비교적 마음 가는 대로 구매하는 식이죠. 소비관이 다르니까 남편이 제게 무언갈 사주지 않겠다고 말해도 충분히 이해해요. 어차피 저도 돈이 있으니까 제가 사면 되고요. 그래서 우리 부부에겐 더치페이가 더 잘 맞는다고도 생각합니다.

결혼하기 전에는 남편도 제게 선물을 주곤 했어요. 하지만 결혼하고 나서는 선물을 안 주더라고요. 보통 설이나 명절마다 어쨌든 선물로 마음을 표현하잖아요? 저도 처음엔 이해가 안 돼서 남편을 원망하기도 했습니다. 제가 남편에게 우리가 데이트할 때는 비록 한 송이였대도 장미꽃을 주지 않았냐고 말했죠. 그리고 물어봤어요, 왜 한 송이만 선물했냐고. 그랬더니 그이가 '일편단심'의 뜻이었다지 뭐예요. 그건 그렇다 치고, 그럼 왜 결혼한 뒤에는 '일편단심'의 장미 한 송이조차 선물하지 않느냐고 물었죠.

그의 대답이 아주 걸작이었습니다. "당신이 이미 사고 싶은 걸 다 사는데, 내가 거기다 선물까지 해주면 되겠어?" 그러면서 이러더군요. "나는 당신의 소비 습관을 고쳐주고 싶어." 그 말을 듣고 저도 포기했습니다. 하지만 나중에, 특히나 최근에 제 인생도 달라졌고, 많은 일을 겪고 나니 그이가 그때 왜 그렇게 말했는지를 충분히 이해할 수 있었습니다. 사람들은 자기가 원하는 게 뭔지 명확히 알지 못할 때 허황한 욕망에 빠지게 되고 마음 가는 대로 물건을 사들이게 됩니다. 하지만 명확한 인생 목표를 가지고 있다면 곧 깨닫겠죠. 허황한 욕망을 만족시키려고 끊임없이 돈을 쓰고, 그러려면 끊임없이 돈을 벌어야 하고, 결국 악순환에 빠져서 인생을 낭비하게 된다는 것을요. 여기서 벗어나야지만 비로소 인생에서 진정 의미 있는 것을 발견할 것이고, 자신의 시간을 오롯이 그것에 집중할 수 있을 겁니다.

위안 —— 남편분은 십수 년 전부터 일을 안 했다고 하셨는데, 이것 때문에 두 분 사이에 갈등이 생긴 적은 없나요?

베이 —— 남편은 아마 2011년 아니면 2012년 즈음부터 일을 안 했을 겁니다. 남편이 정확히 언제부터 일을 안 했는지 알려주지 않아서 저도 추측해보는 거예요.

우리는 이 문제에 대해서는 의견이 일치합니다. 저도 반드시 직장을 다녀야 한다고 생각하지 않아요. 직장을 다니는 건 단지 돈을 버는 한 방법일 뿐, 아르바이트를 해도 되고 개인 사업을 해도 괜찮죠. 꼭 이게 아니더라도 생활 자금을 마련할 만한 방법만 있다면 다 괜찮습니다. 당시 남편은 자기는 물질적으로 뭔가 가지고 싶다는 욕구가 적어서 이미 생활 자금이 충분하다고 말했습니다. 남편은 심지어 "우리한테 이렇게 돈이 많아서 뭘 하겠어. 죽으면 다 기부하자"라더군요. 저는 당시에는 깜짝 놀랐지만, 나중에 『세상 끝의 카페』 같은 책들을 읽고는 남편의 생각을 충분히 이해할 수 있었습니다. 그래서 저는 그가 직장을 다니지 않는 게 아무렇지 않았습니다. 저는 지금까지 17년간 외국기업에서 일해왔고 예닐곱 군데 회사를 옮겼습니다. 중간에 일을 쉬었던 때도 있는데, 그때 저는 매우 자유로웠고, 제게 그 시간은 말하자면 나 자신을 조율하는 시간이었습니다. 그가 직장에 다니지 않는다는 건 아무 문제도 아니에요.

위안 —— 정말 천생연분이네요. 그럼 두 분은 정치를 주제로도 이야기 나눠보셨나요? 만약에 정치 이야기를 안 했다면 어떤 대화를 나누셨나요?

베이 —— 시사 관련 주제라면, 남편이 가끔 언급하기는 했습니다. 어떤 시사 이슈가 발생하면 이야기 나누는 거죠. 예를 들어 남편은 특히나 중국 한약의 문제점을 강조했고, 이걸 사용해선 안 된다고 강하게 주장했습니다. 예전에는 '멜라민 분유' 사태(2008년 중국의 분유 제품 오염 사건)에 대해서도 이야기 나눴고요. 참, 아이를 갖지 않는 결정에 대해서도 이야기 나눴네요. 그이는 아이를 원하지 않았습니다. 제가 이유를 물어봤어요. 저는 당시만 해도 아이를 원하지 않는다고 말할 만큼 이 문제에 초탈하지 못했거든요. 그이는 중국의 사회문제와 교육, 의료, 식품 안전 문제 등을 이야기하면서 이렇게 문제가 많은데, 왜 아이를 낳아야 하느냐더군요.

우리의 관계를 떠올려본다면, 저는 같은 방에 있는 것만으로도 관계가 유지된다고 생각했지만, 남편은 그렇게 생각하지 않았습니다. 그이는 두 사람이 같이 있으려면 반드시 공통 화제가 있어야 하고 서로 영혼의 동반자가 돼야 한다고 생각했죠. 그래서 그이는 계속해서 저와의 공통 관심사를 찾았습니다. 결혼한 뒤에도 계속 그래왔는데, 하루는 바둑을 배워보라고 추천하더군요. 그이는 바둑을 통해 전체를 아우르는 사고방식을 키울 수 있다고 했습니다. 바둑에는 수많은 전략적 사고방식이 숨어 있다고요. 그래서 한동안 배워봤지만 그다지 큰 흥미를 느끼지 못해서 결국 포기했습니다. 그 뒤로 그이는 새로운 방법을 찾아냈습니다. 집 근처에 있는 체육관에 테니스 코트, 탁구장, 볼링장이 있어서, 한동안 둘이서 자주 체육관을 찾았죠. 이것도 결국에는 포기하고 말았습니다. 또 나중에는 지더러 '스타크레프트'를 해보라더군요. 나중에 듣고 보니, 자기는 게임을 하고 싶지 않았지만, 공통 화제를 찾고 싶어서 게임에 시간을 들인 모양이었어요. 아무튼 우리는 수많은 것을 시도했습니다. 마지막에는 제게 SF소설을 추천하면서 도서 목록까지 주더라고요. 이 모든 일이 다 그이가 우리 사이에 더 많은 공통 화제를 만들기 위함이었습니다.

남편은 우리가 공통 화제를 갖는 것에 무척 신경을 썼습니다. 나중에 남편이 한동안 앓아누웠던 적이 있는데, 제가 집에 없으면 무서울 것 같다고 하더군요. 그래서 그때 저도 여러 중요한 출장을 미루기도 했습니다. 그러다 한번은 도저히 미룰 방법이 없어서 출장을 다녀와야 했고 시어머니에게 그이를 부탁했죠. 그러다가 생각해

보니 시어머니가 계시면 저는 이제 업무에 복귀해도 되겠더라고요. 그래서 몇 달간은 직장에 출근하면서 중간에 집에 와서 남편을 돌봐주고 약도 챙겨주는 식으로 지냈습니다.

하지만 남편은 우리 부부가 이러다가는 사이가 멀어지겠다고 생각했나봅니다. 그때부터 저를 대하는 남편의 태도가 조금 달라졌습니다. 남편은 제가 일하는 걸 대단히 싫어했습니다. 가끔은 제 업무 때문에 우리의 일정이 틀어지기도 했는데, 그럴 때 남편이 불같이 화를 냈습니다. 이게 제가 2020년 5월, 코로나19 기간에 이직을 결심한 중요한 원인이기도 합니다.

위안 —— 그러면 두 분이 집에 같이 계셨던 건가요?

베이 —— 네. 저는 남편이 예전에 쳤던 도서 목록에서 책을 찾아 읽으며 시간을 보냈습니다. 그리고 같이 산책도 하고, 자전거도 탔어요. 예전에 해보고 싶었지만 시간이 없어서 못 했던 것들을 했습니다. 우리 관계는 더욱 돈독해졌죠.

위안 —— 남편분이 '편정수상'이라는 것을 알고 나서 남편분의 블로그를 봤을 때 심정이 어땠나요? 남편분이 줄곧 여사님을 속인 게 원망스럽지는 않으셨나요?

베이 —— 처음에는 매우 혼란스러웠습니다. 남편이 '편정수상'이라는 것을 알게 되자, 걱정스러우면서 한편으로는 매우 두려웠습니다. 인터넷에서 사람들이 그를 '프로메테우스' '어산지' '스노든'이라고 칭했기 때문입니다. 이런 표현들이 저를 더 두렵게 했어요.

그이의 블로그를 찾아내고 든 생각은 하나였습니다. 그이가 도대체 어떤 글을 썼고, 그 글들이 도대체 정치적으로 얼마나 민감한 문제를 건드렸는지 알아야겠더라고요. 남편을 변호할 때를 위해서, 저는 변호의 근거를 찾아야 했습니다. 그리고 2021년 남편이 잡혀간 뒤로 저는 긴 시간을 들여서 법과 변호를 공부했고 법률 지식을 쌓았습니다.

남편의 블로그를 볼 때는 우선 남편이 매년 써놓은 그해의 결산 글을 읽고, 그중 민감한 주제를 다룬 글 몇 편을 읽으면서 이 상황이 얼마나 심각한지 따져봤습니다. 그런 다음에 제가 흥미를 느낀 글들도 읽어봤습니다. 제 뇌리에 강하게 남은 글은 '나는 무엇 때문에 이 블로그를 써야 하는가—동기에 대한 자기 분석'인데, 그 글을 읽자마자 바로 느낌이 오더군요. '아, 이게 바로 내가 대학교 때 알던 롼샤오환이지!'

위안 —— 남편분이 왜 이 블로그를 운영했다고 생각하시나요?

베이 —— 그이는 사실 아주 순수하면서 약간은 천진난만한 사람입니다. 그이는 어떤 일에 확신을 가지면 아주 몰입해서 그 일을 합니다. 남편은 또한 아주 한결같은 사람이에요. 그이는 어릴 때 우상이 아인슈타인일 정도로 과학을 사랑했습니다. IT업에 종사하고부터는 우상이 GNU 프로젝트[38]의 창시자인 리처드 스톨먼으로 바뀌었고요.

남편은 일을 관두고 오픈소스 소프트웨어 개발을 할 정도로 자유와 오픈소스 정신을 숭배했습니다. 그래서 남편이 언젠가 기술을 주제로 다루는 블로그를 운영할 수도 있겠다고 스치듯이 생각했었죠. 남편이 제게 주변 사람들의 수준이 너무 형편없어서 기술에 관해 깊이 있는 대화를 할 사람을 찾을 수가 없다고 말했거든요. 그렇다면 수준 높은 IT 기술을 갖춘 사람과 교류하길 희망하며 블로그에 글을 올릴 수도 있겠네, 한 거죠. 그래서 저는 그이가 IT 기술이 아니라 정치를 다루는 블로그를 운영할 줄은 꿈에도 생각하지 못했습니다. 하지만 남편의 블로그를 본 후 그이가 왜 그랬는지 이해했습니다. 그이는 여전히 자유 정신을 견지했고 아마도 IT 기술을 이용해서 자유를 말살하는 것을 두고 볼 수 없었을 겁니다.

남편이 가장 좋아하는 영화 두 편이 「브이 포 벤데타」와 「매트릭스」입니다. 그이는 「매트릭스」의 주인공 '네오'가 빨간색 약을 삼키고 참혹한 세계를 마주했듯이 그이 또한 자기 목표를 이루기 위해 끝이 없고 희망은 희박한 투쟁을 시작했는지 모릅니다. 저는 그이가 블로그에 정치적인 글을 올린 심정을 십분 이해합니다.

---

38 완전히 자유로운 운영 체제를 구축하는 것을 목표로 하는 자유 소프트웨어 집단 협력 프로젝트다.

위안 —— 저는 남편분이 한 글의 서두에서 영국의 철학자이자 수학자인 버트런드 러셀의 수필집 『나는 무엇을 위해 살아왔는가』 속 "사랑에 대한 갈망, 지식에 대한 탐구, 그리고 인류의 고통에 대한 참을 수 없는 연민. 이 세 가지 순결하면서 지극히 강렬한 열정이 내 일생을 지배하고 있다"라는 말을 인용한 것을 무척 좋아합니다.

베이 —— 네. 남편이 바로 그런 사람입니다. 매우 이상적이면서 매우 단순합니다. 그의 모든 가치관과 행위는 전부 하나로 이어져 있죠.

우리 부부는 애니메이션 영화 「코코」를 정말 재미있게 봤는데, 거기서 이런 말이 나옵니다. "죽은 자의 세계에 있는 망자가 어떻게 다시 살아 있는 사람들의 세계로 돌아갈 수 있냐고? 그건 사람들에게 잊히지 않는 거야. 사람들이 망자를 기억하고, 망자를 추모하면 망자는 다시 돌아올 수 있어. 영원한 소멸이란 아무도 망자를 기억하지 않는 거야." 남편이 제게 이렇게 말했어요. "설령 우리에게 자녀가 있어서 아이들이 우릴 기억한대도, 아이들의 후대까지 우리를 기억할 수 있을까? 아마 아닐 거야. 하지만 만약 당신과 관련된 어떤 일이 이 세계에 남겨져서 많은 사람이 당신을 기억한다면, 당신은 진정으로 영원히 살아 있게 될 거야."

위안 —— 정말 훌륭한 말이네요. 잠깐 할 말을 잃을 정도로요. 하지만 베이는 블로그 글들을 보고 떨리지는 않으셨나요? 남편분이 쓰신 글 중에 가장 유명한 글인 '정부는 왜 나를 못 잡을까? 10년 동안 반공산당 활동의 안전 경험 총정리'에 다음과 같은 말들이 나옵니다. "나는 여러 해 동안 당과 국가를 비방했다." "일찍이 2011년 중국의 재스민혁명* 기간에 나는 선동적인 글을 여러 편 블로그에 올렸다." 그리고 괄호 안에 주를 달아놓기를 "그중 세 편은 명백히 국가 정권 전복을 선동한 중죄로 평가될 수 있다"라고 했죠. 이 문장들을 보시고 기분이 어떠셨나요.

베이 —— 중국의 헌법 제35조에는 "인권과 언론의 자유를 보장한다"라고 쓰여 있어요. 저 역시 블로그의 주요 틀, 글 목록, 남편의 기본 논조를 다 살펴봤습니다. 남편은 사실에 기초해서 전면적이고 객관적인 분석을 했습니다. 저는 남편이 '국가 정권 전복 선동' 죄에 조금도 해당하지 않는다고 생각해요. 물론 남편이 블로그에 쓴 글들에 무척 당황했죠. 저는 남편이 재능이 뛰어나고 거만한 성격이라 가끔 말을 너무 직설적으로 한다는 걸 알았으니까요. 그리고 중국의 언론 환경에서 그런 화법은 위험하게 여겨지죠.

그래서 저도 블로그 글들을 막 봤을 때는 무척 떨렸습니다. 특히 우리 부모님 세대는 문화대혁명을 겪었기 때문에, 평소에 제가 집에서 사회를 비판하기라도 하면 아버지가 곧바로 저를 제지하며 밖

---

* 중동 민주화 시위에 영향을 받아 중국에서도 민주 개혁을 요구하는 온라인 소규모 집회가 열렸지만, 당국의 강력한 검열과 탄압으로 확산되지 못했다.

에서는 절대로 그렇게 말하지 말라고 신신당부하셨거든요.

하지만 저는 줄곧 외국계 회사에 다녔고, 외국계 회사의 문화는 아주 자유롭고, 개인이 자기 관점을 표현하는 것을 존중합니다. 우리도 다양성을 장려해야 합니다. 인류사회에서 어떤 조직이든 꾸준히 변화해야만 발전할 수 있잖아요. 예전에 제가 조직의 리더로 지낼 때, 제 가장 큰 걱정거리는 직원들이 해야 할 말도 하지 않는다는 것이었습니다. 저는 리더로서 의견을 수집하기 위해 직원들과 브레인스토밍을 했습니다. 말하는 사람이 있어야만 직원들이 어떻게 생각하는지 알 수 있습니다. 여러 가지 일을 추진하거나 좋은 아이디어를 얻는 것도 브레인스토밍에서 출발합니다. 제 경험이 이렇다 보니 저는 언론의 자유가 위험을 초래한다고 생각하지 않습니다. 이게 제가 줄곧 견지해온 태도예요.

그래서 저는 어떻게 해야 남편의 사건을 더 많은 사람에게 알릴 수 있을지, 어떻게 해야 그들이 남편을 위해 목소리 내줄지 고민했습니다.

우선 남편은 '비방(모헤이抹黑)'이라는 단어를 썼습니다. 우리는 인터넷상에서 유머, 풍자, 조롱을 사용한 창작물을 흔히 볼 수 있습니다. 인터넷 용어로 '비방'은 '비평'을 뜻합니다. 비평과 자아 비평은 본래 좋은 의미죠. 심지어 공산당에서도 장려하던 것 아닙니까? 그래서 저는 '비방'이라는 단어가 언뜻 민감해 보일 수는 있지만, 이 단어 자체에 근본적인 문제가 있다고 생각하지는 않습니다.

또한 블로그에서 언급된 '재스민혁명'은 그저 하나의 명칭일 뿐이고 실제로 그것이 무엇인지를 알아봐야 합니다. '재스민혁명'의 구호도 먹을 것을 원한다, 일자리를 원한다, 집을 원한다, 공정을 원한다는 거였잖아요? 거기에 사법의 독립, 언론의 자유, 그리고 정치 개혁에 대한 요구를 포함하고 있죠. 저는 이게 '관심이 중국을 바꾼다'는 행위의 일종이라고 생각합니다. 이 행동 자체가 '국가 정권의 전복'을 구성한다고는 추호도 생각하지 않아요. 게다가 남편이 블로그에 발표한 정보들은 혐의와 관련도 없고 공소시효도 이미 지났습니다. 저도 처음에는 적잖이 걱정했지만, 나중에 보니 제가 쓸데없는 걱정을 한 거였죠.

위안 —— 이어서 여쭤볼 내용은 '편정수상'의 팬이 제게 보내준 질문입니다. 작년에 이분이 트위터로 제게 메시지를 보내준 덕에 저도 '편정수상'의 실종 사건을 주의 깊이 보게 되었습니다. 하지만 당시에 우리에게는 아무 단서도 없었고, 어디서 '편정수상'을 찾아야 할지 알 수 없었습니다. 그분의 첫 번째 질문을 짧게 정리하자면 이렇습니다. '콴샤오환은 왜 이런 선택을 했는가.'

베이 —— 조금 전에도 말씀드렸는데, 남편은 매우 일관되게 사고하는 사람입니다. 자신이 생각하기에 옳은 일이라면 시간을 들여서 해내는 사람이죠. 그리고 그이는 가치 있는 인생이란 사회에 유용한 것들을 남기는 것이며, 이게 바로 영원히 죽지 않는 방법이라고 생각했습니다. 하루는 앞으로 AI가 전 분야에서 인간을 대체한다면,

어떻게 해야 자기가 영원히 존재할 수 있을까 고민하기도 하더군요. 또 그이는 자신의 정신을 인터넷으로 전파하는 방법 같은 것들을 말해준 적도 있습니다.

그래서 저는 남편이 이 블로그를 운영한 이유도 자기 생각을 타인과 공유하기 위해서였다고 생각합니다. 그이가 대학생 시절 친구들의 질문에 답해주던 것처럼요. 남편은 어릴 때부터 항상 그런 사람이었습니다. 그이는 이 블로그를 운영하면서 기술적인 내용을 아주 많이 공유했고, 때로는 대중의 독립적인 사고와 비판적 사유를 일깨우려 했습니다. 물론 사회의 여러 안 좋은 현상을 목격하고 그 근원이 무엇인지를 깊게 고민하기도 했습니다. 남편은 안 좋은 것들을 개선하고 싶어했습니다. 판결문에도 적혀 있듯이 남편은 자기가 이 블로그를 운영했다고 인정했습니다. 하지만 그 의도는 국가를 더 나은 곳으로 만들기 위한 것이었습니다. 이토록 순수한 생각에 힘입어 그저 남편은 꾸준히 블로그를 운영했고, 오랜 시간 동안 대가 없이 명예나 이익도 바라지 않은 채 이 일에 몰두했습니다.

위안 —— 두 번째 질문입니다. 남편분이 2008년 베이징 올림픽 때 정보보안시스템 총괄 엔지니어를 역임하셨더라고요. 남편분은 당과 국가의 시스템에 속했던 사람인데, 권력에 아첨하는 대신 훨씬 더 험난한 길을 선택했습니다. 남편분의 심리 변화 과정이 어땠는지 여쭙고 싶습니다.

베이 —— 사실 그건 오해입니다. 남편이 2008년에 그 일을 맡은 건 그이가 당시 계명성진[39]의 R&D 부서 리더였기 때문입니다. 그래서 그 사업의 총괄 설계자와 총괄 엔지니어를 맡은 거죠. 그러니까 남편은 근본적으로 체제에 속한 사람이 아니었습니다. 위안도 알다시피, 그이는 대학 졸업장도 없고 사회보험조차 없습니다. 남편은 이제까지 월급이 얼마인지 같은 건 신경 쓰지도 않았습니다. 저는 외국계 기업에서 오랫동안 일해서 사회보험이 있고, 은퇴 후에도 다양한 혜택을 받을 수 있지만, 남편은 그렇지 못합니다. 우리가 결혼한 후에도 제 부모님은 계속해서 남편더러 상하이로 호구를 옮기라고[40] 채근하셨어요. 상하이의 대우가 상대적으로 좋은데도 남편은 그런 건 눈곱만큼도 신경 쓰지 않았고 상하이로 호구를 옮기지 않았어요. 이게 제 남편입니다.

위안 —— 정말로 속세를 초월하셨군요.

베이 —— 맞아요. 저는 요즘 남편 생각만으로도 눈물이 나서 참을 수가 없습니다. 이런 사람이 아무도 모르게 블로그를 운영하더니 결국에 이런 고초를 겪다니요. 2월 10일 재판장에 남편이 나왔는데, 정말 너무나 말라서……. 남편이 그렇게 마른 건 처음 봤습니다. 머

---

39 중국의 저명한 인터넷 보안 업체다.
40 호구를 상하이로 옮기면 상하이 시민만이 누릴 수 있는 수많은 복지 혜택을 누릴 수 있다.

리카락은 전부 하얗게 세었고요. 그이가 아직 마흔여섯 살밖에 안 됐는데 말입니다. 1년 9개월 동안 남편은 스트레스를 얼마나 많이 받았을까요? 저도 남편이 도대체 무슨 일을 했는지 모를 때는 그이가 저를 속이고 위험한 일을 벌였다는 생각에 속으로 원망도 했습니다. 하지만 재판이 시작되고, 남편의 모습을 보니 아무 생각도 들지 않더라고요. 그이가 무슨 잘못을 했든지 간에, 이만큼 벌을 받았으니 다 정리된 거 아니겠어요. 그래서 그날 이후로 저는 꼭 남편을 빨리 구해내겠다는 생각만 거듭했습니다.

위안 —— 남편분은 이 일을 혼자서 10년 넘게 계속했고, 그동안 외부에도 가족들에게도 철저히 비밀을 지켰습니다. 이때의 외로움이란 일반인이 상상할 수 없는 경지죠. 남편분의 삶 속에 그 어떤 단서도 없었을까요? 남편분은 어떻게 외로움을 견딜 수 있었을까요?

베이 —— 제 생각에 남편은 결코 고독하지 않았습니다. 수많은 책을 읽고, 끊임없이 블로그에 글을 쓰면서 자신을 발전시키는 사람이었으니까요. 그이에게는 목표가 있고, 함께할 책이 있고, 수많은 팬이 함께했죠. 그러니 외롭지 않았으리라 믿습니다. 블로그에 글을 쓰기 전에는 적막했겠지만요. 언젠가 남편이 '진정한 영웅은 극히 드물다'고 말한 적도 있고요. 하지만 블로그에 글을 쓴 후로, 비록 혼자 방에 틀어박혀 있었지만, 남편은 언제나 요란하게 자판을 두들기고 있었습니다. 저는 남편에게 적막하고 외로울 틈이 없었다고 믿습니다. 그러니까 남편은 외로움을 견딘 것이 아닙니다.

하지만 결혼생활을 하면서 제가 부주의했던 부분도 분명 있습니다. 아니면 제가 남편을 지나치게 믿었다고 할 수도 있겠네요. 사실 이전부터 남편이 가끔 이상한 이야기를 해서 제가 무시할 때가 있었습니다. 예를 들어서, 몇 년 전에 류샤오보[41]가 감금되었을 때, 남편은 이 사건을 이야기하면서 류샤오보의 부인인 류샤劉霞가 그를 위해 발 벗고 뛰어다녔다고 말한 적이 있습니다. "만약에 어느 날 국가안보부 사람들이 우리 집에 쳐들어와서 날 잡아간다면 당신은 무서울까? 날 위해서 류샤처럼 발 벗고 뛰어다닐 수 있겠어? 날 위해서 변호사를 선임할 거야?" 그러면서 눈을 동그랗게 뜨고 절 보길래, 저도 똑같이 눈을 동그랗게 뜨고 남편을 쳐다봤습니다. 이런 걸 왜 물어보나 싶었죠. 저는 남편에게 그런 말은 농담으로라도 하지 말라고 핀잔했습니다. 그 뒤로 남편은 그런 이야기를 하지 않았고요. 또 최근 몇 년간 다소 이상했던 점이라면, 제가 남편을 서재에서 불러내면 몹시 안절부절못하는 모습을 보이곤 했다는 것이나, 2020년 이후로 남편이 산책길에서 갑자기 고개를 푹 숙이곤 했다는 겁니다. 그 외에도 이런저런 조짐이 있었고요.

위안 —— 갈수록 외부 환경에 압박이 심해지는 상황에서 남편분

---

[41] 중국의 작가, 문학평론가, 사회운동가, 인권운동가이다. 2010년 노벨평화상을 수상했다.

은 자신이 발각될지도 모른다는 불안함을 느끼지 않았을까요?

베이 —— 맞아요. 지금 생각해보니, 남편은 일찍부터 자기가 발각되면 불공정한 대우를 받을 수 있다는 걸 잘 알고 있었던 것 같아요. 남편은 블로그를 운영한다는 사실은 숨긴 채 가끔 농담처럼 절 떠보곤 했습니다. 가령, 체포되기 몇 개월 전에도 농담을 자주 했고요. "조만간 어떤 사람이 헬리콥터를 타고 날 데리러 올 거야." 그럼 저도 농담으로 되받아쳤습니다. "나는 안 데리고 가?" 남편은 아무 대꾸도 하지 않더군요. 사실 남편은 그런 일이 일어날 수도 있다는 걸 알았던 거죠.

위안 —— 남편분이 서재에서 자판을 두드릴 때, 뭐 하는 중이냐고 물어본 적이 있나요?

베이 —— 저는 남편이 프로그래밍하는 줄 알고 있었습니다. 한번은 제가 식사하라고 불렀더니 남편이 화를 냈거든요. "나 지금 프로그래밍 중이잖아! 생각의 맥이 끊기면 안 된다고. 복잡한 프로그램이라 다시 복구하기 어렵다는 걸 알아주겠어?" 저도 프로그래밍이 어떤 건지 아니까 그이를 방해하지 않으려고 조심했죠.

하지만 남편이 체포되기 몇 개월 전부터는 남편이 특히나 평소와는 다르게 행동한다는 것을 느꼈고, 우리 집 근처에서도 몇 가지 이상한 낌새가 보였습니다. 예를 들어 2021년 초에 윗집에서 물이 떨어지는 소리가 계속 들리길래 남편과 같이 올라가서 누수 검사를 제안해보려고 했습니다. 하지만 윗집은 끝까지 문을 열어주지 않았습니다.

위안 ── '편정수상'의 팬이 보낸 다음 질문입니다. 사실 저도 이 질문을 보고 어떻게 답해야 할지 모르겠더라고요. 남편분의 정보보안 지식은 몹시 풍부하고, 사이버경찰과 10년 넘게 숨바꼭질을 했지만, 결국엔 잡혔습니다. 혹시 너무 우쭐한 나머지 흔적을 남긴 건가요, 아니면 다른 사정이 있을까요? 경찰이 어떻게 남편분을 체포한 거죠? 인터넷 우회 접속을 하는 많은 분이 이 부분에 특히 관심을 가지실 것 같습니다.

베이 ── 저는 기술적인 문제는 전혀 모릅니다. 하지만 남편은 인터넷 보안 일을 하면서 모든 사람이 가장 기본적인 안전의식을 가져야 한다고 말했습니다. 저도 자연스레 그 말의 영향을 받아왔고요. 하루는 남편이 제게 모든 컴퓨터의 웹캠 렌즈에 테이프를 붙이라고 말했습니다. 휴대폰 앞뒤 렌즈에도 붙이라고 했고요. 어느 날은 제 휴대폰 렌즈에 테이프가 떨어져 있는 걸 보고는 엄청 화를 내기도 했습니다. 그리고 남편은 알리페이나 위챗은 사용하지도 않았어요. 완전히 과거 사람처럼 생활했죠. 뭘 구매할 때는 제 알리페이를 사용하거나 현금이나 실제 카드로만 결제했습니다.

남편이 도대체 어떻게 추적당한 것인지 저도 남편이 석방되면 물어보려고 합니다. 그리고 저도 트위터 계정을 만들었습니다. 제 팔로워 중에 인터넷 보안에 상당한 지식을 가진 분들이 있더라고요. 트위터를 통해 그분들과 소통할 수 있어서 기쁩니다.

저는 남편이 출소할 때를 대비하고 있습니다. 그래서 남편을 위해 기록을 남기기로 했죠. 남편이 출소하면 볼 수 있도록 감옥에 있는 동안 어떤 일들이 벌어졌는지 정리하고 있습니다. 그럼 출소하고 나와서 지금의 시대 상황을 금방 이해할 수 있고, 새로운 기술도 금방 따라잡을 수 있을 겁니다. 안타깝게도 제가 새로운 기술에 대해서는 잘 몰라서, 지금 트위터를 통해 소통하고 있는 분들이 남편을 도와줄 겁니다.

위안 —— 앞으로의 계획은 무엇일까요? 미래에 벌어질 일이 두려우신가요?

베이 —— 앞으로도 지금과 크게 다르지 않을 겁니다. 제가 계속 남편의 석방을 위해 애쓰는 건 2월 10일 남편의 그 모습을 봤기 때문입니다. 제게는 남편을 최대한 빨리 구해내고 싶다는 일념뿐이고 다른 계획 같은 건 없습니다. 그 뒤의 일은 남편이 출소하면 같이 상의해야겠죠. 저는 그이가 출소하고 나면 우리 둘의 관계가 이전보다 더 돈독해질 거라고 확신합니다. 이제 우리 사이에 비밀은 없으니까요. 지금까지의 일들을 겪고 나니, 저 역시 다시는 정치에 무관심했던 때로 돌아갈 수 없을 것 같습니다.

우리는 왜 거리로 나왔나?

2022년 11월 24일 우루무치의 한 아파트에서 화재가 발생했다. 하지만 코로나19 확진자 주거지 봉쇄로 인해 일부 거주민이 대피하지 못했고, 결국 열 명이 숨지고 아홉 명이 다쳤다. 이번 사고에 대한 정부 측의 냉정한 태도와 무관심, 그리고 오만함은 사람들에게 강렬한 불만을 심어줬다. 비애, 분노, 절망의 기운이 먼저 온라인에 널리 퍼졌고, 그 뒤 중국 각지에서 오프라인 항의 시위가 잇달아 발생했다.

우루무치 시민이 제일 먼저 들고일어났고, 그 뒤를 베이징 시민이 이어받았으며, 다음으로 전국 각지의 대학생들이 시위 물결을 넓혔다. 상하이의 우루무치중로에서 사람들은 화재 사망자를 추모하는 동시에, 코로나19 봉쇄를 끝내고 PCR 검사와 격리자 이송을 중단하라고 요구했다. 심지어 어떤 이들은 며칠 전까지만 해도 감히 상상할 수도 없었던 구호를 큰소리로 외쳤다. 그들은 자유와 민주, 언론의 자유를 외쳤고 공산당과 시진핑의 퇴진을 소리쳤다.

　이번 방송에서 백지운동에 참여한 청년들과 인터뷰를 진행했다. 독자들의 편의를 위해 인터뷰 내용을 정리해 면담자의 자전적 에세이로 재구성했다.

방송 일자
2023년 11월 29일, 12월 9일

그리 새하얗지는 않은 종이를 들고 갔습니다

제 이름은 세레나이고 저는 유학생입니다. 현재는 학업을 잠시 쉬며 진로 탐색 중입니다. 상하이 봉쇄와 백지운동 때 모두 우연히 상하이라는 소용돌이의 중심에 있었습니다.

저는 위챗을 보다가 우루무치중로에서 추모 행사가 있다는 소식을 접했습니다. 당시 저도 마음에 우울감이 가득했고 감정을 토로할 곳이 필요했습니다. 그래서 우루무치중로로 향했습니다. 차로는 갈 수 없다는 말을 들어서 자전거를 타고 행사 지점에서 1킬로미터 떨어진 부근까지 갔더니 이미 경찰들이 순찰을 돌고 있었습니다. 그래서인지 현장에 다소 긴장감이 맴돌더군요. 그때까지만 해도 기분이 괜찮았습니다. 아마 동질감을 느끼고 싶었던 마음이 간절했기 때문인 듯해요. 그래서 경찰이 보이자, 오히려 내가 제대로 찾아왔다는 생각이 들었습니다. 우루무치중로가 꽤 긴 거리거든요.

저는 그때까지 항의 시위에 참여해본 적이 없었습니다. 하지만 유학생 시절에 홍콩 친구들과 홍콩의 항의 시위에 대해 이야기한 적은 있습니다. 비록 저도 시위에 직접 참여해본 경험은 없지만, 당시 현장에 있던 사람들 대부분이 저보다 더 시위에 대해 모르는 것 같았습니다. 사람들은 거리낌 없이 자신을 드러냈고 스스로를 보호해야 한다는 의식이 전혀 없어 보였습니다.

현장에서 얼굴을 가린 사람은 거의 없었고, 모두 마스크도 벗어버렸습니다. 심지어 어떤 사람들은 저더러 왜 마스크를 쓰고 있냐고 물어보더군요. 마치 이제 노예 짓은 그만두라는 암시처럼 느껴졌습니다. 저는 그 말을 어떻게 받아들여야 할지 몰랐고, 사람들에게도 자기 자신을 보호하기 위해 마스크를 쓰라고 호소하고 싶었습니다. 하지만 그 자리에서 그렇게 호소하면 제가 정부의 방역 정책을 지지한다고 비춰질 수 있었죠. 상황이 좀 복잡했습니다. 현장에 도착하고 저는 휴대폰의 비행기 모드를 켜야 하나 고민했습니다. 비행기 모드로 전환하면 제 전자 정보가 감춰져서 위치 추적을 피할 수 있으니까요. 하지만 제 주변 사람 중 딱 한 여성분만 휴대폰을 껐을 뿐, 대부분은 위챗으로 즐겁게 채팅을 했습니다.

저를 현장에 가도록 부추긴 첫 번째 감정은 분노였습니다. 분노가 분명 슬픔보다 더 컸습니다. 사실 저는 이 모든 일은 서로 긴밀하게 연결되어 있고 동시에 점점 열기가 더해지는 과정이라고 생각합니다. 맨 처음 정부가 소수의 무리를 타깃으로 삼았을 때는 사람들의 반응도 대체로 밋밋했습니다. 하지만 사태가 점점 커졌고 정부의 관리 통제도 갈수록 엄격해졌죠. 사람들의 감정과 정치적 경향에도 변화가 생겼습니다. 끝내 시위가 벌어졌을 때 저는 동참하고 싶다는 강한 충동을 느꼈습니다. 마치 오랫동안 축적된 분노를 발산할 출구를 찾아낸 듯한 기분이었습니다.

현장에 도착했을 때의 분위기는 아주 평온했고 심지어 따스하기까지 했습니다. 사람들은 가져온 향초를 늘어놨고 누구는 생화를 두기도 했습니다. 나지막이 흐느껴 우는 사람도 보였고요. 반항의 감정보다는 죽은 이들을 다 함께 추모하는 기운이 주를 이뤘죠.

저는 그리 새하얗지는 않은 종이를 들고 갔습니다. 현장에서 백지를 나눠주는 사람들이 "백지 필요하신 분?" 하고 물어봤습니다. 이게 추모 현장에서 들린 유일한 말소리였습니다.

저는 백지를 펼쳐 보이는 항의가 이중적인 풍자를 담고 있다고 생각합니다. 중국의 검열 시스템을 풍자하는 동시에 진상이 가려져 있음을 암시하죠. '그래, 비록 너희는 우리가 진상을 밝히지 못하게 막았지만, 사람들은 우리의 백지를 보고 우리가 뭘 말하려는지 알아줄 거야.'

제가 우루무치중로에 도착했을 때는 밤 12시 30분이었고, 대략 300명가량이 모여 있었습니다. 저는 두 시간 반에서 세 시간 정도 머물렀는데 사람들이 빠지지 않고 줄곧 300명 가까이 유지됐습니다. 오간 사람들을 셈하면 600~700명이 참여했겠네요.

현장에 가는 내내 드문드문 경찰이 보였고, 현장에는 50여 명의 경찰이 있었습니다. 한 줄로 늘어선 경찰은 상당히 위협적이었습니다. 제가 대략 45분 동안 백지를 들고 서 있었고, 추모 장소는 경찰들로 에워싸여 있었습니다. 마침 제 뒤의 한 남자가 작은 목소리로 영화 「레미제라블」에 나오는 「Do you hear the people sing」을 흥얼거렸습니다. 저도 따라서 세 번 제창했고 다른 사람들이 하모니를 넣어주기도 했습니다.

추모 장소에서 우리는 줄곧 침묵했습니다. 추모 장소는 두 군데였는데, 시위 정보가 퍼지자마자 사람들이 소문을 듣고 모인 곳은 첫 번째 장소였습니다. 그리고 경찰들이 경계선을 세우자 사람들이 그곳에서 백지를 펼쳐 들었고, 거기가 두 번째 장소였습니다. 그러니까 과격한 행동이나 구호를 외치는 행위는 대체로 두 번째 장소에서 벌어졌죠.

사람들이 처음 외친 구호는 'PCR 검사는 그만!' '건강 코드는 그만!' '위치 코드는 그만!'이었습니다. 나중에는 구호가 '공산당 그만!'으로까지 발전했습니다. '공산당 그만!'이라는 구호를 처음 외칠 때는 소리가 아주 작았습니다. 많은 사람이 웃음을 터트렸고, 어떤 사람은 이렇게 말하기도 했습니다. "아이고, 그건 그만하면 안 되는데!" 그리고는 사람들이 경찰 쪽을 쳐다봤죠. 사람들의 구호는 제법 흥겨웠고 해학적이었습니다. 심지어 유쾌하다는 느낌까지 들었습니다. 구호는 점점 창조적으로 변했습니다. 인상 깊었던 구호는 어떤 사람이 '5·4정신(5·4운동)'을 외치자, 다른 사람이 이렇게 외쳤습니다. "'5·4정신' 말고 '6·4정신(1989년 톈안먼 사건)'이 필요하다!" 나중에는 구호가 '6·4를 회복하자!'로 변했습니다. 어떤 구호는 구체적인 사람을 언급하기도 했습니다. 예를 들어 '차이치는 퇴진하라!'처럼요. 다들 꽤 큰 목소리로 외쳤던 구호는 '사상해방解放思想, 실사구시實事求是!'와 '노예 말고 공민! 문혁 말고 개혁!'이었습니다. 후자는 스퉁교 시위에 대한 응답이었습니다. 저는 이번 시위가 앞서 있었던 소규모 시위들에서 영감을 받았다고 생각했습니다.

사실 현장에서 실제로 구호를 외치는 사람은 매우 적었습니다. 제 생각에 참여한 사람의 10~20퍼센트밖에 안 되는 듯했습니다. 인터넷에 퍼진 영상에서는 사람들이 다들 감정에 북받친 듯 보였습니다만, 제가 현장에서 느끼기로 저를 둘러싼 7~8명의 사람 중 구호를 외치는 사람은 겨우 한두 명에 불과했습니다. 참여도가 매우 낮았죠. 물론 사람들이 한자리에 모였고, 몸을 사리지도 않았지만, 구호를 외치는 사람은 많지 않았습니다. 이런 모습을 보며 저는 다소 이 운동을 비관했고 암울한 생각을 하기도 했습니다. 사소한 이야기를 하나 더 말하자면, 당시에 사람들은 위챗에 단체 채팅방을 만들었고, 채팅방에서 사람들은 우리의 목적은 추모이니 과격한 행동은 하지 말자고 주의했습니다.

한 사람이 '공산당은 그만!'이라고 구호를 외쳤을 때, 사람들의 첫 번째 반응은 웃음이었습니다. 하지만 점차 더 많은 사람이 함께 '공산당과 시진핑은 물러나라!'고 외쳤죠. 아마 사람들은 처음엔 이런 구호가 낯설었던 듯합니다. 이제까지 아무도 정권의 합법성과 정당성에 의문을 가지지 않았거든요. 처음에는 다들 넘지 말아야 할 선이 있다고 생각했겠죠. 하지만 서로 점차 친숙해지며 더 적극적으로 참여하게 되었고 비교적 짧은 시간 안에 그 선을 넘어버렸습니다.

제가 현장에 있을 때는 경찰이 사람들을 체포하지 않았습니다. 하지만 제가 현장을 떠나고 30분쯤 지나자 사람들을 잡아들였죠. 제가 떠날 때만 해도 경찰들은 그저 방관자처럼 멀찍이 서 있었습니다. 사람들의 감정도 가라앉아 있었고, 외칠 수 있는 구호도 이미 한 차례씩 다 외친 뒤였습니다.

저는 나중에 경찰들이 포위망을 좁히리라고 예상하지 못했습니다. 돌이켜보면 그들이 그렇게 가만히 있던 건 일종의 힘 빼기 전술이었던 듯합니다. 사람들이 지칠 때까지 시간을 질질 끌고 시위를 장기화하다가 한꺼번에 참여자들을 포위망으로 몰아넣으려던 겁니다.

미란다Miranda

다시는 이전으로
돌아갈 수 없다고 느꼈습니다

저는 미란다이고 올해 서른두 살입니다. 상하이에서 8년째 살고 있고 매체와 관련된 일을 하고 있어요.

어젯밤은 정말 공교로웠죠. 저는 애인과 술이나 마시며 월드컵 경기를 보려고 상하이의 번화가로 갔습니다. 경기를 보던 중에 애인이 웨이보를 확인했고, 우루무치중로에서 추모 행사가 벌어진다는 글을 봤습니다. 애인이 함께 가보자고 해서 우리는 쥐루巨鹿로에서 공유 자전거를 타고 우루무치중로까지 갔습니다. 밤 11시쯤 도착했고, 이미 경찰들이 경계선을 처둔 뒤였습니다. 사람들이 그리 많지는 않았습니다. 어떤 사람은 땅에 촛불과 생화를 놓고 있었고, 그 주위를 20~30명 남짓의 사람이 에워싸고 있었습니다. 그 바깥쪽에도 사람들이 조금 있었는데, 역시 그리 많지는 않았어요. 바깥쪽 무리도 20~30명 정도였으니, 다 합해서 50~60명의 사람이 있었겠네요. 100명은 안 됐습니다. 경찰은 우루무치중로 앞뒤 입구를 모두 봉쇄했습니다. 양쪽에 있던 20명 남짓 경찰들을 합하면 30~40명 정도였고요.

처음에는 추모 행사가 항의 시위로 발전할 거라고 생각지도 못했습니다. 우루무치중로에 도착했을 때만 해도 묵념하고 갈 생각이었죠. 하지만 시간이 지날수록 사람들의 감정이 제어가 안 됐고, 그래서 항의 시위로 변한 게 아닐까 싶습니다. 그리고 제가 추모 행사 안쪽으로 들어가려고 시도할 즈음에는 점차 경찰과 군중의 대치 상태가 고조됐습니다. 군중이 경계선 너머 경찰을 향해 "당신들이 뭔데 우리를 못 들어가게 하냐!"라고 소리쳤고요.

저는 새벽 3시 넘어서까지 현장에 있었습니다. 2시가 넘어가면서 사람들은 표현의 자유와 언론의 자유를 요구하는 구호를 외치기 시작했습니다. 저도 구호를 외치는데 눈물이 쏟아지더라고요. 상하이에서 8년 가까이 매체와 관련된 일을 했고, 최근 몇 년 동안 국내 언론 매체에 종사하면서 겪은 일이 떠올랐습니다. 직장 동료나 친한 친구들에게 개인적으로 불만을 토로한 적은 있지만, 그때처럼 공개된 장소에서 수많은 사람과 함께 언론과 표현의 자유를 외친 적은 없었습니다.

그 순간이 제가 언론계에서 일해온 날 중 가장 자유로운 순간이었습니다. 물론 그 자유는 대가를 치러야 했지만요. 현장에는 CCTV도 있었고, 경찰들도 카메라로 현장을 찍고 있었습니다. 저는 마스크를 쓰지 않았고, 어쩌면 나중에 경찰들이 안면 인식을 통해 제 정보를 알아내고 저를 찾아올지도 모릅니다. 하지만 그때의 기분은 저를 억누르던 모든 것을 내던진 기분이었습니다. 어쨌든 이미 엎질러진 물이었던 거죠. 마음속에 있던 말들을 쏟아내고, 구호를 외친 저는 다시는 이전으로 돌아갈 수 없다고 느꼈습니다.

그때가 제가 거리에서 구호를 외친 첫 번째 순간이었습니다. 제 마음속에는 한 점의 망설임도 없었습니다. 비록 입으로 처음 소리냈을 뿐, 마음속으로 무수히 외쳐왔거든요. 처음에 외친 구호는 봉쇄를 풀어달라는 것이었고, 도시 봉쇄에 대한 내용이었지만, 뒤로 갈수록 정치적인 요구가 담긴 구호를 외치기 시작했습니다.

'공산당은 물러가라!'고 외쳤더니 놀란 사람들은 서로 얼굴만 쳐다봤죠. 어떤 사람은 정말 이 구호를 외쳐야 하냐고 말리기도 했습니다. 하지만 구호를 외치는 사람들을 막을 수는 없었습니다. 아드레날린이 뿜어져 나왔고 감정이 통제되지 않았으니까요. 그런 구호도 자연스레 튀어나왔겠죠. 아마 다들 이번이 공공장소에서 구호를 외친 첫 번째 순간이었겠지만, 마음속으로는 이미 수천수만 번 구호를 외쳐왔을 겁니다. 이윽고 처음에는 망설이던 사람들도 '공산당 물러나라!' '시진핑 물러나라!' '독재 말고 민주, PCR 검사 말고 자유!'라고 한목소리로 외쳤습니다.

사람들은 왜 거리로 나왔을까요? 저는 모든 일이 이미 임계점에 도달했기 때문이라고 생각합니다. 뭐라도 하지 않았다면 사람들은 폭발해버렸을 겁니다. 이번 사태에 직결되는 도화선은 우루무치 화재 참사였습니다. 우리는 이 참사의 후과를 똑똑히 목격했고, 정부의 대응도 목격했습니다. 하지만 우리는 구이저우에서 격리 버스가 전복된 사고와 상하이 봉쇄도 목격했죠. 정부는 매일 감염 인원을 통계 냅니다. 그런데 '제로 코로나' 정책으로 갑자기 죽어야 했던 사망자 수는 발표하기나 하던가요? 매번 그런 뉴스들은 누군가 친구와 공유라도 하면 곧바로 삭제돼버립니다. 그럴 때마다 저는 정말 참을 수 없는 심정이 됩니다. 이 시위에 참여한 사람들도 어쩌면 자신이 사는 지역에서 방역 정책에 맞서 싸운 사람들로부터 용기를 얻었으리라고 생각합니다.

블루스布魯斯

기록은 의미가 있습니다

저의 모교는 난징미디어대학입니다. 바로 이곳에서 학생들이 최초로 백지운동을 벌였죠. 저는 이 운동이 제 모교에서 벌어지리라고는 상상도 못 했습니다. 대학생 시절, 저는 공적인 일에 그다지 관심이 없었고, 친구들도 딱히 그런 일을 언급하지 않았습니다. 저나친구들이나 비교적 '애국'[42]적인 사람에 속했죠. 제가 알기로 학생운동은 대체로 유명한 대학들에서 일어나던데, 제 모교는 그다지유명한 곳도 아니었습니다. 그래서 더욱이나 이번 사태가 여기서벌어졌다는 건 제 예상을 크게 벗어나는 일이었습니다.

---

42 여기서 '애국'은 정부가 선전하는 정책을 지지하며 민족주의를 강조하는 정서를 뜻한다.

사실 저는 어려서부터 반발심이 있었습니다. 하지만 제가 무엇에 반발하고 싶은지는 전혀 몰랐습니다. 최근 2년 동안 저는 방역 정책의 불합리함을 느꼈고, 조금씩 2019년 홍콩 시위에 대해 알아가면서 왜 사람들이 저항함으로써 자유를 쟁취해내는지 이해할 수 있었습니다.

저는 자유는 사람의 천성이라고 봅니다. 즉 사람을 3개월 동안 집에 가둬두는 건 있을 수 없는 일이라고 생각합니다. 제가 처음 참여한 시위는 5월경 상하이 봉쇄 당시 거주지 봉쇄를 풀어달라는 취지의 시위였습니다. 그리고 우루무치중로 시위는 두 번째로 참여한 시위였죠.

밤 10시도 넘은 때였습니다. 저는 웨이보에서 추모 행사가 있다는 글을 보고 바로 그곳으로 향했습니다. 상하이에서는 이런 소규모 시위가 자주 있는 편이라, 저는 현장이 위험하다거나 무력 충돌이 벌어지리라고는 생각하지 않았습니다.

도착했을 때 현장 분위기는 매우 조용했습니다. 이미 경찰들이 거리 전체를 막아버려서, 차는 들어오지 못했고 사람만 지나다닐 수 있었습니다. 추모 장소를 사람들이 에워싸고 있었고, 경찰들이 그 사람들을 에워싸고 있었죠. 경찰들은 계속 사람들에게 이제 해산하라고 권유했습니다.

현장 분위기는 대체로 매우 안정적이었다고 말할 수 있지만, 경찰과 참여자들 사이에 작은 마찰과 충돌이 있긴 했습니다. 그래도 그때까지 전체적인 분위기는 온화한 편이었죠.

제가 현장에 도착하고 30분쯤 지났을 때 사람들이 백지를 나눠 주기 시작했습니다. 그즈음 현장에는 많은 사람이 몰려들었고, 경찰은 경계선을 펼치면서 현장으로 들어오려는 사람들을 막았습니다. 그리고 현장으로 들어오지 못하는 사람들이 점차 많아지자, 하나둘 충돌이 일기 시작했습니다. 현장 밖에 있는 사람들이 구호를 외치자, 경계선 안에 있던 사람들도 그쪽으로 몰려갔죠.

현장에 경찰이 많지 않았기 때문에 통제는 어려웠고, 마침내 경계선 밖에 있던 사람들도 추모 장소로 들어왔습니다. 군중은 점점 혼란스러워지더니 아예 통제할 수 없게 되었습니다. 나중에는 시위 군중 사이에서도 충돌이 발생했습니다. 일부 사람들은 주민들에게 방해가 되니 침묵 시위를 하자고 했고, 경찰에게 빌미를 줄 수 있는 행동은 하지 말자고 했습니다. 하지만 일부 사람은 큰소리로 구호를 외쳤죠. '시진핑은 물러나라!' '공산당은 물러나라!' 하고요. 시위 참가자들 사이에서도 점점 균열이 발생한 겁니다. 결국 침묵 시위를 주장하던 사람들은 하나둘 자리를 뜨기 시작했습니다.

저는 이 집회가 애도를 위한 자리였다고 알고 있었습니다. 그러니까 원래 계획대로 침묵 시위를 했다면 경찰도 우리를 잡아갈 이유가 없었겠죠. 하지만 거기서 큰소리로 구호를 외치며 주변 거주민의 잠을 깨웠으니 그건 잘못된 행동이라고 생각합니다. 당시 현장은 통제 밖에 있었고, 저는 많은 사람이 악의적으로 거친 분위기를 조장한다는 느낌을 받았습니다. 경찰을 욕하는 사람, 침묵 시위를 하자는 호소에도 끊임없이 구호를 외쳐서 호소하는 이의 말을 끊어버리는 사람, 군중이 경찰을 에워쌌을 때뿐만 아니라 경찰이 체포를 중단했을 때도 여전히 경찰 주변을 에워싸고 도발하는 사람도 있었습니다.

다만 저는 이 행동들이 갈등을 부추겼다고 생각하는 한편, 현장 사람들이 조용한 시위를 했어도 결과가 같았으리라고 생각합니다. 제가 촛불을 밝히고 서 있던 추모 지점은 정말 조용했지만, 여기서 경찰에 잡혀간 사람이 가장 많았거든요.

처음에는 경찰과 시위대 사이에 사소한 충돌이 벌어졌습니다. 하지만 나중으로 갈수록 경찰들이 강제로 사람들을 잡아갔죠. 경찰 5~6명이 한 사람을 에워싸고 경찰차로 끌고 갔어요. 제 기억에 4시를 훌쩍 넘긴 즈음, 어떤 사람이 흰 마스크를 쓴 책임자와 언쟁을 벌였고, 그 뒤에 갑자기 경찰들이 사람들을 마구 잡아들였습니다. 거리 중간에 서 있던 많은 사람을 한꺼번에 경찰 승합차로 끌고 갔고, 그러는 도중에 사람들을 구타하기도 했습니다. 승합차에 사람이 꽉 차면, 경찰은 차 문을 닫고 그대로 떠나버렸습니다.

당시 제 근처에 있던 20~30명 남짓의 사람은 다들 다 다른 쪽으로 흩어졌습니다. 경찰들은 우리를 추모 지점 밖으로 몰아내면서 동시에 한 사람 한 사람씩 줄줄이 끌고 갔습니다. 우리는 어쩔 수 없이 도망치기 시작했고, 뒤로는 경찰차 여러 대와 대형 버스 한 대가 따라왔습니다. 다들 공포에 질렸다는 게 느껴졌습니다. 우리가 희생자가 될지도 모른다는 불안감이 엄습했습니다.

예전에 경찰 무리가 시위대를 포위해서 연행하는 영상을 본 적이 있는데요. 영상으로나 본 그 상황을 제가 직접 겪는 거였죠. 제 주변 1~2미터 안에 있던 사람들이 경찰에 끌려가자 저는 그 사람들을 구하려고 경찰들 사이로 비집고 들어갔습니다. 하지만 제가 달려들어봤자 꿈쩍도 안 하더군요. 경찰들 다리 사이로 기어들까 생각도 해봤지만, 역시 경찰들에게 밀려났습니다. 나중에 그때를 회상하니 식은땀이 나더라고요. 그때 제가 만약 경찰들 다리 밑으로 들어갔다면, 저도 경찰차에 실린 사람 중 하나가 됐을 겁니다.

지난달에 제 친구의 지인이 상하이에서 여성 친구 한 명과 함께 흰색 현수막을 들고 거리를 걸었습니다.[43] 이 일은 꽤 유명해졌습니다. 그 여성 친구가 경찰에 연행됐고 휴대폰은 1년 동안 몰수당한 데다가 여권까지 빼앗겼거든요. 저처럼 내년에 출국해야 하는 사람에게 이런 일은 상상하기도 싫은 일입니다.

추모 장소 밖으로 도망치는 중에도 저는 계속 사진을 찍었습니다. 이 일을 기록으로 남겨서 인터넷에 올리려고요. 기록으로 남겨야 의미가 있으니까요. 이렇게라도 하지 않으면 경찰에 연행된 사람들을 누가 구해주겠습니까? 저는 기록하기를 좋아합니다. 최근 1년 동안 웨이보를 둘러보며 곧 차단될지도 모르는 내용이 뜰 때마다 그것들을 캡처해서 기록으로 남겨왔습니다. 저는 이런 기록이 의미가 있다고 생각합니다. 나중에 그 기록을 나 혼자 보든, 다른 사람에게

---

43 '20대大' 폐막 당일 상하이에서 두 명의 여성이 현수막을 들고 시위행진을 한 사건을 가리킨다.

보여주든, 기록들은 제 파일에 저장되어 있을 테고, 그 사건들이 실제로 벌어졌다는 걸 증명해줄 겁니다.

어떤 저항이든
일단 시작되어야 하는 법이니까요

저는 상하이 출신 프리랜서입니다. 11월 27일 새벽 2~3시에 시위 현장에 도착했고, 아침 5시쯤에 경찰에 끌려갔습니다.

제가 도착했을 때 시위는 이미 정점에 달해 있었습니다. 경찰은 군중을 여러 무리로 나누고 앞으로 밀치고 있었고, 순순히 협조하지 않는 사람은 바로 끌려갔죠.

제 옆에 있던 신장 출신 여성이 경찰에게 잡혀갈 때, 저는 "그녀를 놔줘요! 놔주라고요!"라고 소리쳤습니다. 그리고 그 순간 서너 명의 경찰이 저를 번쩍 들어 올렸고, 제가 아무리 발버둥을 쳐봐도 소용이 없었습니다. 그들은 곧장 저를 대형 버스에 압송했습니다.

버스에는 이미 네 사람이 있었고, 각각 옆에는 경찰 한 명씩이 앉아 있었습니다. 버스로 끌려가던 중에 어떤 여성은 상반신이 벗겨지다시피 했고, 그녀는 경찰의 진압 방식이 몹시 폭압적이라고 항의했습니다. 하지만 경찰은 대수롭지 않다는 듯이 불친절하게 대꾸했죠. "우리는 그따위 일에 관심 없습니다. 오히려 당신들이야말로 우릴 모욕하는 겁니다!" 또 어떤 사람들은 끌려가지 않으려고 거세게 저항하다가 경찰들에게 구타를 당해 온몸이 멍투성이가 되었습니다.

저는 이렇게 경찰에게 끌려가는 게 처음이었고, 끌려가는데 머리가 멍해지더군요. 불시에 서너 명에게 포박돼서 인신의 자유를 억압받는다는 건 지금 다시 생각해도 끔찍한 일입니다. 특히나 저처럼 중국에서 자란 사람들은 공권력에 대해 본능적인 공포감을 느낍니다. 그래서인지 그때 약간의 호흡 곤란을 느꼈고요.

버스는 사람들을 가득 태우자마자 쉬후이徐匯區구 파출소로 출발했습니다. 우리는 그 파출소에서 한참을 대기했습니다. 아마 그곳도 사람을 더 가둘 공간이 부족했던 모양입니다. 사람들은 다시 다른 파출소로 뿔뿔이 보내졌습니다. 아침 8시쯤 저는 또 다른 파출소로 이송되었고, 거기서 경찰들은 제가 지니고 있던 모든 소지품을 수거했고 심지어 신발까지 전부 다 가져갔습니다.

경찰은 개인정보를 신문했습니다. 주민등록번호, 호적지, 이름, 나이 등을 물어보더니 제 휴대폰 비밀번호까지 요구했습니다. 저는 그때까지만 해도 휴대폰을 검사당해본 적이 없었습니다. 앱 몇 개는 잘 안 보이는 폴더에 넣어뒀는데, 이렇게 하면 아무도 찾아내지 못할 줄 알았죠. 하지만 터무니없는 생각이었나봅니다. 개인정보 보호의식이 부족한 행위였죠. 만약 지금의 저라면 민감하게 취급될 앱을 다 삭제했을 겁니다. 아니면 예비 휴대폰을 준비했다가 그걸 제출했겠죠.

그 뒤 우리는 각자 다른 방으로 끌려가서 나머지 절차를 밟았습니다. 몸수색도 진행됐습니다. 우선 웅크려 앉으라고 시키더니 옷을 다 벗으라고 명령했고 엉덩이에 숨겨놓은 게 없는지까지 검사했습니다. 이어서 홍채 정보를 기록했고, 채혈을 하고 키를 잰 뒤, 마지막으로 머그숏을 찍었습니다. 다들 손에는 수갑을 차고 있었고 수갑은 꽤 무거웠습니다. 아마 우리의 위치 정보를 특정해서 도망가지 못하도록 하려는 게 아닐까 싶더군요.

우리는 이내 각자 방에 갇혀서 진술서를 작성했습니다. 경찰은 '이번 시위를 조직한 이가 누군가요? 어떤 루트로 시위에 참여했나요? 왜 참가했나요? 해외 세력과 연락한 적이 있나요?' 등등을 물었습니다.

저는 경찰에게 해외 앱은 설치하지 않았다고 말했고, 국내 앱을 통해서 시위 소식을 봤으며, 구경이나 하려고 와봤다고 대답했습니다. 진술서 작성이 끝나고, 경찰들은 우리에게 모든 페이지에 손도장을 찍으라고 지시한 뒤 진술한 바가 사실인지 재차 확인했습니다. 하지만 진술서 작성이 끝나고 몇 시간 지나자 한 경찰이 제게 말하더군요. "당신이 진술서에서 한 말이 다 거짓말이라는 것을 알고 있습니다. 당신 휴대폰에 트위터가 깔려 있는 걸 봤어요." 그 경찰은 저를 다시 가뒀고 다시 신문했습니다. 정말이지 절망적인 기분이었습니다.

우리가 갇혀 있던 방은 내내 불이 켜진 채 훤했고 시계도 없었습니다. 대체 지금이 몇 시인지 알 수 없었죠. 경찰에게 시간을 물어봐도 알려주지 않았습니다. 저는 기껏해야 7~8시간이면 풀어줄 줄 알았지, 24시간을 가둬둘 줄은 생각지도 못했습니다. 경찰은 우리에게 "잘못을 인정하는 반성문을 쓰고 다시는 이런 일을 저지르지 않겠다고 약속하면 바로 풀어줄 겁니다"라고 말했습니다.

하지만 핸드폰은 먹통이지, 대체 반성문을 뭐라고 써야 할지 모르겠더군요. 그들 말대로 썼다가 그게 저를 고소할 수 있는 증거가 될지도 모르니까요. 그래서 저는 그렇게 쓰지 않았고, 보아하니 곧이곧대로 쓴 사람들도 24시간 동안 갇혀 있기는 매한가지였습니다.

처음에는 저 혼자 감금됐는데, 나중에는 끌려 온 사람이 너무 많아서 따로 가둘 수가 없는지, 제가 있던 방에 세 명이 더 들어와서 총 네 명이 같이 있었습니다. 다들 시위에 참여한 사람들이었습니다. 저 혼자 있을 땐 긴 의자에 누워 있기도 했는데, 사람들이 들어와서 차례차례 앉더니 금방 자리가 꽉 찼습니다.

우리끼리 대화는 금지였고 경찰은 계속 우리를 감시했습니다. 경찰이 쉬러 가면 경찰 보조원이 그 자리를 채웠습니다. 우리는 표정을 숨기고 목소리를 낮춘 채 시선을 다른 데에 두면서 대화했죠. 일단은 다들 어쩌다 잡혀 왔는지 이야기했습니다. 경찰 보조원들이 시끄럽게 떠들어주는 덕에 우리 목소리가 묻힐 수 있었죠.

잡혀 온 사람들은 모두 꽤 젊었습니다. 저는 제 주변에서 잡혀가는 여성을 도우려고 소리치다가 잡혀 왔다고 말했습니다. 그랬더니 한 여성분이 자기는 저를 위해 소리치다가 잡혀 왔다고 하더군요. 한 남성분은 자전거를 타고 출근하던 중에 경찰과 눈이 마주쳤고 그대로 붙잡혔다고 했습니다. 또 다른 남성분은 친구랑 밥 먹으러 나왔다가 이유도 모르고 둘 다 잡혀 왔다고 했습니다. 정말로 어이가 없었습니다. 경찰이 임무를 빨리 마칠 요량으로 날이 밝자마자 무작정 아무나 잡아들인 게 아닌가 싶었습니다.

경찰은 우리가 언제 나갈 수 있는지 알려주지 않았고, 우리는 지금이 몇 시인지도 모른 채, 할 것도, 할 수 있는 말도 없이 멀뚱히 앉아 있어야 했습니다. 몹시 힘든 시간이었습니다. 저는 최악의 경우 구금될 수도 있겠다고 생각했고, 어쩌면 정신병원*에 보내져서 감금된 채 바깥세상과 격리될 수도 있겠다는 생각까지 들었습니다. 생각이 그쯤 다다르니 금방이라도 무너져내릴 것 같았습니다.

우리는 구두로 소환되었기 때문에 최장 24시간까지만 가둬둘 수 있었습니다. 더 가둬두려면 구금 절차를 밟아야 합니다. 아마 잡혀 온 사람이 너무 많아서, 경찰도 한 명 한 명 구금 절차를 진행하고 싶지 않았을 겁니다. 사람이 적었다면 저는 분명 구금됐을 겁니다. 나중에 저는 친구에게 그때 사람이 너무 많았던 덕에 풀려날 수 있었다고 말하기도 했습니다.

---

* 당시 중국 정부가 시위 참여자나 반체제 관련 인사를 강제로 정신병원에 감금한다는 루머가 퍼져 있었고, BBC는 이와 관련해 실제로 강금당했다고 주장하는 사람의 인터뷰를 방영하기도 했다.

경찰은 끝까지 저를 쉽게 집으로 돌려보내지 않았습니다. 부모님께서 저를 데리러 왔는데도 풀어주지 않았고, 제 거주지의 담당 경찰을 불러서 저를 데려가게 했습니다. 담당 경찰에게 이송될 때는 이미 극도로 피로에 찌들어 있었습니다. 그 경찰이 저를 다시 심문했지만 저는 한마디도 할 수 없었고, 제가 아무 말도 안 하자 그들은 저를 또 가뒀습니다. 그때 저는 '설마 또 하루 동안 가두겠어?'라고 생각했죠. 그들도 결국에는 제 상태가 좋지 않다고 판단했는지 저를 돌려보냈고, 마침내 제가 집에 돌아왔을 때는 11월 28일 아침 7시쯤이었습니다.

온종일 잠만 잤습니다. 정말로 꼼짝할 수가 없었습니다. 정신적인 충격 때문에 갇혀 있던 중에도 공황 발작이 왔었고, 집에 왔을 때는 녹초가 되어 있었습니다.

부모님은 제가 이런 일에 연루되지 않았으면 하셨고, 그저 제 안위를 걱정하실 뿐이었습니다. 하지만 저는 지지 않고 부모님께 국내 상황을 말씀드렸죠. 아버지는 제 말을 듣고 마음이 조금 움직이셨는지 직장 동료와 이 일련의 일을 두고 언쟁을 벌이기도 했습니다. 어머니는 경찰이 또 저를 찾아와서 귀찮게 할까봐 걱정하셨고요.

요즘까지도 저는 여전히 두렵습니다. 제가 잡혀갈 때 웨이보에 글을 하나 남겼는데, 풀려난 다음 날 경찰이 집으로 찾아와서는 그 글을 삭제하라고 지시했습니다. 풀려난 지 하루도 안 돼서 경찰에게 또 시달리니 정말 온 신경이 과민해지더라고요. 다시는 경찰을 마주치고 싶지도 않습니다.

근데 방송에는 어떻게 나왔냐고요? 물론 여전히 두렵지만, 그래도 제가 겪은 고통이 의미 있는 무언가가 되길 바라기 때문입니다. 제가 목소리 내지 않고 겪은 일을 알리지 않는다면, 그때의 고통은 헛된 것이 될 테니까요. 어쩌면 제 이런 결심이 무슨 일을 하든 그것에 의미를 두려 하는 중국인의 타고난 성향 때문인지도 모르겠네요.

왜 시위에 참여하냐고요? 저는 이 말로 대답을 대신하겠습니다. "이건 우리의 의무다 It's our duty!"[44] 이게 다입니다. 이게 시위에 나가야 하는 이유죠. 우루무치에서 화재로 사망한 사람들은 목소리를 내지 못합니다. 그러므로 우리에게 목소리 낼 기회가 주어진다면 당연히 그들을 위해 목소리 내야 합니다. 우리는 운명 공동체로 연결되어 있습니다.

만약 제게 또다시 선택의 기회가 주어지면, 저는 당연히 다시 시위에 참여할 겁니다. 참여하는 사람이 많을수록 처벌의 수위도 낮아질 겁니다. 경찰의 능력에는 한계가 있으니까요. 그래서 저는 소수의 사람에게 이 일을 맡기기보다 모두 조금씩 책임을 나누어져야 한다고 생각합니다.

저는 저만 특별히 용감하다고 생각하지 않습니다. 지금 우리는 모두 용감합니다. 저 역시 처음에는 상하이 사람들이 이렇게 격한 구

---

44 1989년 중국 학생운동 당시, 머리에 빨간 띠를 두른 채 자전거를 타고 시위 현장으로 가는 학생에게 촬영기사가 왜 시위를 하냐고 질문하자, 그 학생이 영어로 "이건 우리의 의무"라고 대답했다.

호를 외치리라고는 상상하지도 못했습니다. 감옥에서 풀려난 뒤 전국적으로 비슷한 일이 벌어졌다는 것을 알고 정말로 감동했습니다.

비록 이번 운동에 참여한 사람들의 요구는 각기 달랐지만, 우리가 저항하는 대상은 같습니다. 바로 전체주의, 그리고 그 근간을 이루는 극단적인 봉쇄 조치입니다. 저는 이것이 백지운동의 가장 큰 의의라고 생각합니다.

이번 운동이 무엇을 바꿀 수 있다거나, 특히 지도자의 인식을 바꿀 수 있다고 말할 자신은 없습니다. 변화에는 오랜 시간이 필요하니까요. 하지만 저는 사람들에게 저항의식이 생겼다는 것이야말로 아주 좋은 징조라고 생각합니다. 어떤 저항이든 일단 시작되어야 하는 법이니까요.

'백지운동'은 끝이 아닌 시작이다

2022년 말, 백지운동 전까지만 해도 리잉李穎은 평범한 유학생이었다. 그는 여느 청년처럼 미래가 암울했고 무기력했으며 정치적으로는 우울했다. 그리고 언제 '제로 코로나' 정책이 끝날지, 자신이 언제 이탈리아에서 중국으로 돌아갈 수 있을지, 중국이 과연 어떤 미래로 나아갈지 전혀 알지 못했다.

백지운동 당시 그는 관련 정보를 수집하고 공유하는 데에 온 힘을 다했다. 그의 트위터 계정('리 선생님은 당신의 선생님이 아니다', 이하 '리 선생님')은 순식간에 중국어 정보의 집합소가 되었다. 국내에 있는 사람들은 그에게 투고했고, 그는 트위터를 통해 전 세계에 중국인들이 지금 어떤 일을 겪고 있는지 끊임없이 알렸다.

리 선생님은 이번 인터뷰에서 그의 시각으로 관찰한 중국인의 변화와 자기 경험에서 터득한 지혜를 이야기했다. 그는 이 시대에 목소리를 내는 사람이 어떤 대가를 치르는지, 왜 '눈꽃'이라는 상징을 좋아하는지, 왜 '사랑'에 대해 이야기하고 싶은지, '1순위 반역자'라고 불리는 것을 어떻게 생각하는지, 어떻게 야수와 싸우면서도 본인은 야수가 되지 않을 수 있었는지, 왜 포기하지 않는지, 마지막으로 왜 백지운동이 끝이 아닌 시작이라고 생각하는지 이야기했다.

방송 일자
2023년 11월 25일

위안 —— 리 선생님, 안녕하세요. 백지운동이 일어나기 전의 생활이나 이전에 하시던 일을 말씀해주시겠어요?

리 선생님(이하 리) —— 저는 그저 막 졸업한 유학생이었습니다. 다른 졸업생들과 마찬가지로 앞날이 막막했고, 귀국할지 아니면 여기서 일자리를 찾을지 갈피를 잡지 못했습니다.

한창 공부하던 중에는 아르바이트로 다른 사람의 유학 준비나 포트폴리오 제작을 도와주면서 그림 그리는 것을 가르치기도 했습니다. 그때까지만 해도 저는 밀라노에서 앞으로도 이 일을 계속할지 말지 고민하고 있었고, 트위터에는 이따금 들어와볼 뿐이었습니다. 트위터를 시작한 건 2022년 4월에 제 웨이보 계정이 삭제당하면서부터고요. 그 뒤로 사람들이 자기 대신 글을 올려달라고 요청하면, 도와줄 겸 부탁받은 글을 제 계정에 올리곤 했습니다.

그러다 10월쯤 평자이저우의 쓰퉁교 시위 사건이 발생한 뒤로 제 심경에도 큰 변화가 생겼습니다. 그전까지 제가 귀국을 결심하지 못했던 건 두려움 때문이었습니다. 코로나19가 유행한 후 이게 언제 사라질지 알 수 없었고, 2021년 여름이 되자 유럽 사람 대부분은 백신을 접종하고 예전처럼 자유로운 생활을 할 수 있었지만, 중국은 오히려 더욱 엄격한 통제를 시작했습니다. 상당히 대조적인 모습이었죠. 그러니까 현실의 제 생활은 거의 정상으로 돌아왔는데, 인터넷상에서나 가족들과의 이야기에서나 중국의 방역 조치는 여전히 매우 엄격했습니다.

2022년에 오미크론이 유행하자 상하이부터 봉쇄되기 시작했고, 해외에 지내는 유학생으로서 이는 정말 절망적일 수밖에 없었습니다. 내 나라가 이런 식으로 봉쇄 통제를 하고, '다바이(흰색 방호복을 입은 방역 요원)'가 마음대로 집에 처들어가서 사람들을 잡아갈 거라고는 생각지도 못했으니까요. 저는 이런 곳으로는 도무지 돌아가고 싶지 않았습니다. 하지만 부모님이 모두 국내에 계셨기 때문에 어떻게 해야 할지 갈피를 잡지 못하고 코로나19가 끝나기만 기다릴 뿐이었습니다. 코로나19는 좀처럼 끝나지 않았고, 설마 이렇게 봉쇄가 계속되는 걸까 생각하며 절망에 빠졌습니다.

하지만 펑자이저우 사건을 통해 저는 그래도 여전히 목소리를 내는 사람이 있다는 걸, 사람들을 주목시키고 다 함께 이 정책을 뒤집어버리자고 소리치는 사람이 있다는 걸 알게 되었습니다. 펑자이저우에서 엄청난 용기를 얻었죠. 그래서 저도 국내에서 벌어지는 '제로 코로나' 정책에 저항하자는 글을 트위터에 올리기 시작했고, '콰이서우快手'나 '틱톡'에서 관련된 뉴스를 찾아서 트위터에 공유했습니다. 국내에서 인터넷 우회 접속을 하는 사람들이 해외에도 '제로 코로나'에 저항하는 사람이 있다는 것을 알아주길 바랐습니다. 그러다 백지운동이 벌어졌고, 모든 것이 변해버렸습니다.

위안 —— 그 뒤로 리의 트위터 계정은 해외 중국어권에서 가장 큰 정보 허브가 되었습니다. 그렇죠?

리 —— 처음 며칠은 그랬죠. 지금은 아닙니다.

위안 —— 저는 지금도 그렇다고 생각해요. 저 역시 매일 반드시 확인하는 매체가 『런민일보』와 리의 트위터 계정이거든요.

리 —— 지금은 비슷한 계정이 많이 생겼고, 저는 이 현상을 아주 긍정적으로 봅니다. 제 생각에 제 트위터 계정의 중요한 역할은 갑작스러운 사건에도 즉각적으로 대응할 수 있다는 건데요. 예를 들어 리커창 총리의 서거 사건이 그렇습니다. 한 시간 전 혹은 십여 분 전에 발생한 사건에도 저는 곧바로 관련 게시물을 올릴 수 있습니다. 다만 평소에 계정을 꾸준히 운영하기 위해 여러 뉴스 기사도 공유하는데 파급력은 전문 매체들보다 작은 듯합니다.

위안 —— 정말 겸손하시네요. 우리 같은 전문 언론인들도 당신의 계정을 주시하고 있는걸요. 지금으로부터 1년 전과 비교하면 리의 계정에 투고하는 메시지는 양적으로나 내용상으로 어떻게 달라졌을까요. 간단히 말씀해주실 수 있나요?

리 —— 변화가 상당하죠. 백지운동 전에 제가 받은 메시지는 대체로 이런 식이었습니다. "끌려갈 것 같아요." "우리 도시가 봉쇄됐어요." "격리됐어요." "먹을 게 없어요." "너무 추워요." 그리고 1년이 지난 지금은 이렇죠. "동네 사람들이 시위했어요." "옆 동네 사람들이 시위했어요."

제 생각에 이제 코로나19 시대는 끝났지만 사람들의 정신에 엄청난 변화가 일었던 것 같아요. 거리에서는 무차별 살인 사건이 벌어지고, 대학생들은 투신자살하고, 고의적인 차량 돌진 사고가 일어나죠. 이런 사건들이 갈수록 빈번해지고요.

위안 —— 1년 동안 확실히 사회적으로나 리에게나 많은 일이 벌어졌죠. 리에게 투고하고 나서 경찰이 찾아왔다는 네티즌이 이런 이야기를 들려줬습니다. "리 선생님은 국내에서 '1순위 반역자'로 낙인찍혔어요. 경찰들은 리 선생님의 게시글을 보자마자 극도로 긴장하고 곧바로 임무를 단계별로 하달합니다." 리는 '1순위 반역자'라는 낙인을 어떻게 생각하시나요?

리 —— 사실 저도 알고 있었어요. 망신판網信辦[45]을 포함해 수많은 경찰이 제 계정을 주시하고 있더군요. 만약 제가 중국에 파장을 일으킬 만한 글을 올리면, 망신판은 곧장 모든 심사원에게 제가 올린 글을 조사하고 어떤 플랫폼에도 이 글이 퍼지지 않게 하라고 지시할 겁니다.

---

45 망신판은 '인터넷 보안과 정보화 위원회 판공실'의 줄임말로, 중국의 인터넷을 검열하고 관리하는 기관이다. 국내에서는 '국가 인터넷망 정보 판공실'로 불린다.

위안 ── 그렇게 한다는 걸 어떻게 아셨어요?

리 ── 이전에 인터넷 심사원을 인터뷰한 적이 있거든요. 그분이 알려주셨어요. 리커창이 서거한 뒤, 많은 사람이 헌화하러 갔잖아요. 근데 경찰들이 그 사람들을 다 찾아갔다더라고요. 그래서 저는요 며칠 헌화와 관련된 내용은 하나도 올리지 않고 있습니다. 자기 나라 총리를 추모했다가 경찰에게 감시받는다니, 얼마나 어처구니없는 일입니까.

'1순위 반역자'라는 말은 조금 과장된 것 같아요. 저는 중국에서 지금 벌어지는 일을 알릴 뿐이니까요. 그저 모두를 위해 중국 사람들이 목격하거나 직접 겪은 일을 알리는 거예요. 저는 결코 사람들에게 어떤 특별한 행위를 하도록 선동하거나 특정 일자에 어떤 일을 함께 벌이자고 의논하지 않습니다. 그렇게 할 줄도 모르고요. 제 트위터 계정은 어디까지나 뉴스 계정입니다.

많은 이가 제게 희망을 거는 건 이런 이유겠죠. "지금 우리는 네가 올리는 뉴스를 보고, 네 말을 믿고 있어. 네가 우리를 이끌고 뭐든 해야 해!" 하지만 제가 국내에 있다면 모를까, 저는 그들의 바람을 들어줄 수 없어요. 저부터가 국내에 있지 않은데, 어떻게 국내에 있는 사람들에게 할 일을 지시하겠어요. 전 다들 제가 시켜서가 아니라, 본인 스스로 뭔가 해야 한다고 느껴서 어떤 일이든 했으면 합니다.

위안 —— 리가 트위터 계정을 "뉴스 계정"이라고 지칭했는데, 계정에 게시할 글은 어떤 기준으로 선별하나요?

리 —— 두 가지 기준이 있습니다. 만약 백지운동이나 리커창 서거, 혹은 베이징 물난리처럼 갑작스럽게 일어난 사건이라면 투고 내용의 즉각성과 진실성에 초점을 맞춥니다. 갑작스러운 사건이면 오히려 투고 내용의 사실 여부를 가려내기 쉬워요. 그러나 평상시라면 기준은 그다지 엄격하지 않습니다. 자주 실수하기도 하고요. 제 눈에는 별로 중요하지 않아 보이는 사건이어도, 중국 정부의 조치가 개입되리라 싶으면 제보자를 믿고 관련 정보를 올립니다.

위안 —— 글을 올렸다가 정보 오류를 발견하면 어떻게 하시나요?

리 —— 대체로 즉시 삭제하죠.

위안 —— 리는 줄곧 떠밀리듯이 이 일을 해왔지만, 이제는 어느새 해외 인터넷에서 중국과 관련된 정보를 게시하고 목소리를 내는 중심이 되었어요. 리 혼자서 중국 정부를 상대하는 것이 두려웠나요?

리 —— 처음에는 당연히 두려웠습니다.

위안 —— 맨 처음이 언제인가요? 백지운동 때인가요?

리 —— 네. 2022년 11월 27일 밤, 그러니까 베이징 량마차오亮馬橋 시위 당일 밤이었을 겁니다. 그날 밤 트위터에 글을 올리고, 수많은 협박성 메세지를 받았습니다. '널 죽일 거야!' '또 글을 올리면 죽는다!' 같은 것들이었죠. '샤오펀훙'이 보낸 건지, 아니면 누가 보냈는지 몰라도 그런 메시지를 받으니 꽤 두려웠어요. 하지만 점점 무뎌졌습니다. 그들을 무서워할 필요가 없으니까요. 전혀 겁먹을 일이 아니라는 생각이 들었습니다.

백지운동 이후 저처럼 해외에 발이 묶여 있던 유학생들이 돌아와 가족을 만날 수 있다면, 국내 사람들이 마침내 동네를 벗어나 정상적인 삶을 되찾고, 영화도 보고, 쇼핑도 하고, 여행도 다닐 수 있다면, 그러니까 오늘 같은 날을 비로소 되찾았다고 생각하면, 설령 제가 가족들과 다시 만나지 못한대도, 심지어 모든 의미에서 제 존재가 완전히 사라진대도, 제가 하고 싶었던 일을 끝마쳤기에 기꺼이 감내할 수 있을 것 같아요.

위안 —— 리는 탈중심화를 고수한다고 말했어요. 하지만 일각에서는 리야말로 이미 가장 큰 중심이라고 논평하기도 했습니다. 그러자 리는 이렇게 답했죠. "물론 어떤 의미에서는 저도 중심이라고 할 수 있습니다. 그러므로 저 한 사람의 목소리만 들어서는 안 됩니다." 당신은 당신의 계정이 중국인들에게 어떤 의미라고 생각하나요? 당신은 이 계정으로 무엇을 해내고 싶나요?

리 — 중심이 된다는 건 결코 제가 원했던 게 아닙니다. 건강한 사회라면 지금처럼 저 한 사람이 아닌, 다양한 매체가 있어야 하고, 그들이 다양한 방식으로 사람들을 위해 목소리 내야 합니다. 물론 지금도 점점 더 많은 영향력 있는 계정이 목소리 내기 시작했죠. 저는 이러한 현상을 대단히 긍정적으로 바라봐요.

오늘날 중국의 언론 검열은 몹시 가혹합니다. 하지만 그들은 제 게시물을 삭제할 수 없습니다. 그들이 수차례나 제 계정과 게시물을 신고했지만, 전혀 먹혀들지 않았어요. 중국인이 중국의 일을 이해하려면 인터넷을 우회 접속해서 트위터에 접속해야 합니다. 저는 이 사실이 한편으로는 매우 슬프지만, 다른 한편으로는 작게나마 중국인들이 자기 주변과 국내에서 현재 어떤 일이 벌어지고 있는지 알 수 있는 공간이 있으니 불행 중 다행이라고 생각해요.

저는 제 계정이 계속해서 중국인의 목소리를 실어나르고 세계에 바로 지금 중국에서 어떤 일이 발생하고 있는지 알릴 수 있기를 희망합니다. 매일매일 트위터를 본 사람은 1년 전과 후가 어떻게 달라졌는지, 꽤 큰 변화가 일어났음을 알 수 있을 겁니다. 비록 전체를 대변하는 관점은 아닐지라도, 저 한 사람의 관점에서라도 중국의 변화를 볼 수 있길 바랍니다. 이게 바로 제 바람입니다.

위안 — 그럼 이제 중국인의 변화를 이야기해볼까요? 리는 2023년 7월 한 유튜브 영상에서 이렇게 말했습니다. "비록 중국 내의 민중이 여전히 엄격한 언론 검열하에 있지만, 중국의 언론 통제가 이미 그

효력을 상실해가는 조짐이 보인다." 그리고 또 이런 말도 했죠. "권력을 바꾸는 것보다 더 중요한 것은 중국인의 공민의식 각성이다."

쓰퉁교 시위가 발생한 지 1년이 넘었고, 백지운동은 이제 곧 1주년이 됩니다. 이 1년이라는 시간 동안 중국인에게 어떤 변화가 있었다고 보시나요? 어떠한 현상과 추세를 관찰하셨기에 "언론 통제가 이미 그 효력을 상실해가는 기미가 보인다"라는 결론에 도달하신 건가요?

리 —— 제가 생각하는 가장 큰 변화는 저항하는 사람이 갈수록 많아진다는 겁니다. 코로나19 기간에 많은 사람은 정부가 뭔가 조치해주리라 기대하며 기다렸습니다. 하지만 결국 사람들은 모두 거리로 나왔죠. 예를 들어 우한의 의료보조금 시위[46] 당시에는 엄청난 수의 노인이 거리로 나왔습니다. 중국 각지에서는 건설이 중단된 건물을 둘러싼 시위도 있었고, 심지어 전국의 고등학생들까지도 방학을 지키기 위해 시위하기도 했죠. 즉 저는 백지운동 이후 중국인들에게 자신이 원하는 것을 쟁취하려면 투쟁해야 한다는 인식이 들어섰다고 생각합니다. 이는 엄청난 변화입니다.

---

46 2023년 2월 후베이성 우한시에서 은퇴한 노인들이 주가 돼서 두 차례 시위를 벌였다. 우한시가 보험 가입자가 매달 받는 의료보조금을 기존의 200여 위안에서 80여 위안으로 삭감하는 의료보험 개혁을 시행한 것이 원인이었다. 노인들은 이러한 조치가 자신들의 이익에 해가 된다고 주장하며 거리로 나와 정책의 원상복구를 요구하고 시위를 벌였다.

언론 통제도 마찬가지입니다. 직접적인 예를 하나 들어보죠. 백지운동 때 우리는 충탑衝塔[47]이라 할 수 있는 댓글을 별로 보지 못했습니다. 하지만 1년이 지나고 리커창 총리가 서거했을 때, 틱톡에 들어가면 사람들이 하나같이 '그(시진핑)'를 저주하고 있었어요. 이런 변화를 만들어낸 원인 중 하나는 사회 혹은 외부 환경, 그리고 경제 침체와 사람들이 직면한 여러 압력일 테고, 다른 하나는 자신들도 모르는 새 사람들의 담이 커진 덕분이죠.

그리고 제가 왜 언론 통제가 효력을 잃기 시작했다고 말하냐면, 예를 들어 '시진핑'이 금기어다? 좋아요, 그러라고 해요. 심지어 '시진핑'을 '만두'나 '곰돌이 푸'라고 바꿔 부를 때, 이것까지도 막을 수 있다고 치죠. 근데 사람들이 '러우자모肉夹馍(중국식 햄버거)'라고 부르거나, '산시 사람'이라고 부르는 건 어떻게 가려내요? 사람들이 매일 먹는 햄버거를 어쩌겠어요. '리 선생님'도 마찬가지입니다. 이 말을 아예 못 쓰게 할 수 있겠어요? 전국에 '리 선생님'이 얼마나 많은데요. 즉 왜 언론 통제가 효력을 잃기 시작했느냐고요? 사람들이 어떤 일에 관해 이야기하기 시작하면, 정부가 그걸 통제하는 속도가 사람들이 통제를 피하고자 아이디어를 내는 속도를 따라잡지 못하기 때문입니다.

---

47 충탑은 게임에서 자살행위에 가까운 선택을 의미하는데, 여기서는 심각한 위험을 감수하고 권력자에 맞서는 의미로 확장되었다.

위안 —— 하지만 국내 친구와 이야기해보면, 예전에는 비교적 자유주의자였던 지식인들조차 지금은 상당히 비관적인 모습을 보입니다. 한 언론인이 제게 말하더군요. "국내 기자들과 이야기해봤는데, 그들이 관찰한 바로는 백지운동 이후 혹은 '제로 코로나' 정책이 끝난 이후 여론 환경이 전보다 더 나빠졌대요. 게다가 민간에서 백지운동 이전에 보여주던 단결력도 많이 줄었다고 하고요. '제로 코로나' 정책이 사람들의 공분을 사서 중국 민간 사회에 근래 보기 힘들었던 모종의 공동 의식을 불러일으켰지만, 지금은 그마저도 사라졌고, 이제는 다들 어떻게 하루하루 연명할 수 있을까만 생각하고 있습니다. 이게 정말 저를 우울하게 만듭니다." 리는 이 말에 동의하시나요?

리 —— 저는 우울하지 않아요. 오히려 아주 낙관적이에요. 사람들은 천지가 개벽할 일이 벌어지기만을 바라지만, 그건 불가능해요. 저는 중국의 수많은 문제는 천천히, 사람들이 스스로 공민의식을 가짐으로써, 비로소 조금씩 바꿀 수 있다고 생각합니다. 하루아침에 어떤 일이 발생해서 판을 뒤집을 수는 없습니다. 설령 그런 일이 벌어져서 민주주의라는 제도로 이행한다고 해도, 중국인 대다수가 이에 준비되지 않았다면 아무런 소용이 없고요. 그렇게 된다 한들 분명 다른 야심가에게 이용만 당하겠죠. 결국에는 또 다른 황제를 맞이하는 것과 다름 없는 일이 될 겁니다.

민주주의의 가장 중요한 점은 참여에 있습니다. 사람들이 그저 바라기만 하고 참여하지 않는다면, 결국에는 계속해서 이용만 당할 겁니다. 백지운동 당시 저는 앞으로 중국에서 다양한 사건들이 무작위로 벌어질 거라고 말한 적이 있습니다. 중국공산당 정권이 고착화되는 한, 사건은 끊임없이 발생할 테니까요. 왜 백지운동이 벌어졌을까요? 그건 우루무치 화재 사건이 벌어졌을 때, 공산당이 또다시 관성적으로 사건을 억누르려고만 했기 때문입니다. 리커창의 서거 때는 상황이 조금 나아져서 몇몇 장소를 개방하고 추모할 수 있게 했지만, 여전히 모두 모일 수 있는 추모식은 의도적으로 방해받았죠. 하지만 그럴수록 사람들은 점점 더 '충탑'했고요.

저는 앞으로도 무작위적인 사건이 필연적으로 계속 발생할 것이고, 이에 대한 공통의식 역시 끊임없이 생겨날 것이라고 믿습니다. 하지만 중국이 언제쯤 진정으로 민주적이고 자유로우며 개방적인 사회가 될지는 저도 잘 모르겠습니다. 이 질문에 답하려면 모든 중국인이 진정으로 이룩하고 싶은 사회를 위해 어떤 대가까지 지불할 수 있을지 스스로 물어봐야 한다고 생각합니다.

위안 ── 다음으로 '눈꽃'에 대해 이야기해보죠. 당신의 트위터 고정 게시물을 보면, "하늘에 맞닿은 거대한 탑에서 언제나 사람이 뛰어내린다. 나는 어릴 때 그게 뭔지 잘 몰라서 그저 눈꽃인 줄 알았다"라고 적혀 있습니다. 2022년 4월 16일에 올라온 게시물이에요. 그리고 그날로부터 트위터 사용이 빈번해졌죠. 그 뒤로 리의 계정에서는 눈꽃이라는 상징이 자주 보입니다. 예를 들어 2022년 11월

20일의 게시물을 보면, 당시가 백지운동이 발생하기 전으로 도시 봉쇄가 특히나 가혹했던 때였는데, 이런 게시물을 올렸죠. "그래서 고통받는 것을 받아들이는 것보다 눈꽃이 하나씩 떨어지는 것을 보는 것이 낫다. 눈이 지붕을 뒤덮어 집이 무너져버리면 어쩔 수 없이 추위에 몸을 떨며 외마디 소리를 지를 거다." 그 뒤에 전임 외교부 부장 친강秦剛이 실종됐을 때, 당신은 부계정에서 한탄하며 게시물을 남겼어요. "친강이 실종된 것처럼 수많은 사람이 지위고하에 상관없이 조금만 부주의하면 바로 실종되고 눈꽃으로 변한다. 마치 이 완벽한 국가에 자신은 한 번도 존재한 적 없었던 것처럼." 이렇게 '눈꽃'이라는 단어를 재차 언급하는 이유를 말씀해주실래요? 눈꽃은 리에게 어떤 의미일까요?

리 —— 이 단어를 처음 쓴 곳이 아마 웨이보였을 겁니다. 당시 폭스콘이 공장을 봉쇄하기 시작했고, 수많은 폭스콘 직원이 건물에서 뛰어내렸어요. 이 사건으로 깨달은 바를 올렸던 거죠.

우리 세대 사람들은 거의 전부 애국주의 교육을 받으며 자랐습니다. 우리는 하나의 웅장한 서사에 쉽게 속았고, 국가가 부강하려면 어떤 이는 희생양이 되어야 하는 법이라고 생각하게 됐죠. 희생양은 마치 무수한 눈꽃 같아서 탑이 높아질수록 이 눈꽃들이 오히려 높은 탑을 장식하는 것처럼 보였습니다. 어릴 때 우리는 그 탑을 보며 높고 아름답다고 감탄했고요. 하지만 어른이 돼서 우리가 직접 그 탑에 오르기 시작하면서, 비로소 깨달았습니다. 희생양이 바로 자신이었던 겁니다.

수많은 이가 투신자살하는 것을 보고 저는 생각했습니다. 시진 핑이 웃기지도 않는 '제로 코로나' 정책의 '감염 0'이라는 지표를 위해 사람들을 투신자살로 몰아가고 있던 겁니다. 저는 이게 정말 웃기지도 않는 일이라고 생각했습니다. 나중에 보니 평범한 사람들만 눈꽃이 되는 것도 아니더군요. 일인지하 만인지상의 최고위급 관리 역시도 조금만 실수하면 곧바로 실종되어버리는 눈꽃이었던 겁니다. 그러니까 이 태평성세가 결국 오직 한 사람만을 위한 세상이었던 거죠.

위안 ── 이전에 유튜브에 정치 우울증에 관한 영상을 올리셨죠. 리는 그 영상에서 정치 우울증을 겪고 있는 중국인들에게 우리를 절망과 무력함에 빠지게 하는 정보에 자신을 노출하는 일을 줄이라고 권유했습니다. "능동적으로 자기 주의력을 조절해야 합니다. 일부 정보는 사실 당신에게 전혀 필요 없는 것입니다. 이런 것에 감정을 낭비할 필요가 없습니다." 하지만 리 또한 매일 최소한 5~6시간을 들여서 네티즌들의 투고를 받고, 극도로 절망스러운 무력감을 주는 정보에 스스로를 적극적으로 노출하고 있어요. 어떻게 이 일을 꾸준히 해낼 수 있나요. 포기하고 싶었던 때는 없었나요? 왜 포기하지 않고 지금까지 버티는 건가요?

리 ── 왜 버티냐고요? 일종의 책임감과 습관 때문이라고 말하고 싶네요. 매일 아침 눈을 뜨면 저를 기다리며 자기를 위해 목소리 내주길 바라는 사람들이 있으니 버틸 수밖에 없습니다. 그리고 언제 포기하고 싶었냐고요? 사실 올해 4월경이에요. 스트레스가 정말 극심했거든요. 당시 제 개인적인 삶에 문제들이 좀 있었어요. 부모님께서도 자주 불미스러운 일을 겪으셨고요. 정부에서 부모님을 찾아갈 때마다 매번 흉악스럽게 구는 건 아닙니다. 어느 날에는 선물을 가져오기도 했고요. 하지만 제가 보기에 그들이 찾아오는 행위 자체가 두 분을 괴롭히는 것과 다르지 않았습니다. 그즈음 저는 백지운동은 이미 끝났다고 생각했어요. 비록 정치적인 요구가 다 실현되지는 않았지만, 우선 가장 기본 요구였던 '제로 코로나' 정책을 끝내달라는 것은 실현됐죠. 그러니 이 문제를 여기서 일단락 지어도 될 것 같았고, 따라서 이 계정이 목표를 달성했다면, 이제 제 생활에도 변화를 줘야 할 것 같았습니다.

당시 저는 혼란에 빠져 있었어요. 유학생활은 물론이고 학생을 가르치는 일을 포함한 국내 업무들이 모두 정지당했거든요. 아무 일도 하지 못하니 실업자가 될 수밖에 없었습니다. 게다가 트위터로는 영리 활동을 할 방법이 없었고, 언제까지나 사람들의 도움에만 의지해서 살 수도 없었어요. 그래서 저는 이탈리아에서 제 일을 하면서 이 계정을 다른 사람에게 넘기든가 아니면 아예 삭제해버리려 했죠.

부모님과도 이 문제를 상의했어요. 부모님께서는 계정을 삭제하면 제가 공부에 전념하겠다는 뜻으로 알고 매달 얼마간의 생활비를 보내주겠다고 하셨어요. 그리고 어쨌든 일단 버텨보라고, 제가 살아 있기만 하면 된다고 하셨죠. 4월에는 사법부가 제가 사용하던 국내 은행들의 카드를 전부 동결시켰습니다. 심지어 제 게임 계정까지 다 동결됐어요. 그때 저는 깨달았습니다. '아, 이제 끝이구나. 저들은 날 봐줄 생각이 없구나.' 그런데 이렇게 생각하자 어차피 이제 돌아갈 길이 없다는 걸 알게 됐습니다. 그리고 저들이 날 이렇게 대한다면, 나도 저들과 계속 싸우겠다고 다짐했죠. 수많은 중국 공민의 한 사람으로서 중국을 위해 노력하겠다던 마음가짐은 중국을 향한 원한으로 바뀌어버렸어요.

위안 —— 공산당이 리를 막다른 길로 몰아세웠고, 어쩔 수 없이 '반역자'의 역할을 계속할 수밖에 없었던 거군요.

리 —— 맞아요. 게다가 이것 역시 일종의 관성입니다. 그들은 계속해서 억압을 가하고, 결국에는 지금과 같은 상황이 벌어져요. 별거 아니던 제 계정이 이렇게 커진 데에는 그들의 공이 60~70퍼센트는 될 거예요.

위안 —— 그러면 리의 생활 형편에 관해서도 이야기해볼까요? 카드는 동결되고, 중국 대사관에서 공문을 보낸 탓에 취업은 안 되고, 여기저기 이사까지 해야 했습니다. 일련의 일들을 모두 트위터에 올리시며 돈에 쪼들린다고 하셨어요. 이탈리아 같은 민주주의 국가에서 어떻게 대사관이 공문을 보내서 직장을 잃게 만들 수 있으며, 어떻게 강제로 여기저기 이사까지 다니게 할 수 있죠? 이게 도대체 어떻게 된 일인지 이야기해주시겠어요?

리___ 제 일이 유학과 관련되었기 때문입니다. 이전에 한 어학원과 협업한 적이 있는데, 학생들을 그곳에 소개해주는 일을 했고, 가끔은 학생들의 포트폴리오 제작을 지도하기도 했습니다. 이 일은 중국과 비교적 밀접한 교류가 필요한 일이었어요. 그런데 중국 대사관에서 2월인지 3월인지, 어학원으로 공문을 보냈더군요. 제가 중국에서 사기를 쳐서 유학생의 돈을 훔쳤다며 저와 협업하지 않는 게 좋겠다고요. 어학원에서는 당연히 저랑 더는 같이 일하지 않기로 했고요.

위안___ 이탈리아 사람이 운영하는 곳이었나요?

리___ 네, 맞아요. 다만 어학원에 다니는 학생이 대부분 중국인이다 보니, 어학원은 저와의 협업을 중단했고, 당시 진행하던 업무들도 모두 강제로 끝나버렸습니다.

그리고 올해 3월에는 웬 남자가 제가 예전에 학교 다닐 때 지내던 집으로 차를 몰고 왔습니다. 대뜸 제 능력이 출중하다며 같이 사업을 하자더군요. 당연히 미심쩍었습니다. 여기 주소를 중국 영사관 앱 말고 어디에도 알리지 않았거든요. 그런데도 집까지 찾아온 겁니다.

위안 ── 이사를 몇 번이나 하셨나요?

리 ── 네 번 했습니다.

위안 ── 그때마다 누가 찾아온 건가요? 정말 불안하셨겠어요.

리 ── 한번은 그들이 절 찾고 있는 걸 먼저 알아차리기도 했고, 또 한번은 그저 제가 너무 불안해서 이사하는 편이 낫겠다고 자발적으로 나오기도 했습니다. 쉴 틈 없이 도망 다닌 것 같네요.

위안 ── 유튜브 채널에 올린 정치 우울증에 대한 영상에서 리는 매일같이 5~6시간을 트위터 계정 운영에 쓴다고 하셨고, 그 외 시간에도 수시로 투고를 관리해야 한다고 하셨어요. 이건 풀타임 직업이나 다름없고, 심지어 6개월간 겨우 3일 쉴 만큼, 풀타임 직업보다도 더 힘들다고 하셨죠. 하지만 계정으로 얻는 광고 수익은 6개월에 고작 3409유로밖에 안 된다고요. 위안화로 환산해보면 대략 2만 6786위안이네요. 괜찮다면 현재 수입을 말씀해주실 수 있나요? 유튜브 채널을 오픈하고는 수입이 좀 늘었을까요? 현재 매월 수입이 어떻게 되나요?

리 ── 사실 돈 때문에 이 일을 시작한 게 아니라서, 처음에는 유튜브 채널도 개설하지 않았어요. 유튜브에서 광고를 한 번 받아봤는데, 잘 안 됐고요.

위안 —— 그랬나요? 몰랐어요.

리 —— 이민 업체의 광고였는데 잘 안 됐죠.

그들이 제 재산을 죄다 동결시킨 뒤로는 현실에서 직장을 찾는 게 불가능하다는 걸 깨달았죠. 그들이 제가 어디에 있는지 알아낸다면, 설령 제가 일을 관둔 뒤라고 해도, 저를 가만두지 않을 테니까요. 그래서 저는 인터넷상의 제 계정에 의지해 살아가기로 했습니다. 몇 개월간 트위터 수익 추이를 지켜봤는데, 수입이 정말 적더라고요. 지금은 그마저도 갈수록 줄어들고 있고요. 가령 10월 15일부터 11월 1일까지 보름 동안 제 게시물들은 대략 3억 회 조회됐지만 정산된 수익금은 280달러였습니다.

위안 —— 어떻게 그럴 수가 있죠?

리 —— 280달러라니, 정말 어처구니없죠. 상황이 이렇다 보니 이대로는 안 되겠더라고요. 이 형편으로는 기르는 고양이도 더 못 기를 것 같고요. 그래서 유튜브 채널을 개설할 수밖에 없었습니다. 채널을 개설하고 나서 헛소리만 하고 있지만요. 물론 시청해주신 분들께 정말 감사해요. 제가 형편없는 영상을 올려도 시청해주시고 응원해주시더라고요. 그분들께 감사하다고 말하고 싶어요.

404

제가 요즘 유튜브로 버는 수입은 이탈리아의 평범한 사람의 수입 정도는 됩니다. 저랑 고양이랑 둘이 살며 생활하기에 문제없는 정도예요. 그런데 사실 저는 저 자신을 내일이 없는 사람이라고 여겨요. 마음을 비웠거든요. 언제든 누군가 문을 부수고 들어와서 저를 '투신자살'시킬 수도 있고, '극도의 우울증으로 인한 자살'을 당할 수도 있잖아요? 저는 마음을 비웠어요. 더는 돈을 모으거나 미래를 준비할 필요가 없죠. 그저 매달 버는 대로 써버리고 있습니다.

위안 —— 놀랍네요. 최악의 계획을 세운 거라고 이해하면 될까요?

리 —— 아니요. 저는 정말로 미래가 없다고 생각한다니까요.

위안 —— 어떻게 리에게 미래가 없겠습니까. 제가 보기에 리는 미래 중국의 희망이에요. 미래가 없다니요!

리 —— 중국 경찰은 제가 미울 겁니다. 하루는 경찰이 '차를 마시자'고 해서 다녀온 사람이 들려주길, 저 때문에 경찰들 업무가 늘었대요. 단순히 업무량만 많아진 게 아니라, 제가 계속 투고를 받으니까 중국인들이 투고하는 것을 막아야 해서 사상 작업도 해야 한다고요.

그리고 저야 제 계정을 뉴스 계정이라고 정의했지만, 그들은 전혀 그렇게 생각하지 않는 듯합니다. 분명 이렇게 생각할 겁니다. '어느 날 저놈이 갑자기 사람들을 거리로 불러냈는데, 사람들이 정말 나와버리면 어쩌지?' 그러니까 그들은 줄곧 저를 잡아들일 생각뿐이겠죠.

지금 제 마음가짐은 언제 죽어도 괜찮다는 겁니다. 일단 제가 죽어버리면 이 계정은 가장 원만한 결과를 맞이할 거예요. 가령, 이러저러한 사람이 있었고, 그는 이러저러한 일을 했으며 결국에는 죽었다, 이렇게요. 하지만 제가 살아 있다면, 이야기의 결말은 계속해서 미뤄지겠죠. 아무튼 저는 현재 마음을 비웠고, 이런 마음으로 살다 보니 그들이 무섭지 않습니다.

위안 —— 요즘도 그림을 그리시나요?

리 —— 정말 간절히 그리고 싶어요. 하지만 그럴 시간이 조금도 안 나네요. 특히 유튜브를 시작하고는 더 그렇습니다.

위안 —— 리가 올린 게시물 중에 정말 감동적이었던 게 있습니다. 2023년 1월 7일 자 게시물인데요, 귀국해도 더는 대사관에 건강 코드를 신청할 필요가 없다는 공지였습니다. 리가 글 끝에 이렇게 썼죠. "학생 여러분, 이제 집으로 돌아가셔도 됩니다." 그리고 "집을 떠난 이유는 셀 수 없이 많지만, 집으로 돌아가는 이유는 하나면 충분합니다"라고도요. 그때 리가 생각한 '집으로 돌아가는 이유'는 뭐였나요? 학생들은 다 집에 갈 수 있지만, 리는 갈 수 없다는 사실에 집이 그리워서 운 적은 없나요? 아니면 억울하다고 생각하셨거나요.

리 —— 백지운동이 막 끝났을 때, 사실 정말 많이 울었고, 너무 억울했습니다. 트위터에 정말 많은 수의 매체가 있고, 엄청난 팔로워를 거느린 '大V' 도 있지만, 이 일은 제가 한 일이고 모든 부담을 오롯이 혼자 감당해야 했습니다. 당시만 해도 정말 억울했는데, 시간이 지나며 무덤덤해졌습니다. 사실, 기꺼이 이 일을 해올 수 있던 건 집으로 돌아가고 싶다는 마음이 제일의 원동력이 되어준 덕분이었습니다. 그런데 결국 모두 집으로 돌아갈 때, 저만 다시는 돌아갈 수 없게 되었죠. 하지만 수많은 사람이 집으로 돌아갈 수 있도록 도왔으니 후회는 안 합니다. 제가 집으로 돌아갈 기회를 희생했다는 게 큰 문제가 되지 않아요.

위안 —— 리는 안후이安徽성 푸양阜陽 출신이죠?

리 —— 네.

위안 —— 부계정에 푸양에 관한 글을 쓰셨죠. "만약 내가 중국에 있고, 지금이 새벽 5시라면, 난 벌써 밖에 나가서 바오쯔包子와 싼탕糁湯을 먹고 있겠지." 그리고 이어서 이렇게 쓰셨어요. "정말 충격적

• SNS 스타, 웨이보 스타.

이야. 잠에서 깨어나 보니 내 오랜 믿음이 무너졌어. 나는 싼탕이 건륭황제가 푸양을 지나다가 먹은, 오직 푸양에만 있는 음식인 줄 알았어. 근데 후앙판黃泛구 전 지역에서 다 먹는 음식이래. 맙소사, 이 충격은 어려서 책을 읽다가 이집트 문명이 중국보다 2000년이나 앞섰다는 사실을 알았을 때의 충격과 맞먹는 정도야." 중국 음식은 자주 해 드시나요?

리 ── 네. 요즘도 집에서 직접 싼탕을 만들어 먹습니다. 닭을 넣고 끓인 탕에 날달걀을 풀어주면 끝내주죠. 만드는 법도 아주 간단하고요. 그 글을 쓸 때, 순간 울컥했어요. 제가 그리워한 고향이란 도대체 뭘까요? 저는 그것이 유일무이한 줄 알았는데, 알고 보니 전혀 특별하지 않더군요. 나중에 생각해보니, 사실 고향이란 내가 살았던 곳과 그에 대한 기억이고, 그곳에 무엇이 있었는지는 전혀 상관없더라고요. 중요한 건 제 기억 속에 있는 것이죠.

위안 ── 맞아요. 완전히 공감해요. 그럼 이어서 다소 추상적인 관념에 관해서도 이야기해볼까요. 리가 본 계정과 부계정에 쓴 사랑에 대한 글을 여러 편 읽었습니다. "사랑은 무엇일까?"라고 물어보기도 하고, "보통 사람의 유일한 재산은 사람을 사랑하는 능력이다" "사랑에 대해 자주 이야기하고 싶지만 내 사랑은 너무 날카로워서 쉽게 상처를 내고 만다"라고도 쓰셨어요. 이런 글도 있었죠. "여전히 사랑받는 사람들이 부럽다. 하지만 우리는 대부분의 시간 동안, 그저 사랑의 참뜻을 깨달은 척할 뿐이다." 리의 삭제된 웨이보 부계정에는 네티즌들이 '순수한 사랑의 소멸사'라고 부르는 장문의 글이 실렸었죠. 하지만 리 역시 사랑이 사회문제를 덮어버리는 데 이용될 수 있다는 점을 경계했습니다. "사랑으로 가정폭력 가해자를 감화시키면 안 되는 것과 마찬가지로 사랑으로 국가를 감화시키면 안 된다. 특히나 국가, 정부, 정당 그리고 나 자신이 명확하게 구분되지 않는다면 더욱 그렇다." 이렇게나 사랑을 이야기하는 것을 좋아하는 이유를 알려주실래요? 사랑의 어떤 점이 당신을 혼란스럽게 만드나요?

리 __ 웨이보를 사용할 때 사랑 이야기를 많이 썼죠. 사랑의 깨달음에 대해서 쓰기도 했고요. 제 작품들의 주제도 사랑에 관한 것일 때가 매우 많습니다.

저는 사랑이란 제가 하는 모든 일의 원동력이라고 생각해요. 제가 이 일을 한 것도 사실은 중국을 사랑했고, 중국이 더 좋게 변하길 희망했기 때문입니다. 저는 제 부모님을 사랑하고, 부모님을 뵐 수 있기를 희망합니다. 저는 국내 중국인들을 사랑하고 그들이 더 좋은 삶을 누리길 희망합니다. 코로나19 기간에 도시가 봉쇄됐을 때, 저는 사람들이 자유로워지길 바랐습니다. 이 모든 희망의 원동력은 사랑이고요. 제가 그린 그림들과 제가 쓴 글들 역시도 모두 사랑을 원동력으로 만들어졌습니다.

그리고 이게 바로 제가 사랑을 자주 이야기하는 이유입니다. 저는 줄곧 사랑이 사람의 중요한 일부분이라고 생각해왔고, 사람은 반드시 사랑을 원동력으로 삼아야지만 더 좋은 일을 할 수 있다고 믿습니다. 만일 제가 중국과 중국인들을 미워했다면 그들이 뭘 하든 신경 쓰지 않고 제 삶을 살았을 거예요. 제게 사랑은 저를 앞으로 나아가게 해주는 힘입니다.

위안 —— 사람은 저항하는 과정에서 스스로 강경해진다고 합니다. 니체가 괴물과 싸울 때는 자신도 괴물이 돼야 한다고 말했던 것처럼 말이죠. 리는 어떻게 확고한 저항과 부드러운 사랑이 리의 몸속에 동시에 존재하게 할 수 있었나요?

리 —— 니체의 그 말은 정말 훌륭하죠. 많은 사람이 저항하는 과정에서 스스로 강경해진다고 하셨는데, 저 역시 강경해지는 과정에 있습니다. 사실 이 계정을 운영하면서 가장 고통스러운 건 수많은 사람이 자살하기 전에 저를 찾아와 말들을 쏟아낸다는 겁니다. 처음에는 그들을 위로하고 함께해주면서 그들이 자살하겠다는 결심을 저버리길 바랐습니다. 하지만 결국에는 아무 소용이 없다는 걸 알게 됐죠. 그 혹은 그녀와 많은 이야기를 나눴지만, 다음날 자고 일어나보면 잘 있으라는 연락과 함께 그들은 사라져버립니다. 이런 일이 한 달에 대여섯 번이나 반복되죠.
　나중에는 저 자신도 강경해지더군요. 이제는 그들에게 답하지 않습니다. 설령 너무 고통스럽다고 하소연한대도, 저 역시 해주고 싶은 말이 있어도 답하지 않아요. 저도 제가 이렇게 변할 줄 몰랐습니다. 처음에는 매일같이 자책했습니다. 하지만 달리 방법이 없었어요. 그렇게 하지 않으면 저 혼자 감당해야 할 부담이 너무 컸으니까요.

질문을 듣고 어떻게 확고한 저항과 부드러운 사랑을 동시에 견지할 수 있는지 생각해봤습니다. 사람들이 트위터에서 싸우는 건 대단히 정상적인 일입니다. 언론의 자유가 지켜지는 사회에서 사람들은 각자 자신의 의견을 말할 수 있어요. 하지만 유감인 것은 수많은 다툼이 결국 서로를 공산당이라고 비난하며 끝난다는 겁니다. 우리의 싸움이 이 지경으로 전락했다니, 정말 유감입니다. 제가 느끼기에는 많은 사람이 저를 공격하고 저와 말다툼을 벌이려고 벼르는 것 같습니다. 저는 대체로 포용을 선택하지만, 함부로 욕부터 내뱉는 사람은 바로 차단해버리고 대화를 끝내죠. 하지만 제대로 된 토론을 원한다면, 저는 언제나 곧바로 승낙합니다.

위안 —— 다음 질문도 드려볼게요. 리가 보기에 젊은 세대 즉 '백지 세대'와 '6·4 세대' 반체제 인사는 어떻게 다른가요? 이미 연로했거나 늙어가는 반체제 인사들이 인터넷에서 보여주는 다양한 모습을 보며, 리가 스스로 되뇌는 말이 있나요? 30년 뒤, 40년 뒤의 리는 어떤 모습이길 바라는지 궁금합니다. 물론 좀 전에 장기적인 계획은 없다고 하셨지만, 저는 젊을 때는 다들 이렇게 되지 말자든가 혹은 이렇게 되고 싶다든가 하는 바람을 표현하려는 욕구가 있다고 생각합니다. 나아가 질문을 확장해보면, 리는 중국이 어떠한 국가가 되길 바라시나요?

리 — 젊은 세대, 즉 '백지 세대'와 '6·4 세대' 반체제 인사 간의 차이는 시대 배경이겠죠? 서로 다른 시대 배경이 서로 다른 방식의 출현을 촉진했다고 봅니다.

'6·4' 당시 사회 분위기는 오늘날보다 느슨했습니다. 사람들은 전국 각지에서 베이징으로 달려올 수 있었고, 톈안먼 광장을 점거할 수 있었고, 심지어 단식 투쟁을 하면서 국가 지도자와 대화할 수 있었어요. 물론 그들이 치른 대가도 그만큼 컸죠. 목숨을 걸어야 했으니까요. 하지만 '백지 세대'는 완전히 다른 시대에 살고 있습니다. 인터넷이 발달한 덕에 많은 사람이 이제 거리로 나가려 하지 않고, 휴대폰으로 정보를 확인한 뒤 SNS에서 목소리 내는 것만으로도 충분하다고 생각하게 되었습니다. 그러나 동시에 언론 통제와 사회 통제는 완전히 새로운 수준까지 발전했고요. 그러니 애초에 사람들에게 거리로 나오자고 말할 수도 없죠. 인터넷에 소식이 퍼지는 순간 곧바로 삭제될 테니까요.

또한 '6·4' 이후 일부 반체제 인사들은 해외로 도망갈 수 있었죠. 하지만 오늘날, 제가 아는 바로 수많은 사람의 여권이 몰수되었습니다. 시대가 변하면 저항의 방법도 변합니다. 그러니 '6·4 세대'와 '백지 세대'를 억지로 비교해서, '6·4 세대'는 더 용감했고 '백지 세대'는 더 똑똑했다고 말해봤자 아무런 의미가 없어요.

제가 개념화하기로 '6·4'는 이미 끝난 일입니다. 6월 4일 톈안먼 광장이 깨끗하게 청소된 뒤로 중국은 사실상 30여 년간 다시는 그와 같은 대규모 저항운동이 벌어지지 않는 침묵의 시기를 지냈습니다. 그렇지만 '백지운동'은 새로운 시작이죠.

올해 많은 매체가 백지운동 1주년을 기념한다면서 저를 취재하고 싶어했습니다. 하지만 전 다 거절했어요. 왜냐고요? '백지운동'은 끝이 아닌 시작이니까요. 그래서 저는 백지운동을 절대 기념하지 않습니다. 이 사건이 10년이 지나고, 20년이 지나서 정말로 지나간 일이 됐을 때, 저는 그때 가서 매년 이 사건을 기념할 겁니다.

그리고 저는 구세대의 반체제 인사들을 매우 존경합니다. 특히 저우펑쒀周鋒鎖 선생님 같은 분은 지금도 저항의 최전선을 지키고 계십니다. 직접 비정부 국제 조직 '인도중국人道中國'을 설립했을 뿐 아니라 여러 사회단체 실립을 돕고 계시고, 수많은 사람을 도와주셨죠. 정말 존경스러워요. 저도 30~40년이 지난 후에 저우펑쒀 선생님 같은 사람이 되고 싶습니다. 아주 간절한 바람이죠. 물론 구세대 인사 중에 남을 공산주의자라고 함부로 비난하는 사람도 있죠. 저는 절대 그런 사람은 되지 말자고 저 자신을 일깨우곤 합니다.

또 30~40년이 지나면 사람들이 저를 '리 선생님'이 아니라 예술가 또는 다른 누군가로 기억해주길 바랍니다. 그렇게 된다면 제 사명은 모두 완수된 거나 다름없습니다. 저는 제가 중요하지 않은 사람이 되길 희망해요. 그게 이 사회와 국가가 점점 더 나아지고 있다는 증거일 테니까요.

마지막으로 중국이 어떤 국가가 되길 희망하느냐고 물으셨죠?

여태까지 중국이 어떤 국가가 되길 바란다고 말한 적이 없네요. 중국이 어떤 모습으로 변할지는 중국에 사는 사람들이 스스로 질문하고 답해야 합니다. 여러분은 중국이 어떤 국가가 되길 희망하나요? 답은 여러분의 손안에 있고, 미래 역시 여러분의 손안에 있습니다.

"시진핑의 이름을 함부로 말해도 됩니까?"

2023년 6월 6일 '부밍바이' 1주년을 기념하기 위해 진행자 위안 리가 타이완을 방문했다. 타이베이 페이디서점에서 청중들과 만나는 자리는 쉽게 오지 않는 기회이니만큼 서점 안팎으로 구독자들이 발 디딜 틈 없이 붐볐다. 위안 리는 항상 기자와 팟캐스트 진행자 역할만 하다가 이번 행사에서 모처럼 강연자로 나섰다. 그녀는 프로그램 진행이나 그 밖의 일들에서 겪은 심리 변화의 여정을 자세히 들려줬고, 청중들도 다양하고 다채로운 질문을 건넸다. 위안 리와 청중들은 현재 그들이 처한 상황을 떠올리며 여러 가지 의문점들을 주고받았다.

이어지는 내용은 대담을 정리한 것으로, 청중들이 자발적으로 정리한 내용과 페이디출판사가 편집한 내용으로 이루어졌다.

장재핑(이하 장) —— 지난 3년간 코로나19로 험난했던 시간을 겪으며, 저 역시 위안의 '부밍바이'에 의지했고 다친 마음을 치유하곤 했습니다. 그래서 우선 위안이 직접 말하는 '부밍바이'의 뒷이야기를 듣는 시간을 가져보고 싶습니다. 어쩌다 팟캐스트를 하기로 결심했는지, 제작 과정은 어땠는지 궁금합니다.

위안 —— 사실 일평생 제가 제 목소리로 프로그램을 만들 거라고는 상상해보지 못했습니다. 저는 제 목소리를 정말 싫어하거든요. 못 들어주겠더라고요. 그렇지만 팟캐스트를 듣는 건 정말 좋아했죠. 여러 팟캐스트와 오디오북을 들으면서 나름대로 인식을 넓혀왔고요.

여러분도 기억하실 텐데요. 작년 4월 상하이가 봉쇄됐고, 저는 매일같이 관련 사진과 영상 들을 보며 눈물을 참지 못했습니다. 우리 같은 기자들은 마땅히 객관적이어야 하지만, 당시에는 어쩔 도리 없이 몹시 우울했고, 우울함을 해결할 방법이 없었습니다. 그 와중에도 끊임없이 되물었죠. '비록 공산당에 큰 기대는 없었대도, 현 시국에 어떻게 이럴 수 있지? 상하이뿐만 아니라 다른 여러 지역의 수천만 국민에게 어떻게 이럴 수 있지? 우리가 어쩌다 이렇게 됐지?'

저는 줄곧 영어로 글을 썼습니다. 비록 매 칼럼이 다 중국어로 번역되었지만, 중국어 독자나 중국 내 인사와의 연결은 갈수록 소원해지고 있다고 느꼈습니다. 그래서 그들과 직접 대화할 수 있는 무언가를 해야겠다고 생각했죠. 그때 저는 서울에 있었는데, 본토에서 온 기자들이 여럿 있더군요. 홍콩에 있다가 별수가 없어서 서울로 옮겨간 저처럼 그들 중 일부도 본토에서는 어쩔 도리가 없어서 서울로 왔다고 했습니다. 우리는 우리가 무엇을 할 수 있을지를 주제로 토론했습니다. 나중에는 세계 각지의 중국인 기자들과도 이야기 나눴는데, 모두 하나같이 저더러 팟캐스트를 하라고 했습니다. 매주 글을 쓰기에는 시간이 너무 오래 걸리니까요. 저도 수십 년 동안 인터뷰를 해왔으니 팟캐스트도 좋은 아이디어라고 생각했습니다. 근데 무엇보다도 진짜 계기는 속아서 시작한 겁니다. 젊은 친구들은 일단 한마디 꺼내면 바로 추진하고 보잖아요. 그래서 로고며 제목 '부밍바이'며 곧바로 나와버리지 뭡니까. 우리 북방 사람들이 하는 말 중에 '등 떠밀리다'라는 말이 있죠. 여러 번 거절하기 미안해서, 떠밀리듯 어쩔 수 없이 팟캐스트를 시작했습니다.

처음 시작할 땐 무척 긴장했습니다. 저는 글을 쓰는 기자라서 질문의 개요를 따로 정리하기보다는 머릿속으로 대략적인 윤곽만 잡고 바로 질문을 시작합니다. 하지만 방송만 하려고 들면 무척 긴장돼서, 지금도 여전히 모든 질문을 미리 정리해둡니다. 지금까지도 팟캐스트를 진행하면서 말을 버벅거려요. 그러다 보니 편집자가 늘 불평하고 투덜거리죠.

팟캐스트를 시작하고 처음에는 어느 정도 반향이 있었지만 그리 두드러지진 않았습니다. 충분히 예상할 만한 반응이었죠. 1편이 무룽쉐춘慕容雪村(중국의 블로거 겸 작가)과의 인터뷰였고, 2편이 페이민신과의 인터뷰였는데, 2편부터 차단당하기 시작하더니 본토에 있는 사람들은 우리 사이트에 접속할 수 없게 됐습니다. 이어서 차단의 수위는 갈수록 높아져서 본토의 앱스토어와 스포티파이에도 올릴 수 없게 되었고요. 여기서 그치지 않고 중국은 아예 우리가 사용하는 미국 호스팅 업체의 호스팅 서비스 자체를 막아버렸습니다. 그 업체에서 중국이 자기들의 서비스를 차단한 게 우리 때문이라는 걸 아는지 모르겠습니다. 좀 미안한 마음이 드네요.

팟캐스트를 해나가는 그 시간이 제게는 하나의 치유 과정이었습니다. 점점 청취자들이 늘어났거든요. 특히나 청년들, 그것도 본토의 청년들이 유입되기 시작했습니다. 백지운동이 일어나기 전에 우리는 '캐시'라는 런던의 유학생과 진행한 인터뷰를 송출했습니다. '쓰퉁교 사건' 이후 본토 출신의 수많은 유학생이 쓰퉁교에서 사용된 표어를 여기저기에 붙였는데, 캐시는 런던에서 그 표어를 붙였습니다. 그녀는 자신이 얼마나 두렵고 외로웠는지를 이야기했습니다. 유학생활 4년 동안 겨우 동기 한 명이랑 정치에 관한 이야기를 아주 조금 나눌 수 있었다고 하더군요. 사실 본토의 젊은이들은 매우 외롭고 괴롭습니다. 그들은 종종 제게 다양한 내용의 메시지를 보냈고, 그 덕에 저는 그들이 속마음을 털어놓을 수 있는 사람이 되어버렸죠. 그건 정말 감동적이었고, 제가 하는 이 일이 특별하다고 느끼게 해줬습니다.

'20차 당 대회'가 열리기 전에, 우리는 '20차 당 대회 특집'을 준비했습니다. 정치적으로 중요한 해이다 보니 우리도 운 좋게 차이샤, 우궈광, 쉬청강 같은 분들을 모실 수 있었습니다. 이분들은 정말 대단했고, 정말 많은 도움을 주셨습니다. 차이샤 선생님은 항상 "아이고, 난 시간이 없어요"라고 하십니다. 그러면 저는 다짜고짜 전화한 뒤 "지금 당장 녹화하셔야 해요"라고 '속여서' 뚝딱 녹음을 땁니다. 어쩌면 이것도 제가 오랫동안 기자생활을 한 덕분이겠네요. 이분들은 대부분 제가 예전에 본토에서 만났거나 인터뷰한 분들이거든요.

저는 팟캐스트가 이렇게 큰 반향을 일으킬 줄 몰랐고, 목소리가 사람과 사람을 연결해주는 매개체가 될 줄도 몰랐습니다. 뜻밖에 제 목소리를 좋아한다고 말해주는 사람도 있었고요. 저부터도 팟캐스트를 통해 많은 것을 얻었고, 실제로 『뉴욕타임스』에 보도를 하는 데에도 상당한 도움이 되었습니다. 『뉴욕타임스』에는 위원회가 하나 있는데요. 모든 기자는 업무와 관련 없는 프로젝트를 할 시에 반드시 위원회의 허락을 받아야 합니다. 팟캐스트는 한번에 승인받았죠. '부밍바이'는 특히 섭외 업무에 큰 도움을 줬는데, 현재 시국에서 국내에 있는 사람에게 연락하는 것부터가 상당히 어렵기 때문입니다. 비록 제가 인터뷰한 출연자 중에 관점이 편향적인 분도 있고, 그래서 일부러 선택한 분도 있지만, 저는 그래도 된다고 생각합니다. 본토는 이미 폐쇄적인 사회가 되어버렸고, 우리는 들을 수 있는 목소리는 최대한 다 들어야 하니까요. 저는 이것도 하나의 길, 즉 그들이 강제로 떠밀어서 만들어진 길이라고 생각해요.

장 ── 위안에게 가장 큰 위로를 준 인터뷰 한두 개만 소개해주실례요?

위안 —— '캐시'와의 인터뷰가 먼저 떠오르네요. '쓰퉁교 사건'이 막 벌어졌을 때 서방 매체는 이 일을 그다지 많이 보도하지 않았습니다. 그들은 그저 어떤 사람이 쓰퉁교에서 표어를 걸었나보다 하며 대수롭지 않아 했죠. 하지만 이 일은 제 주변 수많은 중국인의 마음을 뒤흔들어놨습니다. 그가 쓰퉁교에서 이런 일을 벌일 만큼 엄청난 용기를 가졌고, 매우 침착하며, 자신이 무슨 일을 벌였는지를 정확히 아는 사람이라는 점에서 우리는 엄청난 충격을 받았습니다.

'시진핑을 무너뜨리자!' '역적' 같은 표어가 어째서 그렇게 큰 반향을 불러일으켰을까요? 중국 본토 사람들에게 그것은 정말로 모든 이의 마음을 담은 외침이었기 때문입니다. '문혁 말고 개혁' 같은 표어들이 순식간에 널리 퍼진 이유이기도 하죠. 유학생들이 곳곳에 표어를 붙이는 와중에 저는 운 좋게 '캐시'를 만날 수 있었습니다. '캐시'의 입담은 놀라우리만치 뛰어났습니다. 그녀가 마음속에 담아뒀던 수많은 이야기를 풀어냈고, 이야기를 듣다 보니 이내 곧 미안한 마음이 들더라고요.

저도 예전에는 독립적인 사고를 하는 청년들을 알고 있었지만, 최근에는 본토 청년 대다수가 '샤오펀훙'일 거라고 생각했습니다. 하지만 '캐시'를 인터뷰하면서 그녀 같은 청년들이 제 생각보다 훨씬 더 많다는 것을 알게 됐습니다. 얼마나 많은지는 몰라도, 그 수가 꽤 될 것이라고 믿고 싶습니다.

백지운동을 다룬 인터뷰들도 제게 큰 감동을 줬습니다. 제가 트위터에 "어젯밤에 시위에 참가했던 분은 연락주세요"라고 글을 올리자마자, 메시지함과 『뉴욕타임스』 업무 메일함이 꽉 찼습니다. 그들도 저와 이야기 나누고 싶었던 거죠. 다들 "저는 시위하러 간 게 아니고, 우루무치 화재로 사망한 동포를 추모하러 간 겁니다"라고 말했습니다. 하지만 그들 자신도 모르는 사이 행동해버린 것이죠. 모두가 같은 이야기를 들려줬고 저는 또다시 감동할 수밖에 없었습니다.

당시 시위 현장에서 체포되었던 한 여학생은 나중에 팟캐스트에 출현해서 자신이 24시간 동안 구금되며 겪은 모든 일을 아주 세세하게 묘사해줬습니다. 저는 인터뷰 내내 계속해서 그 여학생에게 물어봤습니다. "정말로 이야기하고 싶은 거죠? 이 이야기를 우리가 방송해도 되는 거죠?" 그러자 그녀가 대답했죠. "물론이죠. 얼마든지요. 그렇게 하세요."

사실 『뉴욕타임스』나 미국의 매체에서는 어떤 경우에도 인터뷰 대상자에게 기자가 작성한 내용을 사전에 보여주지 않지만, 저는 너무 불안해서 이번에는 그 규칙을 깼습니다. 방송 내용을 기반으로 경찰이 그녀를 쉽게 특정할까봐 걱정되었고요. 그래서 그녀에게 팟캐스트 내용을 처음부터 끝까지 다시 들어보라고 하고 싶었습니다. 저는 이메일을 보냈고, 며칠 동안 온갖 방법으로 그녀와 연락하려고 했지만, 연락이 닿지 않았습니다. 그 며칠 동안 어찌나 걱정되는지 잠을 다 설쳤죠. 그러던 어느 날 그녀에게서 불쑥 연락이 왔습니다. "아, 죄송해요. 요 며칠 드라마 정주행을 하고 있었어요." 제가 말했죠. "맙소사, 저 심장이 멎을 뻔했어요!" 마침내 그녀가 녹음된 내용을 다시 들었고 여전히 이대로 괜찮다고 확인해줬습니다. 아무튼 이런 일들은 정말 큰 위안이 됩니다. 그들이 제게 보내준 신뢰는 저를 위로해주고 특별한 영감을 주죠. 청년들은 깊게 사고하고, 그들의 말을 듣고 있으면 저는 그들만큼 잘 말할 수 없을 거라는 생각이 들기도 합니다.

장── 위안은 이전에 팟캐스트가 아주 친밀한 매체이며, 그래서 많은 청취자를 얻을 수 있었다고 말했습니다. 여기 계신 분들처럼 말이죠. 위안의 팟캐스트가 비록 2회차부터 중국 내에서 철저하게 차단됐지만, 영향력은 여전히 상당했습니다. 많은 사람이 다운받아서 문자 메시지나 웨이신을 통해 초등학교, 중학교 동창들하고도 공유했죠. 저도 팟캐스트에 출연하고 나서, 덕분에 초등학교 동창부터 중학교 동창에게까지 연락을 받았습니다. 정말 놀라운 일이었죠. 저는 2019년 홍콩에서의 시위 이후로 본토 친구들과 연락할 엄두를 못 내고 있었습니다. 관계를 여기서 끝내는 게 낫겠다 싶었고, 만나봐야 대화가 통하지 않을까봐 두려웠습니다. 그랬지만 출연 후 정말 많은 사람이 연락해왔습니다. 정말로요. 적어도 스무 명 남짓한 고등학교 동창이 연락해왔고, 이건 상상해보지도 못한 일이었죠. 그 친구들은 평소에 정치적인 주제를 입에 담던 사람들이 아니었으니까요. 저도 비로소 그때 깨달았습니다. 위안의 말처럼 저 역시 본토에 있는 친구들은 이미 정부에 의해 정치적인 사고가 마비돼서 다른 견해를 갖지 못할 거라고 예단한 거죠. 하지만 '부밍바이'는 '도무지 이해가 안 된다'고 생각하던 이들의 존재를 드러내 보였습니다. 이 맥락에서 질문해볼게요. 청취자들의 반응은 어땠나요?

위안 —— 청취자들의 반응 역시 제게 또 다른 깊은 울림을 줬습니다. 얼마 전 제가 트위터에 너무 바빠서 잠잘 시간도 없다고 게시글을 올렸습니다. 하필 뉴욕으로 이사하는 일정까지 겹쳐서 2주간 방송을 쉴 정도였죠. 그래서 편집 보조를 찾으려고 게시글을 올렸더니 신청 메시지가 쏟아져 들어왔습니다.

장쉐가 들려준 이야기도 떠오르네요. 장쉐는 중국에서 탐사 기자로 활약했고 현재는 뉴욕에 있습니다. 얼마 전에 그녀가 뉴욕현대미술관에서 개최된 홍콩영화 토론회에 참가했는데요. 쉬는 시간을 맞아 밖을 한 바퀴 돌다가 한 젊은 여성을 만났다고 합니다. 한눈에 봐도 아주 젊어 보였고, 본토에서 온 것이 확실해 보였습니다. 두 사람은 대화를 나누기 시작했죠. 몇 마디 주고받는데 그녀가 뜬금없이 장쉐에게 묻더랍니다. "혹시 팟캐스트를 들으시나요?" 장쉐는 뭐라고 대답했을까요? 요즘은 건드리면 안 되는 위험한 주제가 수두룩하고, 뭐든 함부로 말하기 난감한 때잖아요. 그런데 그 젊은 여성이 이렇게 말했다는 겁니다. "부밍바이보커不明白播客." 장쉐는 바로 알아들었다고 해요. 서로 통한 거죠. '부밍바이보커', 즉 부밍바이 팟캐스트가 마치 접선 암호처럼 쓰인 겁니다. 상대방이 어떤 정치 스펙트럼을 가졌는지, 그래서 어디까지 이야기해도 되는지를 이 한 단어로 알게 된 겁니다. 그 젊은 여성의 말에 따르면 그녀의 어머니는 중국 본토에서 정부를 위해 일하고 있어서 VPN을 사용한 인터넷 우회 접속이 금지되어 있다고 합니다. 그래서 부밍바이 팟캐스트를 들을 수 없었고, 딸인 그녀가 매번 어머니와 영상통화를 하면서 팟캐스트를 들려줬다고 했죠. 이 이야기를 전해 듣고 저는 또다시 엄청난 감동에 휩싸였습니다.

최근에는 제가 청년 실업을 주제로 인터뷰할 예정이라고 트위터에 올리자, 무수한 투고가 쏟아졌습니다. 한 여성분은 정말 용감하게도 우리 팟캐스트를 '노션'으로 다운받아서 친한 친구들과 공유한다고 했고요. 본토의 청년들은 매우 다양한 방식으로 팟캐스트를 공유하고 있습니다. 우리가 글로 쓰인 팟캐스트를 만들어야 하는 이유, 그 작업에 신중을 기해야 하는 이유도 여기에 있죠. 비록 조금 늦더라도 글이야말로 가장 훌륭한 전파 수단이기 때문이니까요. 본토에 있는 수많은 사람은 지금도 활자를 읽음으로써 팟캐스트를 '청취'하고 있고요.

팟캐스트가 2회차부터 차단당했기 때문에, '부밍바이보커'는 중국 인터넷상에서 순식간에 금지어가 돼버렸습니다. 어떤 청취자의 피드백에 따르면, 웨이신에서 이웃들과 '부밍바이보커'에 관해 토론하거나 '부밍바이보커'라고 쓰면, 계정은 바로 정지되고 7일에서 14일까지 게시물 작성이 금지된다고 합니다. 나중에 청취자분들이 화면 캡처 사진을 여러 장 보내줬는데요, 중국에서 시진핑을 '그 사람'이라고 하듯이, 웨이보나 떠우반에서 제 팟캐스트는 '그 팟캐스트'로 지칭되고 토론되고 있더군요. 정말 재미있는 일이죠.

지금은 이전보다 상대적으로 많은 지원자가 팟캐스트를 도와주고 있습니다. 저 혼자서 여러 일들을 처리하는 게 어렵다 보니, 지원자들이 저를 도와서 조사 업무도 해주고요. 그러니까 이 팟캐스트는 결코 제가 혼자 만든 게 아닙니다. 저는 단지 홍보 인사일 뿐이지, 정말 많은 사람이 함께하고 있어요. 크라우드펀딩은 아니면서도 일종의 크라우드펀딩 같은 팟캐스트라고 할 수 있겠네요.

장 —— 위안은 매우 훌륭한 기자고, 팟캐스트 또한 뉴스가 할 법한 역할을 함으로써 위안은 팟캐스트 진행을 통해 또다시 기자의 역할까지 다하고 있습니다. 중국에도 훌륭한 기자가 많지만 그들은 목소리를 전혀 내지 못하고 있죠. 부밍바이 팟캐스트의 인기를 통해 본토 사람들이 얼마나 정보에 극심한 갈증을 느끼는지 알 수 있었습니다.

위안 —— 맞습니다. 팟캐스트를 처음 시작했을 때 트위터에 "이걸 이야기해도 됩니까?" "시진핑의 이름을 함부로 말해도 됩니까?" 이런 댓글이 달리는 게 저는 정말 흥미로웠습니다. 사실 저는 중국어가 심각하게 오염된 것을 보며 본토의 청년들이 참 힘들겠다고 생각해왔거든요. 본토에서는 검열을 피해 경찰을 'JC'*라고 부르듯이 많은 단어를 병음의 첫 글자로 줄여 씁니다. 본토에서는 단어 하나도 함부로 쓰면 안 되는 거죠. 가끔 젊은 청년들이 제게 보낸 글을 보면, 하도 습관적으로 줄임말을 쓰다 보니 제 입장에서는 대체 무슨 말을 하는 건지 해석해야 할 때도 있습니다. 꼬아서 말하지 않고 원래대로 말할 수 있다면 저도 평범하게 질문하겠지만, 현재 본토에서는 원 단어를 그대로 쓸 수 있는 인터뷰는 존재하지 않습니다.

장__ 이어서 최근 몇 년간 중국의 변화에 대해서도 이야기해보고 싶습니다. 위안이 보기에 중국은 어쩌다 이 지경이 됐을까요?

위안__ 최근 몇 년 동안 사람들이 항상 하는 질문이죠. 중국이 어쩌다 이 지경이 됐냐고요. 중국 본토에서 기자를 업으로 하는 사람들은 다들 한숨부터 쉽니다.

전 운이 좋게도 『뉴욕타임스』에서 계속해서 제가 하고 싶은 일을 하고 있습니다만, 제가 아는 수많은 본토 기자들은 더는 기자 일을 할 수가 없습니다. 2015년과 2016년을 기점으로 기자에서 기업의 취재 홍보 담당자로 전직하는 사람이 늘어나고 있죠. 당시 중국 본토에서는 이런 말이 유행했습니다. "기자는 알리바바에서 일하고 있거나 아니면 알리바바로 가는 중이다." 현실이 정말로 그랬습니다. 물론 경제적 압박도 이직을 결심하게 하는 이유일 수 있지만, 상당수는 기자로서의 이상을 간직하고 있음에도 예전처럼 자신이 하

• 경찰은 중국어로 jǐngchá警察라고 하는데, 각 발음의 첫 글자를 따서 JC로 표기한다.

고 싶었던 일을 할 수 없게 된 겁니다.

이렇게 말해볼 수 있겠네요. 제가 시진핑에 대한 관점을 바꾼 건 『남방주말』 신년사 사건이 계기였습니다. 시진핑은 공산당 총서기로 당선된 직후 빠르게 언론에 손을 썼죠. 『남방주말』은 중국에서 가장 대표적인 자유주의 성향의 신문이었습니다. 그리고 그는 곧이어 웨이보 스타들에게 제재를 가하기 시작했습니다. 중국 언론의 공간은 갈수록 작아졌고, 기자들이 할 수 있는 일도 점차 줄어들었습니다. 결국 중국에서 다양한 재난이 발생하기 시작했을 때, 뉴스를 취재할 매체들은 이미 사라진 뒤였습니다. 정말 탄식밖에 나오지 않았죠.

하지만 우한에서 코로나19가 터지자 기자들은 우한으로 달려갔습니다. 비록 짧은 기간이었지만, 기자들이 그렇게 할 수 있었던 건 중국 정부도 뭘 어찌해야 할지 모르고 있었기 때문입니다. 저는 그 일을 겪으며 중국에도 훌륭한 기자가 많다는 걸 알게 됐습니다. 기자 정신이 투철하고 취재 활동에 동경을 품고 있는 사람들이죠. 그들에게 조금의 공간만 주어져도 많은 일을 해낼 수 있을 겁니다.

장 —— 저는 구글에 '위안 리'라고 검색할 엄두를 못 냅니다. 뒷일을 감당할 자신이 없어요. 그만큼이나 팟캐스트 진행 후로 위안 리를 향한 민감도가 수직 상승했습니다. 아니, 급전직하했다고 해야겠네요. 특히 중국의 여러 간체자 사이트나 관영 매체로부터 자주 공격받아야 했죠. 위안은 이런 상황에 심리적으로 대비해뒀을까요? 이 문제를 어떻게 해결해나갈 건가요, 아니면 이미 해결하고 있나요?

위안 — 해결하지 않았습니다. 저는 제 이름을 검색하지 않아요. '망명'이라는 제목으로 무룽쉐춘과 인터뷰할 때 제가 말했죠. "자기 이름을 검색하지 마세요." 자기 이름을 검색하는 것에는 아무런 의의가 없습니다. 특히나 우리 같은 사람들은 더 그렇고요.

저는 웨이보를 할 때부터 욕을 하도 많이 들어서 이제 웬만한 욕에는 끄떡도 안 합니다. 그들이 저를 가장 미워했던 때는 제가 『뉴욕타임스』에 시안 봉쇄를 다룬 글을 썼을 때였죠. 저는 '악의 평범성'이라는 개념을 사용해서 어떻게 이토록 많은 사람이 명백히 틀린 정책을 지지하고 실행하는지에 대해 썼습니다. 그때 정말 뭇 사람들에게 엄청나게 욕을 먹었습니다. 하지만 9월이 되고 여기저기 한 차례씩 봉쇄되며, 수많은 사람이 봉쇄를 경험했습니다. 그러자 사람들이 그 글을 공유하기 시작하더라고요. 그 글로써 자신들에게 벌어진 일을 헤아릴 수 있었기 때문이겠죠. 그 뒤로 저는 욕할 테면 어디 해보라고 하고 맙니다.

게다가 저는 다소 둔하고 덜렁거리는 편이라서 대수롭지 않아 합니다. 먹고살자고 그런다면 욕해도 상관없고, 애먼 데 화풀이를 한대도 상관없습니다. 이따금 몇몇 청년이 "저도 예전에 당신을 욕했습니다"라고 메시지를 보내기도 합니다. 아마 작년 상하이 봉쇄가 청년들 몇몇을 각성시킨 듯하더군요. 그렇게 메시지를 보내는 것만으로도 매우 용감한 행동이죠.

장 —— 하지만 앞으로 오랫동안 순전히 해외에서만 생활해야 한다는 것, 혹은 앞서 언급한 그 인터뷰의 제목 '망명'처럼, 그런 상황이 와도 심리적인 준비가 필요 없다고 보시나요?

위안 —— 저는 2015년까지 베이징에서 살다가 그해에 홍콩에 가게 됐습니다. 솔직히 홍콩에서 처음 몇 년은 아는 사람도 없었고, 홍콩을 별로 좋아하지 않았습니다. 베이징에는 친구가 많았지만 기사를 쓰려고 어쩔 수 없이 홍콩으로 이사해야 했던 거죠. 이게 다 중국에만 있는 이상한 규정들 때문이었고요. 이사는 했지만, 저는 매달 최소 한 번은 베이징에 갔습니다. 베이징에서 살 때는 문화며 경제며 다방면으로 아는 사람이 많아서 제 집이 거의 파티장이었습니다. 제가 베이징에 가면 친구가 이렇게 말했죠. "베이징에 사는 사람보다 너를 더 자주 만나는 느낌이야." 저는 모임도 자주 만들었고, 사람들을 초대해서 같이 식사하며 이야기하는 걸 무척 좋아했습니다.

여전히 베이징의 친구들이 몹시 그립습니다. 하지만 불가항력적인 요소가 많죠. 그저 받아들이고 사는 수밖에 없고요. 바꿀 수 없다면, 그것대로라도 최대한 활용해야 하니까요. 물론 이게 이상적이지는 않습니다. 제 주변에 여러 젊은 기자들이 많은데요. 특히 해외 언론사에서 근무하는 본토 출신 젊은 기자들과 자주 대화하곤 합니다. 작년 2022년 이전까지는 그 친구들도 이런저런 다양한 사안을 걱정했지만, 작년부터는 모두 한 마음 한 뜻으로 더는 중국을 두고 볼 수 없는 상황이 되었죠. 많은 기자가 '제로 코로나'를 보도했고,

그중 몇 명은 이제 자신은 중국으로 돌아갈 수 없다는 걸 알았습니다. 저뿐만 아니라 많은 사람이 해외에서 중국으로 돌아가지 못하고 있죠. 그러니까 저 역시 이제는 별로 개의치 않습니다.

장 —— 공식적으로 조사해보지 않아서 그 규모를 가늠하기는 어렵지만, 해외에 거주하는 중국인의 수가 갈수록 늘어나고 있습니다. 특히나 비교적 자유주의 성향을 띤 각계각층에서 활동하는 중국인 해외 거주자가 많아지는 현상은 어떻게 보시나요? 앞으로는 상황이 어떻게 전개될까요?

위안 —— 어떻게 전개될지는 잘 모르겠네요. 제가 인터뷰했던 젊은 실업자들에게 똑같이 물어본 질문이 "앞으로 어떻게 할 계획인가요?"였는데요. 그럼 딱 한 단어로 답하더군요. 바로 '윤'이었습니다. 다르게 대답하는 사람이 없었어요. 백지운동 당시 제가 인터뷰한 한 청년은 대학생이었는데, 이틀 전에 '6·4'와 관련해서 연락을 했더라고요. 제가 어떻게 지내냐, 여전히 대학원 준비 중이냐 물었더니, 그렇다고 답하면서도 어쨌든 나중에 '윤'할 거라고 하더군요.

장 —— 그럴 거면 대학원 준비를 왜 하죠?

위안 —— 돈을 벌려던 건지, 저도 자세히는 모르겠습니다. 다만 팟캐스트의 이번 시즌에서 실업을 다룬 에피소드를 방송했는데, 참여한 청년들 모두 자기는 경제적으로 상황이 나아질 가능성도 없거니와 정신적으로도 붕괴 직전이라고 말했습니다. 저는 인터뷰를 준비하며 실업 문제의 상당 부분이 경제적인 문제와 직결된다고 생각했고, 다른 부분은 물어볼 생각도 못 했습니다. 하지만 청년들은 아주 다양한 원인 때문에 중국에서 버틸 수 없다고 말했습니다. 저는 앞으로 더 많은 사람이 중국을 떠날 거라고 생각합니다. 그러니 더더욱 우리에게는 '페이디'처럼 능력 있고, 적극적으로 무언가를 하려고 하며, 모두를 위한 플랫폼을 만들어줄 누군가가 필요하죠.

청중과의 문답

청중 —— 최근 몇 년간 많은 전문가와 학자가 인터뷰에 쉽게 응하지 않는다고 하셨죠. 그래서 이제 중국에서는 인디뷰를 진행하는 게 정말 힘들다고 말씀하셨어요. 하지만 여전히 많은 출연자를 만나고 인터뷰하십니다. 그분들 중에는 해외에 거주하는 분도 있고, 어느 정도 목소리 내더라도 안전한 위치에 계신 분들도 있습니다. 최근 몇 년간 중국에 대한 대외 발언을 살펴보면, 목소리 냈던 분들은 대체로 방금 말씀드린 분들이었고요. 저는 그분들이 중국이나 중국 사회 전반의 이슈를 이해하는 바가 일반인들과 좀 다를 수 있다고 봅니다. 출연자를 인터뷰하면서 이런 이유로 고민스러웠던 적이 있는지 궁금합니다. 비교적 안전한 위치에 있는 학자의 목소리와 국내에서 직접 압제당하는 사람들의 목소리 사이에서 어떻게 균형을 맞추시나요?

위안 —— 제가 알고 지내는 전문가와 학자는 많지만, 인터뷰에 응하는 사람은 갈수록 줄어들고 있습니다. 그들이 저의 인터뷰 요청, 예를 들어 『뉴욕타임스』에서 제안한 인터뷰 요청을 수락한다 해도 경찰에게 금방 발각되고 마니까요. 팟캐스트 출연을 감행한 소수의 용감한 출연자들의 말에 따르면, 제가 인터뷰 섭외 전화를 하기도 전에 단지 이메일을 주고받았을 뿐인데도 경찰에게 발각돼서 함구할 것을 강요받았다고 합니다. 이러니 정말 어쩔 도리가 없죠. 이는 중국을 더 불투명한 사회로 만들고, 중국을 더 엉망으로 만듭니다. 이럴수록 사람들은 목소리 내는 몇몇 사람들을 통해서만 중국을 이해하게 됩니다.

그리고 제가 미국이나 다른 국가에 머무는 학자들과 인터뷰해 보니, 그들도 기자들과 똑같은 문제에 직면해 있더군요. 갈수록 중국으로 돌아갈 기회가 사라지고 있다고 하죠. 누구든 중국에 갔다 왔다고 하면, 저는 어떻게 해서든 그 사람에게 이것저것 물어봅니다. 어떤 상황에 처한 사람과 접촉했는지, 누굴 만났는지, 그들과 무슨 문제에 관해 이야기했는지 물어보죠. 상황이 이렇다 보니 취재하는 일이 무척 제한됩니다.

사람들은 현재 중국의 보도가 마치 눈을 감고 코끼리를 만지는 것 같아서, 이렇게는 진실의 극히 일부만 알 수 있을 뿐이라고 말합니다. 물론 저도 사람들이 그렇게 말하는 데에 일견 동의하고요. 마침 어제 다른 팟캐스트에서 이 문제에 관해 이야기했었는데요, 제 생각은 이렇습니다. 눈을 감은 사람이 만약 한 번도 눈 떠본 적 없다면 애초에 코끼리가 어떤 모습인지 모를 겁니다. 그런데 코끼리를 본 적 있는 사람이라면 일부분만 만져봐도 자기가 알던 모습과 비교해서 어떤 변화가 생겼는지 대략 알 수 있습니다. 물론 코끼리가 어떻게 생겼는지 전혀 모르는 사람은 어쩔 수 없겠지만요. 저는 이 문제가 미래의 젊은 기자나 학자 들에게 엄청난 도전이 되리라고 생각합니다. 물론 제가 틀릴 수도 있겠지만, 아무튼 보도라는 건 정말 무척이나 어려운 일입니다.

청중 —— 팟캐스트를 들을 때마다, 비록 음성을 변조하거나 이름이나 지명을 묵음 처리하기도 하지만 출연자들이 이토록 꾸밈없이 진솔하게 이야기하고 서로를 무척 신뢰하는 모습에 깊은 감명을 받았습니다. 최근에 듣고 가장 마음 아팠던 에피소드는 '편정수상' 에피소드였습니다. '편정수상'이 감옥에 있는 상황에서, 중국에 거주하고 있는 그의 아내가 모든 이야기를 몹시 진솔하게 들려줬으니까요. 인터뷰하던 과정은 어땠는지 궁금합니다.

위안 —— 베이는 아주 용감한 사람입니다. 사실 그 인터뷰는 제가 제안한 게 아니라, 그녀가 먼저 하고 싶다고 한 겁니다. 그녀와 처음 대화했을 때, 그녀는 이야기를 꺼내자마자 멈출 줄 몰랐고, 감정은 크게 격양되었습니다. 그래서 일단 지금은 참았다가 나중에 정식 인터뷰 때 이야기하자고 해야 했죠. 그녀는 매우 똑똑하고 지혜로우며 논리적인 사람이었습니다. 인터뷰하면서 코끝이 찡했던 적이 몇 번이었는지 셀 수 없을 정도였죠. 그 인터뷰는 수많은 사람의 마음을 움직였고, 울면서 들었다는 사람도 정말 많았습니다.

기자들에게는 딜레마가 하나 있습니다. 어떤 사건을 보도하면, 그로써 당사자가 위험해질 수 있다는 거죠. 하지만 이번 인터뷰는 그녀가 자청한 것이고, 저는 단지 그녀에게 이야기할 수 있는 자리를 마련해준 것이라고 생각하기로 했습니다. 인터뷰가 나가고 그녀에게 연락해 팟캐스트 출연 이후 별다른 문제는 없는지 물어봤습니다. 그녀가 말했죠. "저도 기다리고 있어요. 그들이 언제 찾아올지 모르겠네요." 그리고 며칠 전에 그녀에게 메시지를 보냈는데, 보내고 몇 시간 지나서 문득 그녀가 잡혀갔을지도 모르겠다는 생각이 들더군요. 서둘러 보낸 메시지를 삭제했죠.

사실 이런 일을 자주 겪습니다. 백지운동에 참여한 청년들에게도 제가 먼저 연락하지 못하죠. 그들의 휴대폰이 이미 경찰에게 압수됐을지도 모르기 때문에 그들이 직접 연락해줄 때까지 기다릴 뿐입니다. 이런 정부를 상대로 뭘 할 수 있겠어요? 정말이지 대책이 없죠.

청중 ── 좀 전에 위안의 처지가 해외 망명자와 같다고 하셨는데, 그 말씀에서 일종의 체념이 느껴졌습니다. 하지만 위안은 그와 동시에 두려움이나 다른 감정도 느끼겠죠. 위안에게 어떤 두려움이 있는지, 그에 어떻게 대처하고 있는지 듣고 싶습니다.

위안 —— 저는 모든 중국인이 중국을 두려워한다고 생각합니다. 제가 2008년에 뉴욕에서 막 돌아왔을 때, 중국 인터넷에서 이런 말이 떠돌았습니다. "미국인은 하나같이 한 번도 무시당해본 적 없는 얼굴을 하고 있다." 제 중국 친구들도 제가 너무 천진난만하다며 한 번도 무시당해본 적 없는 얼굴을 하고 있다고 했죠. 하지만 2년 전쯤부터 거울 속 저를 보면, 얼굴에 '나는 억울하다'고 써 있더라고요.

중국 본토에 있는 사람들도 다양한 두려움을 가지고 있을 겁니다. 어떻게 이토록 많은 사람이 아무 말도 하지 않을까요? 한 청년이 말하길 친구들에게 도대체 무슨 일이 벌어지고 있는지 이야기하려 해도, 친구들이 이렇게 대꾸한다고 합니다. "말하지 마. 듣고 싶지 않아." 왜 듣고 싶지 않을까요? 원인은 다양하죠. 그중 하나가 바로 두려움이고요. 그들은 듣고 싶어하지 않습니다. 말을 꺼냈다가 특정 이름들이 언급될까 두렵기 때문입니다. 그들은 시진핑의 이름 같은 건 절대 입 밖에 내면 안 된다고 생각하니까요. 그러나 백지운동이 벌어지고, 청년들이 구호를 외치고, 시진핑의 이름을 외쳤고, 이 일은 그들에게 엄청난 용기를 북돋아줬죠.

장 —— 정말 신기하네요, 시진핑의 이름을 외치는 일이 용기를 북돋아주다니.

위안 —— 저도 참 신기하다고 생각해요. 하지만 중국 정권은 두려움으로 중국인들을 통치하고 있습니다. 모든 중국인은 두려워하고, 분명 저도 그렇습니다. 그래서 저는 그들이 시진핑의 이름을 외치는 것만으로도 용기를 얻을 수 있다고 생각합니다. 중국의 많은 사람, 심지어 아직도 수감 중인 사람들에 비하면 우리는 운이 좋은 편이죠. 저는 딱히 누구를 탓하고 싶지 않아요.

청중 ── 밀란 쿤데라의 『향수』에서 요제프가 10년의 망명생활 후 고향으로 돌아왔을 때, 그를 가장 고통스럽게 한 것은 고향 사람들이 자신을 이해하지 못한다는 것이었습니다. 제가 한동안 베이징에 살 때, 중국의 지식인들은 누가 중국의 진실을 이해하고 있는지, 제대로 파악하고 있는지를 두고 논쟁을 벌였습니다. 그러나 엄청난 수의 지식인이 망명생활을 하는 지금, 그들은 중국 현지와 제대로 교류하지 못하고, 심지어 중국의 현실을 이해하기도 어려운 상황입니다. 그런 그들이 해외에서 중국과 관련된 뉴스를 내보내고 보도한다면 내용이 제한적일 수밖에 없는데요. 이 상황을 어떻게 극복할 수 있을까요?

위안 ── 저는 매일같이 『런민일보』를 읽습니다. 사실 『런민일보』를 읽는 것만으로도 많은 것을 배울 수 있습니다. 예를 들어, 2022년 12월 7일 정부는 갑자기 봉쇄를 해제하더니 온종일 경제 이야기만 떠들어댔습니다. 그렇게 10여 일을 하루도 빠짐없이 어떻게 경제를 복구할 수 있을까에 대한 이야기가 신문 1면을 도배했죠. 그래서 저는 흐름이 바뀌었다는 걸 알 수 있었습니다. 아주 단순한 판단이었습니다. 제가 아닌 누구든 정부가 앞으로 어떻게 할 셈인지 예측할 수 있었으니까요. 『런민일보』를 읽는 것 말고도, 많은 동료가 웨이보 실시간 검색어를 수집하고 있고 저는 그 자료들을 매일 읽습니다. 물론 대부분은 재미 없는 이야기죠. 진짜 뉴스는 실시간 검색어에 올라오지 않으니까요. 요즘 청년들이 어떤 이야기를 하는지 알고 싶을 때는 샤오홍수 커뮤니티를 찾아보기도 하고요. 그러니까 저는 하루에 여덟 시간 정도는 휴대폰을 들여다보며 지내는 듯합니다.

또한 팟캐스트도 제게 대단히 훌륭한 보도 수단이죠. 앞서 말씀드렸지만, 오늘날 중국인을 인터뷰하기란 매우 어렵습니다. 작년에 제가 겪은 일만 해도, 인터뷰 대상과 통화하는 중에 상대방에게 국제전화를 이용한 보이스피싱을 경고하는 문자가 날아가기도 했고, 어떤 사람은 통화를 마치자마자 경찰이 찾아왔다고도 했죠. 또 제 동료가 웨이보에서 인터뷰 대상을 수소문했는데 그들이 주고받은 메시지가 갑자기 유출되기도 했습니다. 현재 중국 내에는 발언할 수 있는 공간이 없어요. 그래서 트위터에서 자기 이야기를 공유하는 사람이 갈수록 늘어나고 있고요. 하지만 기자에게 그 무엇도 현장 취재를 대체해주진 못합니다. 취재원과 얼굴을 마주하고 이야기해야 도대체 무슨 일이 벌어졌는지를 두 눈으로 똑똑히 확인할 수 있죠. 그리고 이 최선의 방법이 이제는 불가능해진 거고요. 하물며 중국 내에 있는 외신 기자까지도 현장 취재 시 온갖 방해를 받거나 직접적인 피해를 입기도 합니다.

청중 —— 좀 전에 말씀하신 두려움과 관련해서 추가로 질문하고 싶습니다. 타이완은 일찍이 권위주의 체제를 경험했습니다. 비록 지금은 사라졌지만, 우리 부모님 세대까지 그 체제가 지속됐죠. 그래서인지 부모님들이 표현하는 두려움은 너무나도 강렬하고요. 오늘 이야기를 들으면서 저도 그 두려움이 무엇이고, 사람에게 어떤 영향을 끼치는지 알 수 있었는데요. 아마 국제 사회, 특히 영미 국가들은 이를 아무리 설명해줘도 이해하지 못할 듯합니다. 그들이 직접 겪지 않는 이상, 이게 그렇게 심각한 일인지 모를 테니까요. 위안 선생님도 저와 비슷하게 생각하시는지 모르겠습니다. 아니면 외국인들에게 중국의 문제를 이해시키려고 시도해보신 적이 있는지요? 특히 미국인들에게요.

두 번째 질문은 여러 사람의 망명생활에 대해 말씀하시던 중에, 위안이 베이징에서는……

장 —— 사교계의 여왕이었죠.

위안 —— 제핑, 당신이 내 이미지를 이렇게 망가뜨리는군요!

청중 —— 지금은 뉴욕에서 생활하시는데, 그곳 생활은 어떠신가요? 여전히 '사교계의 여왕'으로 지내시나요?

위안 —— 질문해주셔서 고맙습니다. 먼저, 두려움에 관한 질문

말입니다. 제가 꽤 덜렁거리는 편이다 보니, 동료들이 종종 묻곤 합니다. "괜찮아? 문제가 생긴 건 아니지?" 제 담당 편집자이자 오랜 친구였던 카를로스는 안타깝게도 2년 전에 세상을 떠났는데요. 그는 정말 특별한 친구였습니다. 제가 중국에 갈 때마다 항상 저를 걱정했죠. 특히 2019년 홍콩은 범죄인 인도 법안을 둘러싸고 분위기가 갈수록 험악해지던 중이었습니다. 제가 베이징이나 상하이에 갈 때면, 카를로스는 매일 전화하라고 신신당부하곤 했죠. 그런데 저는 워낙에 덜렁대는 사람이잖아요. 전화하는 것도 곧잘 까먹었죠. 제 생각에 저보다 오히려 제 동료들이 저의 안전을 훨씬 더 많이 걱정해주는 것 같아요.

그리고 뉴욕 생활은 아주 풍요롭고 다채롭습니다. 2~3주 전에는 날마다 약속이 있어서 도무지 인터뷰하거나 글을 쓸 시간이 없었어요. 저는 어디를 가든, 사람들을 한자리에 모아놓고 흥미로운 주제로 이야기하는 걸 좋아합니다. 어딜 가든 그곳을 집으로 여기고요.

제가 어디에서든 제 삶을 알차고 생기 있게 꾸려나가는 걸 보면 친구들이 부러워하기도 합니다. 생각해보니 한국에 있을 때도 마찬가지였네요. 한국에 알고 지내던 사람도 없었는데, 저는 자주 사람들을 잔뜩 집으로 초대해서 훠궈를 먹곤 했습니다. 아무튼 뉴욕은 아주 풍요롭고 다채로운 곳이고, 근래 들어서는 흥미로운 사람들이 확실히 점점 더 많이 뉴욕으로 이주해오고 있습니다.

장 ── 위안의 이야기를 들으면서 위잉스余英時(타이완 출신 역사

학자) 선생님의 말씀이 떠올랐어요. "내가 어디에 있든 그곳이 바로 중국이다." 위안의 삶이 딱 그렇네요. "내가 어디에 있든 그곳이 바로 사교계다."

위안 —— 저도 위잉스 선생님의 말을 떠올렸어요. 그 말이 딱 맞아요.

청중 —— 저는 위안 선생님의 팟캐스트를 듣고 나서 주변 친구들에게도 추천하고 다녔습니다. 팟캐스트에 정말 재미난 내용이 많고, 하나같이 타이완 사람은 상상하지 못할 창의성과 용기를 담고 있다고 말이죠. 하지만 그러자 문득 궁금증이 생기더라고요. 자유주의파 중국인의 관점에서, 지난 몇 년 동안 이들이 타이완을 바라보는 시각은 달라졌을까요? 그 변화는 어떻게 전개되었나요?

위안 —— 저도 중국 본토 사람으로서 이전에는 본토의 관점을 타이완에 투사하는 경향이 강했습니다. 가령 바이셴융白先勇의 소설을 읽거나 그럴 때 말이죠. 하지만 점차 타이완은 타이완이라고 생각하게 되었습니다. 타이완의 청년들은 어떻게 생각하는지 무척 궁금하네요.

중국 본토의 자유주의파 사람들까지 저와 비슷하게 생각한다고 말하지는 못하겠습니다. 이 사람들도 요즘 다각도로 분열되어 있으니까요. 예를 들어 꽤 많은 사람이 트럼프 대통령의 팬이 되었죠. 게다가 홍콩 문제에 관해서도 본토 자유주의파 사람 중 누구는 홍콩이 이렇게 해야 한다, 누구는 저렇게 해야 한다며 의견이 나뉘었고요. 하지만 중국의 상황이 나날이 안 좋아지다 보니 왜 타이완을 합병해야 하냐고 말하는 사람도 늘었고, 제 주변 친구 중에도 그렇게 생각하는 사람이 많아졌습니다. 나부터 힘들어 죽겠는데, 왜 남들까지 끌어들이냐는 거죠. 저는 사람들에게 상황을 이해할 여지가 더 많아졌다고 생각합니다.

청중 ── 최근 2년 동안 팟캐스트를 들었고, 그 덕분에 위안을 알게 됐습니다. 다만 위안이 팟캐스트를 진행하기 전에 어떤 일을 하셨는지는 잘 모릅니다. 매체에서 일했던 경험을 들려주실 수 있나요?

또한 개인적인 생각입니다만, 요즘 중국의 여론 분위기가 매우 안 좋습니다. 하지만 중국 매체 중에 소수일지라도 『펑파이뉴스』에 출연한 사람들이나 학자들처럼 여전히 심층적인 분석을 실천하는 사람이 있습니다. 내용을 보면 『신화사』나 『런민일보』의 논설위원들처럼 정부에서 시키는 대로 쓰는 것도 아니고요. 그러니까 관영 매체가 철저히 검열당하더라도, 여전히 의견을 표현할 여지가 조금은 남아 있다고 할 수 있겠죠. 『재신』 같은 매체는 더 말할 필요도 없고요. 『재신』은 민간 매체인 데다가 왕치산王岐山이라는 배경이 있어서 그런지 보도 내용도 비교적 탄탄합니다. 그래서 저는 과거의 중국 매체 환경은 어땠는지가 궁금합니다.

위안 —— 제가 기자가 되고 싶다고 처음 생각한 건, 여덟, 아홉 어쩌면 열 살 무렵입니다. 그즈음 이탈리아의 여성 기자 오리아나 팔라치를 알게 됐거든요. 덩샤오핑을 인터뷰한 기자라서 중국에서도 매우 유명했어요. 그녀의 인터뷰 형식은 『신화사』에서도 해본 적 없는 형식이었고, 저는 이 점이 무척 흥미로웠습니다. 단지 한 개인, 게다가 여성 기자가 덩샤오핑에게 이렇게 질문할 수 있다고? 그날로 저는 기자가 되겠다고 결심했죠.

특히 특파원이 되고 싶었던 저는 온갖 방법을 동원해서 『신화사』에 입사했고 국제부에 들어갔습니다. 먼저 태국에서 2년을 지냈고 아프가니스탄으로 넘어갔죠. 태국에 지내면서 서방 기자들과 교류하다 보니 똑같은 사건을 취재해도 보도되는 내용이 서로 다르다는 것을 알게 됐습니다. 그리고 그때부터 내가 하는 일이 뉴스 보도가 아니라 선전이라는 것을 깨달았죠. 저는 '진정한 기자'가 되고 싶었습니다. 시간이 지나서 지인들의 응원 속에 미국 유학을 도전했고, 운이 좋게도 전액 장학금과 생활비까지 받으면서 콜롬비아의 신문방송대학에 들어갈 수 있었습니다. 그리고 첫 학기 말에 우편을 한 통 받았죠. 『뉴요커』의 한 선임 편집자가 보낸 편지였습니다. 제 앞으로의 계획을 묻길래 특별한 계획은 없고 일자리 찾기도 어렵다고 답장했죠. 그랬더니 공부를 계속해보라고 하시더군요. 그때가 성탄절이었고 이미 학교들은 입학 신청이 끝난 때였어요. 하지만 저는 서둘러 영어 시험을 치르고 학교에 지원했습니다. 그리도 또다시 운 좋게 조지워싱턴대학교의 1년 석사 과정에 합격했습니다. 역시 이번에도 전액 장학금과 생활비를 받았고요.

졸업하고는 곧장 『월스트리트저널』에서 일할 수 있었어요. 다만 제 업무는 뉴스 보조였고, 박봉에 지루하고 사무적인 일이었습니다. 회사에서 제게 기사를 쓸 기회를 주긴 했는데, 쓸 수 있는 기사의 내용이 매우 제한적이었어요. 그래서 저는 '나는 진짜 기자가 되고 싶다'고 말했고, 그랬더니 회사에서 멘토 역할을 해줄 편집자를 붙여줬죠. 이후에는 『월스트리트저널』에서 4년 동안 통신 분야를 다루는 기자로 일했고, 아마 미국 주류 매체에서 가장 먼저 모바일 인터넷 기사를 썼죠.

2007년에는 아이폰 출시를 보도했고, 2008년에는 베이징에서 『월스트리트저널』 중문판 편집장을 맡았습니다. 당시 친구들이 그러더라고요. "영어권에서 잘해왔으면서 왜 중국어권에 온 거야? 여기에는 희망이 없어." 사실 저도 처음에는 중국어 매체에서 일하기 싫었습니다. 그렇지만 2008년에 발생한 일련의 사건들을 보며 중국으로 돌아가야겠다고 결심했죠. 그해에 쓰촨 대지진과 중국 올림픽 개최가 모두 일어났거든요. 여러분도 기억하실지 모르겠는데, 올림픽 기간에 극적인 사건들이 정말 많았어요. 내 나라에서 이렇게나 흥미로운 일들이 벌어지는데, 내가 왜 미국에 있나 싶더라고요. 그리고 비록 중문판이기는 해도 제가 『월스트리트저널』의 기틀을 마련하는 데 도움을 줄 수 있겠다 싶었고요. 중문판 매체에서 제 주된 업무는 번역이었지만, 동시에 여러 사람을 찾아다니며 원고를 부탁했고, 그 덕에 아주 많은 사람을 알게 됐습니다. 2014년에는 이 사이트가 중국에서 꽤 큰 영향력을 행사했어요. 그리고 그해에 바로 차단되었고요.

그리고 그즈음 저는 6~7년째 중문판 사이트를 관리해왔지만, 관리 업무가 적성에 맞지 않다고 생각했고 다시 영문판 사이트로 돌아왔습니다. 그렇게 홍콩에서 중국 과학기술을 다루는 칼럼니스트로 일하게 됐죠. 사실 그 자리는 절 위해서 특별히 내준 자리였어요. 중국의 인터넷에 대한 글을 쓰라고요. 마침 당시에 중국 인터넷이 활성화되고 있었고, 2014년 알리바바가 상장되었고, 2015년에는 '디디DiDi' 같은 인터넷 기업들이 등장했습니다. 이 기회를 통해 중국의 수많은 기업가와 인터넷 업계 사람들을 만날 수 있었죠.

2018년에는 『뉴욕타임스』에서 과학기술을 다루는 글을 써보라고 제안했는데요. 저는 이미 2년 동안 과학기술에 관한 글을 쓰지 않던 중이었죠. 다행히도 회사는 제가 흥미를 느끼는 주제면 어떤 글이든 써도 좋다고 양해해줬어요. 저야 뭐, 그냥 하는 말인 줄 알고 어쨌든 기술을 다룬 글을 써봐야겠다고 생각했고요. 하지만 2020년 코로나19가 유행하면서 중국은 3년간 방역 정책에 집중했고, 정말 과학기술에 관해 쓸 게 없었습니다. 제가 작년에 『뉴욕타임스』에서 주는 출판상을 받았는데요. 수상 부문은 탐사 보도였습니다. 제가 탐사한 내용은 바로 '제로 코로나'였죠. 과학기술에 관해 쓰지는 못했지만, 1년 동안 '제로 코로나'에 대한 탐사 보도를 진행했거든요.

제가 앞서 다소 과하게 말한 지점이 있네요. 중국 매체가 기본적으로 다 소멸했다고 말했죠. 하지만 아직 『재신』 같은 매체가 살아 있습니다. 이 매체도 예전보다 훨씬 더 심한 제재를 받고 있을 거예요. 하지만 여전히 다양한 기회를 찾는 사람들이 매체와 함께하고 있죠. 또한 『펑바이』는 물론 관영 매체이지만, 이곳에도 역시 기회를 기다리는 사람들이 있습니다. 이 점에서 저도 무척 감동했고요. 중국에는 뭐든 해내려고 사소한 기회라도 찾아가는 사람들이 있고, 기회만 주어지면 그들은 뭐든 해낼 겁니다. 정말 대단한 일이죠. 다만 더 큰 그림을 그리는 것이 여전히 무척 어렵다고도 말씀드려야겠네요.

청중 —— 저는 우한과 상하이 봉쇄 당시 그 한복판에 있었고, 코로나19 기간 중 가장 어두운 시기를 온전히 경험했습니다. 하지만 다른 사람에게 이 경험을 이야기할 수는 없었습니다. 우리가 그 시기를 서로 완전히 다르게 체감했기 때문입니다. 그 상황의 한복판에서는 엄청난 고통에 휩싸입니다. 이루 말할 수 없는 고통이죠. 따라서 오직 그 고통을 경험한 사람과만 이야기할 수 있습니다. 간단한 예를 들자면, 그때 저는 먹을 게 하나도 없었습니다. 집에 있던 감자에 싹이 난 것을 보고 울음이 터질 지경이었죠. 감자는 싹이 나면 먹지 못하잖아요. 저는 이걸 알면서도 친구에게 물어봤습니다. "나 이거 먹으면 안 돼?" 그런데 정말 먹을 게 조금도 없었고, 결국 싹을 다 제거하고 냉장고에 넣어놨다가 먹어버렸죠. 이런 일은 비일비재했고, 역시 다른 사람에게 말할 수는 없었습니다. 현재 중국에서 사회적 활동을 할 수 있는 공간은 너무 작습니다. 그래서 저와 제 친구들에게 위안 선생님의 팟캐스트는 토론과 사회적 활동이 가능한 실질적인 공간이나 다름없습니다.

오늘 이 자리에 올 수 있다는 것만으로도 제가 친구들보다 훨씬 더 운이 좋다는 걸 알고 있습니다. 실업 문제만 해도 그렇습니다. 작년부터 지금까지 제 친구들뿐만 아니라 엄청나게 많은 사람이 이 문제에 얽매여 있습니다. 저는 그들이 자기 삶만으로도 힘들다는 걸 잘 알아서 그들에게 정치적인 문제나 중국 밖에서 벌어지는 일에도 관심을 가져야 한다고 말할 수가 없습니다. 그렇게 말하는 건 너무 잔인하죠. 하지만 '부밍바이' 팟캐스트의 좋은 점이 바로 여기에 있죠. 이런 문제에 관심이 있고 의견을 나누고 싶어하는 사람들과 소통할 수 있는 자리를 마련해준다는 겁니다. 저는 이 점이 무척 소중한 일이라고 생각합니다. 지금은 국내에 있는 친구들과 소통하기도 어려우니까요. 그래서 위안 선생님께 감사하다고 꼭 말씀드리고 싶었습니다.

앞서 이야기했던 '두려움'에 대해서 좀더 이야기해보고 싶습니다. 저는 중국인은 태어나자마자 두려움 속에 놓인다고 생각합니다. 두려워하지 않으려면 조금씩 조금씩 밖으로 나가봐야 하죠. 차근차근 나가보며 바깥이 안전하다는 걸 알게 되면 좀더 멀리 나가야 합니다. 위안이 만났던 해외에 있는 청년들과 해외로 나가려고 준비 중인 청년들 모두 밖에 있든 아니든, 여러 가지 많은 어려움과 직면하리라고 생각합니다. 이 맥락에서 질문하자면, 다소 심각한 질문입니다만, 남아 있는 이들은 무엇을 할 수 있고, 나가려는 사람은 무엇을 할 수 있을까요?

위안 —— 소감을 들려주셔서 고맙습니다. 정말로 감동했습니다.

저도 최근 실업 문제를 다뤘는데요. 먼저 칼럼을 썼고, 이어서 몇 사람과 인터뷰를 했죠. 제가 그들에게 앞으로의 계획을 물어보면 그들은 하나같이 미래를 절망하고 있었고, '윤'할 거라고 답했습니다. 대부분 중국에서 십여 년을 공부했고 엄청난 경쟁에 뛰어들었던 사람들이었습니다. 중국에서 가장 좋은 대학에 다녔고, 전 세계에서도 가장 좋은 대학으로 유학을 갔던 사람들이었죠. 그런 그들이 다시 나가려는 건, 여러분도 아시겠지만, 중국에서는 서른다섯 살이면 해고당할 수 있기 때문이죠. 그러니까 스물다섯, 스물여섯 살부터 노후를 걱정하게 되고요. 그 말을 듣자 저 역시 불안해지더군요.

나가면 나간 대로 어려움이 있을 겁니다. 만일 누가 저한테 나가야 할지 물어본다면, 저는 그에게 가장 중요한 게 뭔지 생각해보라고 말할 겁니다. 가족과 더 가깝게 지내고 싶다면 국내에 있는 것도 나쁘지 않죠. 어쨌든 여기도 사람들이 살아가고 있으니까요. 제 절대다수의 친구들은 중국의 엘리트이자 지식인이고 자유주의자들인데, 그들 중 많은 이가 국내에서의 삶을 선택했습니다. 그러니까 당신도 중국에서 성실하게 살아가겠다고 선택할 수 있습니다. 다만 이런저런 이야기도 하지 말고 침묵을 유지하며 당신 혼자만의 정신적인 풍요로움을 누리면 됩니다.

외국에 나간 청년들에게는 기회도 많지만 그만큼 어려운 일도 많습니다. 좀 전에 『월스트리트저널』에서 처음 일하기 시작했을 때 업무는 초보적인 수준에 월급도 형편없이 낮았다고 말씀드렸죠. 그때 저는 이 돈으로 어떻게 먹고살아야 하나 걱정했습니다. 그러니까 다들 이렇게 살고 있는 거죠.

아무튼, 저는 태평하고 엄청나게 낙관적이고 조금은 바보 같은 사람이지만, 지금까지 줄곧 운이 좋게 살아왔습니다. 저는 사람은 긍정적이어야 하고 자신을 믿어야 한다고 생각합니다. 자기 판단을 믿고, 하고자 하는 바를 믿으면서 성실히 살아가세요. 자신을 직시하는 게 중요합니다. 예전에 소위 자유주의 지식인이라고 하는 사람 중에 저만 보면 이렇게 묻는 사람이 있었습니다. "너는 너 자신을 직시할 수 있어?"

현실의 삶부터 직시하기도 쉽지 않습니다. 다만 우리에게는 정신적인 삶도 무척 중요하죠. 특히 지금과 같은 시대에는 더욱이요.

나는 중국을 정말 좋아한다. 이럴 때는 거리에서 중국인과 마주치기만 해도 말을 걸고 싶어 할 정도였고, 성인이 돼서는 중국어를 밥벌이 수단으로 삼아 지금까지 살아왔을 정도로 중국이 좋다.

10년 넘게 이어오던 중국어 강사 생활은 2016년 사드 사태 이후로 크게 기울었다. 주변에는 중국을 좋아하는 사람보다 싫어하는 사람이 더 많아졌다. 힘든 시기를 버티고 2019년 말 중국어 학습 시장이 차츰 일어서던 찰나, 코로나19가 터졌고 내 인생은 완전히 바뀌었다. 코로나19 이후 천직이라 여기던 중국어 강사 생활을 접을 때까지, 그 1년 동안 나는 대한민국이라는 나라에서 사드 사태 당시보다 훨씬 더 심해진 중국 혐오를 피부로 느꼈고, 마침내 거대한 '혐중'의 벽이 완성되는 것을 목격했다.

중국은 미국과 자웅을 겨루는 G2 국가이고, 그런 국가가 바로 우리나라 옆에 붙어 있는데 어떻게 중국어를 배우지 않느냐고 외쳐봤지만, '혐중'이라는 견고한 벽은 넘을 수가 없었다.

돌이켜보면 이미 코로나19 이전부터 차곡차곡 '혐중'의 벽돌이 쌓이고 있었다. 이른바 '중국 짤'이라는 중국 혐오 영상들은 하루가 멀다 하고 온라인에 퍼져나갔고, 국내 거주 중국인과 특히 조선족을 둘러싼 다양한 뉴스와 루머는 중국 혐오에 불을 지폈다. 그리고 2014년과 2019년에 벌어진 홍콩 민주화 시위는 중국을 멀리해야 할 나라로 각인시키는 결정적인 계기가 됐다. '혐중'의 벽이 날로 높아지고 단단해지던 중에, 코로나19가 장벽의 마지막 벽돌을 올렸다.

하지만 나는 이 벽이 결코 존재해서도 안 되고, 하루빨리 허물어져야 한다고 생각했다. 어떻게 벽을 허물 수 있을까? 나 같은 일개 범부凡夫는 그저 생각만 하고 아쉬워만 하면서 두 손 놓고 지켜봐야 하는 걸까? 그러던 차에 이 책을 만났다. 『저항의 수다』를 번역해 소개하는 일로 혐오의 장벽에 금이라도 가게 해보자고 결심했다.

책은 크게 두 부분으로 나뉜다. 전반부에서는 중국의 정치, 경제, 언론을 정리하고, 후반부에서는 나처럼 코로나19로 삶이 송두리째 흔들린 사람들, 중국의 부조리에 맞서 몸부림친 사람들의 이야기를 소개한다. 인터뷰들은 대부분 2022년부터 2024년 사이에 진행됐고, 책은 2024년 7월에 세상에 나왔다. 나는 2025년 10월에 이 글을 쓰고 있다. 책의 화두는 불과 1~3년 전의 이야기이며, 책이 출간된 지도 1년이 조금 넘었지만, 그 짧은 시간 동안 중국은 격렬하게 변했다.

출간 당시만 해도 시진핑 정권은 절대적인 권력을 휘두르고 있었고, 시진핑은 '시황제智皇帝'라는 별칭으로 불릴 정도였다. 세 번의 연임을 넘어 네 번째, 다섯 번째 연임이 거론될 만큼 권세가 막강했다. 그러나 그로부터 1년 남짓 지난 지금, 그는 '이빨 빠진 호랑이' 취급을 받고 있으며, 세 번째 연임조차 제대로 끝낼 수 없으리라는 회의적인 전망이 나오고 있다.

흥미로운 점은 이 책에서 시진핑의 군부 최측근으로 등장했던 장유샤가 현재는 반시진핑 연대의 선봉장으로 불린다는 점이다. 심지어 장유샤가 시진핑을 일시적으로 감금했다는 소문까지 돌고 있다. 물론 곧이곧대로 믿을 순 없는 이야기이지만, 고작 1년 전만 해도 이런 이야기를 입에 올린다는 건 상상조차 할 수 없었다. 오늘날 이런 이야기들이 공공연히 거론된다는 사실 자체가 중국의 정치 현실이 얼마나 급격히 변했는지를 여실히 보여준다.

그리고 이 1년간의 변화는 '백지운동' 이후 중국에서 벌어진 반정부 시위와도 시간의 궤를 같이한다. 책에서도 말하지만, 많은 사람이 '백지운동' 이후 더 이상 이러한 민중 시위는 벌어지지 않으리라고 생각했다. 그러나 그 예측은 보기 좋게 빗나갔다. "'백지운동'은 끝이 아니라 시작"이라고 말한 리 선생의 말처럼, 2024년부터 크고 작은 반정부 시위가 이어졌고, 2025년에는 반정부 시위를 다룬 굵직한 뉴스들이 보도되고 있다. 이런 시위들로 공산당 정권이 완전히 무너지지는 않더라도, 중국 사회에 의식이 깨어난 사람들이 기하급수적으로 늘어나고 있다는 것만은 확실하다.

이 책에 등장하는 이들이 들려주는 이야기는 현재 우리가 접할 수 있는 가장 최근의 중국 이야기다. 코로나19가 종식된 뒤, 가장 극심한 피해를 받았던 사람들이 다시 삶을 이어가기 위해 어떻게 발버둥 치고 있는지 알 수 있다.

그들 중에서도 '제로 코로나' 정책으로 사업을 잃은 쑨췬리의 이야기가 특히 내 마음을 파고들었다. 코로나19로 삶의 기반이 송두리째 무너진 쑨췬리의 사연을 저 멀리 중국에 사는 누군가의 이야기쯤으로 치부하기에는 국내에도 유사한 경우가 너무 많다. 단지 열심히 일했을 뿐인데, 왜 이렇게 된 걸까? 누구의 잘못일까? 하지만 자포자기하지 않고 다시 신발 끈을 동여매는 쑨췬리를 보며 국내 수많은 자영업자가 떠올랐다.

한편 '편정수상'과 '리 선생'의 이야기는, 중국이 끝 간 데 없는 혐오의 대상이 되었음에도, 그 속에서 중국을 바로 세우고자 안간힘을 쏟는 사람들이 있다는 것을 알려준다. 이런 사람들이 하나둘 늘어나고, 이들에게 감화한 중국인들이 더 많아진다면, 중국도 혐오의 대상이 아니라 어엿한 미래 동반자 국가가 될 수 있다고 믿는다.

그날이 오기에 앞서, 우리가 먼저 '혐중'의 벽을 무너뜨릴 수 있기를 바라며, 이 책이 그 마중물이 되기를 간절히 바란다.

不明白

저항의 수다
부밍바이, 반체제 팟캐스트 좌담집

초판인쇄 2025년 11월 13일
초판발행 2025년 11월 24일

지은이 부밍바이 팟캐스트
옮긴이 최종헌
펴낸이 강성민 이은혜
편집 양나래
마케팅 정민호 박치우 한민아 이민경 박진희 황승현 김경언
브랜딩 함유지 박민재 이송이 박다솔 조다현 김하연 이준희
제작 강신은 김동욱 이순호

펴낸곳 ㈜글항아리 | **출판등록** 2009년 1월 19일 제406-2009-000002호

주소 경기도 파주시 문발로 214-12, 4층
전자우편 bookpot@hanmail.net
전화번호 031-955-2689(마케팅) 031-941-5161(편집부)

ISBN 979-11-6909-446-7 03300

잘못된 책은 구입하신 서점에서 교환해드립니다.
기타 교환 문의 031-955-2661, 3580

www.geulhangari.com